FAYI BINGLIXUE QIGUAN JIANCHA HE QUCAI

法医病理学
器官检查和取材

主审◎刘 良　主编◎夏胜海

长江出版传媒
湖北科学技术出版社

图书在版编目(CIP)数据

法医病理学器官检查和取材 / 夏胜海主编. —武汉：湖北科学技术出版社，2021.4（2024.1 重印）
ISBN 978-7-5706-1351-9

Ⅰ. ①法… Ⅱ. ①夏… Ⅲ. ①法医学—病理学—医学检验 Ⅳ. ①D919.1

中国版本图书馆 CIP 数据核字(2021)第 061578 号

策划编辑：冯友仁
责任编辑：徐 丹　　　　封面设计：胡 博

出版发行：湖北科学技术出版社　　　　电话：027—87679454
地　　址：武汉市雄楚大街 268 号　　　　邮编：430070
（湖北出版文化城 B 座 13—14 层）
网　　址：http：//www.hbstp.com.cn

印　　刷：武汉科源印刷设计有限公司　　　　邮编：430299

889×1194　1/16　16.5 印张　465 千字
2021 年 4 月第 1 版　　　　2024 年 1 月第 2 次印刷
定价：160.00 元

法医病理学器官检查和取材

编　委　会

主　　审　刘　良

主　　编　夏胜海

副 主 编　屈国强　周亦武

编　　者（以姓氏笔画为序）

王　昊（重庆市公安局物证鉴定中心）
王云云（湖北崇新司法鉴定中心）
王荣帅（湖北崇新司法鉴定中心）
邓燕飞（湖北崇新司法鉴定中心）
朱承仁（江西省公安厅物证鉴定中心）
庄　冲（福州市公安局物证鉴定所）
刘　泉（湖北省警官学院刑事技术系）
宋旭东（华北理工大学基础医学院）
陈燕祥（云南省公安厅物证鉴定中心）
卓　荦（福建省公安厅物证鉴定中心）
周小伟（湖北崇新司法鉴定中心）
周亦武（华中科技大学同济医学院）
屈国强（湖北崇新司法鉴定中心）
夏胜海（福建省公安厅物证鉴定中心）
蒋艳伟（天津市公安局物证鉴定中心）
廖信彪（广东省公安厅物证鉴定中心）

编写秘书　陈建山（福建省公安厅物证鉴定中心）

鸣　谢

湖北崇新司法鉴定中心、刘良工作室

序 一

最近几年，我在讲课、会议甚至闲聊时一直表达一个观点，就是我们过于强调组织学显微镜下检验而忽视肉眼的大体检验。尤其是公安机关的法医，只要涉及疾病猝死等问题，不少人不自觉地将法医病理组织学检验等同于显微组织学检验，习惯性地将解剖后的人体组织器官往装有固定液的桶里一扔，送给院校或医院相关部门检验就算了结。这实在是一个极大的误区！以我的观点，大多数导致死亡的疾病，其实肉眼大体检验就可以发现和诊断，或者至少以大体检验为主，显微镜下检验只是一种辅助手段。以猝死发生率最高的心血管疾病为例，除了心肌炎和极少数罕见疾病以外，哪一种心血管疾病（如冠心病、高心病、风心病、心肌病、血管夹层瘤等）是肉眼大体检验不能发现或诊断的？所以，我们似乎一直在从事“丢西瓜捡芝麻”的工作。

真正的法医病理组织学脏器检验，应该包括解剖当时肉眼检验、固定之后肉眼检验及组织切片镜下检验，这三种模式按照检验的时间顺序开展，各自独立，互相联系，但不能随意替代。以评判冠状动脉粥样硬化心脏病的病变为例，要了解内膜增厚斑块形成管腔堵塞程度，应该以解剖当时肉眼检验为主，因为固定后血管肌层会发生收缩和组织切片时受截面垂直程度的影响，均可能导致管腔“狭窄”的假象；要发现冠心病心肌陈旧性梗死，应该以固定之后肉眼检验为主，因为解剖当时肉眼检验不容易分辨梗死灶，而组织切片镜下检验难以判断梗死灶的分布与面积；要观察冠状动脉粥样硬化斑块内出血，当然只能依赖组织切片镜下检验做判断。不难看出，法医病理组织学脏器检验是一个有机连贯的系统工程，遗憾的是，我们目前的法医学教育体制对此，无论是理论还是实践，都没有提供良好的基础训练条件。

所以，当得知老朋友夏胜海同志要为此专门主编出版专著，我感到非常高兴，而且欣然应允为此书作序的邀请。

我粗略翻阅了书稿，发现此书有三大特点。第一个特点是包容性，是指检验对象范畴的概括程度。此书不仅全面涉及人体主要脏器，而且重点突出了以心、脑为主的两大系统。第二个特点是完整性，指对某一检验对象内容的认知程度，从介绍脏器解剖学开始，到最后列举主要病变结束，使阅读人达到较为完整的知识体系认知。第三个特点是操作性，指对检验对象具体工作的方法，包括在体观察、离体切法与检验测量等，应该说，这是此书最大的亮点。我很高兴地看到，此书也充分体现了我前面所述的法医病理学脏器检验三大模式。另外，此书还有一个很值得关注的特色，就是每一章中增设“拓展学习”的内容，介绍目前国内外在疾病定义、分类方法、诊断方法、操作方法等方面的最新进展，有力地补充并展示了学术发展的脉络。

我希望并且相信，此书的出版，将弥补现有法医专业教材难以顾及的不足，填补我国这方面专业论述的空白，从而成为走上工作岗位的法医们的常用工具书。

闵建雄
2020 年 6 月 26 日于北京

序　二

对器官组织进行肉眼检查及取材，是法医病理学司法鉴定检验中的重要一环。与尸体解剖相似，在遵循一般原则的前提下，需要“因案制宜”地采取合适的器官检查及取材方法，而这一系列工作的好坏，将直接影响后续检验的效果，甚至左右鉴定结论的判断乃至案件性质的认定。因此，对于一名合格的法医病理学鉴定人，理应不断锻炼其器官检查和取材的能力。

有鉴于此，夏胜海等各位同行费心编著的《法医病理学器官检查和取材》，既适应了广大法医病理实践者的工作需求，也弥补了该领域专业书籍的相对空缺。本书从器官检查和取材的一般概念及通识开篇，强调这一检验过程的重要性及原则，并从理论基础出发，结合实际操作，辅以直观明晰的实例图例，分章节地介绍面对不同系统、器官时的检验要点及方法，内容翔实，实用性和可操作性强，无论是对已经从事法医病理工作的一线法医，还是对大专院校法医专业本科生的实践教学都是一个行之有效的指导！

本书编者们都是长期奋斗在法医学司法鉴定一线的实践者，从本书中也不难发现编者们从工作中总结的经验与智慧。作为一名法医学工作者，在此向这些编者们致以敬意，也乐意向广大同行们推荐这本不可多得的参考书、案边书，相信本书可以引起我们对器官检查和取材过程的重视，并有助于提升我们在该环节的能力，也肯定有助于我国法医学司法鉴定工作的日益规范、不断成熟。

王慧君

2020 年 7 月于广州

前　言

编写本书的设想源于20多年前的一次取材，因为脑干取材不够规范，以致于脑干挫伤灶没有切取到，差一点造成错误鉴定。这件事情让我认识到法医病理学器官检查和取材的重要性，而且随着时间的推移，检案量的增多，这种认识愈发深刻。器官检查和取材是法医病理学检验的重要组成部分，是一项实践性、经验性很强的工作，它既是尸体解剖检验的延伸和深入，又是读片诊断是否客观、准确的基础和前提，是丝毫马虎不得的重要环节。

实践中因器官检查和取材不规范导致鉴定意见出现这样或那样问题的情况屡见不鲜，严重影响司法公正，为此广大法医病理工作者亟须一本较为系统的阐述法医病理器官检查和取材方面的专著，以规范、引导我们的实际工作。本书正是定位于弥补该类型专业书籍相对空缺的现状，在广泛参考国内外有关文献著作的基础上，结合我们多家单位多年来的检案实践，编写了这本《法医病理学器官检查和取材》。编写过程中，我们充分考虑到我国法医病理学检验的实际情况，力争做到科学性、客观性、规范性和实用性并举，旨在进一步推动我国法医病理学检验工作的开展。

本书的编写人员均具有医学硕士以上学位，且长期从事法医病理学检验，理论功底扎实，办案经验丰富，多年来积累了大量有价值的检案资料。热切希望能将我们多年来总结的经验和收集的资料更好地体现在这本书中，以飨读者。但由于编者的水平有限，加之可供参考的资料不多，难免存在遗漏、疏忽甚至谬误之处，真诚欢迎广大同仁指正。

本书的编写得到了各方人士的大力支持。中山大学医学院宋一璇老师、广州市公安局姚青松老师、江苏省公安厅周兰老师、海南省公安厅程文斌老师、南京市公安局汤晓蕙老师、南昌市公安局彭东兵老师、丽水市公安局倪伟勇老师等，为本书提供了有价值的照片。华中科技大学同济医学院法医学系原主任、博士生导师、CCTV2016年度“十大法治人物”获得者刘良教授，在百忙之中对本书进行了详细认真的审阅，提出了很多宝贵、中肯的修改意见。公安部特邀刑侦专家闵建雄老师、南方医科大学法医学院院长王慧君老师欣然为此书作序，并给予充分肯定。本书的出版还得到了湖北崇新司法鉴定中心和刘良工作室的鼎力支持，在此一并表示感谢！

夏胜海

2020年8月23日于福州

目　录

第一章 法医病理学器官检查和取材概述

法医病理学器官检查和取材是指对法医病理学尸体解剖提取的人体器官、组织，依照相关标准及规范，进行肉眼检查并切取具有代表性的组织块供后续制作组织切片、显微镜下观察及病理诊断的过程。

在法医病理学检案中，检验的主要对象是脑、心、主动脉、肺、肝、脾、肾、胰等器官，其他器官如脊髓、垂体、甲状腺、胸腺、肾上腺、胃、肠、皮肤、睾丸、子宫、卵巢、输卵管及胎盘等在不同类型的案件中也常遇到。本书主要根据我国法医病理学检验的特点，详细阐述各器官的切（剪）开方法、肉眼检查的重点及取材方案。

第一节 法医病理学器官检查和取材的一般原则

法医病理学器官检查和取材是法医病理学检验中一个十分重要的环节，有时甚至具有决定性的作用，一般应遵循以下原则。

一、重点和一般相结合

一般而言，临床病理的器官检查和取材，检验的标本多为单一器官或组织，且多只是某一器官的一部分，有详细的病程及病史信息，病变部位大多经影像、超声或腔镜等相关检查手段定位清楚，病检的目的是为了进一步明确手术切取组织的病变性质和范围，以指导临床治疗。法医病理器官检查和取材的目的则是在全面系统尸体解剖的基础上进一步厘清死者的死亡原因、死亡机制和死亡方式等，所面对的是脑、心、肺、肝、脾、肾、胰等多个人体主要器官，导致死亡的病变部位及病变性质往往未知，实际工作中不适合采用“撒大网捕鱼”的大密度取材模式，这就要求我们在进行器官检查和取材之前，尽可能充分地了解死者的死亡过程、生前表现、既往病史等，并结合解剖所见，对死者可能的死亡原因进行详细地分析、评估，进而针对不同器官制订不同的器官检查、取材方案，确定观察重点，选择适合本案的重要器官如脑、心、肺等的切（剪）开方式，与死亡关系密切的器官要进行重点检查与取材，与死亡关系不大的器官则只进行常规检查与取材，做到重点和一般相结合。

二、原位检查和充分暴露相结合

法医病理学检验的首要任务是厘清死亡原因，器官检查和取材最基本的目的就是发现与死亡原因密切相关的肉眼或镜下所见。肉眼检查首先要强调原位检查，这样可以清楚地显示病变与周围组织结构的毗邻关系、病变的原始部位、累及范围及影响程度。如怀疑肺动脉栓塞的，应该在心肺原位剪开右心室流出道和肺动脉主干以检查有无栓子及栓塞的程度。其次要强调充分暴露病灶，便于观察、照相、录像，为死因的确定提供强有力的客观证据。如心的剪（切）开有多种方法，每种方法各有优缺点，顺血流方向剪开法能最大限度地保留冠状动脉的完整性，在原位横切面检查冠状动脉可以较好地显露其病变的部位、程度，而横切法能很好地显露心腔及心室壁与室间隔厚度的对比关系，对于心肌病的观察较为有利。为了更好地显示脑、肺、肝等部位占位病变的立体结构，可以在水平切面的基础上于病灶中心加切冠状面。总之临案时选择哪一种方式切（剪）开器官，应以充分暴露病变部位为主要目标。

三、破坏和保护相结合

不可否认的是，器官检查和取材本身就是对检材的破坏过程，有的甚至是不可复原性的破坏，因此在检查和取材时，既不能过分强调保护而导致检查不彻底，也不能为了充分暴露而无原则性地破坏检材，要做到破坏与保护相结合，既为本次检验鉴定提供充分的依据，也尽可能为重新鉴定、复核鉴定保留较为完整的实物证据。

如脑底蛛网膜下腔出血，其检验重点是要查明脑底部的血管如椎-基底动脉、脑底动脉环及大脑前动脉、大脑中动脉、大脑后动脉等是否存在撕裂，以及动脉硬化、动脉瘤、血管畸形等可能导致蛛网膜下腔出血的损伤或病变。脑底蛛网膜下腔出血的出血量通常较大，容易在局部蛛网膜下腔及脑池内形成较为浓厚的凝血块，见图 1-1A，椎动脉、基底动脉、脑底动脉环等重要血管均被这些凝血块包裹，且与凝血块结合较为紧密，尤其是经福尔马林固定之后的标本。检验时需要在流水下仔细剥离这些凝血块，尽可能地暴露和保护其中的主要血管，此过程无疑会对一些小血管如细小的穿通支造成不同程度的破坏。本例剥离凝血块后左侧椎动脉见一动脉瘤，见图 1-1B。

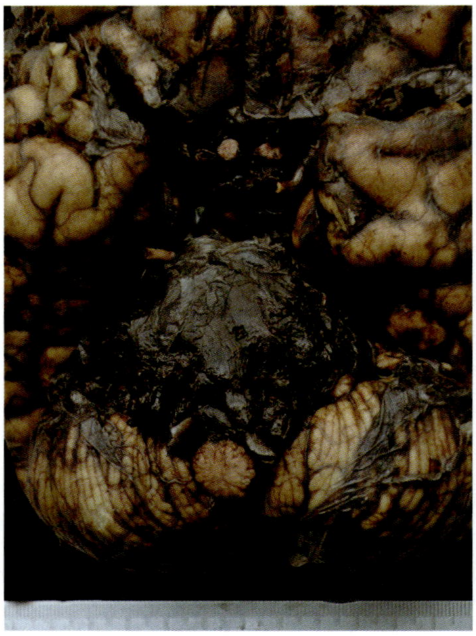

A

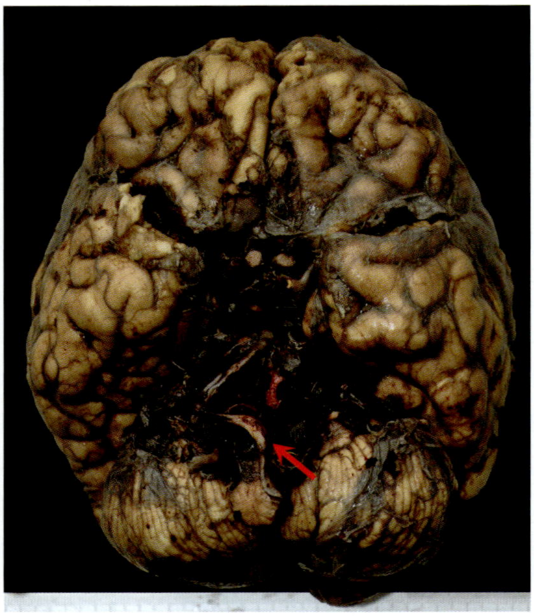

B

图 1-1 脑底蛛网膜下腔出血

A：凝血块剥离前；B：凝血块剥离后。

四、客观和溯源相结合

为了保证检验鉴定的真实性和客观性，在法医病理学器官检查和取材过程中，应该遵守客观和溯源性原则，主要体现在以下几个方面。

1. 检材流转

大体检材、包埋盒、切片均应有唯一性标识序号，检材的流转应有记录，确保检材流转链的完整性和溯源性。

2. 记录照相

前文已指出，法医病理学器官检查和取材本身是一个对检材进行破坏的过程，因此要求我们在检验过程中应及时进行记录和照（录）相（像），不允许事后补记或补照补录，不仅要记录和拍照对鉴定意见起支撑或证明作用的阳性发现，也要记录和拍照对鉴定结果起甄别或排除作用的阴性结果，确保鉴定结果的客观性。

法医病理学是一门以形态学改变为主的学科，一张好的照片能最直观、最便捷地显示某种损伤或疾病的形态学特征，使人一目了然。照（录）相（像）时应注意以下几个问题：①标本固定前后颜色发生显著改变的，在固定前后均应拍照；②清除与目标区域无关的血水、凝血块等杂物，保证目标区域视野干净；③照相应采取垂直角度拍摄，背景以纯色（黑、白）为宜，有条件者应注意拍照时的打光角度，保证目标区域不出现暗角或阴影；④标尺要清晰，摆放要遵循平行、平面、贴近和对准的原则；⑤照相应先整体，后局部。在细节拍照上，推荐更换定焦镜头以达到更好的表现细目的效果。拍照取景时应注意纳入解剖学标志，以便在复查照片时可以快速定位；⑥细节拍照要全面，能够充分地展现病变的各个特点。

3. 标本保存

中华人民共和国公共安全行业标准《法医学病理检材的提取、固定、取材及保存规范（GA/T148—2019）》规定，送检的病理检材，除一部分制作病理切片外，其余的均应退回送检单位，由送检单位放入标本缸内固定保存，保存期限原则上为鉴定文书发出后12个月。实际工作中对于敏感、复杂的案件，建议大体标本的保存时间还应延长。蜡块和病理切片应及时归档，长期、妥善保管。HE染色的切片一般不易褪色，可以存放很长时间，而脂肪染色等特殊染色的切片易褪色，应及时进行显微照相，或利用数字切片技术，将传统切片转换成数字化切片存档。

第二节 法医病理学器官检查和取材的影响因素

法医病理学检验包括尸体检验、器官检查和取材、读片和法医病理学诊断与分析三个相互独立但又密切联系的环节，器官检查和取材既是尸体检验的延伸和深入，又是法医病理诊断与分析正确与否的先决条件，但法医病理学器官检查和取材易受各种主客观因素的影响，主要有以下几点。

一、尸检不规范的影响

在我国尤其是公安机关，由于各方面的原因，绝大多数情况下参与尸体解剖的法医并不参与其后的器官检查和取材、读片和法医病理诊断与分析工作，如果前期的尸体检验做得不够规范或针对性不强，势必会对后期的工作造成很大的影响。

虽然法医所面临的每一具尸体都有其特殊性，不同的法医进行尸体检验的方法、步骤也有所差异，但力求全面、系统和规范应该是其基本要求。有的法医在尸检前未对案情进行仔细研判，没有制订一个针对本案实际情况的尸检方案，致使很多需要在尸检过程中进行的检验没有实施，造成无法弥补的失误。比如胸部有损伤的没有做气胸试验，颈部有开放性损伤的没有做空气栓塞试验，长期卧床且怀疑肺动脉栓塞者，没有切开腓肠肌检查有无下肢深静脉血栓，没有在心的原位剪开右心室流出道和肺动脉主干以检查有无栓子等。

有的法医在摘取器官时不按照规范进行操作，致使送检的器官不完整，如在分离延髓与颈髓时位置过高，致使部分延髓仍遗留在尸体内，在离断心时不是沿心包反折处剪断上下腔静脉，致使心传导系统的重要组成部分——窦房结没有提取或被破坏。

二、死后变化的影响

死后变化是指机体死亡后受物理、化学和生物学等各种内外因素的作用，在尸体上发生的各种变化。常见的死后变化主要有超生反应、肌肉松弛、皮革样化、角膜混浊、尸斑、内脏血液坠积、尸僵和腐败自溶等，其中对器官检查和取材产生影响最大的是腐败自溶，其次是内脏血液坠积。

腐败自溶不仅使病变组织变得模糊甚至消失，影响器官检查和取材，而且也易与一些生前病变相混淆，比如胰自溶误认为坏死，泡沫器官误认为囊肿等。

人死后内部器官的血液因自身重量坠积于这些器官的低下部位，使这些器官的血液分布不均匀，上部含血少，而下部含血多。如胃低下部位的黏膜因血液坠积常见暗红色树状分枝或斑点，小肠因血液坠积使肠曲的下垂部呈暗红色，易被误认为充血或出血。内脏血液坠积在肺中的表现尤为明显，当尸体仰卧位时，由于肺内血液的坠积，其胸侧面因含血少呈现出“贫血”貌，而背侧面因含血多则呈现出“淤血”观。

三、死后人为现象的影响

死后人为现象在法医病理检案过程中较为常见，是指机体死后某些人为因素作用于尸体或组织器官上所造成的各种改变或征象。按发生的环节一般将死后人为现象分为尸体上的人为现象、大体器官上的人为现象、病理切片上的人为现象三类。

死后冷藏较久的尸体，由于尸体呈仰卧位，解冻后脑组织因自身的重力下垂，两侧的小脑扁桃体嵌压在枕骨大孔边缘上形成切迹压痕，呈脑疝样改变，这种情况在脑出血水肿程度严重时更加明显，易与小脑扁桃体疝混淆。

濒死期一些抢救措施如胸外按压、电除颤、人工辅助呼吸等也可能在大体器官上造成人为现象，如胸外心按压可使肺动脉内的栓子被压碎或移位，易被误认为死后血凝块，导致误诊、漏诊，故剪开心时要注意肺动脉和右心室腔内的可疑碎块，必要时应取材、包埋、制片。此外，电除颤可能对心造成损伤，人工辅助呼吸可能使呼吸道内的异物位置发生改变等。

国外有学者提出“呼吸机脑”的概念，是指脑死亡者依赖人工呼吸机维持心跳和呼吸状态下脑的病理改变，包括大脑皮质混浊、淤血、弥漫性脑水肿、脑软化等，这些病理改变既可能与生前脑的病变相混淆，也容易掩盖、破坏原有病变。

10%福尔马林溶液固定后的器官，无论在外观颜色还是在质地上与新鲜标本均存在一定的差异，这些差异势必会对器官检查和取材产生影响，如胃肠黏膜小的溃疡、出血等病变在固定后容易漏检。

四、肉眼观察局限性的影响

器官检查和取材是在肉眼观察的基础上选择性地切取特异性区域的组织块以供制作病理切片、镜下观察的过程，但肉眼观察存在一定的局限性。2018 年，来自瑞士、德国、英国、波兰、法国、意大利 6 个国家的 9 个法医中心，在 500 具尸体中，利用传统尸体解剖手段发现的阳性病变与利用虚拟解剖手段发现的阳性病变进行比较，结果发现在 18 654 处阳性病变中，传统尸体解剖、死后 CT 和死后 CT 血管造影的发现率分别为 61.3%、76.0%和 89.9%，显示传统尸体解剖有一定的漏诊率。我们对不同的器官采用不同的方法切开，其目的是尽可能地暴露并发现病灶，但病灶的“可见”与“不可见”是以检验者能否直接观察到为衡量标准的，有的病灶因为太小而“不可见”，有的病灶因为与周围组织在外观上没有明显的差异而“不可见”，其根本原因是与人眼观察的局限性有关，当然，病灶的“可见”与“不可见”还与检验者的个人经验和观察能力有一定的关系。

肉眼观察的局限性意味着病灶能否被发现、能否被取到存在着一定的偶然性，也提醒我们对待器官检查和取材工作不能一蹴而就，对于部分疑难或者首次取材仍不能圆满解决死因等的案件，要进行多次检查和取材。

第三节 法医病理学器官切开和取材的一般要求

一、切开的一般要求

一般描述脑、心、肺、肝、脾、肾、胰等离体器官的切面以其本身的长轴为准，此时不再按人体的冠状面、矢状面和水平面来描述。沿器官长轴平行且与取材板垂直所做的切面叫纵切面，沿器官长轴垂直且与取材板垂直所做的切面叫横切面，沿器官长轴垂直且与取材板平行所做的切面叫水平切面。

总的来说，器官的常规切开方法主要有水平切法、横切法、纵切法三种，其中横切法有时候又称为冠状切法。临案时选择哪一种切开方式，应基于“四个有利于”的基本要求，即有利于清楚暴露病变或损伤的部位、有利于标本的取材、有利于标本的照（录）相（像）固定、有利于标本的保存。

医学不同领域都有各自适合本专业特点的切开方法，不管哪一种方法，最终目的都是为了更好地检查和确定异常改变，准确地进行定位并且描述，最理想的结果是相关专业的同行在看到检验记录时也能够清楚地知道病变的具体信息。

二、取材的一般要求

需要明确指出的是，法医病理学检验的主要手段是尸体解剖和器官检查，组织病理学检验只是解剖和器官检查的补充和深入，其目的是为了进一步明确可疑部位的病变性质、病变范围并澄清有关疑问。那些经过系统、全面、规范的尸体检验和器官检查后，死因能够明确、伤病共存时主次关系能够确定的，是不需要也没有必要每一个案例都取材、制片进行显微镜下检查的。法医病理取材的一般要求如下。

1. 取材的部位

取材的部位一般应包括特征病变区、病变与非病变交界区、主要病变区以外的卫星病灶和散在病灶区、正常对照等不同区域，需要观察包（被）膜的组织，取材时应注意切取完整的包（被）膜，如怀疑化脓性脑膜炎时的蛛网膜，怀疑化脓性腹膜炎时的肝脾被膜，怀疑心包炎时的心外膜。对于肿块，除了切取包膜、被膜外，还应注意局部淋巴结的取材，以判断肿瘤有无扩散或转移。

器官、组织的腐败自溶是法医病理学检验无法回避的一个问题，熟悉腐败自溶的发生机制、发展规律，可望将其对检案的影响降到最低。人体不同器官，由于其组织结构的差异性，腐败自溶存在一定的先后顺序，如发生粥样硬化斑块病变的冠状动脉，斑块病变可在死后保留很长时间，脑的自溶速度明显慢于其他器官。同一器官的不同组织发生腐败自溶的速度也不一样，如胃肠道、泌尿道、子宫等器官，黏膜层腐败自溶明显快于肌层和浆膜层。离体而未固定的器官，腐败自溶从边缘开始；固定不良的器官，腐败自溶从器官的中央开始。对于肺、胃、肠等的取材，不仅要考虑死后腐败自溶对取材部位的影响，还要尽量避开在低下部位取材。

2. 取材的数量

关于取材的数量，目前在法医病理学界并没有明文的规定，一般遵循“重点器官重点取，一般器官常规取”的原则，即对可能与死亡原因密切相关的器官、组织要重点进行检查，相应的其取材的数量也应该更多，而其他与死亡原因关系不大、大体检查没有明显异常的标本，可以按常规少取材甚至不取材。怀疑心源性死亡者，重点检查其心，如怀疑冠状动脉粥样硬化性心脏病致死者，大体检查和取材的重点应该是围绕冠状动脉主要分支的狭窄程度和斑块病变类型，有无斑块钙化、破裂、出血，管腔内有无血栓等继发改变，有无心肌急性缺血的形态学改变等方面展开，所以此时心的取材数量可能会很多。又比如怀疑因脑干损伤尤其是原发性单纯性脑干损伤（指头面部明确存在一定程度的外伤史、伤后立即或很快发生昏迷继而迅速死亡、大小脑肉眼未见明显异常）致死者，此时脑干应作为重点检查和取材对象，有时甚至需要把整个脑干按每 0.2 cm 间距横切后全部包埋、制片供显微镜下观察。

3. 取材的大小

常用的塑料包埋盒的尺寸为 3.0 cm×2.5 cm×0.4 cm，结合二甲苯、组织石蜡等有机溶剂在组织内的浸润速度，取材组织块的大小一般为（2.0～2.5）cm×（1.5～2.0）cm，厚度一般为 0.2～0.3 cm，组织较致密者（如肝、肾、皮肤等）可稍薄，组织质地较疏松者可稍厚，切取的组织块厚薄要均匀。组织块的形状，在充分涵盖肉眼所见病变的前提下尽量规整，如长方形、正方形或三角形等。

第二章 器官的固定

按照中华人民共和国公共安全行业标准《法医学病理检材的提取、固定、取材及保存规范（GA/T148－2019）》的规定，在进行法医病理学器官大体检查和取材前，除了特殊情况外都必须进行及时和有效的固定。

第一节 固定的目的

固定是指器官、组织离体后，用各种方法使细胞内的成分尽可能接近其生活状态时的形态结构和位置的过程。固定是一项重要的工作，一旦因固定不当导致器官、组织腐败，将不可补救。固定的目的主要有以下几点。

一、防止腐败自溶

以最常用的甲醛固定剂为例，甲醛能使蛋白质末端基团（如氨基、亚氨基及酰氨基、肽、胍基、羟基等）之间形成交联链，从而使细胞内的蛋白质、脂肪、糖、酶等各种成分沉淀和凝固起来，防止组织、细胞发生自溶、腐败等死后变化的发生，以保持组织、细胞与活体时的形态相似。

二、制造光学上的差异

经过固定的组织，因为沉淀和凝固作用，不仅使细胞内不同物质产生不同的折射率，同时也对染色剂产生不同的亲和力，从而造成光学上的差异，便于染色后在普通光学显微镜下进行观察和鉴别。

三、硬化组织方便检验

固定剂兼有硬化作用，能使组织硬化，便于检查和取材。如脑、肺等器官在固定前较柔软，不易按照规范的方法切开或剪开，固定后能使器官的硬度增加，便于将这些器官切成整齐的薄片。

四、杀灭组织内的病原菌

法医接触的尸体来源复杂，其中不乏具有传染性疾病的尸体，而法医在检验时对此可能未知。固定过程能有效杀灭组织、器官中的具有传染性的病原微生物。以法医常用的福尔马林固定液为例，10％福尔马林液（含 3.6％～4.0％的甲醛）能杀灭除朊病毒、分枝杆菌以外的其他主要传染性病原体，如艾滋病病毒、肝炎病毒等。有研究表明，艾滋病病毒经 10％福尔马林固定液处理 10 min 即被灭活。总之，固定过程在一定程度上降低了检验人员的职业暴露风险。

第二节 固定剂的选择

一、固定剂的分类

固定剂一般分为单方固定剂和复方固定剂两种。以一种化学试剂作为固定剂的称为单方固定剂，常见的有甲醛、乙醇、冰醋酸、氯化汞、苦味酸、丙酮、重铬酸钾等。用几种固定剂配合起来使用的称为复方固定剂，其特点是可以使每一种单方固定剂的优缺点相互弥补，从而达到较为完美的固定效果。常见的复方固定剂有 Zenker 固定液（升汞 5.0 g＋重铬酸钾 2.5 g＋硫酸钠 1.0 g＋蒸馏水加至 100 ml）、AF 固定液（40％甲醛 100 ml＋95％乙醇 900 ml）等。

二、甲醛的优点

甲醛，常温下为无色气体，有特殊的刺激气味，对人眼、鼻等都有刺激作用，易溶于水和乙醇，水溶液的浓度最高可达 55％，市售的浓度通常是 36％～40％，称为甲醛水，俗称福尔马林。甲醛作为固定剂有很多优点：①渗透力强，固定均匀，据报道，10％中性缓冲福尔马林固定液在组织内的穿透速度为 0.1 cm/h；②固定后组织收缩较少，且能使组织硬化并增加其弹性，方便检查和取材；③经甲醛固定的组织，对 DNA 检验、硅藻检验、理化检验等基本无影响或者影响较小，满足司法实践的需求；④甲醛易购置、价格便宜，易配制。

三、甲醛的缺点

甲醛完全能满足法医病理检案中固定的要求，是目前法医工作中最常使用的固定剂，但亦存在以下缺点。

1. 易产生福尔马林颗粒

甲醛固定后容易在含血丰富的器官如肺、脾等的组织间隙内产生黄褐色、黑色或棕黑色甲醛色素颗粒，亦称福尔马林颗粒。这种福尔马林颗粒系在非中性福尔马林溶液中固定时间过长，酸性甲醛与溶血后血红蛋白中一些成分互相作用而形成。镜下观察福尔马林颗粒较匀细，散在分布于组织间隙之间，具有折光性，有时易与含铁血黄素颗粒相混淆（实践中可以进行普鲁士蓝染色，以甄别是否含有铁元素）。此外甲醛中往往含有甲酸等杂质，导致固定液酸变，影响染色效果。

10％中性缓冲福尔马林固定液，其固定效果及对组织抗原性的保存均优于一般的 10％福尔马林固定液，既能满足常规 HE 及免疫组化、PCR 等工作，还可有效地减少福尔马林颗粒的产生，因此推荐在法医病理实际工作中应用。配制方法：40％甲醛 100 ml＋磷酸氢二钠 6.5 g＋磷酸二氢钠 4.0 g＋蒸馏水 900 ml，其 pH 值为 7.2～7.4，配制后应密封并放置于阴凉处，保存时间不超过 1 个月。

2. 降低抗原性

甲醛的固定机制是在蛋白质末端基团之间形成交联链，这种交联的功能也是它的缺点，用甲醛固定过的组织，在进行免疫组化染色时，往往需要用酶消化或热抗原修复法来使蛋白与甲醛交联的醛键断裂开，以修复抗原。

3. 危害检验者身体

甲醛为一种原浆毒，能使细胞内的蛋白质凝固，失去正常功能，除对皮肤、呼吸道有刺激和（或）致敏作用外，还有致突变和致癌作用，长期接触对神经、消化、心血管系统都有一定的影响，检验者需要做好职业暴露的防护工作。

4. 废液处理烦琐

甲醛对环境的影响较大，不能直接倾倒。法医病理学检验过程中的甲醛用量往往较大，使用过的甲醛废液需要有资质的废弃物回收处理公司进行专业处理，较为烦琐。

第三节 固定注意事项

一些法医在实际工作中不太注重解剖结束后的器官、组织的固定工作，随意性较大，给其后的器官检查和取材及组织病理学检验鉴定工作增加了不必要的麻烦。器官、组织的固定要注意以下问题。

一、及时固定

机体死亡后，组织、细胞本身受细胞自身固有的各种酶（主要是溶酶体酶）的作用而发生结构破坏、溶解，使组织变软，甚至液化，这就是自溶。理论上讲，自溶在机体死亡后马上发生，它能使生前的一些损伤和病变发生变化甚至无法分辨，严重影响法医病理学检验工作，因此在解剖、照（录）相（像）结束及提取理化检验、DNA 检验和硅藻检验等所需检材完毕后，应当立即进行固定。

二、切开固定

虽然福尔马林固定液有良好的穿透能力，但法医病理学检验所面对的检材主要是脑、心、肺、肝、脾、肾等器官，大多有致密的被膜，且体积较大，如不切开，固定液难以在短时间内渗透到器官内部，容易出现周边固定良好而内部腐败的现象，严重者出现大量腐败空泡，呈泡沫器官改变。

尸检时采取联合取出法提取颈部、胸部、腹部器官的，应将器官逐一分离后再行固定。脑在放入固定液前在大脑正中裂胼胝体上向两侧半球各做一由上斜向外下的切口，使固定液能进入侧脑室内，以确保大脑内部结构能及时、有效地固定，否则容易造成深部脑组织固定不良。不提倡用较厚的毛巾等包裹住脑组织，再放入固定液中固定。图 2-1 为未切开即进行固定的脑，脑切面见大量大小不一的空洞。对于肝、脾、肾等实质器官，建议固定前用长刀沿器官的最大面切开再固定。心自纵隔分离后，应尽量冲洗掉存留在心腔内的血液、血凝块等，因剪开后固定的心极易变形，影响后期的检查和取材，如图 2-2 所示，可在固定前用手术刀在心左缘和右缘各刺一刀，或者直接放入固定液中固定。

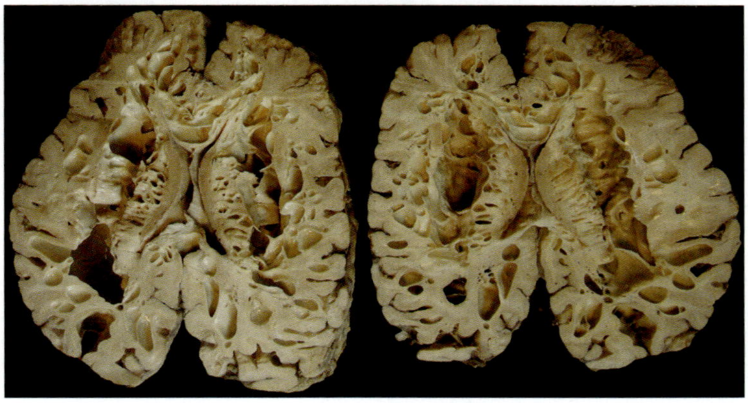

图 2-1 未切开固定导致的脑自溶

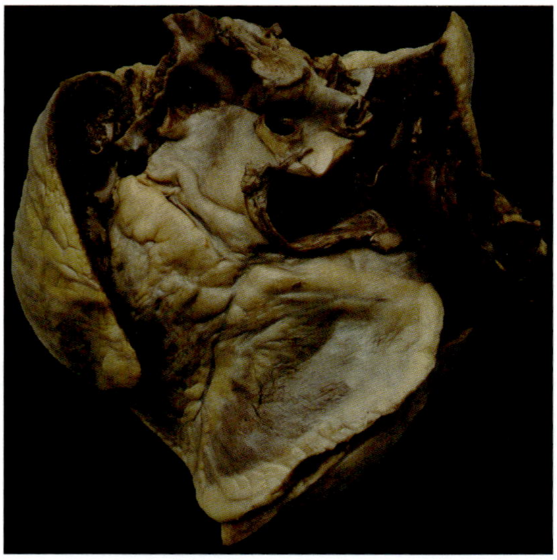

图 2-2 剪开固定后导致的心变形

三、完全浸泡

固定液的量是否足够决定着器官、组织固定的成败。对于新鲜大标本，以不少于标本体积 2 倍的固定液进行固定，固定 5 d 后建议更换一次固定液。因长时间的固定，福尔马林固定液会发生酸性改变，影响细胞核的染色，因此一般在固定 5～7 d 后即应进行器官检查和取材。对于已固定好了的标本，若需长期保存，固定液用量以完全没过标本为宜，但仍然要注意定期更换固定液。

器官、组织应完全浸泡在固定液液面之下，否则漂浮在液面之上的部分会发生腐败并滋生大量腐败细菌，影响检验，如图 2-3 所示。这种情况主要发生在肺，正常通气的肺组织因比重小，容易漂浮于固定液之上，固定时可在肺表面覆盖浸含固定液的纱布或薄层脱脂棉。

图 2-3 霉肺

对于完整肺的固定，推荐采用灌注法进行固定。操作方法是联合法取材取出气管、支气管和双肺，保持其解剖结构的连续性、完整性，即不分离呼吸道和肺，不剪开气管、支气管，用配置好的福尔马林固定液从气管灌入，顺其自然地流入两肺，直至双肺完全灌满为止，夹紧气管入口处，然后将气管、支气管及双肺放入装满固定液的容器内固定，以达到完全固定的目的。

四、浓度适宜

固定液不能过稀，否则达不到固定的目的，但也不宜过浓，过浓会使器官、组织表面过于硬化反而不利于固定液的渗透，导致器官内部固定效果不良。常规使用 10% 福尔马林，即 1 份市售的甲醛溶液配 9 份洁净自来水，实际工作中可根据标本体积、腐败情况酌情将比例调整为 1：（5～8）。

五、避免挤压

《法医学病理检材的提取、固定、取材及保存规范（GA/T148－2019）》要求每起案件应准备两个专用固定容器，脑、心放一个容器，其他器官、组织放一个容器，也可以使用带有镂空网状隔板、将桶体分隔成两层的具有双重密封特性的法医病理专用送检桶，这样可以有效避免盛装器官的容器过小导致器官之间相互挤压导致器官变形，影响检验。实践中建议对脑采用“牵线悬浮法”进行固定，方法是用一根粗丝线穿过大脑基底动脉，将脑悬吊于固定液中，以保持外形完好。胎儿脑组织较为柔软易碎，固定时可在固定液中加入食盐，以增加固定液的比重，这样可以使脑组织“浮”在固定液中，最大限度地减少脑组织受到挤压、变形等人为现象的发生。

经过福尔马林固定的器官、组织，一般不会有明显的收缩，但胃肠道、膀胱等空腔器官例外，由于组织本身的原因，胃肠道等的外层平滑肌在固定后会明显收缩，导致标本皱缩、变形。为避免这种现象的发生，在依规范方法剪开后，将黏膜面或内表面的病灶朝外，按其自然状态平铺并用大头针将标本边缘固定于硬纸板上后再放入固定液中。

六、避免遗失

对于皮肤、垂体、淋巴结等小块组织、器官，固定前应先用拭纸、滤纸或者纱布妥为包裹（如用丝线结扎或用大头针扎牢），然后再放入固定液中，防止在更换固定液及在检材流转过程中遗失。

七、避免浸染

固定前应尽量将黏附在器官、组织上的血液、血凝块等冲洗干净，否则容易浸染其他器官，失去正常的色泽，影响观察。同样，胆囊内有时含有大量的胆汁，胆汁可以透过胆囊壁进入固定液中，将其他器官染成墨绿色，因此建议在固定前用大头针刺破胆囊，将胆汁排出。图 2-4 中大脑表面被胆汁浸染，图 2-5 为肝胆汁浸染，肝被胆汁浸染为墨绿色，极易与肝黄疸相混淆。

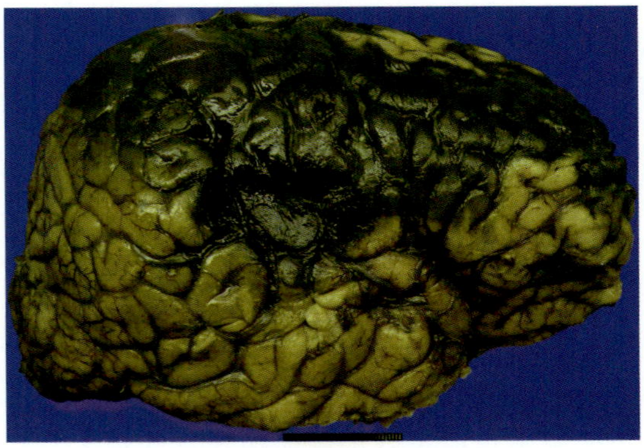

图 2-4　大脑表面被胆汁浸染

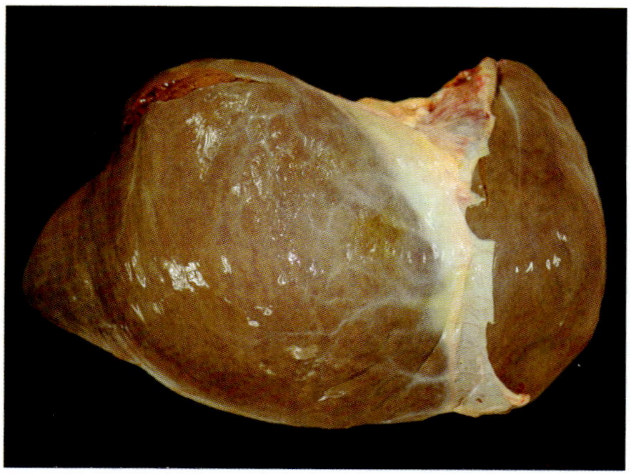

A

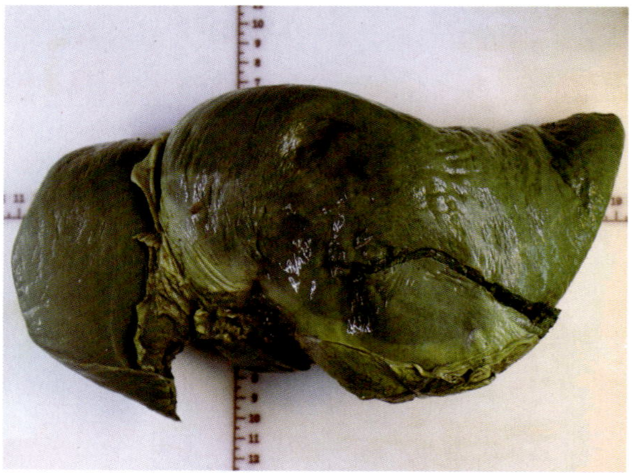

B

C

图 2-5 肝胆汁浸染

A：固定前；B：固定后表面观；C：固定后切面观。

八、脱钙处理

在法医病理学检验过程中，有时候需要对一些含钙的组织进行检验，如粥样硬化继发钙化病变的冠状动脉、钙化的心瓣膜及颅骨、舌骨、甲状软骨、肋骨等，由于含钙的组织较为坚硬，不能直接进行常规切片，否则容易导致如粥样斑块破裂等人为现象，影响检案结果，此时就需要在固定的同时或固定后进行脱钙处理。

所谓脱钙，就是利用化学或物理的方法把组织内的磷酸钙和碳酸钙去除的过程。脱钙的方法很多，总的原则是要求脱钙后能切片、常规 HE 染色后对比要鲜明、细胞核能着色、尽可能保存抗原、时间快且容易控制。

用于脱钙的试剂很多，主要为无机酸和有机酸，此外还有电解脱钙法、微波脱钙法等方法。

无机酸中以硝酸和盐酸较为常用。硝酸的脱钙能力较强，速度快，但由于其脱钙速度快，不容易控制时间，容易出现脱钙过度，导致细胞核无法上色等问题。盐酸的脱钙速度中等，脱钙时间容易控制且不容易过度，实践多采用。硝酸和盐酸适合于大块骨质如四肢长骨、肋骨、颅骨的脱钙处理，方法是将固定后的骨骼直接浸泡在5%～10%的硝酸水溶液或盐酸水溶液中。

有机酸中以甲酸较为常用，推荐用于小块组织如舌骨、甲状软骨和钙化的冠状动脉等的脱钙处理，配制方法是甲酸10 ml、甲醛10 ml加水至100 ml，组织固定与脱钙同时进行。

脱钙时要注意不能脱钙过度，否则会加重对组织的破坏，可以每隔1 h用大头针刺，能刺透即提示脱钙理想。因残留在组织内的酸性成分会影响染色效果，故脱钙后流水冲洗要充分。

在切片过程中如发现有钙化或脱钙不彻底等问题，可将蜡块组织面修出后直接放入10%盐酸甲醛液1～3 h（也可用10%硝酸30～60 min），流水冲洗5～10 min后再行切片。

第三章 中枢神经系统的检查和取材

中枢神经系统包括位于颅腔内的脑和位于椎管内的脊髓，其在法医学上的重要性，主要体现在以下两个方面：一是在机械性损伤死亡案件中，无论是发生率还是死亡率，中枢神经系统损伤都处在第一位。二是在自然性疾病导致的死亡案件中，脑血管疾病死亡率位居第二。因此几乎每一个案件都要涉及中枢神经系统尤其是脑的检查，在法医病理学检验鉴定中占有十分突出的地位。

第一节 脑的解剖学基础

脑是中枢神经系统的高级部位，由大脑、间脑、小脑、脑干四部分组成，脑室是内部的腔隙。

一、大脑

大脑由两侧大脑半球、侧脑室、第三脑室前壁终板和视前区等部分组成。两侧大脑半球间隔为大脑纵裂，纵裂的底为连接左右半球的胼胝体。大脑半球与小脑之间以大脑横裂分隔。

1. 大脑的外部结构

每侧大脑半球由宽广而凸隆的上外侧面、较为平坦的内侧面和不甚规则的下面组成，借中央沟、外侧沟和顶枕沟三条沟又分为额叶、顶叶、颞叶、枕叶和岛叶五个脑叶，其中中央沟位于大脑半球外侧面上部，分隔额叶和顶叶，外侧沟位于大脑半球外侧面下部，分隔顶叶和颞叶，顶枕沟位于大脑半球的内侧面，分隔顶叶与枕叶。岛叶位于外侧沟的深部，被部分额叶、顶叶及颞叶所掩盖。额叶的最前端称为额极，颞叶的最前端称为颞极，枕叶的最后端称为枕极。图 3-1 中 A 和 B 分别为大脑外侧面和内侧面解剖图。

2. 大脑的内部结构

大脑半球表层为灰质，称大脑皮质，是人体活动的最高级中枢，它由大量的神经元、神经胶质细胞组成。大脑皮质的不同部位，有完成某些反射活动的相对集中区，称为大脑皮质的功能定位，如第 I 躯体运动区位于中央前回和中央旁小叶前部，视觉中枢位于枕叶内侧面距状沟上、下方的皮质等。

大脑半球深部为白质，称为髓质，由大量相互交织、联系皮质各部和皮质下结构的神经纤维组成，分为联络纤维（包括上纵束、下纵束、钩束等）、连合纤维（包括胼胝体和前连合等）和投射纤维（内囊）三类，其中内囊在脑的水平切面上呈“＞＜”状，分为内囊前肢和内囊后肢。埋藏于髓质深部的核团称为基底核，由尾状核、豆状核、屏状核和杏仁体组成，其中尾状核和豆状核合称为纹状体。内囊、基底核的解剖结构见图 3-2。

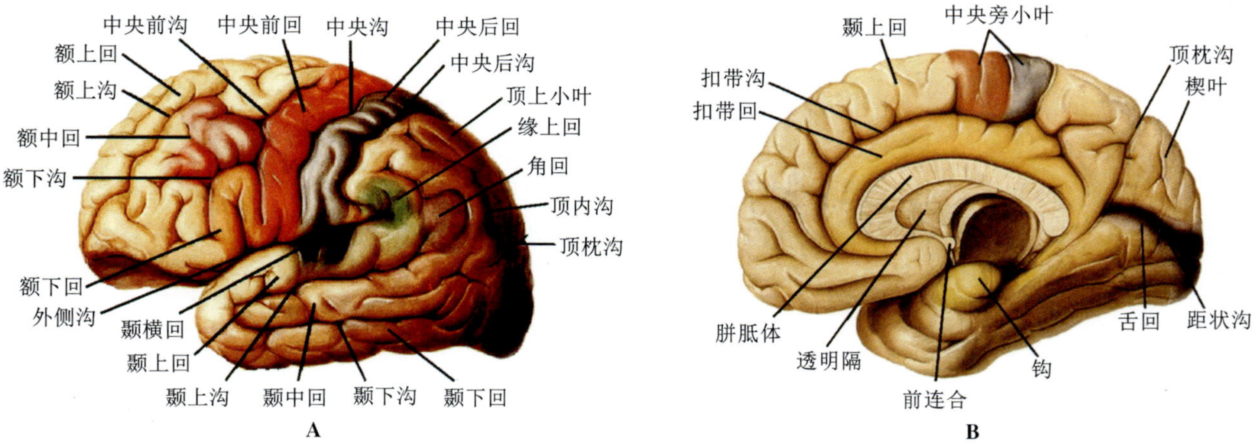

图 3-1 大脑外表解剖

A：大脑外侧面；B：大脑内侧面。

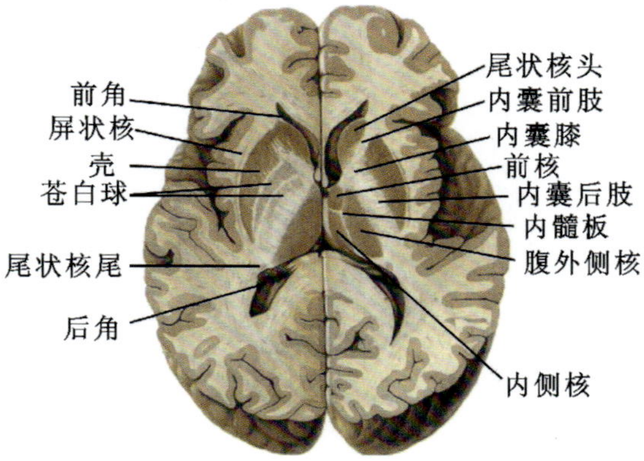

图 3-2 大脑内部解剖

二、间脑

间脑位于大脑与中脑之间，被两侧大脑半球所覆盖，只能从外侧面看到其背侧和腹侧面的部分结构，如背侧面的松果体、韁三角、韁联合，腹侧面的视交叉、视束、灰结节、漏斗、垂体和乳头体等，见图 3-3。一般根据位置将间脑分为背丘脑、底丘脑、后丘脑、上丘脑和下丘脑五部分。

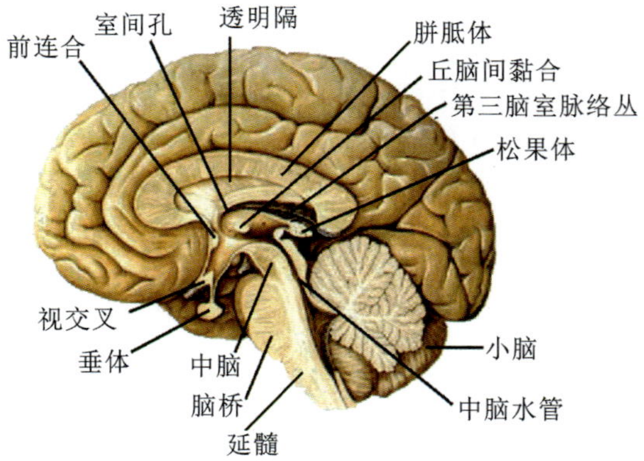

图 3-3 间脑

三、小脑

小脑位于颅后窝，脑桥和延髓的背侧，分为正中的蚓部和两侧的小脑半球。表面有许多相互平行的沟，沟与沟之间为叶片。其中有两条较深的沟，即原裂和水平裂：原裂是小脑前叶与后叶的分界，水平裂是小脑上面和下面的分界。小脑上面平坦，下面正中有纵深的凹，称小脑谷，小脑谷的两侧为小脑扁桃体。小脑的外部和内部解剖结构见图 3-4。小脑以小脑上脚、小脑中脚、小脑下脚分别与中脑、脑桥、延髓相连。

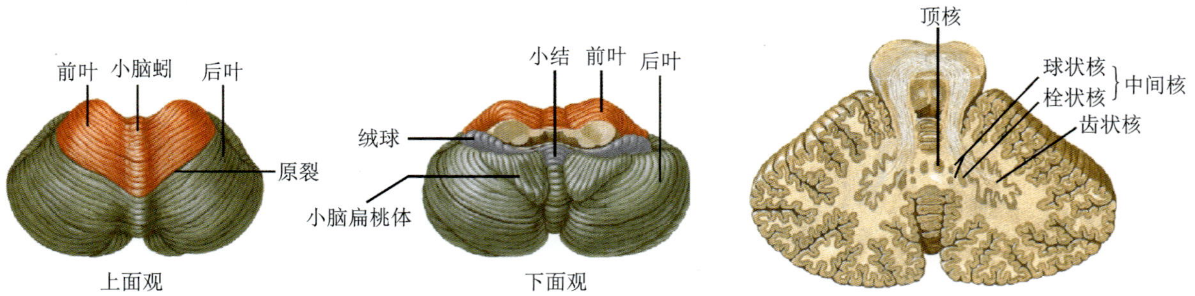

A　B

图 3-4　小脑

A：小脑外部解剖；B：小脑内部解剖。

四、脑干

脑干位于脊髓和间脑之间，自上而下由中脑、脑桥和延髓三部分组成，背面与小脑相连。脑干腹侧面和背侧面的解剖结构见图 3-5。

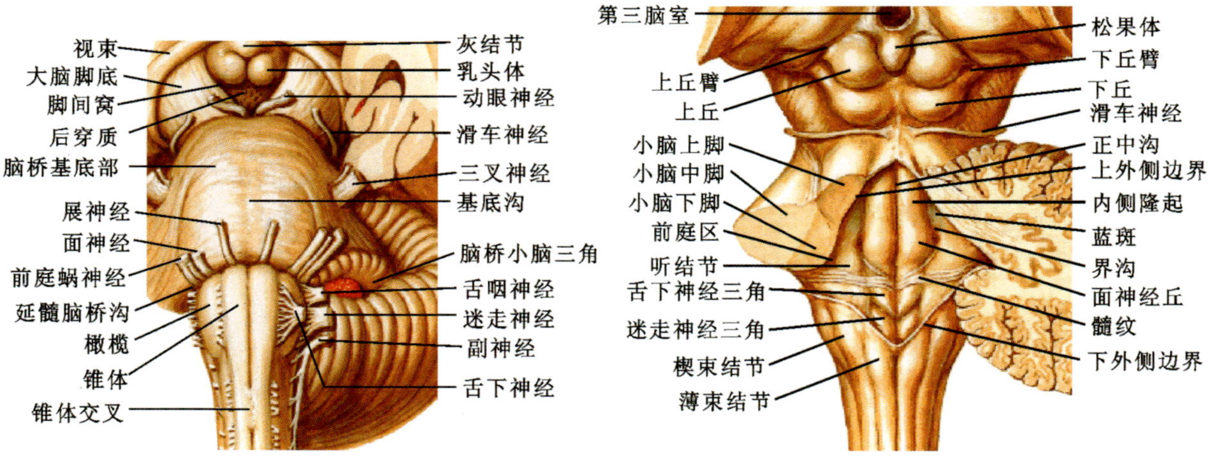

A　B

图 3-5　脑干

A：脑干腹侧面解剖；B：脑干背侧面解剖。

共有 10 对脑神经自脑干发出，中脑发出 2 对：动眼神经由大脑脚内侧的脚间窝穿出，滑车神经自中脑背侧下丘下外方发出，绕过大脑脚外侧前行；脑桥发出 4 对：三叉神经自脑桥基底部和小脑中脚的交界处发出，展神经、面神经和前庭蜗神经在桥延沟内由内向外依次发出；延髓发出 4 对：舌咽神经、迷走神经和副神经在橄榄背外侧自上而下依次发出，舌下神经在锥体和橄榄之间发出。这 10 对脑神经，除了滑车神经自脑干背侧面发出外，其余 9 对均自脑干腹侧面发出。

五、脑室

脑内部的腔隙称为脑室，包括双侧侧脑室、第三脑室及第四脑室。各脑室之间由小孔和管道相通。双侧侧脑室的部分侧壁及第三、四脑室顶有脉络丛分布。

1. 侧脑室

侧脑室左右各一，分别位于左、右大脑半球内，与各脑叶相邻。左右侧脑室之间为双层半透明结构的透明隔。侧脑室经室间孔与第三脑室相通。侧脑室分为四部分：前角（室间孔以前、伸入额叶的部分）、后角（伸入枕叶的部分）、下角（伸入颞叶的部分）和中央部（顶叶内、室间孔和胼胝体压部的部分）。

2. 第三脑室

第三脑室是位于两侧背侧丘脑及下丘脑之间的一个矢状狭长裂隙。前上方经左、右室间孔与相应侧的侧脑室相通，向后下经中脑水管与第四脑室相通。

3. 第四脑室

第四脑室是位于延髓、脑桥与小脑之间的间隙，向上连通中脑水管，向下接脊髓中央管。第四脑室的底即菱形窝，其顶形如帐篷，朝向小脑。在第四脑室顶下部、靠近菱形窝下角正中有一孔，为第四脑室正中孔（也称马氏孔），两个外侧角附近各有一孔，为第四脑室外侧孔（也称路氏孔），正中孔和外侧孔是脑室系统与蛛网膜下腔（小脑延髓池）相连的通道。

4. 脑脊液循环

脑脊液是脑室系统、蛛网膜下腔和脊髓中央管内的无色透明液体，内含各种浓度不等的无机离子、葡萄糖、微量蛋白和少量淋巴细胞等，功能上相当于外周组织中的淋巴液，主要起缓冲作用，保护脑和脊髓免受外力震荡损伤，同时能够调节颅内压力，提供中枢神经系统营养物质并运出其代谢产物及参与神经内分泌调节等作用。

脑脊液循环被称为人体的第三循环，其循环路径大致为：侧脑室脉络丛产生的脑脊液，经室间孔流至第三脑室，与第三脑室脉络丛产生的脑脊液一起，经中脑水管流入第四脑室，再汇合第四脑室脉络丛产生的脑脊液一起经第四脑室正中孔和两个外侧孔流入蛛网膜下腔，然后再沿蛛网膜下腔流向大脑背面，经蛛网膜颗粒渗透到硬脑膜窦（主要是上矢状窦）内，回流入血液中，见图 3-6。

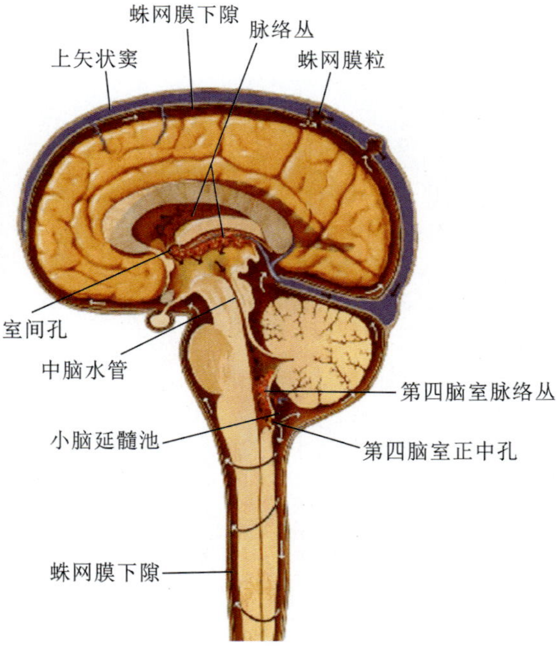

图 3-6 脑脊液循环

成人脑脊液总量约 150 ml，每天生成脑脊液约 800 ml，为脑脊液总量的 5～6 倍，但同时有等量的脑脊液被吸收入血液，处于不断产生、循环和吸收的动态平衡。脑脊液循环具有以下特点：①脑室系统除在第四脑室正中孔和两个外侧孔处与蛛网膜下腔相通外，在其他部位并不直接通联；②脑脊液为单向循环，脑室系统处在循环的上游，而大脑背面的蛛网膜下腔处在循环的下游。最新研究表明，在有些部位如中脑水管处的流向是双向的。

拓展学习 1 颅内压增高

人的颅腔容积是固定的，为 1 400～1 500 ml，容纳脑组织（80%～85%）、血液（2%～11%）和脑脊液（10%）。正常情况下上述三者与颅腔容积相适应，使颅内保持一定的压力，称为颅内压。成人颅内压正常值为 0.7～2.0 kPa，儿童颅内压正常值为 0.5～1.0 kPa。颅内压正常情况下几乎是恒定的，仅有小的波动，这种衡定主要通过脑脊液量的增减来实现：当颅内压<0.7 kPa 时，脑脊液分泌增多，吸收减少；当颅内压>0.7 kPa 时，脑脊液分泌减少，吸收增多。而颅内压增高指的是由于各种原因使颅腔内容物体积增加，导致颅内压持续在 2.0 kPa 以上，从而引起相应的症状。

一、颅内压增高的原因

当颅腔内容物体积增大或颅腔容量缩减超过颅腔容积的 8%～10%，将产生严重的颅内高压。常见引起颅内压增高的原因归纳起来主要为以下 3 种情况。

1. 颅腔内容物的体积增大

如脑水肿导致的脑组织体积增大，脑积水导致脑脊液增多，颅内静脉回流受阻或过度灌注等。

2. 颅内占位性病变使颅内空间相对变小

如颅内血肿、脑肿瘤、脑脓肿等。

3. 先天性畸形使颅腔的容量变小

如狭颅症、颅底凹陷症等。图 3-7 为一石骨病死者（男，5 岁）的颅骨，因破骨细胞功能障碍，颅腔不能随着年龄的增长而扩张，导致颅腔变得相对狭窄。

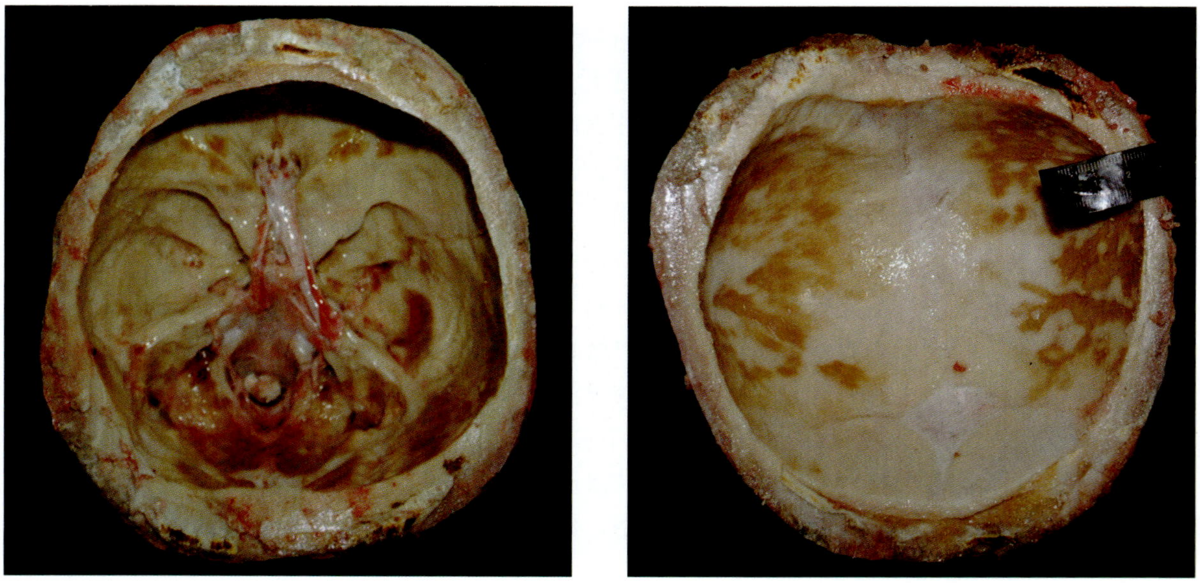

A　　B

图 3-7　石骨病之颅骨

A：颅底骨；B：颅盖骨。

二、颅内压增高的分类

1. 弥漫性颅内压增高和局灶性颅内压增高

弥漫性颅内压增高多见于脑实质体积增大（弥漫性脑水肿、交通性脑积水）、颅腔狭小者。颅腔内各部位及各分腔之间压力均匀升高，不存在明显的压力差，无明显脑组织移位。局灶性颅内压增高多见于颅内局限性病变者，病变部位压力首先增高，可引起脑组织移位。

2. 急性颅内压增高、亚急性颅内压增高和慢性颅内压增高

急性颅内压增高者病情发展迅速，症状和体征严重，生命体征变化剧烈，如急性颅脑损伤引起的颅内血肿，高血压脑出血等。亚急性颅内压增高者病情发展较快，颅内压增高的反应较轻或不明显，多见于发展较快的颅内恶性肿瘤、转移瘤及各种颅内炎症。慢性颅内压增高者病情发展较慢，可长期无颅内压增高的症状和体征，病情发展时好时坏，多见于生长缓慢的颅内良性肿瘤、慢性硬膜下血肿等。

三、颅内压增高对机体的影响

1. 脑血流量降低

正常成人血液约以 1 200 ml/min 进入颅内，脑血流量（CBF）＝（平均动脉压－颅内压）/脑血管阻力，脑灌注压（CPP）＝平均动脉压－颅内压，脑血流量（CBF）＝脑灌注压/脑血管阻力，正常的脑灌注压为 9.3～12 kPa，脑血管的阻力为 0.16～0.33 kPa，此时脑血管的自动调节功能良好，如果颅内压不断增高使脑灌注压低于 5.3 kPa 时，脑血管自动调节功能将丧失。

2. 脑水肿

各种原因导致的脑水肿是引起颅内压增高最常见的因素，而颅内压增高又可引起脑水肿，颅内压增高和脑水肿有时候互为因果、相互助长，使病情进一步恶化。

3. 库欣反应

当颅内压急剧升高至 4.67 kPa 以上，脑灌注压低于 5.33 kPa 时，脑血管自动调节功能基本丧失，为保证脑血流量，机体通过自主神经系统反射性收缩全身周围血管使血压升高（全身血管加压反应），心率减慢，心搏出量增加，以提高脑灌注压。同时，为提高血氧饱和度，呼吸减慢并加深，使肺泡内气体充分交换。这种颅内压增高导致的血压升高、心率减慢和呼吸深慢称之为库欣三联征。

4. 胃肠紊乱及消化道出血

颅内压增高可引起下丘脑自主神经中枢缺血而致功能紊乱，出现呕吐、胃及十二指肠出血、溃疡和穿孔等改变。

5. 神经源性肺水肿

下丘脑、延髓受压导致 α 肾上腺素能神经活性增强，血压反应性升高，左心室负荷过重，左心房及肺静脉压增高，肺毛细血管压力增高，液体外渗，引起肺水肿。

6. 脑移位和脑疝

弥漫性颅内压增高者，颅腔内各部位及各分腔之间压力均匀升高，不存在明显的压力差，故可无明显脑组织移位和脑疝形成。而局部颅内压增高者，病变部位压力首先增高，使附近的脑组织受到挤压而发生移位，并把压力传向远处，造成颅内各腔隙间的压力差，这种压力差易导致脑室变形、脑干及中线结构移位。

因此，颅内压增高对机体的影响是多方面的，实际工作中在进行死因分析时，仅仅考虑有无脑水肿或脑疝是不够客观、全面的。

第二节 脑的血液供应

脑的平均重量不到体重的 3%，但其血流量却占全身血流量的 1/5。脑组织本身几乎没有供能物质的储存，高度依赖稳定而丰富的血液供应。一般情况下，100 g 脑组织每分钟约需 50 ml 血流量。脑在功能上和结构上并非均匀一致，所以各部位的血流及代谢水平也不一致，其中大脑的血流量明显高于其他部位，皮质明显高于白质。大脑皮质对脑循环缺血和缺氧非常敏感，缺氧 30 s 或完全阻断脑血供 10s 即会导致昏迷，缺氧 3 min 可能造成脑神经细胞的不可逆的损伤，缺氧 6 min 可以致死。

一、脑的动脉系统

脑的血液供应来自颈内动脉系统和椎-基底动脉系统，见图 3-8。

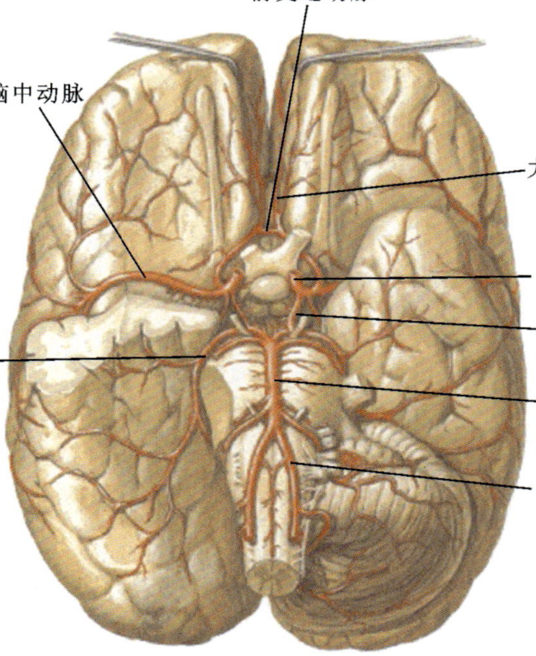

图 3-8 脑底动脉

1. 颈内动脉系统

颈内动脉在颈动脉鞘内垂直上升至颅底，穿颞骨岩部经颈动脉管至岩骨尖，通过破裂孔入颅内，穿硬脑膜经海绵窦，依次分出眼动脉、后交通动脉、脉络膜前动脉，在视交叉两旁分为大脑前动脉和大脑中动脉两个终支。

大脑前动脉位于视交叉外侧，呈直角或近似直角从颈内动脉发出，在大脑底部向中线行走，折入大脑纵裂，沿胼胝体沟由前向后至胼胝体压部。左、右大脑前动脉之间于视交叉处以横支相连，这一横支称为前交通动脉。大脑中动脉是颈内动脉的直接延续，在前床突附近经侧沟窝进入大脑外侧沟，主干行走方向与外侧沟方向一致。后交通动脉自颈内动脉后壁发出后水平位向后行走，与大脑后动脉相连接。

2. 椎-基底动脉系统

椎动脉起于锁骨下动脉，左右各一，向上穿行于第六颈椎至第一颈椎的横突孔，穿寰枕后膜及硬脑膜，经枕骨大孔入颅，沿途发出脑膜支、脊髓后动脉、脊髓前动脉、延髓支、小脑后下动脉等分支，在脑桥下缘处合并为基底动脉，发出脑桥动脉、小脑前下动脉、小脑上动脉及大脑后动脉等分支。大脑后动脉是基底动脉的终支，跨越动眼神经上方，沿大脑脚后行，越海马沟，行于海马裂内，至胼胝体压部后下方。

颈内动脉系统供应额叶、颞叶、顶叶和基底节等大脑半球前 3/5 部分的血流，故又称前循环，椎-基底动脉系统主要供应脑后部的 2/5、包括脑干、小脑、大脑半球后部及部分间脑，故又称后循环。前后循环在皮质和深部的分水岭分别位于顶、枕、颞交界处和丘脑。当脑灌注压过低或脑血流量减少时，这些部位易发生缺血性损害，导致分水岭梗死。

3. 脑底动脉环

颈内动脉系统与椎-基底动脉系统是两个独立的供血系统，两者在颅底吻合成脑底动脉环，见图 3-8。脑底动脉环由一条前交通动脉和成对的大脑前动脉、颈内动脉、后交通动脉及大脑后动脉近侧端组成，围绕视交叉、灰结节和脚间窝。在正常情况下，组成环的各动脉内血流方向是一定的，相互并不混合，只是在某动脉近端血流受阻、环内各动脉间出现压力差时，脑底动脉环才发挥其侧支循环的作用。脑底动脉环既是动脉瘤的好发部位，也是动脉粥样硬化的常见部位。

4. 穿通支

在脑底动脉环、大脑前动脉、大脑中动脉、大脑后动脉的近侧段及基底动脉等大分支直接发出许多小动脉，这些小动脉统称为穿通支。按部位大体分为前内侧组、前外侧组、后外侧组和后内侧组四组，见图 3-9，供应间脑、纹状体和内囊等处。

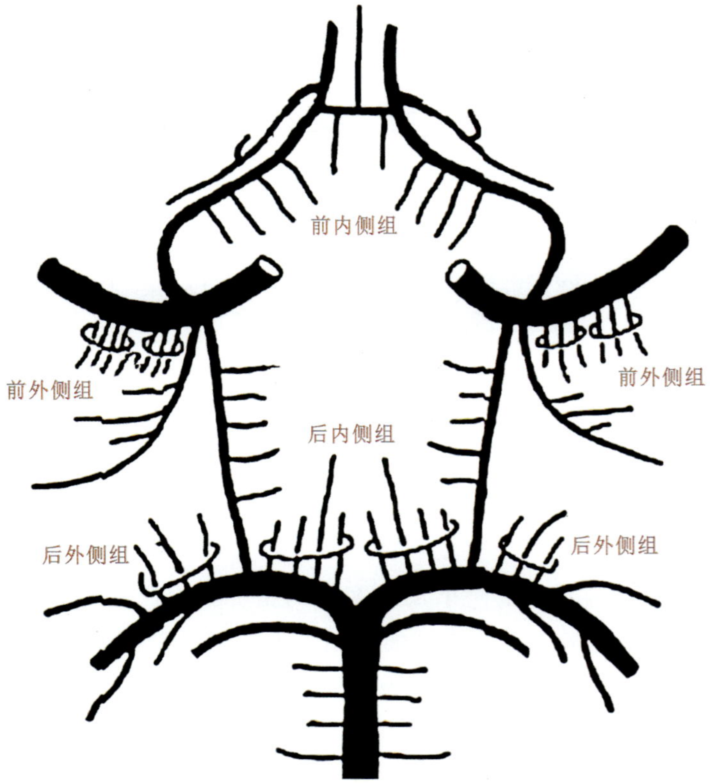

图 3-9 穿通支

二、脑的静脉系统

脑的静脉系统由脑静脉系和硬膜窦组成。

脑静脉系由大脑浅静脉、大脑深静脉、间脑丘脑的静脉、延髓脑桥中脑的静脉、小脑静脉等组成。大脑浅、深静脉在大脑白质有细小的吻合，同时还有贯穿静脉相连。大脑背侧主要分布着大脑上静脉和大脑下静脉。其中大脑上静脉有 8～12 支，位于外侧沟以上，沿脑沟走行，行至大脑半球的上内侧边缘汇入上矢状窦；大脑下静脉有 1～7 支，位于外侧沟以下，颞叶表面，自前上方向后下方斜行，最后汇入海绵窦和横窦。

硬膜窦是由硬脑膜的骨膜层在特定部位互相分离而形成的一个连续的腔隙状的管状系统，在腔隙内面衬有内皮细胞，收集脑、脑膜、颅骨板障静脉和眼眶等处的静脉血，最后穿过颈静脉孔，汇入颈内静脉。重要的硬膜窦有上矢状窦、直窦、下矢状窦、乙状窦、海绵窦等。硬膜窦还通过蛛网膜颗粒等结构回收脑脊液汇入静脉血，参与脑脊液循环。

三、脑血管的解剖学特点与法医实践

第一，脑动脉的主干及其主要分支均位于脑的腹侧面，然后再回绕到脑的背侧面，行走弯曲度大。血管周围没有支持组织衬垫，头颅过度旋转时易撕裂、出血。

第二，与其他部位相比，脑内血管管壁较薄。脑动脉内膜层厚，有发达的内弹力膜，但中膜和外膜较薄，仅含有少量的弹力纤维，没有外弹力膜；脑的静脉和静脉窦内没有静脉瓣，静脉壁缺乏平滑肌。

第三，穿通支呈直角从主干动脉发出并直接进入脑内，直径为 0.1～1.0 mm，血管游离度小，管壁周围无软组织衬垫、固定和保护。管壁菲薄，镜下仅可见一层内皮或内皮下中膜层仅有少许平滑肌组织。当头部受到旋转剪切力等作用时，这些穿通支易破裂而导致脑底蛛网膜下腔出血，被认为是脑底蛛网膜下腔出血的常见原因之一。

第四，硬膜窦的窦壁较厚，壁内没有平滑肌，因此窦壁不能收缩和扩张，破损后也不易塌陷，损伤时易导致大出血。

第三节 脑的外表检查

脑外表检查包括脑外形的检查、蛛网膜及蛛网膜下腔的检查、脑挫（裂）伤的检查、脑神经根的检查及脑疝的检查等方面。

一、脑的重量

脑的重量是判断脑水肿或脑萎缩的一个比较客观的指标，因此在检查和取材之前应进行称重。一般所说的脑的重量为大脑、小脑和脑干三者的总和，不包括硬脑膜和垂体。一般成年男性脑的重量为 1 300～1 500 g，女性为 1 100～1 300 g。表 3-1 是国人各年龄组脑的正常重量。需要说明的是，经福尔马林溶液充分固定后的器官重量有 7%～30%不等的增加，因此建议在固定前后分别称重，进行综合分析。

表 3-1 男女各年龄组脑的正常重量

年龄组	男		女	
	例数（例）	平均值±标准差（g）	例数（例）	平均值±标准差（g）
出生至 6 d	359	382.0±60.0	24	371.0±53.0
7～29 d	163	404.0±66.0	117	377.0±63.0
1～2 个月	206	481.0±94.0	129	443.0±84.0
3～5 个月	195	612.0±102.0	146	567.0±102.0
6～9 个月	232	769.0±140.0	180	727.0±129.0
10～11 个月	119	876.0±149.0	83	839.0±144.0
1～2 岁	653	1 008.6±59.0	540	943.0±139.0
3～7 岁	553	1 228.3±67.4	471	1 130.3±151.4
8～12 岁	197	1 344.2±52.3	163	1 257.1±122.2
13～17 岁	138	1 351.9±32.2	99	1 260.7±122.8
18～39 岁	1 512	1 414.1±26.8	704	1 262.9 ±122.1
40～49 岁	464	1 407.7±22.6	186	1 272.9±131.8
50～59 岁	304	1 396.8±22.9	115	1 263.4±122.5
60～69 岁	227	1 367.1±31.6	120	1 253.3±105.7
70～79 岁	115	1 328.2±17.2	81	1 218.5±142.2
80～100 岁	22	1 289.0±35.0	39	1 180.0±102.0

注：摘自李志尚、黄高明《我国各年龄组脏器重量详表》。

二、脑外形的检查

首先观察两侧脑组织是否完整、是否对称、有无肿胀、有无凝血块附着、有无异物嵌入，接着观察脑回的宽窄、脑沟的深浅程度。

成人脑沟回的形态并不一致，在不同的区域，脑沟回的形态结构也不尽相同，即使同一个体的同一区域在左右半球上也并不一致。例如，脑中央沟平均深度为 15～17 mm，枕叶的脑沟平均深度为 11 mm；脑中央前回的宽度一般为 13 mm，中央后回的宽度一般为 12 mm。在大体检查时并不需要精确测量各个沟回的数值，而是从整体上把握脑沟回是否存在形态异常。脑水肿者，脑重量增加，脑回扁平、脑沟变浅；脑萎缩者，脑重量减轻，脑回变窄，脑沟变深。

三、蛛网膜及蛛网膜下腔的检查

（一）蛛网膜及蛛网膜下腔的解剖学基础

1. 蛛网膜

蛛网膜是位于硬脑膜和软脑膜之间一层薄而有光泽的半透明膜，主要由纤维结缔组织构成，其间含有少量弹力纤维，缺乏血管和神经。蛛网膜被覆于脑的表面，不深入脑沟，仅在纵裂间和横裂间，随大脑镰和小脑天幕伸入裂内。颅内蛛网膜的分布并不均匀，越是血管、神经结构集中且关系复杂的部位，蛛网膜的分布就越丰富，结构越复杂，而血管、神经结构关系简单的部位，蛛网膜的分布就相对稀疏，结构也相对简单。根据蛛网膜在颅内的位置将其分为凸面蛛网膜、颅底蛛网膜和小梁蛛网膜三类。

凸面蛛网膜和颅底蛛网膜一般较厚，致密，呈完整的膜状，除脑血管、颅神经、垂体柄穿过处之外，无窗孔。凸面蛛网膜与颅底蛛网膜相连续，共同组成蛛网膜外层，覆盖整个脑表面。

小梁蛛网膜由纤细、坚韧的蛛网膜小梁交织而成，横跨蛛网膜下腔，将蛛网膜下腔分隔成许多相对独立的池，构成脑池的壁，同时包裹、缠绕或附着于穿行于脑池之间的血管和神经。小梁蛛网膜与蛛网膜小梁是两个不同的概念，蛛网膜小梁是连接于凸面蛛网膜（或颅底蛛网膜）与软脑膜之间的结缔组织小梁，这些小梁起支持和固定脑的作用，将蛛网膜下腔分割成许多彼此相通的网眼样腔隙。

2. 蛛网膜下腔和脑池

蛛网膜下腔是蛛网膜与软脑膜之间的腔隙，内含有大量的脑脊液。脑池是蛛网膜下腔在脑的沟、裂等处的扩大部分，由软脑膜、小梁蛛网膜、颅底蛛网膜（或凸面蛛网膜）围成，内含有更多的脑脊液。主要有小脑延髓池、脑桥池、环池、四叠体池、脚间池、视交叉池、大脑大静脉池、外侧裂池等，见图 3-10。颅内的主要神经和血管都穿过脑底部脑池，并被脑池内的纤维和小梁所包绕和固定，当蛛网膜下腔出血时，脑池内会聚积较多的血液，并易形成凝血块。

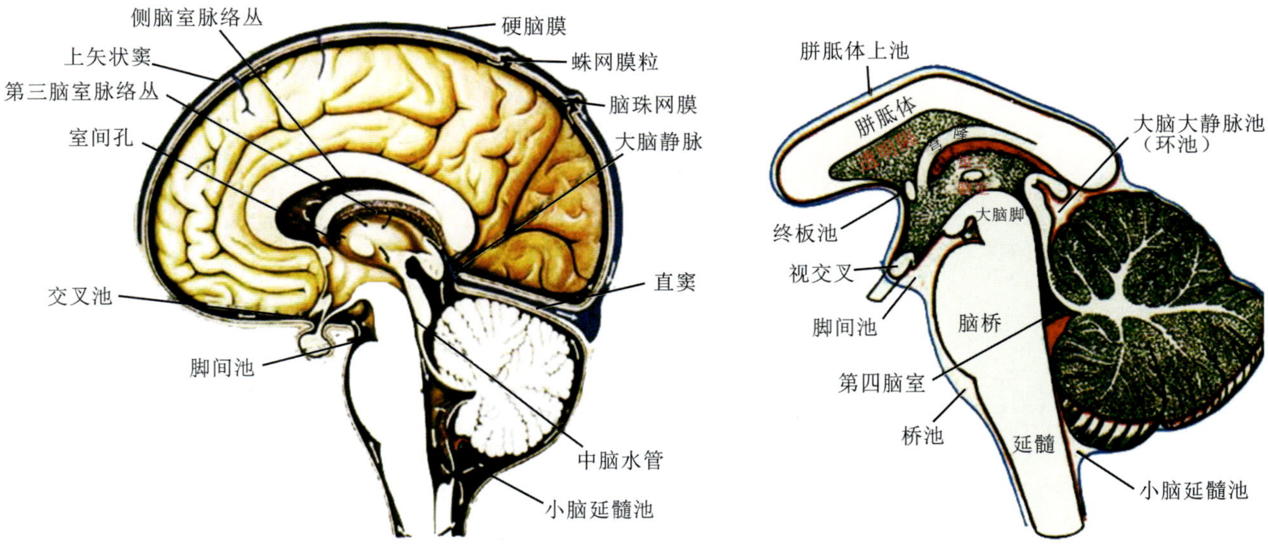

图 3-10　脑池

（二）与蛛网膜及蛛网膜下腔有关的病变

1. 脑膜炎

化脓性脑膜炎者脑表面血管扩张，蛛网膜外观模糊，有时因蛛网膜下腔的灰黄色脓性渗出物覆盖在脑沟脑回内导致脑沟回结构模糊不清，如图 3-11 所示。结核性脑膜炎病变一般以脑底部最为明显，在脑桥、脚间池、视交叉及大脑外侧裂等处的蛛网膜下腔见有多量的灰黄色混着胶冻样渗出物。

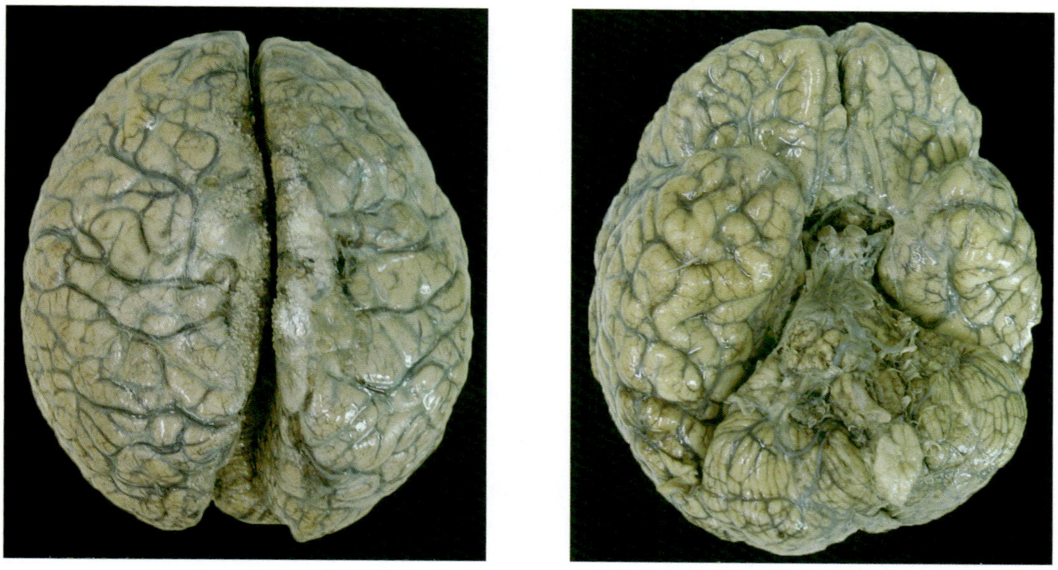

A B

图 3-11 化脓性脑膜炎

A：脑顶部；B：脑底部。

2. 蛛网膜下腔出血

蛛网膜下腔出血是法医学的重点和难点之一，检验时要注意观察蛛网膜下腔出血的位置、范围及分布特点等，图 3-12 为脑顶部和脑底部蛛网膜下腔出血。按照出血原因，蛛网膜下腔出血可分为病理性蛛网膜下腔出血和外伤性蛛网膜下腔出血两大类。

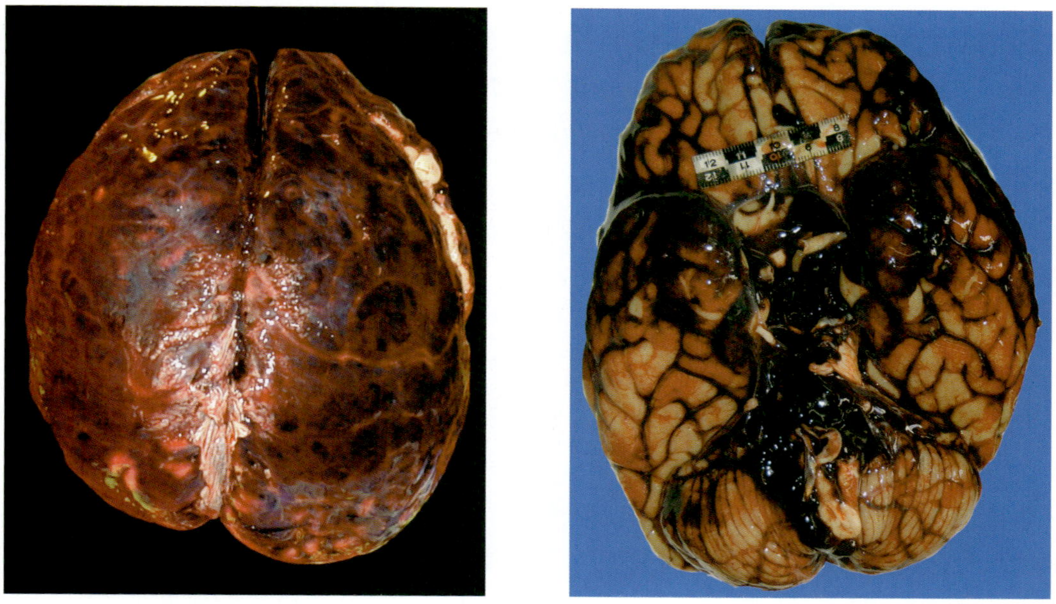

A B

图 3-12 蛛网膜下腔出血

A：脑顶部；B：脑底部。

病理性蛛网膜下腔出血最常见的原因是脑血管畸形和脑动脉瘤，其次是高血压病和动脉粥样硬化，其他原因还有出血倾向性疾病、肝病、抗凝剂过量、维生素C缺乏等。病理性蛛网膜下腔出血量通常较大，常可导致弥漫性蛛网膜下腔出血，以脑底部出血为重，局部的脑池如小脑延髓池、桥池、脚间池、视交叉池等常见凝血块。血液还可沿大脑外侧裂向两侧大脑凸面扩展，表现出左右对称。大量快速出血还可穿破蛛网膜至硬膜下腔，甚至通过正中孔、外侧孔逆流进入第四脑室。

外伤性蛛网膜下腔出血多见于颅骨骨折或脑挫伤周围，系外力作用下引起皮质静脉破裂或继发于脑挫伤、硬膜下出血或外伤性脑内出血后的出血，因此其出血的分布有一定的特点。如伴有脑挫伤的蛛网膜下腔出血，其分布多以脑挫伤为中心，灶状或片状，左右不对称。此外，在很多案例中也可以见到没有明显的脑挫伤或硬膜外及硬膜下出血，但局部见蛛网膜下腔出血，其机制可能与桥静脉破裂出血有关，尤其在脑萎缩的情况下，由于蛛网膜下腔间隙相对增宽，当脑受到旋转剪切作用时更容易引起桥静脉撕裂。病理性蛛网膜下腔出血与外伤性蛛网膜下腔出血的区别见表3-2。

表3-2　外伤性蛛网膜下腔出血与非外伤性蛛网膜下腔出血的鉴别要点

	外伤性蛛网膜下腔出血	病理性蛛网膜下腔出血
病因	外力作用致皮质静脉和软脑膜破裂，脑挫伤破溃，脑底蛛网膜下腔出血通常是由于椎动脉破裂导致	动脉瘤破裂（多见），动静脉畸形，肿瘤，感染及易出血体质等系统性疾病
分布特点	1. 灶片状或弥散性分布 2. 出血区界限明显 3. 多呈非对称性分布	1. 多见于脑基底部 2. 出血量大，形成凝血块

然而，在实践中，对脑底部的蛛网膜下腔出血性质的判断是最具挑战性的。当头面部、颈部外伤、头部过度后仰或过度旋转等间接作用力导致椎-基底动脉、脑底动脉环及穿通支等血管破裂时可引起脑底部蛛网膜下腔出血，其分布特点与病理性蛛网膜下腔出血类似。在检查时要细致排查，尽量寻找血管破裂口，在固定及切开前及时检查是否存在动脉瘤破裂等情形，排除自身病变，充分结合案情过程和组织学诊断结果对出血性质做出判断。

此外，由于死后血液坠积可引起枕叶蛛网膜下腔血管淤血显著，肉眼检查时易与蛛网膜下腔出血混淆，需注意鉴别。

3. 蛛网膜囊肿

蛛网膜囊肿是由于蛛网膜分裂异常所致的一种良性脑囊肿病变。囊壁多为蛛网膜、神经胶质及软脑膜，囊内有脑脊液样囊液。囊肿位于脑表面、脑裂及脑池部，不累及脑实质，多为单发（图3-13），多发少见。

蛛网膜囊肿按病因不同可分为先天性和继发性两大类。先天性蛛网膜囊肿是脑脊液被包围在蛛网膜内所形成的袋状结构，不与蛛网膜下腔相通。发生原因可能是在胚胎发育时，有部分蛛网膜落入蛛网膜下腔内发展而成。镜下可见蛛网膜在囊肿四周分裂为两层，外层组成囊肿表面部分，内层组成囊底，在软脑膜与囊底之间仍有一蛛网膜下腔，即囊肿位于蛛网膜内。

继发性蛛网膜囊肿多由于外伤或感染所致。由于蛛网膜局部粘连而形成囊肿，囊内充满脑脊液。大多为多发性，常见于视交叉池、基底池、小脑延髓池、环池等处，往往引起脑脊液循环通路受阻。

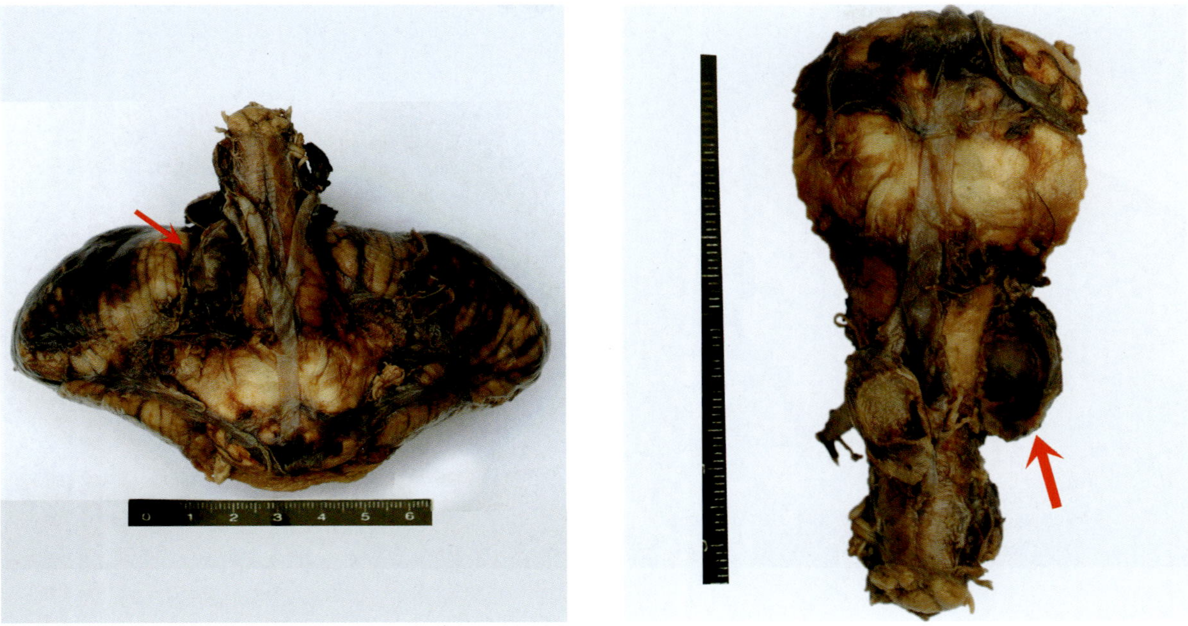

A B

图 3-13 蛛网膜囊肿

A：表面观；B：切面观。

四、脑挫伤的检查

脑挫伤是脑组织受外力作用后在颅内做直线加（减）速运动或旋转运动，脑表面与颅骨内面或颅底碰撞、摩擦而形成的局部脑实质出血、坏死性改变，是法医检验中最常见的一类损伤。

脑挫伤按成伤机制分为冲击性脑挫伤、对冲性脑挫伤、中间性脑挫伤、滑动性脑挫伤、脑疝性脑挫伤和骨折性脑挫伤六种。

冲击性脑挫伤常发生于着力点处，多因颅骨局部变形或脑在颅内直线加速运动时产生，所以多位于大脑半球或小脑半球的外侧面，且出血点都位于脑回的嵴上。对冲性脑挫伤位于着力点的对侧，典型的例子是坠落或跌倒时枕部着地，发生于双侧额极和颞极的挫伤，其形态学改变与冲击性脑挫伤类似。中间性脑挫伤的形成机制多因减速运动伴有头部旋转，脑组织受到剪切力作用所致，故多发生于胼胝体、透明隔、脑室旁及脑干。滑动性脑挫伤是脑受力后脑组织因惯性作用在颅内继续运动时与颅骨内侧面不平整的骨嵴摩擦所致，这种挫伤主要发生于额叶的眶面和颞叶的底面，多为两侧性，但不对称。骨折性脑挫伤多出现在颅骨骨折的边缘，有时因骨折线边缘或碎骨片的刺入，常伴有蛛网膜和软脑膜的破裂，损伤灶内可见碎骨片。图 3-14 中图 A 和图 B 为冲击性脑挫伤，其中图 B 为伤后 58 d 死亡，挫伤局部与硬脑膜粘连，蛛网膜缺失，脑组织坏死，并见淡黄色物黏附，图 C 为对冲性脑挫伤，图 D 为滑动性脑挫伤。总之，不同类型的脑挫伤有不同的好发部位，这就要求我们在检验之前，应详尽了解死者的受伤经过，调阅尸检照片，对死者头部的损伤有一个大致了解，做到心中有数，同时也可以避免因固定后脑颜色改变而引起的漏诊。

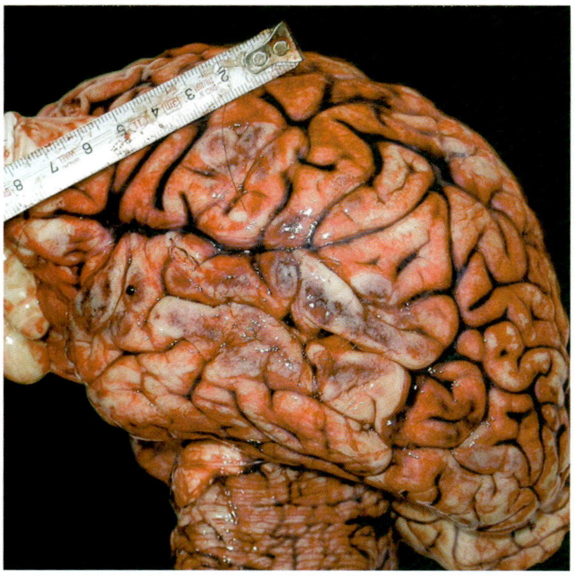

A

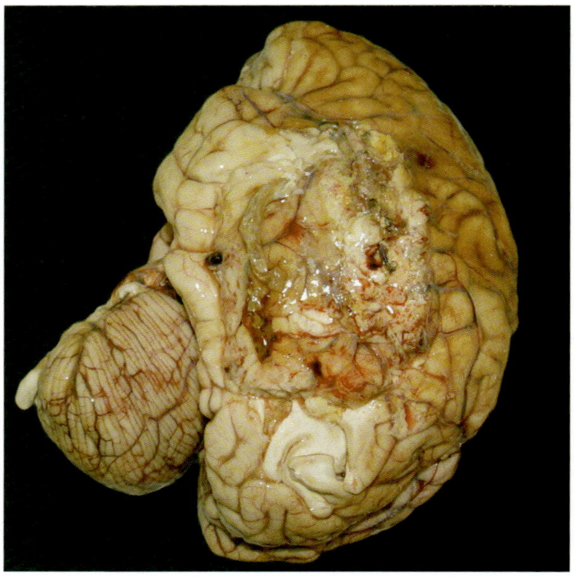

B

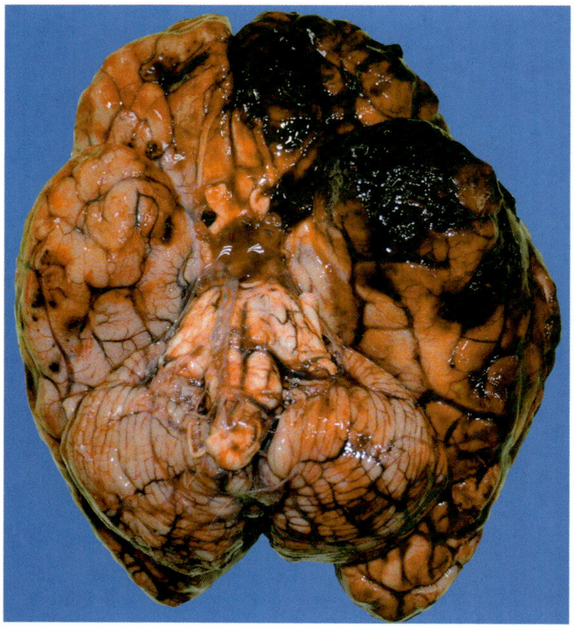

C

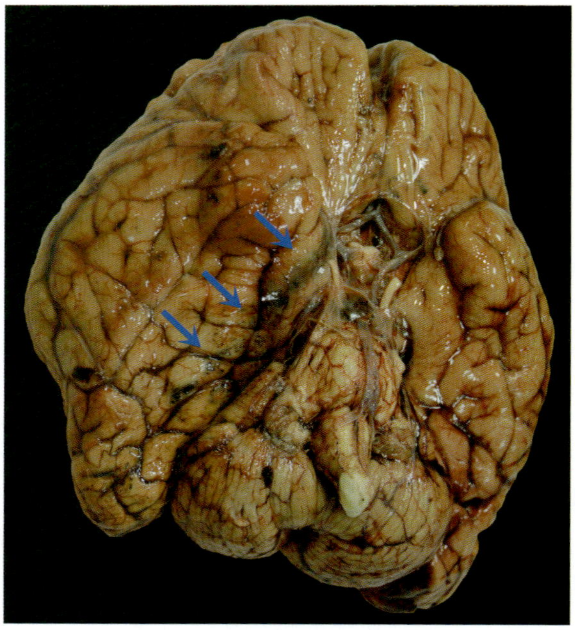

D

图 3-14 脑挫伤

A—B：冲击性脑挫伤；C：对冲性脑挫伤；D：滑动性脑挫伤。

五、脑神经根的检查

脑神经损伤是脑尤其是脑干损伤的常见并存病变。国内姚青松、宋一璇等学者通过大量案例的研究发现，脑干高位的脑神经比低位的损伤发生率高，粗的脑神经损伤比细的发生率高且严重，其中以动眼神经、面神经和听神经损伤发生率最高。

脑神经的损伤机制主要与其解剖学特点有关。一是脑神经出颅都要穿过颅底狭窄的骨性孔道，当颅骨骨折尤其是颅底骨骨折时，可直接损伤局部的脑神经。如嗅神经穿过筛孔进入颅前窝连于嗅球，颅前窝骨折累及筛板可导致嗅球和嗅束的损伤。颅中窝骨折可引起视交叉、面神经和听神经的损伤。颅后窝骨折时可引起舌下神经等的损伤。二是脑神经出脑后到穿出颅底之间或长或短都有一游离段，当脑尤其是脑干被动作线性或旋转运动时，可因牵扯超过其生理长度而导致脑神经根的损伤。三是颅脑损伤后形成的血肿、骨折片、移位的脑组织等均可压迫局部的脑神经根部导致损伤，如视交叉附近的血肿压迫可致视交叉损伤；发自大脑脚内侧的动眼神经，须越过小脑幕切迹至海绵窦的外侧壁，然后经眶上裂出颅，极易受到挤压而损伤。

法医在解剖取脑时应尽量多地保留脑神经根部，检查时应用流水充分冲洗附着在脑神经根部位的凝血块，对于不易冲洗的凝血块部位应注意取材。脑神经根的损伤，肉眼观主要有挫伤、撕裂、断裂等不同类型，镜检可见损伤的神经变性、坏死、出血、脱髓鞘及轴索弯曲、变形、断裂和收缩球形成。

六、脑疝的检查

颅腔被大脑镰和小脑幕分隔成 3 个彼此相通的分腔。小脑幕以上为幕上腔，幕上腔又被大脑镰分隔成左右两分腔，容纳左右大脑半球，两侧幕上分腔借大脑镰下的镰下孔相通，所以两侧大脑半球活动度较大。小脑幕以下为幕下腔，幕下腔容纳脑桥、延髓及小脑。中脑在小脑幕切迹裂孔中通过，其外侧面与颞叶的钩回、海马回相邻。颅腔与脊髓腔相连处的出口称为枕骨大孔，延髓下端通过此孔与脊髓相连。小脑蚓锥体下部两侧的小脑扁桃体位于延髓下端的背面，其下缘与枕骨大孔后缘相对。

（一）脑疝的定义

当颅内某分腔的压力大于邻近分腔的压力时，脑组织从高压区向低压区移位，导致脑组织、血管及颅神经等重要结构移位和受压，有时被挤入硬脑膜的间隙或孔道中，从而出现一系列严重临床症状和体征，称为脑疝。

（二）脑疝的分类

1. 小脑幕切迹疝

小脑幕切迹疝是指幕上的海马旁回、钩回挤入小脑幕裂孔被推移至幕下（图 3-15 中 A 和 B）或小脑蚓部及小脑前叶从幕下向幕上疝出（图 3-15C）。

2. 枕骨大孔疝

枕骨大孔疝是指小脑扁桃体及延髓经枕骨大孔推挤入椎管内，又称小脑扁桃体疝。应与小脑扁桃体下疝鉴别。小脑扁桃体下疝，又称为 Arnold-Chiari 畸形，是一种先天性枕骨大孔区发育异常，颅后窝容积变小、小脑扁桃体、延髓下段及第四脑室下部疝入颈段椎管内，造成枕大池变小或闭塞，蛛网膜粘连、肥厚等改变，因此并非一般意义上的脑疝，大体检查在颈髓外周见部分小脑组织覆盖，但易与颈髓分离。

3. 大脑镰下疝

大脑镰下疝是指一侧半球的扣带回经镰下孔被挤入对侧分腔，又称扣带回疝。

此外临床上有学者提出了脑中心疝的概念，是指各种原因导致幕上局部颅内压升高，导致脑中线结构向下移位并疝出压迫脑干。所谓中线结构，是指丘脑、基底节、第三脑室、丘脑下部、上部脑干等位于脑实质内部中线部位的一些重要结构。脑中心疝由于自上而下发生间脑、上部脑干、下部脑干等不同水平的受压，因而症状的发展也有一定的顺序性，一般分为间脑期、中脑-脑桥上部期、脑桥-延髓上部期、延髓期四个时期。

法医检验时还经常遇到颅外疝，为肿胀的脑组织沿颅骨手术骨窗膨出的一种疝，在开颅手术中较为常见，见图 3-15D。

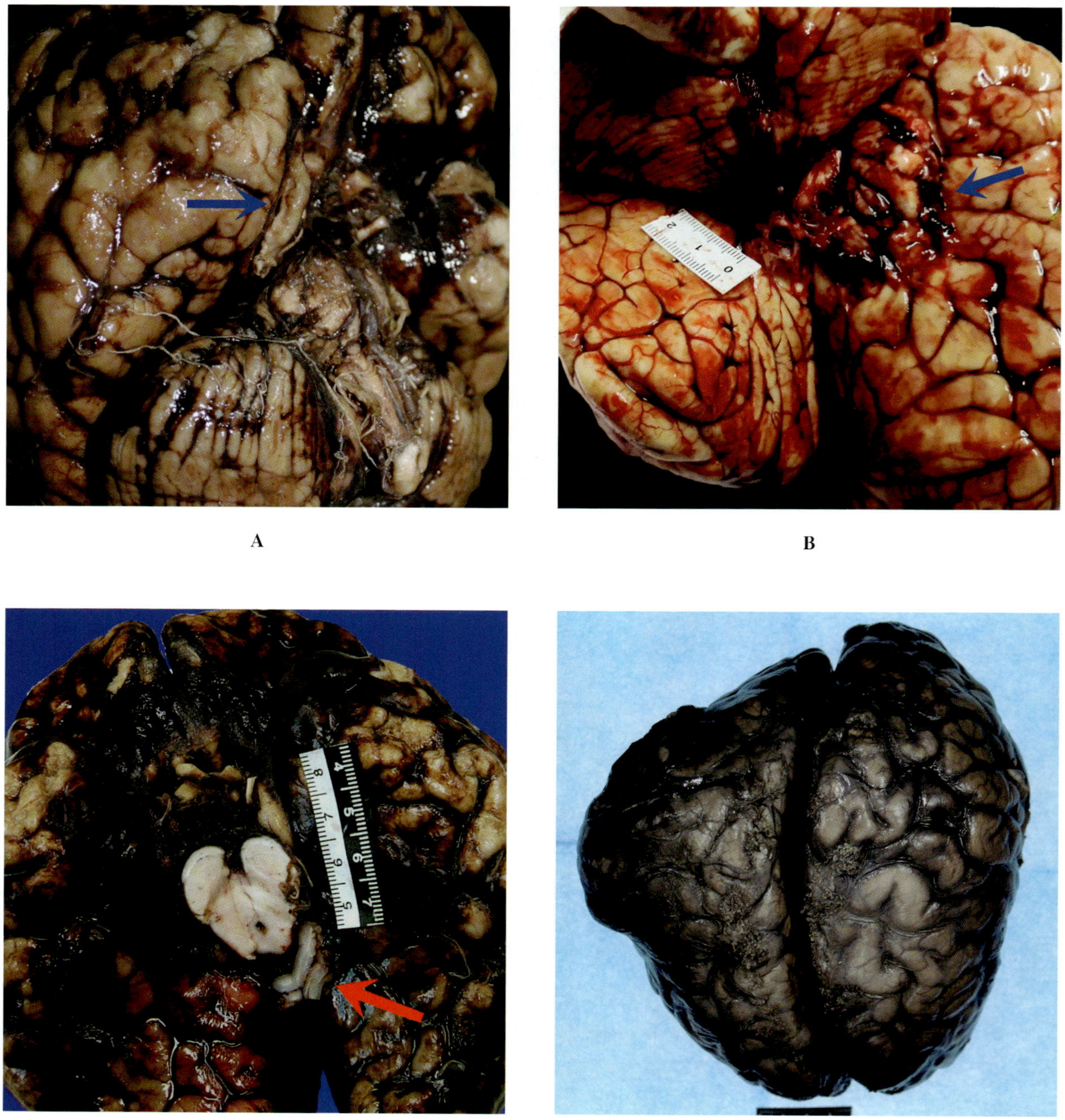

A　B

C　D

图 3-15　脑疝

A—C：小脑幕切迹疝；D：颅外疝。

（三）脑疝对机体的影响

脑疝是一种非常危急的并发症，对机体将产生严重的影响，如不及时处理，病人可随时出现呼吸骤停、脑干功能衰竭等情况。主要有以下几个方面。

1. 压迫脑组织、脑神经、血管

当发生脑疝时，疝入的脑组织受压引起局部缺血、水肿及坏死等病理改变。例如，移位的钩回、海马回可将大脑后动脉挤压于小脑幕切迹缘上致枕叶皮层缺血坏死；脑干受压移位可致其实质内血管受到牵拉，严重时基底动脉进入脑干的中央支可被拉断而致脑干出血；一侧的大脑脚受到挤压而造成病变对侧偏瘫，一侧动眼神经受到挤压可产生动眼神经麻痹等症状。

2. 影响脑脊液循环

小脑幕切迹裂孔及枕骨大孔被移位的脑组织堵塞，从而使脑脊液循环通路受阻，进一步加重了颅内压增高，使病情恶化。

3. 疝性脑挫伤

疝出的脑组织在与周围组织或颅骨的挤压过程造成疝出脑实质内出血。

拓展学习 2 脑水肿和脑肿胀

一、脑水肿

脑水肿是指脑组织内水分增加、导致脑体积增大的一种病理现象，是脑组织对各种致病因素的反应。与机体其他器官相比，脑组织较易发生水肿，主要原因与脑的解剖特点有关：一是血-脑屏障的存在，限制了血浆蛋白通过脑毛细血管的渗透性运动；二是脑组织内无淋巴组织，不能通过淋巴液回流运走多余的液体。

（一）脑水肿的常见原因

1. 颅脑损伤

各类颅脑损伤，均可直接或间接地引起脑水肿。有的损伤严重，有明显的形态学改变，如脑挫伤等，可在损伤局部形成脑水肿；而有的没有明显的大体形态学改变，如弥漫性轴索损伤，也可继发严重的弥漫性脑水肿。

2. 颅内占位性疾病

以颅内肿瘤等为常见。肿瘤使周围脑组织受压或阻塞脑静脉回流，静脉压升高，脑脊液循环吸收障碍，同时由于肿瘤生物毒性作用影响周围脑组织，如血脑屏障损害或破坏、血管壁通透性增加，从而发生局限性脑水肿。

3. 颅内感染性疾病

脑炎、脑膜炎及脑脓肿等往往继发不同程度的脑水肿。其机制与致病微生物的毒性及累及的范围有关。

4. 脑血管性疾病

蛛网膜下腔出血、脑内出血、脑室出血等出血性疾病，除对局部作用外，还可诱发全脑血管痉挛，形成继发性脑水肿。脑梗死、脑动脉血栓形成等脑缺血性疾病，栓子使局部动脉血流减少或中断，该供血区发生急性脑供血不足与脑梗死，同时继发局限性或广泛性的脑水肿。

5. 脑缺氧

不同原因所致的呼吸困难或窒息、心搏骤停，长时间低血压、休克、高原性缺氧及其他肺源性脑病，使脑处于缺氧状态，多并发脑水肿。

其他如一氧化碳中毒、全身性或局限性脑代谢障碍及脑的放射性损伤等均可引起脑水肿。

（二）脑水肿的类型

1. 按致病原因分类

(1) 血管源性脑水肿：主要因血-脑屏障受损、破坏，致毛细血管通透性增加，水分渗出增多，积存于血管周围及细胞间质引起脑水肿。由于部分蛋白物质漏出，使细胞外液渗透压升高，水分渗出增加，致使脑水肿继续发展。脑外伤所导致的外伤性脑水肿早期主要为血管源性脑水肿。

(2) 细胞毒性脑水肿：常见于中毒、低温、脑缺血与缺氧等。脑组织缺氧或细胞内外环境改变，影响神经细胞代谢，细胞膜系统功能障碍，线粒体 ATP 生成减少，神经细胞膜的钠-钾泵、钙-镁泵等活性降低，使神经细胞内外的钠、钾、钙等离子交换障碍，导致细胞内水潴留。细胞毒性脑水肿的血-脑屏障可不受影响，血管周围间隙及细胞外间隙无明显扩大，细胞内水肿液不含蛋白，而钠、氯离子水平增高。

(3) 渗透性脑水肿：是由于细胞内、外液及血液中电解质与渗透压改变引起的细胞水肿。正常情况下，受下丘脑与垂体功能调节和制约，细胞内、外电解质和渗透压保持平衡和稳定状态。在病理状态下，如脑损伤影响下丘脑-垂体-肾上腺轴功能，引起促肾上腺皮质激素分泌减少、抗利尿激素释放增多，则血液渗透压降低，导致渗透性脑水肿。

(4) 积水性脑水肿：又称间质性脑水肿，常见于梗阻性脑积水，机制是梗阻性脑积水使脑室系统特别是侧脑室扩大，脑室内压力显著高于周围脑组织内的压力，这种压力能使脑室内的液体透过脑室室管膜渗透到脑室周围脑组织中，形成脑室周围白质脑水肿。

2. 按病变范围分类

(1) 局限性脑水肿：见于脑挫（裂）伤、火器伤及各种颅内血肿周围的脑组织，如果继续发展，有时可累及伤侧的整个大脑半球，但一般不会波及对侧。

(2) 弥漫性脑水肿：指整个脑组织弥漫性肿胀，一般见于全部或大部分脑组织受到钝性暴力作用时。常见于闭合性颅脑损伤，如 DAI、多发性脑挫（裂）伤等。而开放性的颅脑损伤，即使是贯通性枪弹创，也不易引起弥漫性脑水肿。婴幼儿由于其颅脑解剖结构的特殊性，在头部受到较重钝性暴力打击后，有时仅见弥漫性脑水肿而没有明显的脑损伤，应引起重视。

（三）脑水肿的病理改变

肉眼观硬脑膜紧张度增加，脑膜血管淤血扩张，脑体积增大、重量显著增加，可达到 1 600～1 700 g 以上，脑沟浅，脑回宽。脑表面色泽正常或苍白，质地较软，切面脑组织湿润，有液体渗出，有时甚至见到“汗珠样”或“水滩”样水分渗出，故称为“湿脑”。灰、白质界限不清，两侧侧脑室受压变窄。镜下见细胞和血管周围间隙明显扩大，甚至可见粉染水肿液。白质结构疏松呈海绵状改变。

二、脑肿胀

脑肿胀不同于脑水肿，是指脑组织弥漫性膨胀或肿大的一种病变，多发生于颅脑损伤后 4～14 h 内，是颅脑损伤的一种较为严重的并发症，临床治疗困难，预后差，病死率高达 80%。

（一）脑肿胀的发病机制

一般认为脑肿胀的发生机制是头部外伤后脑干及下丘脑等血管紧张性调节中枢受损，导致脑血管自身调节功能失调，脑血管麻痹，扩张充血，脑血流量及脑血容量增加，脑组织急剧弥漫性肿胀。

（二）脑肿胀的分型

按肿胀部位分为一侧大脑半球弥漫性肿胀和双侧大脑半球弥漫性肿胀两种，按受伤时是否即刻出现脑血管扩张、充血分为急进型脑肿胀、缓进型脑肿胀和迟发性脑肿胀。

（三）脑肿胀的病理改变

由于脑肿胀是一种充血性的肿大，其病理改变与脑水肿相比也有所不同。脑肿胀者脑表面灰暗无光，血管发黑伴血液淤滞，脑质地较硬，切面无液体渗出，不易出血，故有人称为“干脑”。镜下见细胞和血管周围间隙无明显增大，但血管充血、淤血明显。

第四节 脑血管的检查

脑血管的检查应尽量在脑组织固定之前开展，取脑时应尽量多地保留椎动脉。脑血管检查是脑大体检查中非常重要的部分，因此将其单独列入一个章节进行阐述。

一、大脑背侧血管的检查

大脑背侧血管破裂可导致严重的硬膜下和/或蛛网膜下腔出血，常见于颅骨骨折。因此对于大脑背侧硬膜下及蛛网膜下腔出血应详细记录出血范围、分布区域，并剪开矢状窦外层硬脑膜，探查是否有血栓形成。但也要注意鉴别这些血管的破裂是否为解剖过程中剥离硬脑膜时牵拉撕扯等人为因素造成。有时大脑背侧表面血管内可见数量不定、大小不等的气泡。造成这种现象的原因有三：①死者生前发生空气栓塞；②尸检开颅时空气进入血管，为一种人为现象，见图 3-16；③由于尸体腐败产生的腐败气泡，因此在检验时应注意加以甄别。

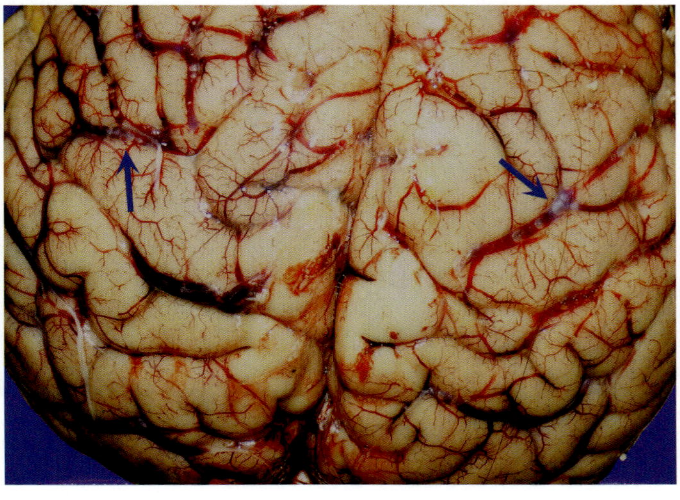

图 3-16 脑血管内气泡

二、脑底血管的检查

脑底血管是脑血管发生病变、损伤最常见的部位，因此脑血管检查的重点是对脑底血管的检查。

1. 无脑底蛛网膜下腔出血时的脑底血管检查

检查时将脑底向上，用流水仔细冲洗附着在脑组织表面的血凝块等异物，首先剥离覆盖在脑底动脉环上的蛛网膜，然后轻轻分开两侧大脑半球，暴露沿胼胝体沟行走的大脑前动脉，接着钝性分离左右颞极与同侧的额叶底面处的蛛网膜，暴露行走在外侧沟内的大脑中动脉，完全显露出椎-基底动脉、脑底动脉环，以及大脑前动脉、大脑中动脉、大脑后动脉等主要动脉，最后观察有无动脉瘤、血管畸形和粥样硬化等病变。

2. 脑底蛛网膜下腔出血时的脑底血管检查

遇到脑底蛛网膜下腔出血的标本，检查的重点是查找出血来源。检查方法如下：用流水冲洗脑底表面的凝血块，可以用镊子、剪刀剥离局部的蛛网膜，以便于凝血块的冲洗，但要注意保护其内的血管。观察自然裸露的脑底动脉环和椎-基底动脉，寻找破裂口，着重检查管壁上附着有凝血块的区域。如果仍然没有发现破裂口，用止血钳分别钳夹住双侧颈内动脉及一侧的椎动脉，在另一侧的椎动脉处用注射器缓慢注水，随着脑底动脉的依次充盈，一般都会找到破口。注射用水可以是自来水、墨水，也可在自来水中加入少量洗涤剂，这样破口处就会有泡沫溢出，便于照相取证。如果还是找不到血管破口，则须沿着大脑前、中、后动脉的主干走行方向，继续探查。对于发现破口的血管，均应取材备检，以区分是否为解剖或大体检查过程中人为造成。

血管破裂通常有横裂和纵裂两种形态。当头部遭到拳击或者剧烈的颈部扭转时，旋转加速度对于颅内血管同时产生张力和压力。当张力超过阈值，血管容易发生横裂；当压力超过阈值，血管容易发生纵裂。由于血管自身的结构特点，单纯的血管内压力增高极少造成正常管壁的破裂。图 3-17 为 2 例外伤性椎动脉破裂。

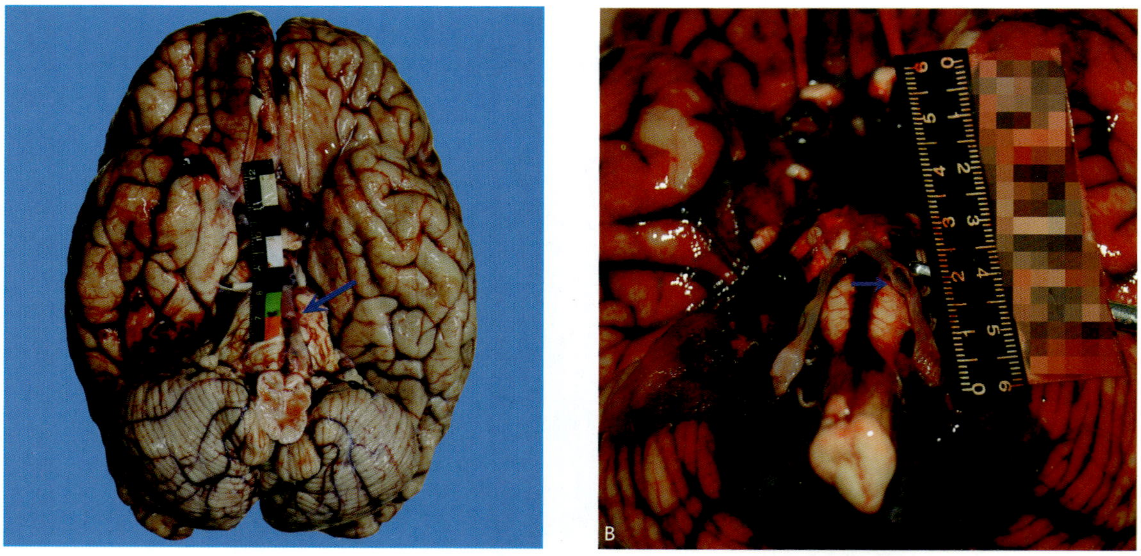

A　　　　B

图 3-17　外伤性椎动脉破裂

A：横行破裂；B：纵行破裂。

实践中如遇后颅窝内大量出血，应该着重考虑是否存在基底动脉或者椎动脉破裂。基底动脉和椎动脉的破裂常见于头部过伸，此时往往伴有脑干桥延沟处的撕裂。椎动脉的解剖学特点也是其容易破裂的原因：①椎动脉穿过硬膜后其管壁结构发生变化，外膜和中膜层的弹力纤维减少，使得硬膜下的椎动脉更容易发生破裂；②在部位上，椎动脉在以下部位发生破裂的概率较大：一是枕骨大孔到蛛网膜下腔区间，二是从寰椎出来进入硬膜的部分，即枕骨大孔下缘，三是第一颈椎横突的血管孔内，四是寰、枢椎横突之间。

三、脑底血管的常见变异

1. 椎动脉的常见变异

椎动脉的常见变异有开口位置异常、行程异常、数目异常和管径异常等。法医检查时通常检验的是椎动脉的颅内段，主要为数目异常和管径异常，图 3-18 为右侧椎动脉缺如，图 3-19 为右侧椎动脉管径显著细小。

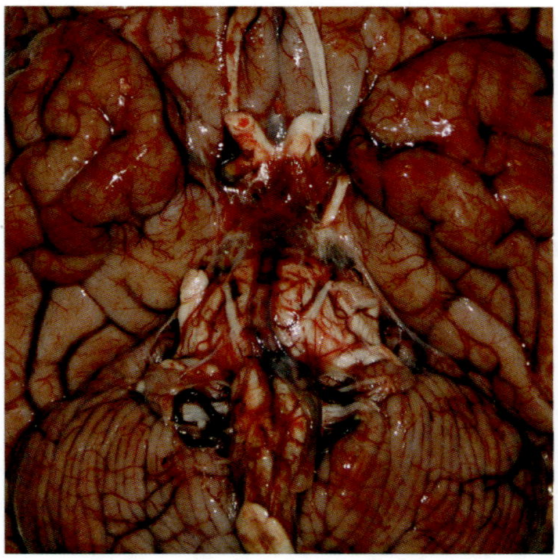

图 3-18 右侧椎动脉缺如

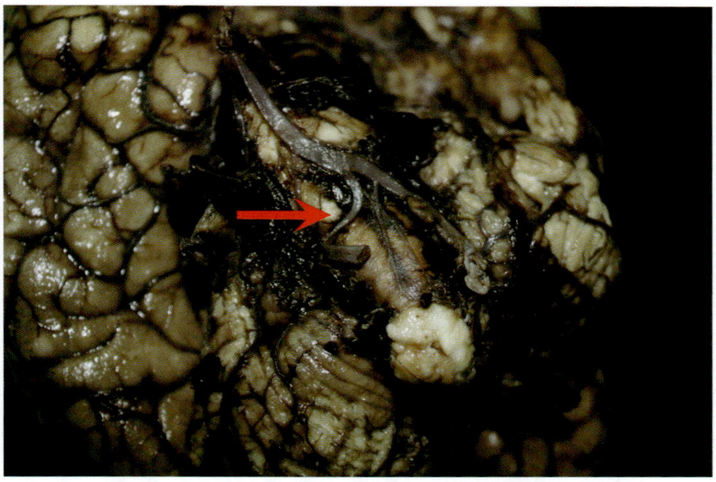

图 3-19 右侧椎动脉发育不良

2. 脑底动脉环的常见变异

脑底动脉环的变异主要表现为其组成血管的异常及血管发育不良（血管管径<1 mm）。其中前循环占 42.7%，以组成血管异常为主；后循环占 57.3%，主要表现为发育不良。

脑底动脉环前循环分为 5 种类型（图 3-20）：标准均衡型、双前交通支、大脑前动脉发育不良、大脑前动脉缺如、前交通支缺如，最常见的前循环类型是标准均衡型。

后循环有 10 种类型（图 3-21）：成熟型（后交通支直径<大脑后动脉直径）、过渡型（后交通支直径=大脑后动脉直径）、单侧胚胎型大脑后动脉、双侧胚胎型大脑后动脉、双侧后交通支缺如及发育不良、单侧后交通支缺如及发育不良，图 3-21I 为一侧大脑后动脉起源于颈内动脉，图 3-21J 为颈内动脉和基底动脉各发出大脑一支大脑后动脉，二者之间无交通支，最常见的类型是成熟型和双侧后交通支缺如。

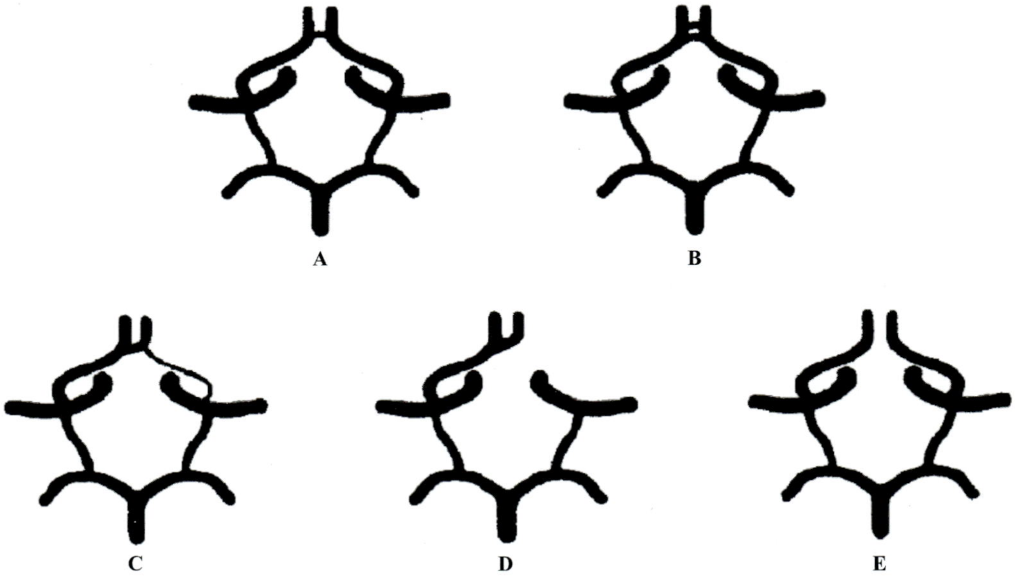

图 3-20　脑底动脉环前循环常见类型

A：标准均衡型；B：双前交通支；C：大脑前动脉发育不良；D：大脑前动脉缺如；E：前交通与缺如。

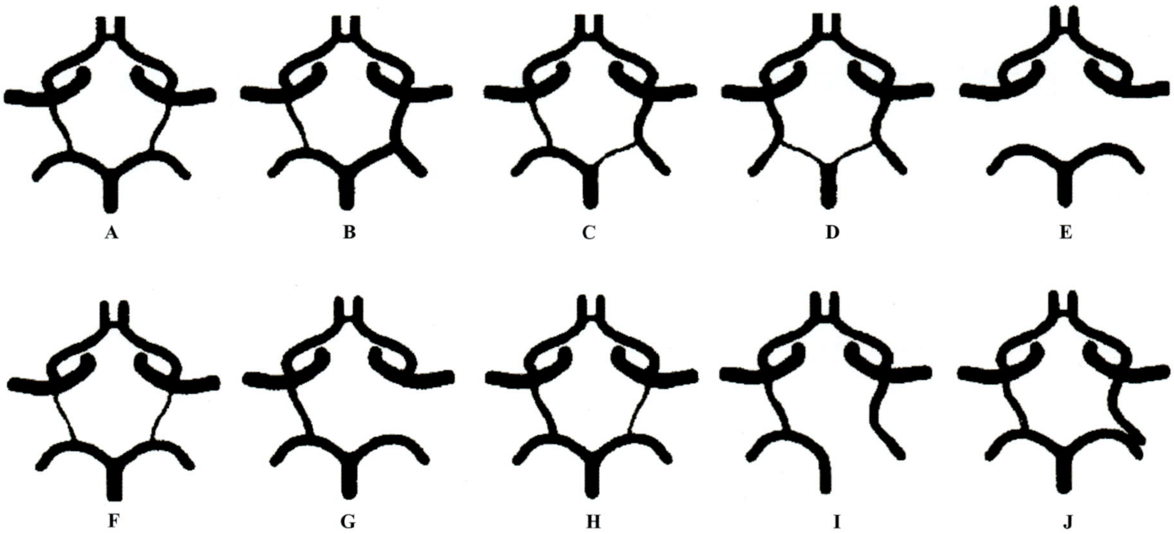

图 3-21　脑底动脉环后循环常见类型

A：成熟型；B：过渡型；C：单侧胚胎型大脑后动脉；D：双侧胚胎型大脑后动脉；E－F：双侧交通支缺如及发育不良；G－H：单侧后交通支缺如及发育不良；I：一侧大脑后动脉起源于颈内动脉；J：颈内动脉和基底动脉各发出大脑一支大脑后动脉 。

3. 烟雾病

烟雾病又称自发性脑底动脉环闭塞症，是以双侧颈内动脉末端及大脑前动脉、大脑中动脉起始部动脉内膜缓慢增厚，动脉管腔逐渐狭窄或闭锁，脑底穿通支代偿性扩张形成异常的小血管网为特点的一种脑血管病，这些异常的小血管网在脑血管造影时形似烟雾而得名。电镜观察的特征性改变是病变血管壁平滑肌细胞变性、坏死和消失，内弹力层破坏。目前有关此病的病因尚不完全清楚，多数学者认为系在原有特殊遗传的基础上由后天因素作用促发引起。统计数据显示，10 岁以下的儿童和 30 岁左右的成人是烟雾病的高发年龄段。严重者除了脑底见异常血管网外，脑实质内还可出现血液循环障碍的改变，如脑出血、脑缺血等。

四、脑血管常见病变

（一）脑动脉硬化

脑动脉硬化常是全身动脉硬化的表现之一，为各种因素导致的脑动脉管壁变性和硬化的总称，脑动脉粥样硬化（大、中动脉）、小动脉硬化、微小动脉的玻璃样变均称为脑动脉硬化。脑动脉硬化是脑急性血循环障碍尤其是脑缺血发作的主要致病基础。图 3-22 是一组脑动脉硬化的标本。

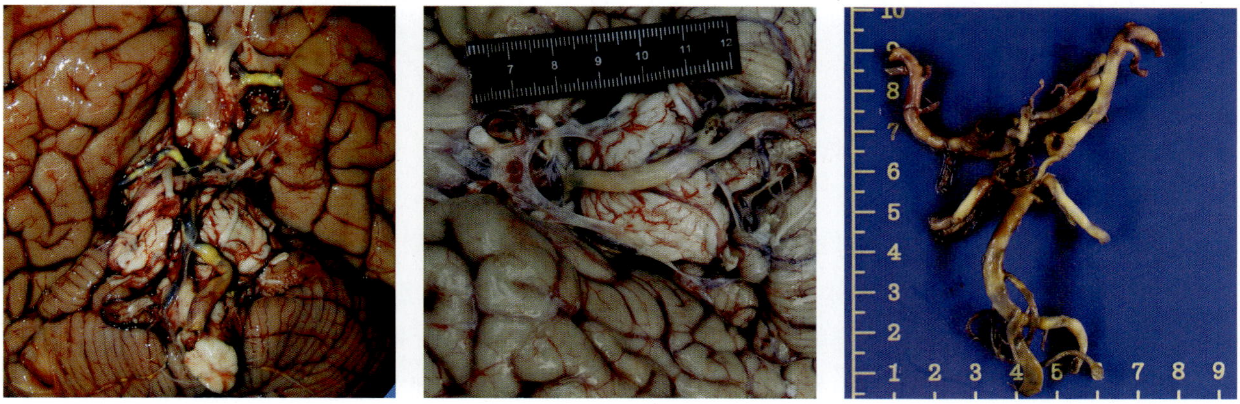

A　　　B　　　C

图 3-22　脑动脉硬化

A—B：原位观；剥离后观。

（二）脑血管畸形

脑血管畸形是指脑血管发育障碍而引起的脑局部血管数量和结构异常。一般根据组成血管和血管间的脑实质不同，将脑血管畸形分为动静脉畸形、静脉性畸形、海绵状血管瘤、毛细血管扩张四种类型。脑血管畸形作为一种血管先天性发育畸形，是脑内出血的常见原因之一，其中尤以脑动静脉畸形最为多见。

1. 脑动静脉畸形

脑动静脉畸形 90%位于幕上，以大脑中动脉供血区最为多见，由一团动脉、静脉及动脉化的静脉（动静脉瘘）样血管组成，病灶内动脉与静脉的交界处缺少毛细血管，动脉直接和静脉相通，同时由于发生动静脉畸形处没有毛细血管对血流的缓冲和阻挡作用，导致病变处血管增生，形成杂乱无序的动静脉交错缠绕的结构以适应血流改变。病变部位血管呈丛状或聚成球形，血管管径大小不一。静脉血管常见节段性扩张，迂曲呈蔓状，血管内可有血栓形成。在这些异常血管之间夹杂有胶质样变的脑组织，周围脑实质内可见坏死灶及新鲜/陈旧的脑实质出血。

2. 脑静脉性畸形

脑静脉性畸形主要见于大脑半球及小脑半球，约 70%位于幕上，以额叶最为常见，由许多异常扩张的髓样静脉和一条由髓样静脉汇集而成的中央引流静脉两部分组成，位于大脑者呈楔形，底朝脑膜。畸形血管管壁缺乏平滑肌和弹力组织，有时因为透明样变而增厚，畸形血管间有正常脑组织分布，很少有血栓、出血和钙化等病变。

3. 脑海绵状血管瘤

脑海绵状血管瘤 80%发生于幕上，特别是额、颞深部白质区，由扩张、衬有内皮的窦样间隙构成，窦样间隙排列紧密，腔内充满血液，可有新/旧血栓形成。窦样间隙间为疏松结缔组织，其间无脑实质组织。外观呈紫红色，剖面呈海绵状或蜂窝状。

4. 脑毛细血管扩张

脑毛细血管扩张多见于脑桥，常于尸检取材过程中在正常脑实质内见一圆形、红色或灰红色病灶，病灶通常较小，边界较清，直径一般小于 1.0 cm，由许多细小扩张的大小不一的薄壁毛细血管构成，在扩张的血管之间有正常脑组织。极少发生破裂出血，故周边组织很少有胶质细胞增生，亦无含铁血黄素及钙盐沉积。

（三）脑动脉瘤

脑动脉瘤是由于局部血管异常改变产生的脑血管瘤样突起，多见于脑底动脉环主要动脉的分支处。

1. 脑动脉瘤的形成原因

（1）先天性因素：颅内小动脉的管壁由于缺少外弹力层且外膜层相对较薄（其厚度只有身体其他部位同管径动脉的 2/3），且小动脉在蛛网膜下腔内走行，周围没有组织给予支撑，在动脉血流压力下更容易膨出形成小动脉瘤，这也是脑内动脉瘤多见于血管分叉及弯折处的原因。

（2）后天性因素：最常见的因素是动脉硬化。动脉壁因血管硬化致弹力纤维断裂甚至消失，动脉壁承受压力的能力降低。40～60 岁是各种原因导致动脉硬化发展的主要年龄段，也是脑动脉瘤的好发年龄。

（3）创伤性因素：颅脑损伤可直接或间接对动脉管壁造成损伤，形成真性或假性动脉瘤。比较常见的是发生于海绵窦处的动脉瘤。海绵窦是人体唯一一处动脉通过静脉结构的区域，该部位的骨折，极易造成颈内动脉海绵窦段的损伤。

（4）感染性因素：颅内感染可侵蚀局部小动脉壁，导致管壁薄弱，引发感染性或霉菌性动脉瘤。

其他原因如肿瘤、脑动静脉畸形、脑动脉闭塞等也会引起脑动脉瘤，但发生率较低。

2. 脑动脉瘤的形态改变

动脉瘤按形态大致可分为囊状（包括球形、葫芦形、漏斗形）、梭形及壁间动脉瘤（即动脉夹层）三种，其中囊状者占脑动脉瘤的 90%以上，见图 3-23。一般来说，囊状动脉瘤容易发生破裂，尤其是囊上再有隆起者，而梭形动脉瘤发生破裂相对较少。按动脉瘤直径的大小，分为小动脉瘤（直径小于 0.5 cm）、一般动脉瘤（直径为 0.5～1.5 cm）、大型动脉瘤（直径为 1.5～2.5 cm）和巨型动脉瘤（直径大于 2.5 cm）四种。研究表明，若动脉瘤直径小于 0.5 cm，其破裂概率不到 2%；当动脉瘤的直径超过 0.5 cm，发生破裂的概率大大增加。

动脉瘤破裂后通常在 3 周内以纤维素网形成新的动脉壁，这种新生纤维素网多呈层状排列，较稀疏，缺乏韧性，所以 3 周内的容易发生再出血。3 周后，动脉瘤附近的纤维组织逐渐长入新壁，从而强化动脉瘤新壁，因此发生再出血的机会大大减少。但新壁中有较多的新生毛细血管，很容易出血，于是再次形成以纤维素网为主的修复，这样出血、修复、再出血、再修复，使动脉瘤瘤体逐渐增大。

司特奇-韦伯氏病是一种特殊类型的脑血管畸形，又称脑三叉血管瘤病、脑面血管瘤病，主要病变有软脑膜血管瘤、皮质内及皮质下白质钙化和同侧面部皮肤血管瘤（葡萄球痣），见图 3-24。

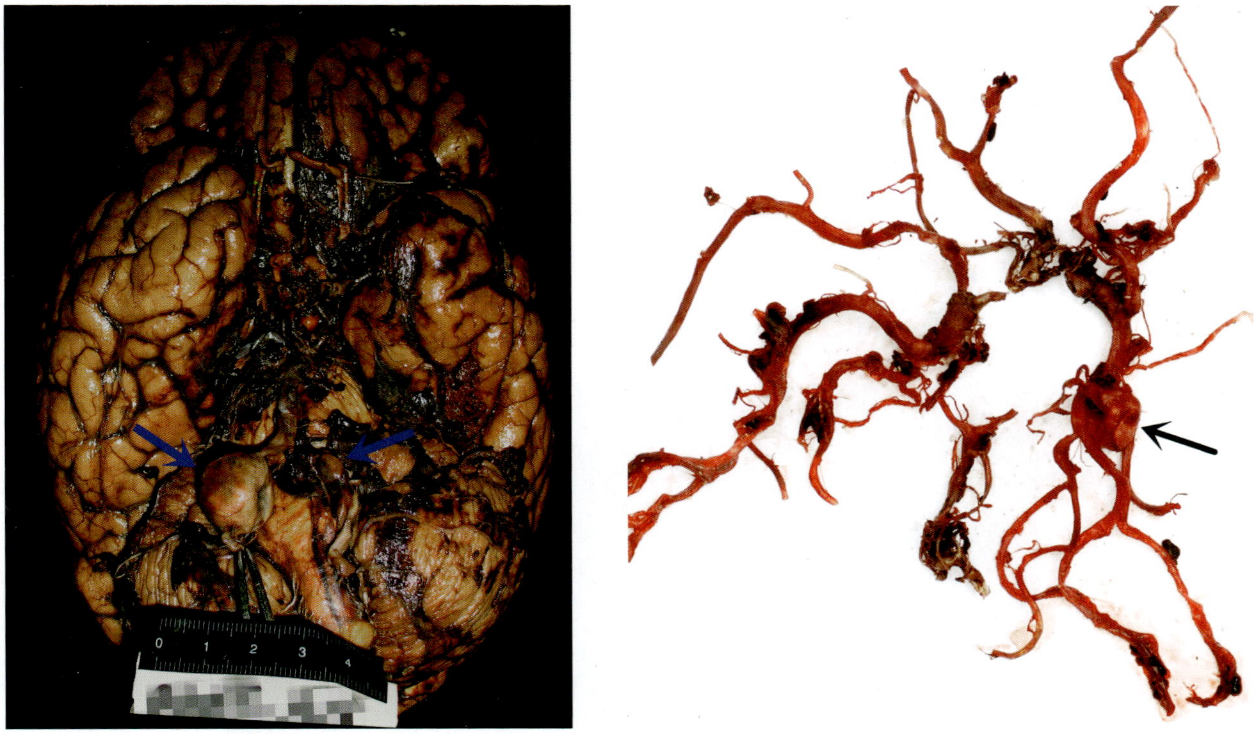

A B

图 3-23 脑动脉瘤

A：椎动脉多发性动脉瘤；B：后交通支动脉瘤。

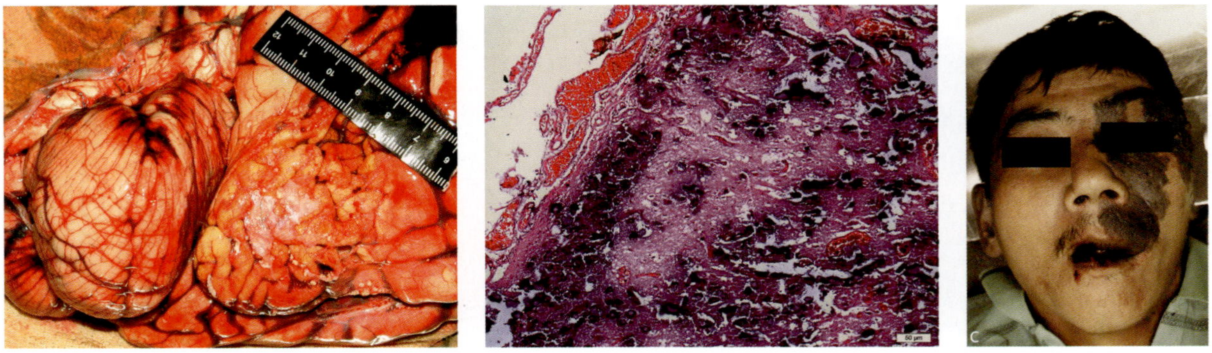

A B C

图 3-24 司特奇-韦伯氏病

A：脑组织钙化肉眼观；B：脑组织钙化镜下观；C：面部血管痣。

第五节 脑的切开

脑的切开有冠状切法、水平切法和纵切法三种，一般来说，冠状切法适合于脑挫伤、脑的各种炎症、脑内出血等的检查；水平切法适合于脑肿瘤、脑脓肿的检查；而纵切法则适合于观察第三脑室、第四脑室、脑干及小脑蚓部等脑中线部位的病变。具体采用什么方法切开就要求我们在开展大体检查之前要结合尸检的阳性发现进行选择。对于案情不明确，尸检亦未发现明显病变的案例，建议采用常用的冠状切法。

一、冠状切法

冠状切法是法医病理检案中最常用的一种检验方法。冠状切法步骤如下。

（一）分离大脑与脑干、小脑

将脑底朝上放置，用手术刀在两侧大脑脚根部向内下45°分离大脑与脑干、小脑，见图3-25。

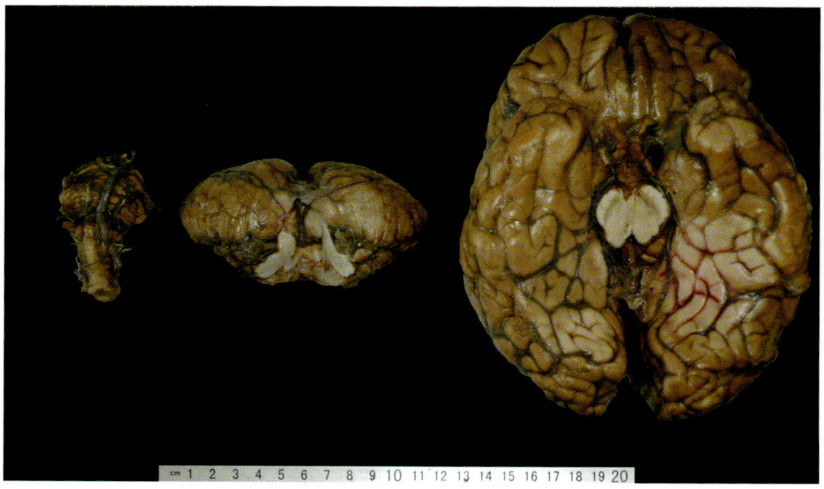

图3-25 大脑、小脑、脑干的分离

（二）冠状切开大脑

大脑的冠状切开一般有“五刀切法”“七刀切法”“十二刀切法”“九刀切法”，各切法中每刀的位置和每一切面应观察到的切面结构不同，可根据案件灵活选择。

将脑底朝上放置，保持大脑中线与检验者呈平行位置。用刀刃的后部对准切线标志，使刀刃始终保持与大脑的长轴垂直，切时用力均匀，由前向后一次切下，切忌前后往复“锯”切。将切下的脑块按顺序平置于取材台上或翻拍台上，进行检查、照相固定和取材。

冠状切法要求切面平整、对称，除了对检验者的手法要求较高外，还与使用的脑刀及脑组织固定好坏关系密切。脑刀与一般的脏器长刀相比，要求更长、更薄、更锋利。

1. 五刀切法

第一刀平双侧颞极前缘，第二刀通过视交叉中央，第三刀通过双侧乳头体中央，第四刀通过中脑大脑脚中央，第五刀沿胼胝体后缘，将大脑切成6块。

2. 七刀切法

在五刀切法的基础上，在额叶、枕叶的中央，再切一刀，将大脑切成8块。

3. 十二刀切法

第一刀、第二刀将额极至颞极前均分，第三刀位于双侧颞极连线，第四刀在视交叉前，第五刀在视神经正中线，第六刀在乳头体与大脑脚之间，第七刀经过中脑正中，第八刀在中脑的后缘，第九刀在胼胝体压部之后，第十刀至第十二刀将枕叶切为四等份。大脑十二刀切法的解剖标志及各切面所暴露的组织结构见表 3-3 及图 3-26。

表 3-3　大脑十二刀切法的解剖标志及各切面所暴露的组织结构

刀次	外部标志	切面暴露的主要内部结构
1～3	颞极前均等分	额叶面的灰质和白质
4	颞极至漏斗中点	胼胝体之膝部侧脑室
5	漏斗基底部	尾状核头部、豆状核和第三脑室
6	经乳头体后缘	尾状核体部、豆状核、内囊、外囊、屏状核、丘脑部前、杏仁核
7	中脑横向中央线	乳头体、视丘、尾状核、豆状核、内囊、屏状核、外囊、杏仁核
8	中脑后缘	尾状核、视丘后部、红核、黑质、海马、豆状核、侧脑室
9	胼胝体后缘	视丘、海马、尾状核、侧脑室
10～12	均等切	顶枕叶之灰、白质

此外如有必要可在第四至第八刀的各刀之间再切一刀，以便更好暴露间脑结构及病变。

4. 九刀切法

九刀法是省去十二刀切法中的第一、二、七刀的一种简略切法，将大脑分为 10 块。

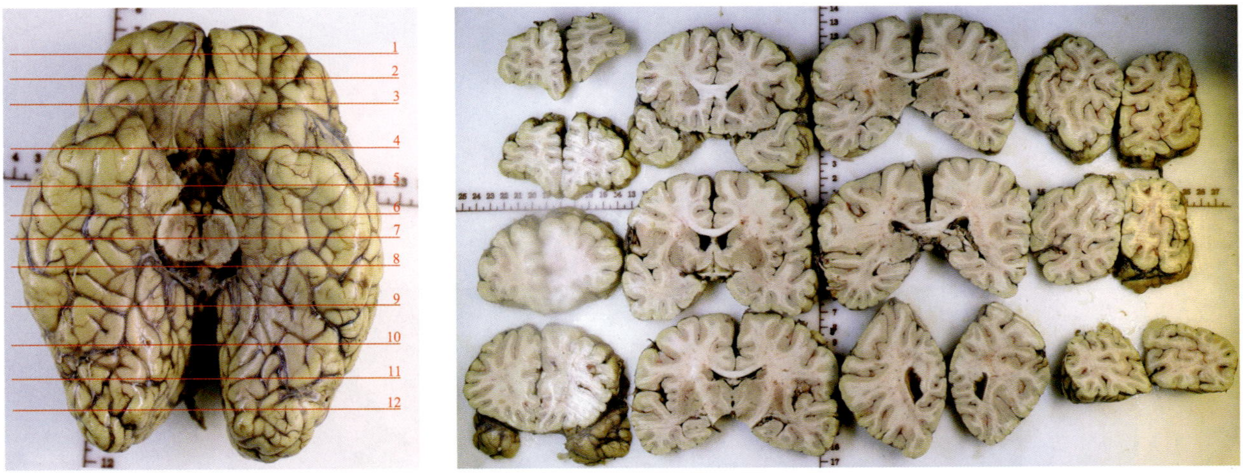

A　　　　B

图 3-26　大脑十二刀切法

A：十二刀法示意图；B：切开后按顺序摆放。

二、水平切法

检验时先按前述方法分离大脑与脑干、小脑，然后将大脑水平放置，脑底面向下，左手将大脑纵裂分开，右手用脑刀平行于胼胝体上缘向两侧大脑半球各做一水平切面，用手术刀削去两侧脑室上覆盖的脑白质，暴露两侧侧脑室的前角和后角，于侧脑室脉络膜前端找到室间孔，将手术刀插入该孔，向前向上切开胼胝体，并将胼胝体由前向后翻转，暴露第三脑室，检查双侧侧脑室形态及中脑导水管是否通畅。再在该切面下方 1 cm 处做平行切面，检查基底节深部及内囊、外囊之变化。还可根据需要做多个水平切面。水平切法的优点是便于检查各脑室的病变，同时又保持了脑底动脉的完整性，但显示脑内病变不如冠状切法清晰。

实际工作也可以采用一种简易的水平切法，即沿额极与枕极连线做一切面，水平切开大脑，直接暴露侧脑室，见图 3-27。

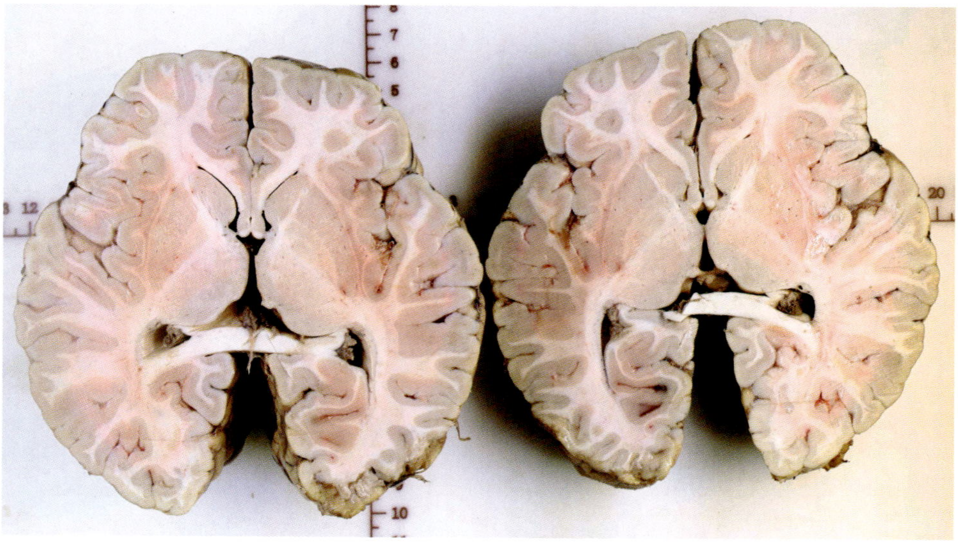

图 3-27 大脑简易水平切法

三、纵切法

纵切法是沿大脑纵裂、第三脑室中位、小脑正中、脑干正中，将全脑切成左、右两部分，无须将大脑与脑干、小脑分离，见图 3-28。必要时可将一侧或两侧大脑半球再做冠状或水平切面进一步检查。

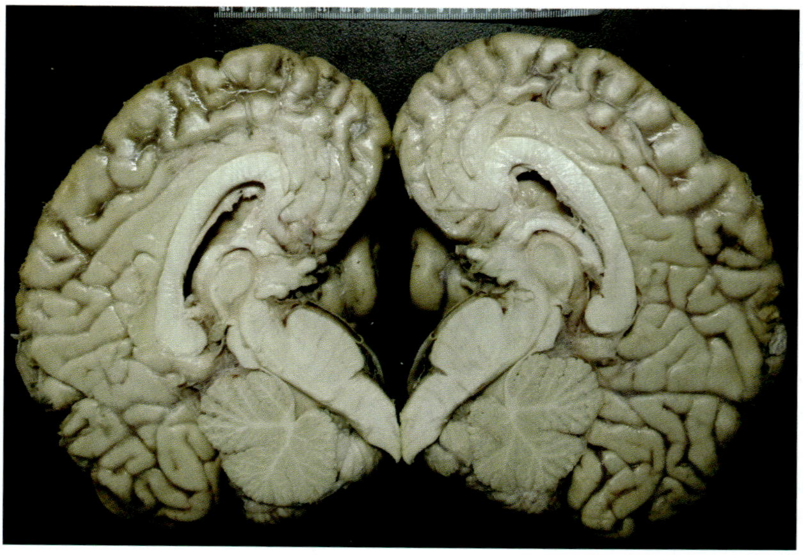

图 3-28 脑纵切法

四、小脑和脑干的切开

沿双侧大脑脚将脑干与大脑分离后，脑干和小脑的切开可以根据不同的检验需求采用联合切开或分别切开。

（一）联合切开法

方法 1 将脑干腹侧面向下放置于取材台上，垂直于脑干长轴做若干切面，其优点在于更好地暴露第四脑室及小脑皮、髓质。

方法 2 沿延髓前正中裂联合切开脑干和小脑，平均分成左右两部分，每部分可再间隔 2～5 mm 做若干平行切面，见图 3-29。

图 3-29 小脑脑干纵切法

（二）分别切开法

首先沿小脑脚将小脑和脑干分离，然后分别按以下方法切开小脑和脑干。

1. 小脑的切开

（1）水平切面：沿原裂水平切开，将小脑前叶与小脑后叶分离，再沿水平裂（即最大横截面处）切开小脑后叶，充分暴露双侧小脑半球，见图 3-30，为检查小脑挫伤的常用方法。此外，针对小脑扁桃体疝的检查，还可进一步沿小脑扁桃体后裂水平切开，检查是否存在相应部位的挫伤。

（2）放射状切面：沿小脑蚓切开，分离左右小脑半球，再呈放射状纵行切开左右小脑半球，见图3-31。

2. 脑干的切开

脑干的切开主要有横切法和纵切法，切开之前要注意观察动眼神经、三叉神经等脑神经根部有无撕裂等。

（1）横切法：将脑干腹侧面向上放置于取材板上，垂直脑干中线间隔 2～5 mm 做连续平行切面，依次切开中脑、脑桥和延髓，注意观察每一切面有无出血等改变，见图 3-32。建议选用大号刀片或专用脑刀，避免用力下压、来回“锯”切等动作，保证切面的平整，以减少人为因素对后期阅片的干扰。

横切法是最常用一种切开脑干的方法，尤其适用于原发性单纯性脑干损伤的案例。在实践中，可以有针对性地在神经根发出的平面切开，检查是否存在神经根部损伤，如三叉神经根水平面。

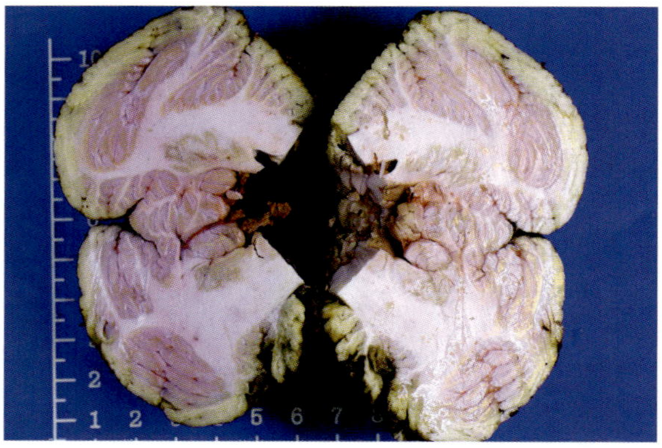

图 3-30　小脑水平切法

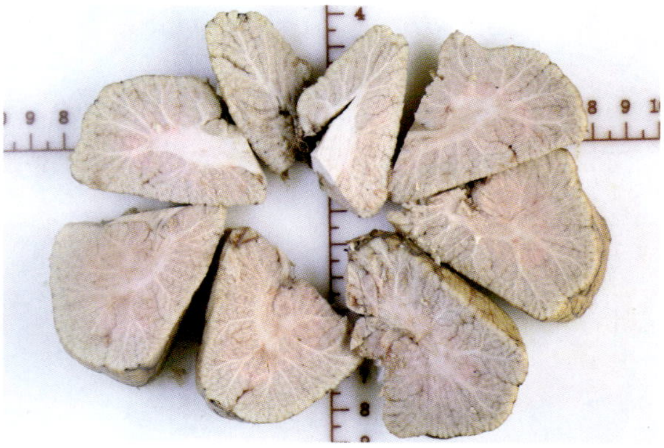

图 3-31　小脑放射状切法

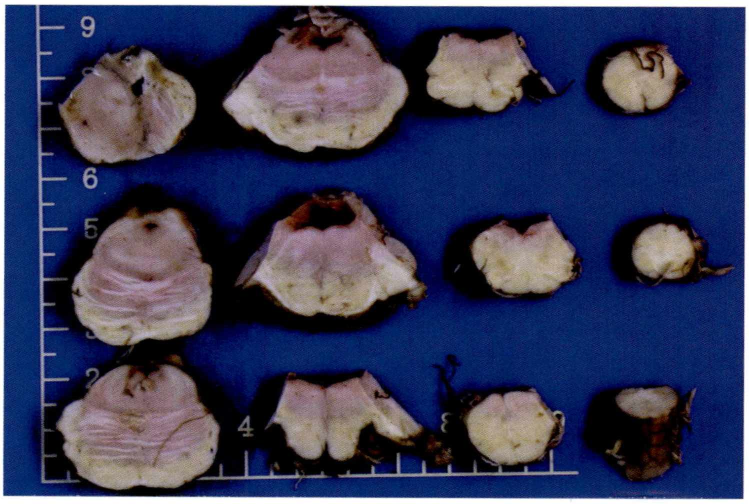

图 3-32　脑干横切法

（2）纵切法：沿脑干中线将脑干切开，再平行于切面取材。纵切法尤其适用于怀疑为弥漫性轴索损伤的案例，能更好地观察神经轴索断裂、收缩球形成等病理改变。在实践中，也可在纵切基础上再横切取材。

第六节　脑切面的检查

一、脑切面颜色的检查

经福尔马林固定后的正常脑组织切面呈灰白色，一氧化碳中毒者脑切面呈粉红色。当脑组织固定时间太短，或者固定液量不足时，脑实质切面也可呈现淡粉色改变，与一氧化碳中毒者类似，但前者的粉红色改变分布广泛，皮质、白质一致，而后者的粉色改变则通常仅局限于深部脑白质区域，皮质区域没有异常颜色改变。

二、脑移位的检查

当颅内各分腔的压力差达到一定程度时，脑组织会从高压区向低压区移位，从而造成脑中线结构的移位。脑移位一般分为左右移位和向下移位两种，向下移位危害性远较左右移位严重。

对于离体后脑的检查来说，脑的左右移位较容易观察，见图 3-33，而向下移位则难以把握，主要是缺乏一些客观测量的指标。以下是观察脑中线结构下移的一些常用指标：①侧脑室移位；②丘脑上缘变斜、变窄，多表明有间脑的下移；③中脑黑质下界下移。正常情况下，大脑在中脑水平沿冠状面切时，黑质的下界平天幕切迹连线水平，当上部脑干向下移位时，黑质的下界超过这个界限；④乳头体移位。正常乳头体高于灰结节，如果乳头体低于灰结节是视丘下部及上部脑干向下移位的标志；⑤在脑的矢状切面上，正常乳头体与中脑上丘位于视交叉与胼胝体压部下缘的连线上，如果乳头体及上丘低于此连线，多提示丘脑下部及脑干下移。

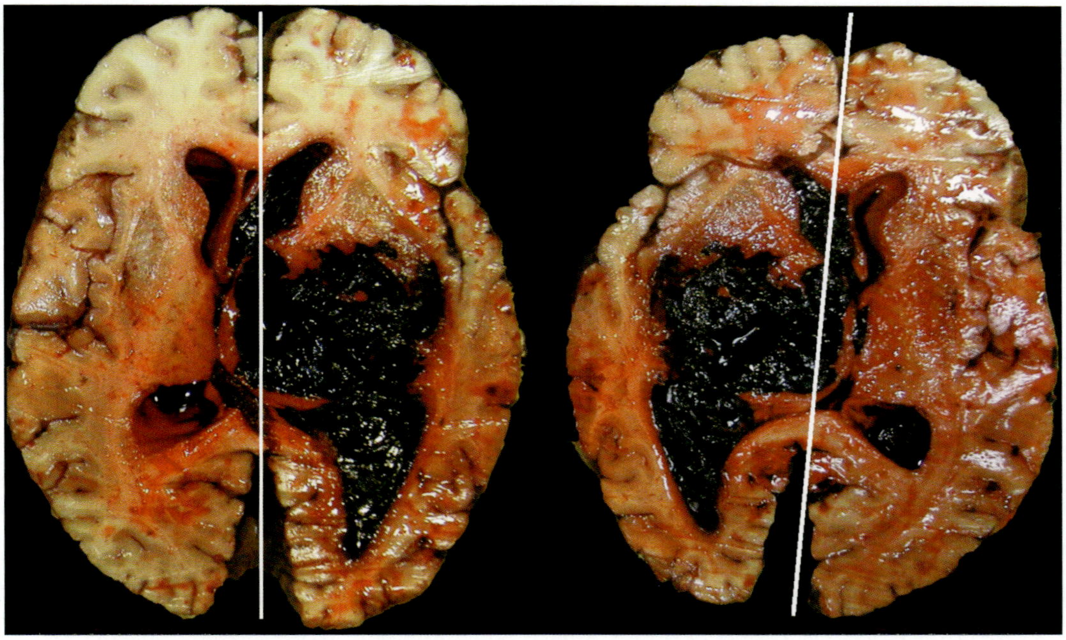

图 3-33　左侧基底神经节出血致大脑中线右移

三、脑实质出血的检查

脑实质出血按出血量大小分为点/灶状出血和血肿两种。

(一) 脑实质点/灶状出血

脑实质点/灶状出血，常见以下几种情况。

1. 脑挫伤

脑挫伤是由于外力造成小血管、毛细血管的破坏，所以点状或灶性出血是其特点。脑挫伤的形态，按分布范围、严重程度分为 4 类。①浅表性挫伤：位于脑回的突出面，较浅表，呈散在或簇状的小出血点；②楔状挫伤：脑回表面见圆形或椭圆形出血点，切面出血呈楔状，底面朝向脑膜侧，尖部伸向皮质下；③弥散性挫伤：挫伤灶分布广泛，多发生于大脑半球的穹隆部，系脑在颅内旋转运动所致；④挫裂伤：损伤程度最重，局部脑组织挫碎、出血，伴有软脑膜和（或）蛛网膜的破裂。

2. 弥漫性轴索损伤

弥漫性轴索损伤是由于头面部遭受暴力作用，脑组织产生旋转加速度和/或角速度，使脑组织在各部间产生剪切力作用，脑组织在受压及回位过程中发生相对运动，导致神经轴索损伤，伴或不伴有小血管撕裂的一种弥漫性损伤，主要损伤部位为脑内各部连接处或不同密度转折处，如胼胝体、脑干背外侧、大脑皮质白质交界处、中脑导水管旁、小脑上下脚等。大体检查时可在这些易损处检见点（灶）状出血。弥漫性轴索损伤伤后早期数小时至数天出现弥漫性轴索变性、肿胀、崩解和轴索回缩，轴索回缩也称轴索收缩球，为该损伤一种较为特异性的形态学改变，应用银染色、免疫组化染色（β-淀粉样前体蛋白）等方法有望提高收缩球的检出率。

3. 脑脂肪栓塞

脑脂肪栓塞常继发于全身性脂肪栓塞，对机体的影响也较严重。大体检查主要表现为白质的广泛性点状出血，严重者可形成脑紫癜症，一般以脑干的白质最为明显。镜下观察出血形态主要有 3 种：一是球状出血，系因毛细血管被脂肪栓塞后所引起的出血；二是环状出血，系因栓塞引起末梢神经组织凝固性坏死，坏死灶周围出血；三是血管周围播散性出血，系因小动脉栓塞，引起局部血管通透性改变而发生漏出性出血。

（二）脑内血肿

脑内血肿可由外伤所致，亦可因非外伤性因素所致。

巨大暴力所致脑挫（裂）伤，出血量较大并聚积可形成脑内血肿，多见于交通事故、高坠等。此时头部在受到外力作用后，脑内较大血管撕裂引起大量出血，故外伤性脑内血肿多伴有冲击性脑挫伤、滑动性脑挫伤等，最常见发生的部位为额叶与颞叶白质，血液在局部聚集形成球形或条索状血肿，血肿可单发也可多发。外伤性脑内血肿有一种特殊表现形式为迟发性出血，其发生的机制主要与迟发性的血管破裂有关：如外伤后血管受伤、管壁变薄，并被小的、临床上“静止”的缺血灶或出血灶包围，达到一定程度后，薄壁血管破裂，形成较大的血肿；或者是血管由于剪切力牵拉，致内膜和中膜撕裂，首先形成夹层或者外伤性动脉瘤，数天后因夹层或外伤性动脉瘤破裂而形成血肿。

非外伤性脑内血肿也称自发性脑出血，在实践中远较外伤性脑内血肿多见。引起自发性脑出血的原因很多，主要有高血压、动脉硬化、动脉瘤、血管畸形等，此外血液病、脑肿瘤等也可引起脑出血。高血压性脑出血可发生于脑的任何部位，但多见于基底神经节和丘脑，发生率达 60%以上。其次是大脑白质，而脑干出血约占 15%。细小动脉硬化是高血压病最主要的病变特征，硬化导致血管壁变脆、弹性降低从而发生破裂。而高血压性脑出血之所以多见于基底节区，除了局部血管硬化外，还主要与供应该区域的豆纹动脉管径较细且从大脑中动脉呈直角发出，直接承受来自大脑中动脉较高压力的血流冲击和牵拉有关。大体检查时，脑内血肿通常表现为边界清晰的新鲜出血或机化的出血灶。已经发生机化的血肿可见周围纤维囊形成，陈旧血肿附近脑实质呈现为黄褐色改变，是由于富含含铁血黄素颗粒的巨噬细胞聚积所致。图 3-34 为一组病理性脑出血标本。

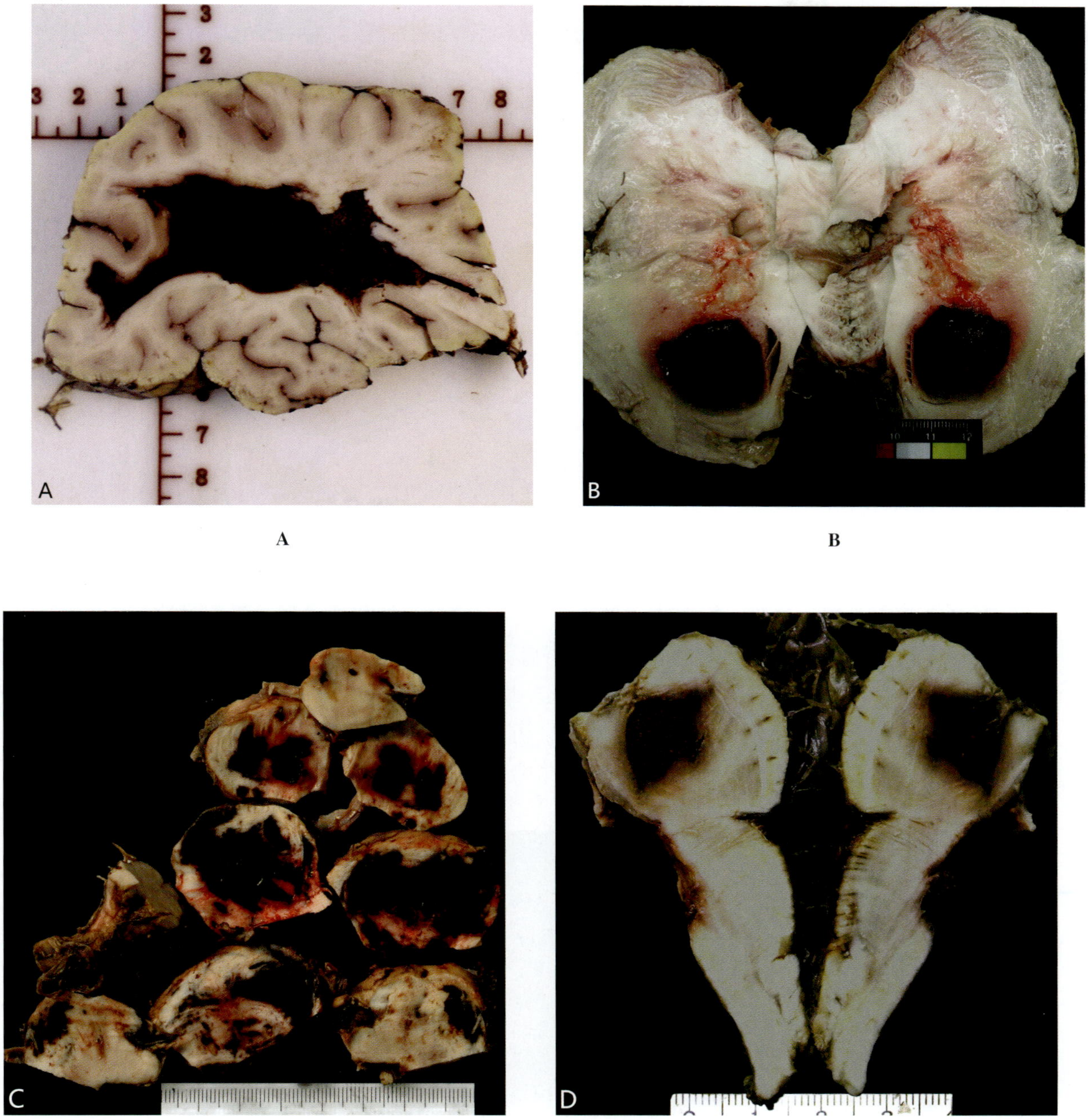

A B C D

图 3-34　病理性脑出血

A：大脑出血；B：小脑出血；C—D：脑干出血。

四、脑梗死的检查

脑梗死是指脑组织因局部血液供应减少或缺乏而发生的缺血性坏死。

（一）脑梗死的原因

脑梗死的根本原因是颅内或颅外动脉发生闭塞，且又未能获得及时的、充分的侧支循环，其本质是一种血管阻塞性疾病。引起脑动脉闭塞的栓子既有脑内形成的栓子，也有脑外其他部位形成的栓子脱落后随血液流动栓塞到脑动脉，前者称为脑血栓形成，后者称为脑栓塞。此外，有证据表明脑血管痉挛也是引起脑梗死的不可忽视的因素。蛛网膜下腔出血及血液的降解产物是导致脑血管痉挛的最主要原因。颅脑损伤、颅脑手术、血管内介入治疗、结核性和化脓性脑膜炎、偏头痛、高血压性脑病等也可诱发脑血管痉挛，持续性的脑血管痉挛可引起所供应区域的脑组织梗死。

（二）脑梗死的类型

一般根据梗死区内有无出血，分为贫血性脑梗死和出血性脑梗死。

1. 贫血性脑梗死

多见于动脉阻塞，局部缺乏或很少有侧支循环或再灌注，致使梗死区很少或无出血，呈现贫血或灰白色改变。这种类型的梗死在急性期（3 d 以内），肉眼观察常难以发现，主要特点是皮质、白质交界不清，局部组织质地变软。

2. 出血性脑梗死

多见于静脉梗死，或者继发于缺血性脑梗后再灌注所致。此时当血液重新流入时易致局部血管破裂出血，故又称红色脑梗死。出血性脑梗死多见于脑皮质，其进展与缺血性脑梗相似，但是由于梗死灶内红细胞聚集，肉眼上呈现更明显的褐色改变。随着出血性脑梗的进展，梗死灶内含铁血黄素颗粒不断沉积，局灶脑组织萎缩、塌陷，同时由于胶质细胞反应增强，梗死灶可形成囊腔样改变。

法医实践中，出血性脑梗死尤其多见于颅脑外伤后，当较大的颅内血肿或脑水肿（特别是脑疝形成）直接压迫某些血管，如大脑后动脉、小脑上动脉、基底动脉分支等，导致所供血区域脑组织坏死、出血，肉眼观病变呈典型或不典型楔形及不规则形、边界清楚的出血灶，出血范围不超过脑回边界，要注意与脑挫伤相鉴别，见图 3-35。

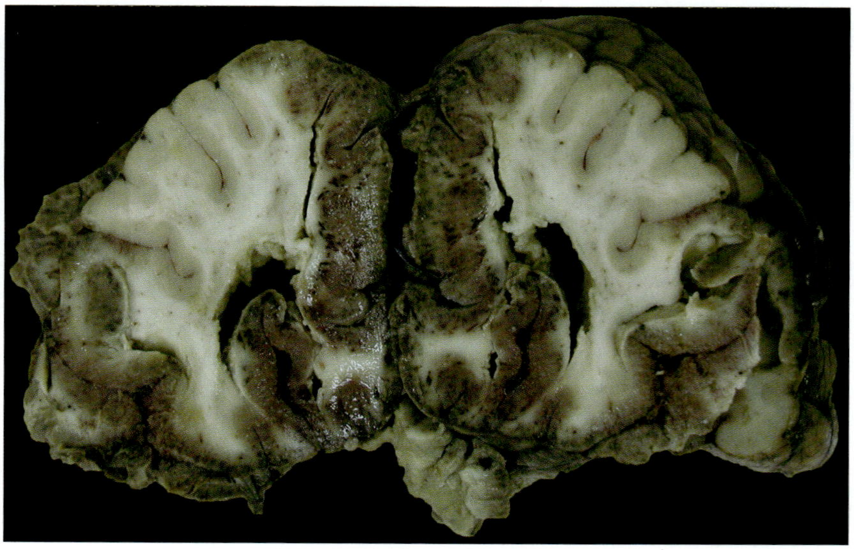

图 3-35　外伤性出血性脑梗死

（三）脑梗死的病理变化

脑梗死的病变范围，取决于所阻塞动脉管径的大小，细小的动脉阻塞，几乎看不出明显的梗死灶，而颈动脉阻塞，整个大脑半球均可发生梗死。

1. 新鲜脑梗死

一般来说，脑组织血流中断 5 min 后即可发生不可逆转的损害，但缺血后 4～6 h，大体上仍看不出变化。经过 6～48 h，肉眼可见局部充血，灰质、白质肿胀，界限不清，白质失去正常的光泽，见图 3-36。此后梗死组织进一步肿胀、软化呈粥糊状，然后逐渐液化，梗死区体积逐渐缩小。3～4 d 以上的脑梗死灶在大体观上表现为与周围正常脑组织的界限清晰，呈暗色，灰褐色样外观。7 d 以上的脑梗死灶表现为局灶性脑组织软化，质地脆，易破碎。在这个阶段，梗死灶内开始液化，在脑组织切面上表现为糊状外观，更易于与周围正常脑组织分离。2～3 周以上的脑梗死随着梗死灶内坏死物质被逐步清除，在肉眼上呈现出“海绵状”外观，其中有的可见小的血管网横跨囊腔内。

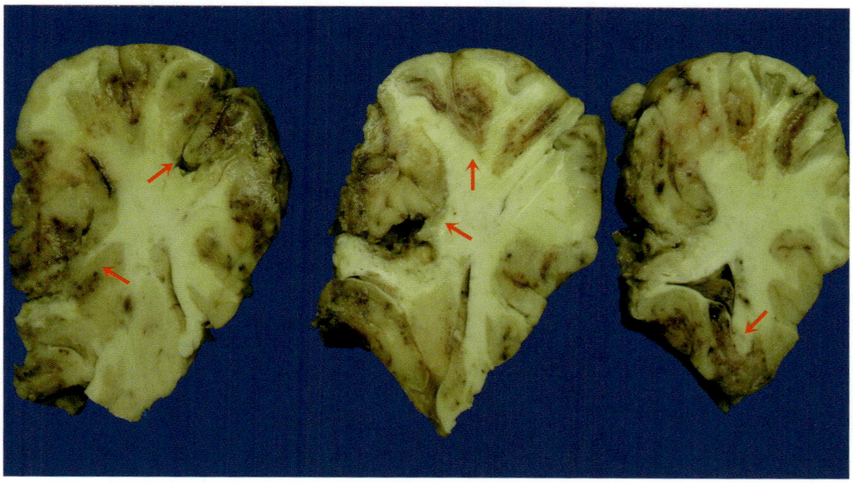

图 3-36　新鲜脑梗死

2. 陈旧性脑梗死

两个月以上的陈旧性脑梗死灶，在大体上表现为质地稍硬，海绵样，部分可出现局灶脑组织收缩塌陷。部分案例可见到界限清晰的囊腔样改变，出现这种囊腔样改变通常提示灶内曾发生出血，见图3-37。

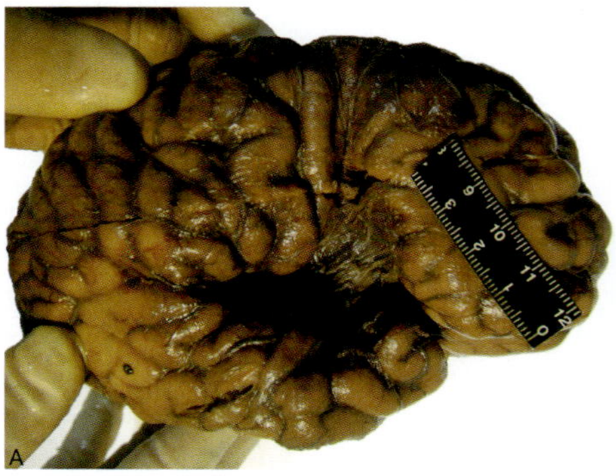

A

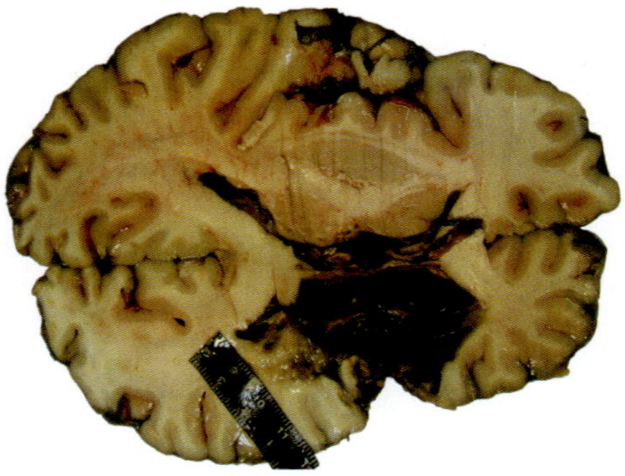

B

图 3-37　陈旧性脑梗死

A：表面观；B：切面观。

陈旧性脑梗死在实践中往往可以观察到继发脑软化灶的形成。在大体检查中，主要表现为皮质边缘不清，脑组织质地变软，硬度下降。脑软化依据形态分为红色脑软化、黄色脑软化及白色脑软化。红色脑软化在大体上成红色改变，系由于出血性脑梗死所致；黄色脑软化在大体上呈现黄色貌，系由于在某些脑实质损伤后脑内血管壁粥样硬化斑块形成，加上黄色淋巴液围绕在血管周隙而呈现出黄色改变，见图 3-38；白色脑软化，由于局灶脑实质缺血而呈现出苍白色。

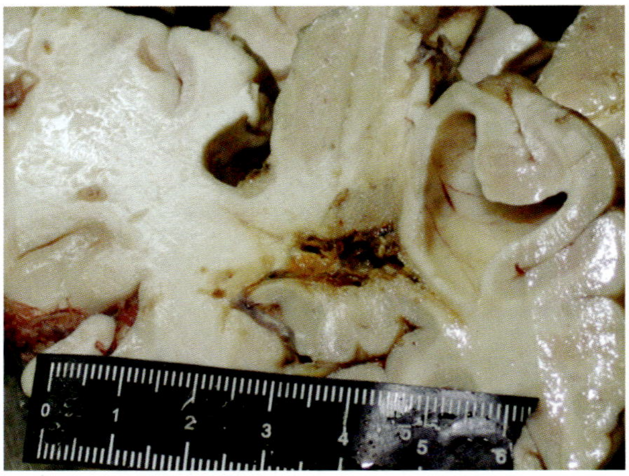

图 3-38　黄色软化灶

此外，脑软化也可继发于：①颅脑损伤；②脑内感染，如病毒性脑炎，在脑实质内见散在分布、大小不等的软化灶，白质重于灰质；③脑室周围白质软化症，多见于早产儿及产后窒息存活的儿童，因缺血缺氧性脑损伤导致脑室周围白质软化，大体检查多见脑室背外侧分布大小不一软化灶，白质减少，严重者白质消失形成囊腔，并汇入脑室，造成脑室不规则扩张。

脑软化标本切开时可适当增加刀间距，以避免破坏解剖结构，同时能够最大限度地观察病变区域的范围和特点。

五、脑内占位性病变的检查

脑内占位性病变是指在脑内占据一定空间位置的一组疾病的总称，其直接的后果是引起占位效应，表现为占位病变及病变周围水肿，局部脑沟、脑池、脑室受压变窄甚至闭锁，中线结构移向对侧，脑疝形成。脑内占位性病变以脑出血、脑肿瘤和脑脓肿等最为常见，本节主要阐述脑肿瘤和脑脓肿。

1. 脑肿瘤

成人脑肿瘤以胶质瘤最为常见，如星形胶质细胞瘤、胶质母细胞瘤等，其次为脑膜瘤、垂体瘤、颅咽管瘤等。小儿以颅后窝及中线肿瘤较多见，主要为髓母细胞瘤、颅咽管瘤及室管膜瘤。

脑肿瘤因其起源不同，恶性程度不同，表现出不尽相同的组织形态学特点。扩张性生长者，肿块多呈球状或块状，与周围组织分界清晰；浸润性生长者，瘤细胞浸润并破坏周围脑组织，多不形成明显的肿块，切面观与正常脑组织之间没有明显界限，如图 3-39 为左侧枕叶胶质母细胞瘤，病灶界限不清；多灶性生长者，可在脑组织内呈多发性灶性分布。取材时应切取瘤组织及周围脑组织的交界处，并尽可能地选取最能体现瘤组织特点的切面，如发生坏死、出血处。

脑肿瘤对机体的影响主要有两个方面：①肿瘤压迫或破坏脑组织引起相应神经症状，如癫痫、偏瘫或视野缺失等；②占位性病变引起的颅内高压，头痛、呕吐、视盘水肿等。脑肿瘤导致猝死的机制主要与颅内压增高、肿瘤出血、阻塞脑脊液循环引起急性脑积水、肿瘤侵入重要中枢区域、诱发癫痫等有关。一般来说，脑肿瘤往往有一个比较明确的慢性过程，较少引起法律纠纷，故在法医实践中并不多见，但偶有因脑肿瘤引起猝死的报道。笔者遇到一例，死者男性，18 岁，某日早上被发现死在租住房的卫生间内，现场见呕吐物，死前工作生活正常，无不适。尸表未见异常，脑检查时在左侧额叶见一 7.5 cm×6.0 cm×4.5 cm 的暗红色坏死病灶，界限不清楚，见图 3-40，病理诊断为星形胶质细胞瘤（Ⅱ～Ⅲ级）。

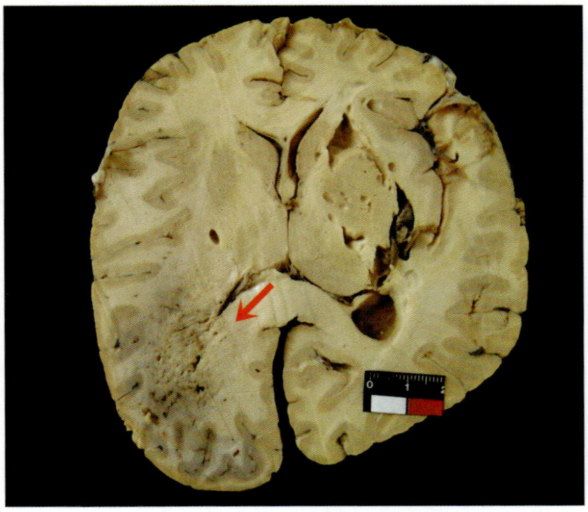

图 3-39　左侧枕叶胶质母细胞瘤

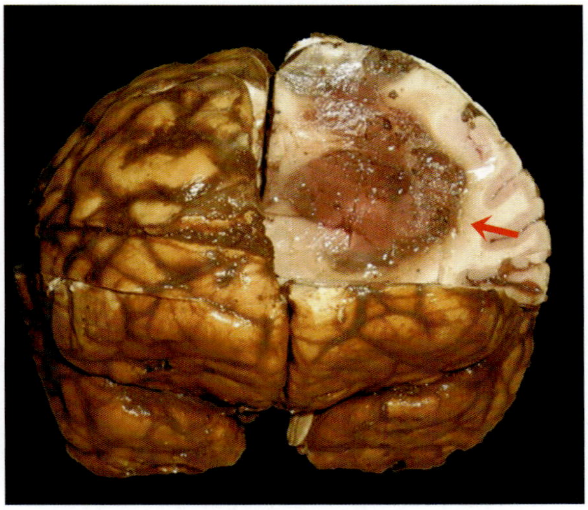

图 3-40　星形胶质细胞瘤

此外，松果体囊肿作为一种良性肿瘤，在检案过程中偶有发现，见图 3-41。囊肿小的，通常不引起严重后果，如囊肿持续增大，则可能导致脑积水。松果体囊肿壁分 3 层：最外层为致密的纤维层，中间层含有松果体细胞成分，内层为菲薄的胶质细胞层，囊肿液为无色透明的液体。

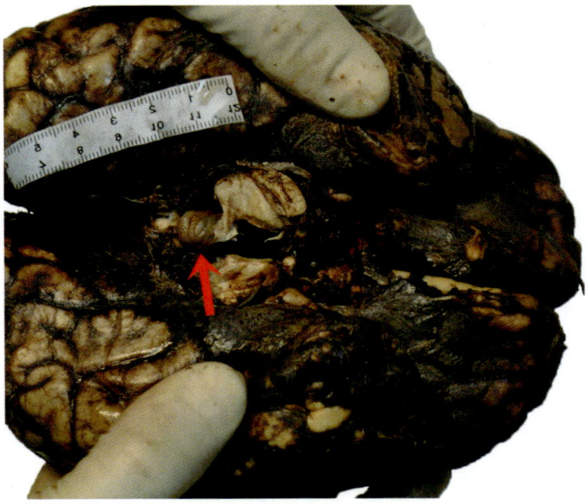

图 3-41　松果体囊肿

虽然目前研究尚不能明确脑外伤与脑肿瘤的发生有关，但是有部分文献报道了二者之间的关联，尤其是脑膜瘤，往往见于开放性脑损伤数年后。

2. 脑脓肿

脑脓肿是脑实质内局限性的化脓性感染，常为身体其他部位化脓性炎症的并发症。脑脓肿的肉眼表现因脓肿的发展阶段不同而不同。在早期阶段主要表现为局灶性化脓性脑炎，以后病灶不断扩大，中央液化坏死形成脓腔，见图 3-42。发展迅速的急性脑脓肿，边界往往不清楚，也无包膜形成。而发展缓慢的脓肿，边缘可见典型的由肉芽组织和纤维组织形成的境界清晰的囊壁，囊腔内充满黄色或黄绿色的脓液。如果脓肿接近脑表面，则可见脑膜局灶性炎症反应及粘连。部分脓肿可局部破溃而进入脑室或蛛网膜下腔。脓肿灶可为单发，也可为多发，单发者多见于周围器官感染蔓延而来，如耳源性脑脓肿、鼻源性脑脓肿，而血源性脑脓肿常呈多发，多见于大脑中动脉供血区域的灰白质交界处。

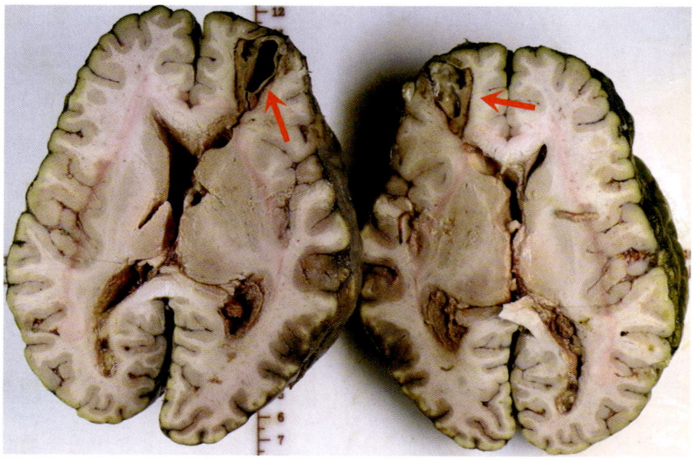

图 3-42　脑脓肿

引起脑脓肿的致病原很多，包括细菌、真菌、寄生虫等。作者在实践中遇到数起因真菌感染引起的脑脓肿，如脑外伤后曲霉菌感染，可以采用硝酸银特殊染色法特异性地观察真菌的形态结构特征。

六、脑室系统的检查

检查脑室系统是否通畅，脑室是否扩张或变窄，脑室内有无积血等。

脑室扩张多见于各种原因导致的脑脊液循环阻塞（如导水管狭窄、小脑扁桃体下疝、肿瘤压迫、颅内感染及外伤等）、脑脊液分泌和吸收障碍及多发性脑卒中后脑实质萎缩等。

脑室积血分为原发性和继发性，前者比较少见，多因局部脉络丛出血和脑室壁的小血管破裂出血所致。后者多因脑实质内的出血破溃汇入脑室，如发生于基底神经节区的脑出血破入侧脑室。

第七节　脑的取材

一、一般情况下的脑组织取材

这里所说的一般情况，是指无肉眼可见显著病变的、以排查性诊断为主要检验思路的脑组织取材。不同病变在脑内不同部位发生的概率有所差异，如额叶和顶叶中央前、后回易发生缺血及老年性退行性变，枕叶辐射区、纹状体为血管病变好发区，海马回为缺氧及退行性变易发区，小脑皮质在缺血、中毒、代谢性疾病条件下易发生病变，这些部位均应重点检查并取材。结合相关指南，对于一般情况下的脑组织取材，建议常规包含如下 7 个部位：①额叶，自侧脑室前角至中线顶点，范围包括了胼胝体，侧脑室壁，扣带回等；②颞叶包括外侧膝状体水平处的海马；③穿过岛叶皮质至中线乳头体；④中脑；⑤脑桥于三叉神经根部水平面；⑥延髓；⑦小脑。具体取材部位如图 3-43 所示，上述部位中，1，3，7 部位可以分成 2 个组织块分别包埋。

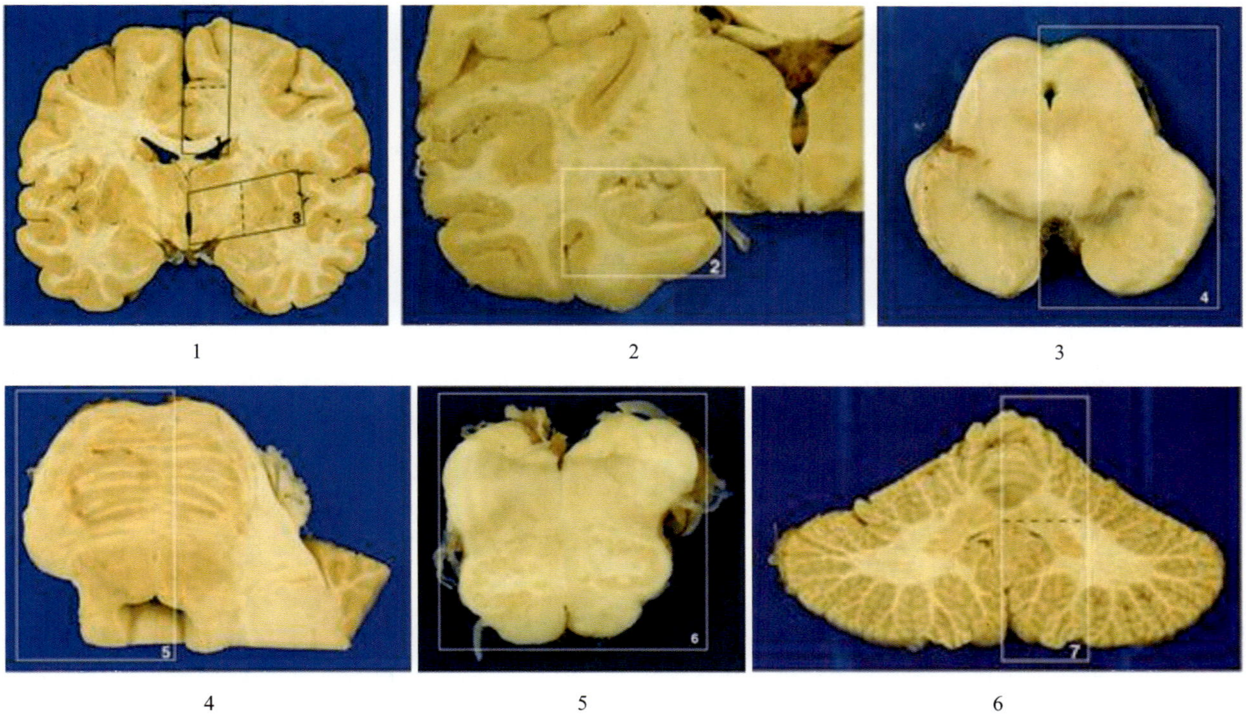

图 3-43　脑的常规取材

二、颅内出血的脑组织取材

颅内出血相关案件脑组织的取材，首要把握的重点是是否存在疾病基础，因此当头面部外伤程度较轻，或者受伤情况不明的时候，在取材过程中需要详细排查。

（一）蛛网膜下腔出血的脑组织取材

取材时，在“九刀法”或“十二刀法”切面的基础上，对局部蛛网膜下腔出血较浓密处，沿冠状面切开，选取该区域出血切面最大处进行取材。检材应包含脑组织及相应蛛网膜下腔出血处。

脑底蛛网膜下腔出血应注意对脑底动脉进行剥离、取材，尤其注意动脉分支处，如大脑中动脉，基底动脉分支处。这些地方极易形成动脉瘤并破裂出血。对脑底蛛网膜下腔出血凝血块内不能明确是否存在血管破裂或者血管畸形者，应对该出血部位（通常为出血面较大，较密集处）取材，可对多个切面进行连续取材。

（二）脑内出血的脑组织取材

1. 脑皮质内出血

沿各切面仔细观察出血的连续性及其分布，选取出血面积最大处取材。如出血呈连续多切面，应在多个切面分别取材。对于同时存在大脑皮质出血和对应位置处蛛网膜下腔出血的取材时，应检查是否存在脑实质内出血破溃进入蛛网膜下腔，并着重在破溃出血处取材。

2. 脑白质内出血

脑内出血仅局限于白质时应首先考虑是否存在病理基础，如高血压、血管畸形等。此外，如弥漫性轴索损伤、中间性脑挫伤，以及脑脂肪栓塞也可见白质内点灶状出血。取材前应详细记录出血的部位，结合损伤情况及案情综合分析。自身疾病引起脑内出血者，出血通常较外伤性脑挫伤的范围更广泛，并易形成脑内血肿。因此，取材时，应对出血累及的多个切面分别取材，所取检材应包含出血区域及周围脑组织。同时还应对脑底血管，尤其是供给损伤局部的脑动脉分支进行检查并取材，观察是否存在血管病变。怀疑弥漫性轴索损伤或中间性脑挫伤者，应注重对出血部位及胼胝体的取材。

3. 脑室内出血

脑室与蛛网膜下腔仅在第四脑室处通过正中孔和两个外侧孔相通。一般情况下，蛛网膜下腔的出血很难反向进入脑室系统，尤其是侧脑室内。因此，对于脑室内出血者，着重考虑是否有脑白质内出血破溃进入脑室或自身疾病所致。有调查研究显示，约有 2/3 的丘脑、基底节区出血者可合并脑室内出血，其他常见的因素包括烟雾病、动脉瘤和高血压，其中大脑前动脉和前交通支动脉瘤导致脑室内出血的概率最高，在取材时要注意检查。

而外伤性脑室内出血较为罕见，通常多与颅脑损伤相伴。外伤性脑室内出血可能的机制为：外部暴力使脑组织急速发生前后位移，瞬间形变并复原，由此产生的剪切力使脑室壁室管膜受到负压吸引，同时脑脊液强力冲击室管膜引起室管膜下血管、潜在血管畸形破裂出血。

肉眼检见脑室内出血者，取材时应注重对于丘脑、基底节区、胼胝体（前、后联合处，胼胝体膝部、胼胝体干、胼胝体压部）、海马区的检查和切取，并常规提取各脑叶、大脑前动脉及前交通支等部位的脑动脉。

三、脑干取材

常规于中脑、脑桥、桥延沟、延髓、颈髓各取材一块。怀疑脑干损伤的，要加大取材密度，尤其是脑神经根附着的部位，如中脑与脑桥上缘交界部（动眼神经出脑处）、脑桥中部（三叉神经出脑处）、桥延沟部（面神经、展神经出脑处），并尽量保留脑神经的根部。怀疑轴索损伤的，应注意增加脑干纵切面取材。如表 3-4 所示。

表 3-4 疑似颅脑损伤案例脑组织取材部位指南

部位		区域	备注
大脑	皮质	额叶	“分水岭”前侧 直回 内侧皮质
		顶叶	“分水岭”后侧
		海马区	含颞叶皮质
		枕叶	含距状沟皮质
	白质	额叶	胼胝体
	深部灰质	纹状体	“分水岭”内侧
		丘脑	内囊

续表

部位	区域	备注
小脑	蚓部	
	齿状回	含顶盖
脑干	中脑	
	脑桥	含大脑脚
	延髓	

拓展学习 3 纽约脑库和韩国脑库的标准脑组织取材指导意见

目前，部分国家已经针对神经系统疾病的诊断及人体神经系统发育开展了专题专项研究工作，并组织成立了国家级脑组织库（brain bank）。这些脑库机构的建立，有助于规范化脑组织的取材和检验，促进神经病理学、神经解剖学及法医学的发展。下面分别介绍美国脑库（纽约）和韩国脑库对于标准化脑组织取材的建议，供同行学习参考。

一、纽约脑库标准化脑组织取材

标准化脑组织取材（standardized brain block，SBB）是纽约脑库（New York brain bank at columbia university，NYBB）提出的标准化脑组织取材方式，它基本可以满足绝大多数神经病理学的诊断需求。

NYBB 的标准化脑组织取材建议先将新鲜脑组织沿中线分开双侧大脑半球、小脑扁桃体及脑桥。实际操作中可以采用“由背至腹侧方向”矢状位切开胼胝体，或采用“由腹至背侧方向”矢状位切开脑干中线，然后再切开胼胝体。从切法上，优先推荐“由腹至背侧方向”的切法，且在双侧大脑半球间垫入湿纱布，保证双侧大脑半球间隔有一定间隙，以利于对称切开。如果采用“由背至腹侧方向”切开双侧脑组织，需要特别注意以下几点：①下刀要落在双侧额叶间隙；②保证延髓在切开过程中两边对称；③必须垂直切开；④下刀要平顺，尽量用刀刃全长一次切开。切开的双侧脑组织分别采用低温冷冻保存（右侧）及福尔马林固定保存（左侧）。

中脑的分离：一般采用 Amaya 分离法，即自乳头体腹侧至上丘背侧做一切线，经过中脑喙侧横切分离中脑与端脑，该切线与经过上、下丘和动眼神经经背缘连线的直线平行。

小脑的分离：依次切开上、中、下小脑脚。将小脑平放，以矢状位做连续切片，间隔 0.3 cm。标准取材建议至少取材 2 块包含有小脑皮质、小脑白质及齿状核结构。

脑干横切：将脑干平置于取材台面，与台面垂直做横切面，间隔 0.3 cm。

大脑横切：将大脑组织置于水平取材台上，每间隔 0.5 cm 切开，切面须垂直于取材台。切开时注意用长刀一次完成一个切面，避免来回拖刀。为保证脑组织切片的平整及定位准确。标准脑组织取材方法中对脑组织摆放定位做了具体要求：①大脑半球摆放于水平取材台面时，应保证颞叶和枕叶腹侧缘与取材台一边平行对齐；②冠状切面应沿着颞下回和枕极两点连线的垂直面切下。建议每完成一个切面，将脑刀浸入水中，然后用干净的湿海绵擦拭刀刃两侧，并喷洒酒精后用纱布轻轻擦拭。这样能够最大限度上保持各个切面的平滑、平整。

每侧脑组织取材 18 处，全脑合计 36 处取材，组织块最小为 1.0 cm×0.5 cm×0.3 cm，最大为 3.0 cm×2.5 cm×0.5 cm，具体取材部位如图 3-44 所示。此外，还可以根据不同的病史，额外获取某些部位。

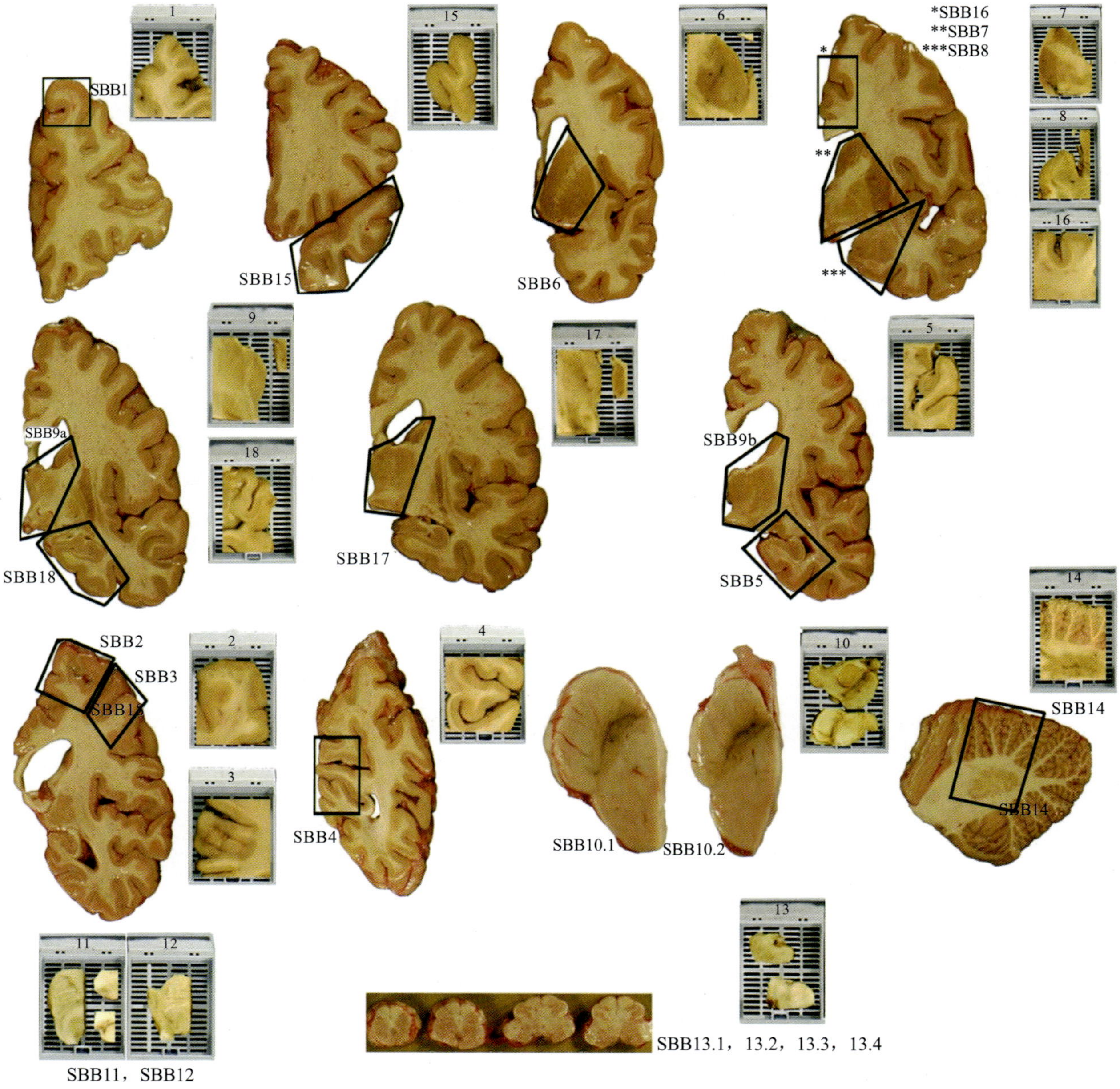

图 3-44　纽约脑库标准化取材

SBB1：额叶；SBB2：顶叶，纵裂内侧；SBB3：顶叶，顶上小叶后部；SBB4：枕叶；SBB5：海马体部；SBB6：纹状体＋伏核；SBB7：苍白球；SBB8：杏仁核；SBB9：丘脑；SBB10：中脑；SBB11&12：脑桥；SBB13：延髓；SBB14：小脑齿状核；SBB15：颞极；SBB16：扣带回；SBB17：丘脑底核；SBB18：海马头部。

二、韩国脑库脑组织取材指南

与纽约脑库标准化脑组织取材方法类似，韩国脑库脑组织取材指南同样要求将全脑沿中线对称分开，左侧脑组织以福尔马林溶液固定2～4周后取材，右侧置于低温冻存。但不同之处在于，该指南建议先将脑干及小脑分离后，再将大脑左、右半球切开。

脑干的分离：经过乳头体及上丘脑背侧连线，经大脑脚切开中脑。分离下的脑干组织沿中线右侧2 mm处做一矢状切面，分成不对称的两部分分别保存及取材。

小脑的分离：依次切开上、中、下小脑脚，分离小脑与脑干。

大脑的取材：①大脑半球经乳头体做一冠状切面，该切面应与颞极和枕极的连线垂直，分成前后两部分；②前半部分（额极至乳头体平面）间隔 1 cm 做连续冠状切面；③后半部分也同样间隔 1 cm 做连续冠状切面。

韩国脑库对脑组织取材指南建议为 17 块检材，具体取材部位如图 3-45 所示。

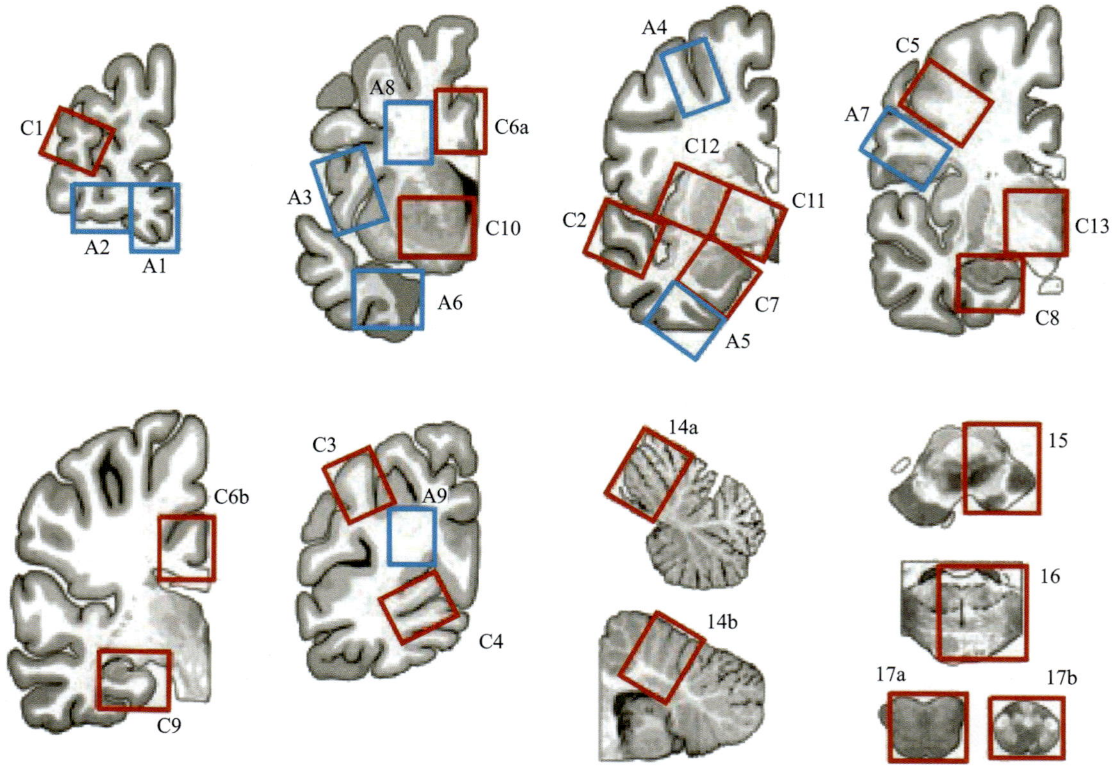

图 3-45 韩国脑库标准化取材

C1：额中回；C2：后上颞回；C3：下顶叶；C4：枕叶；C5：中央前回；C6：带状前回（于胼胝体膝部水平）和带状后回（于胼胝体压部）；C7：杏仁核；C8：海马前脚和内嗅皮层；C9：海马后脚和海马旁回（于外侧膝状体核水平）；C10：腹侧纹状体（于伏核水平）；C11：苍白球及基底核；C12：岛核；C13：丘脑及丘脑底核；C14：小脑齿状核及蚓部；C15：中脑黑质；C16：脑桥蓝斑；C17：延髓（迷走神经背核及舌下神经核及颈髓上部）。另外，根据不同的检查或研究需要，可额外提取 10 处检材，分别是 A1：额极中部；A2：眶回前部；A3：额叶额下回三角部；A4：额上沟；A5：颞下回；A6：颞极；A7：中央后回；A8：额叶白质；A9：枕叶白质；A10：嗅球。

第八节 垂体的检查和取材

垂体的检验常常被法医所忽视，作为一个重要的内分泌中枢器官，垂体的病变与内分泌功能障碍密切相关，在实践中，也偶有垂体疾病如垂体瘤破裂出血引起猝死的报道。

一、垂体的解剖学基础

垂体位于蝶骨体的垂体窝中，借漏斗与下丘脑相连，前方为视交叉。成人垂体大小约为1.0 cm×1.5 cm×0.5 cm，一般宽大于长和高，呈蚕豆形。重0.5～0.9 g，妇女妊娠期可增大约120%。垂体柄和垂体共同包裹在一个由单层薄膜构成的垂体囊内，同时该包膜伸入垂体内，成为垂体前叶和后叶之间的界膜。前叶为腺垂体，分泌生长素、促甲状腺激素、促肾上腺皮质激素、促黑素、促黄体生成素、催乳素等七种激素，腺垂体主要由大脑基底动脉发出的垂体上动脉供应。后叶为神经垂体，是脑的一部分，含有神经纤维、毛细血管和垂体细胞，神经垂体主要由来自左右颈内动脉发出的垂体下动脉供应。

二、垂体的常见病变

1. 垂体损伤

垂体的损伤分为直接损伤和间接损伤。由于垂体位置较深，头面部外伤直接导致垂体的损伤较为少见，但如果存在颅中窝骨折，可能会伴随有垂体的直接损伤。垂体的间接性损伤表现为脑外伤后出现的不同程度的垂体前叶功能减退，这种功能可以表现为单一激素缺乏，也可以表现为多个功能轴激素同时减退，既可以发生在脑损伤的急性期，也可以发生在康复期，其发生率在中、重度脑外伤患者中较高。由于垂体的血供80%来源于垂体上动脉和门脉丛，10%～20%来源于颈内动脉分支，因此在急性脑外伤引起脑循环血流灌注量不足时，垂体柄水平首先受累继而延伸到垂体前叶，缺血、缺氧时间越长，垂体坏死和功能损害越严重。此外，严重脑外伤造成脑结构的破坏，尤其是脑水肿、颅内血肿等占位性病变也可引起垂体血管和位于垂体柄的毛细血管损伤，导致垂体柄梗死。

此外，发生在孕妇产后大出血引起失血性休克，致使垂体前叶发生缺血缺氧，甚至变性坏死的间接损伤后导致垂体前叶功能减退，各种激素剧烈减少，从而引起各类激素所作用的靶器官功能退化，称之为希恩综合征。其主要病理表现为垂体前叶变性坏死、纤维化而显著萎缩。

2. 垂体 Rathke 囊肿

亦称为垂体胶样囊肿，系垂体发育过程中，残留在垂体中部的腔隙扩大形成囊肿，尸检发现率为13%～22%。垂体 Rathke 囊肿的壁被覆单层纤毛柱状上皮，内含黏液，囊液为清亮无色，也可为含有胆固醇结晶的棕色或陈旧白色黏液样或胶冻样。

3. 垂体肿瘤

垂体肿瘤多见于男性，且通常发生在青壮年时期，大部分为良性腺瘤，极少数为癌。垂体腺瘤的发生率在颅内肿瘤中仅低于脑胶质细胞瘤和脑膜瘤，约占颅内肿瘤发病率的10%。按照瘤体大小，垂体腺瘤分为微腺瘤（直径<1 cm），大腺瘤（直径1～4 cm，见图3-46）和巨腺瘤（直径>4 cm）。垂体肿瘤可压迫蝶鞍区结构，如视交叉、视神经、海绵窦、脑底动脉、下丘脑，甚至累及额叶、颞叶、脑干等，引起神经功能及内分泌功能障碍，巨大腺瘤极易发生出血、坏死，严重者可导致死亡。

三、垂体的切开和取材

解剖时在取出脑组织的过程中，很难将垂体完整地保留在脑底部并一起取出，一般在垂体柄处分离，待取出全脑以后，再用刀尖将垂体从垂体窝中取出。因垂体相对较小，固定时应用纱布或物证袋单独包装再放入固定容器内，以免丢失。

常规取材沿垂体最大切面水平切开腺垂体和神经垂体，包埋时将两侧切面相向包埋。

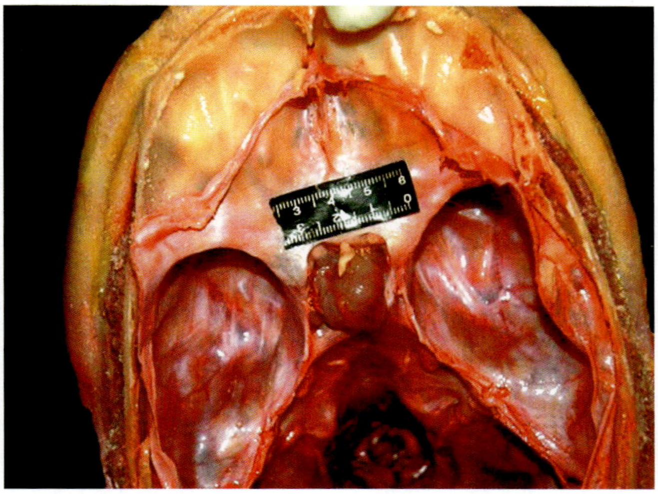

图 3-46　垂体瘤

第九节　硬脑膜的检查

一、硬脑膜的解剖学基础

硬脑膜是一厚而坚韧的双层膜，主要起保护脑组织的作用。

外层称为骨膜层，实际上就是颅骨内膜，在颅骨的不同部位，硬脑膜与颅骨的结合有所差异。在颅盖骨，硬脑膜外层与之结合疏松，当颅盖骨发生骨折或此处硬脑膜血管损伤时，极易在硬脑膜与颅骨之间形成硬膜外血肿。但在颅底处，硬脑膜外层与之结合紧密，若颅底发生骨折，易致硬脑膜和蛛网膜同时撕裂而发生脑脊液外漏，如颅前窝骨折，脑脊液可能流入鼻腔，形成鼻漏。

内层称为脑膜层，较外层厚而坚韧，朝向蛛网膜的一面衬有一层扁平上皮细胞。骨膜层和脑膜层除在硬脑膜窦及内淋巴囊等处相分离外，其余都紧密地连接成一层，很难分离。硬脑膜内层在某些部位形成一些板状隔分隔颅腔，其中主要有大脑镰、小脑幕、小脑镰和鞍隔等。

硬膜窦是由硬脑膜的骨膜层和脑膜层在特定部位相互分离而形成的独特腔隙，在腔隙内面衬有内皮细胞，与静脉相续，故又称静脉窦。脑的静脉血先注入硬脑膜窦内，最终引流至颈内静脉。重要的脑膜窦有上矢状窦、下矢状窦和海绵窦等。硬膜窦的壁较厚，壁内没有平滑肌，因脑膜窦不能收缩和扩张，发生破损时窦壁不能塌陷，若出血则难以止住，易形成颅内血肿。硬脑膜及硬膜窦的解剖见图 3-47。

大脑穹隆面的皮质浅静脉在离开皮质时以垂直的方向穿过蛛网膜下腔进入硬脑膜下腔，然后沿硬脑膜内表面游离行走约 2 cm 再进入附近的硬膜窦，这一段静脉称为桥静脉。两侧大脑半球一共有 11～13 对这样的桥静脉，它们是连接大脑浅静脉和静脉窦之间的“纽带静脉”。位于上矢状窦处的桥静脉最为重要，它由大脑静脉中最大的一支静脉——大脑上静脉发出，它的破裂是硬膜下出血的常见原因。

桥静脉的生物力学特点是壁内环形肌比纵行肌发达，不耐牵拉。脑萎缩者其硬膜下间隙增宽，脑在颅腔内有更大的移动空间，且桥静脉游离的距离增加，因此轻微的头部外伤甚至剧烈咳嗽、打喷嚏等，也可能导致桥静脉撕裂。

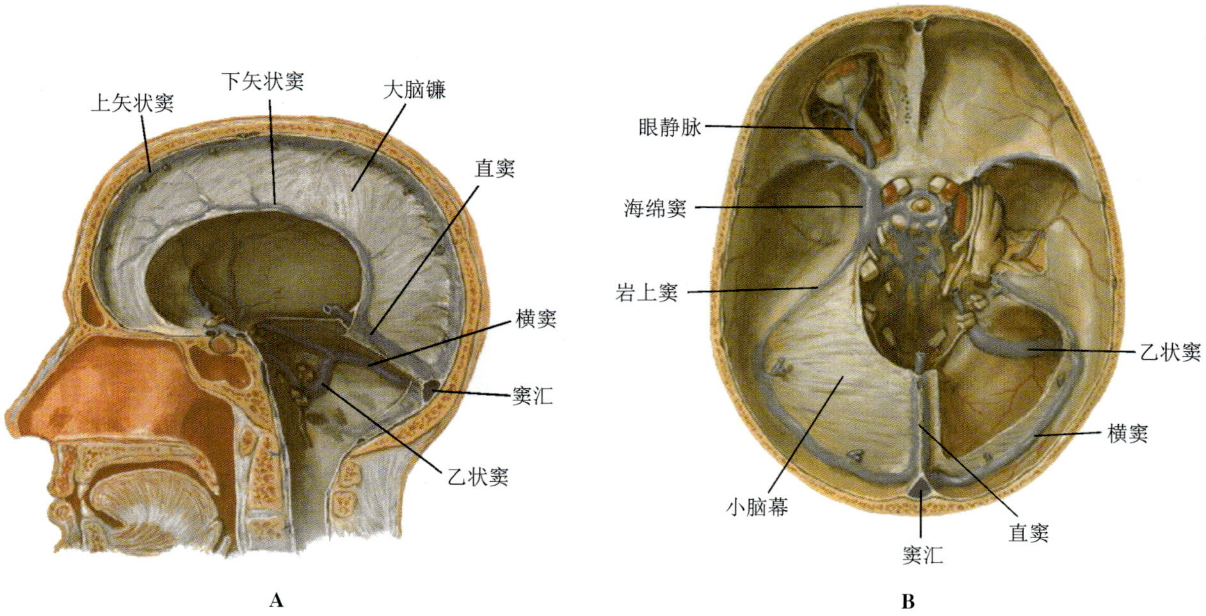

图 3-47　硬脑膜及硬膜窦解剖图

A：硬脑膜解剖图；B：硬膜窦解剖图。

二、硬脑膜的检查

检验时应先检查上矢状窦内有无异常或血栓，在大脑镰前端与颅底分离后，从两侧向中间掀开硬脑膜，在认真观察桥静脉无异常后方可用刀切断桥静脉，然后将大脑镰从大脑纵裂取出。

硬脑膜的检查常被忽视，使得一些重要的发现被遗漏，如死者既往有硬膜外/下出血史，往往可以在硬脑膜对应处观察到棕褐色或淡黄色改变。

（一）硬膜外出血的检查

硬膜外出血几乎都由外伤所致，通常都形成血肿，引起颅内占位效应，导致局部脑组织受压，大脑表面可见明显的凹陷，切面观中线移向对侧。由于硬脑膜与矢状缝粘连紧密，所以硬膜外血肿都有清晰的界限，多成扁平状圆形，切面呈纺锤状，厚度一般小于 0.5 cm，直径可达 10～12 cm。据统计，硬膜外血肿最常见的部位是颞部，约占 80%。一般认为硬膜外出血的出血量在幕上超过 30 ml 或幕下超过 10 ml 即可出现明显的脑压迫症状，超过 70 ml 则将出现明显的颅内高压症状。在对硬膜外血肿的检查中，应注意以下两个方面。

第一，硬膜外出血的时序性变化。新鲜硬膜外出血多呈暗红色果酱样，不伴机化及纤维膜形成，见图 3-48。受伤 10 d 以上呈暗褐色，以后血肿由于机化，形成“新膜”包裹整个血肿并与硬脑膜粘连，血肿液化，甚至吸收形成厚壁囊腔，并可有钙化形成。

第二，外伤性硬膜外出血与硬膜外热血肿的鉴别。硬膜外热血肿质地较脆，呈新月形，边缘锐利，表面不光滑，呈粗糙颗粒状外观，颜色为砖红色，切面呈蜂窝状，内可见气泡及脂肪，见图 3-49。

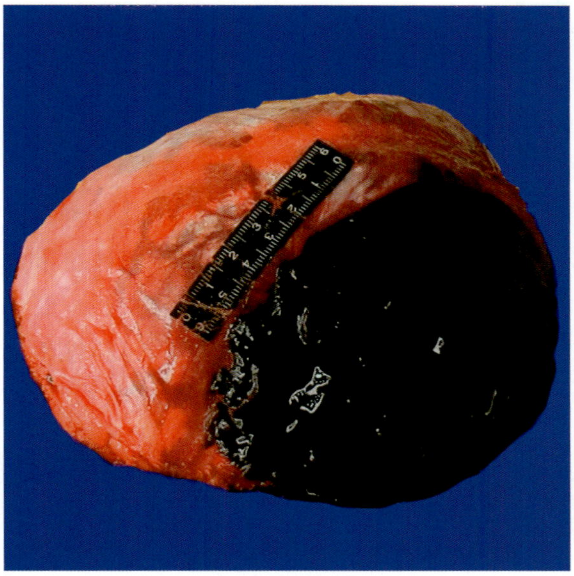

图 3-48 外伤性硬膜外血肿

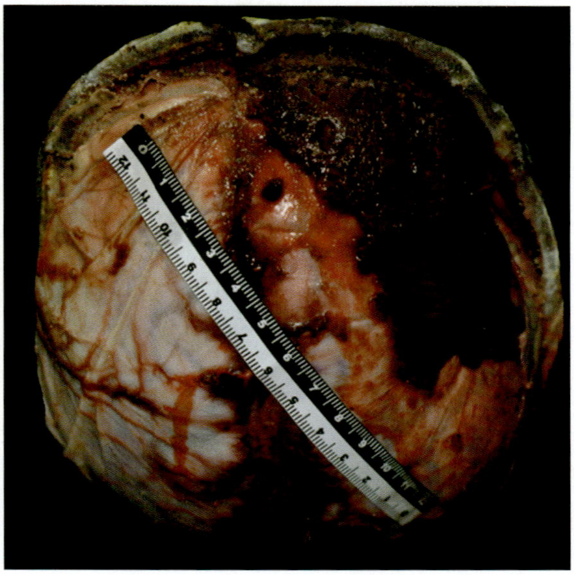

图 3-49 硬膜外热血肿

（二）硬膜下出血的检查

硬膜下出血发生率约占颅内出血的 40%，其发生机制一是脑皮质的静脉和动脉受损伤破裂出血，常常发生在外伤着力部位及对冲部位，多伴有脑挫（裂）伤或颅骨骨折。二是脑表面的桥静脉撕裂出血，多不伴有脑挫（裂）伤或颅骨骨折，仅为单纯性血肿，但血肿常较广泛地覆盖于大脑半球表面。

硬膜下的血液于数小时内即凝固，随后由硬脑膜表面的成纤维细胞和血管内皮细胞增生形成肉芽组织包膜，逐渐包裹、机化血肿。一般将硬膜下血肿机化的过程分为急性期（3 d 内）、亚急性期（4 d 至 3 周）和慢性期（3 周以上）三期，其形态学表现有一定的差异，借此可以进行损伤时间的推断。

1. 急性硬膜下血肿

多表现新鲜血液或柔软血凝块，3 d 内逐渐变成硬凝块并与脑膜黏着，外观呈暗红色或黑褐色，见图 3-50。一般情况下，硬膜下出血凝结成血块至少需要 48 h，此时无机化现象，无包膜形成。镜下红细胞颜色鲜红、外形饱满、境界清楚。因红细胞间无纤维素网罗，故在制片过程中极易丢失。

图 3-50 急性硬膜下血肿

2. 亚急性硬膜下血肿

随着血凝块逐渐液化，由硬脑膜表面的成纤维细胞和血管内皮细胞增生形成肉芽组织包膜。一般来说，硬膜下血肿的机化一般只有硬脑膜参与，除非蛛网膜也同时发生了破裂，否则蛛网膜不参与硬膜下血肿的机化。此期血肿的特点是部分呈凝血块，部分开始液化，红细胞开始枯萎褪色、溶解、境界不清，血肿的颜色由黑褐色变成棕色、橘黄色，巨噬细胞出现在血块内吞噬变性物质。成纤维细胞增生并形成多层肉芽组织包膜是判断亚急性硬膜下血肿的重要指标。

3. 慢性硬膜下血肿

此时新生的纤维组织包膜包裹整个血肿，成纤维细胞大量增生，使肉芽组织包膜较亚急性明显增厚，血肿液化，新生大量毛细血管。新生的毛细血管极易破裂再次出血，经多次出血、机化，肉芽组织包膜逐渐增厚，有的甚至超过硬脑膜自身厚度。新鲜出血（红细胞颜色鲜红、形态清晰）、陈旧出血（凝血块崩解、液化，外观呈棕黄色黏稠液体，镜下红细胞因溶解、脱色素，细胞形态不能分辨）和肉芽组织包膜三者共存是慢性硬膜下血肿的典型特点。需要指出的是，这种新生毛细血管的破裂出血可以是没有任何诱因的，部分伤者也可因为再出血致使血肿明显扩大，病情急剧恶化而死亡。一般 3 个月以后，肉芽组织包膜内的细胞成分和毛细血管大部分消失，纤维组织增生，肉芽组织包膜逐渐演变成纤维组织包膜。

拓展学习 4 婴儿摇晃综合征

婴儿摇晃综合征是指瞬间以不当的方式剧烈摇晃或长时间反复多次地快速摇晃婴幼儿引起的一组神经症状体征，主要表现为呕吐、烦躁易怒、喂养困难、软瘫、癫痫发作等，严重者可死亡。

一、损伤机制

婴儿摇晃综合征的损伤机制与婴儿缺乏颈部肌群的保护作用和婴儿颅脑的生物力学特点有关。婴儿出生时大脑的重量已接近成人的 1/2，但体重大约只有成人的 1/20，由于婴儿颈部肌群尚未发育完全，肌力弱，不足以支撑其头部。同时婴儿脑组织较脆弱，颅底面较平滑，当受到较大或较持续的外力作用时，脑组织容易在颅腔内发生晃动、移位。

二、病理改变

婴儿摇晃综合征典型的病理改变有 3 个方面。一是颅内出血，主要表现为桥静脉撕裂所致的硬膜下出血。二是因眼球玻璃体剧烈摇晃而引起的视网膜出血。三是脑损伤，婴儿摇晃综合征引起脑损伤的机制与挥鞭样损伤类似，造成白质内神经轴索的断裂，在病理上表现为白质点状出血及镜下可见神经轴索断端“收缩球”形成，而极少表现为脑挫伤或挫裂伤，尤其是 1 岁以内的婴儿。

三、鉴定要点

婴儿摇晃综合征主要由于剧烈的摇晃头部所引起，因此在尸检时头部、颈部表面及皮下可能没有明显的挫伤、出血等改变，这一点与婴幼儿因头面部磕碰引起颅脑损伤不同。上面提到的硬膜下出血、视网膜出血、脑损伤被称为婴儿摇晃综合征的“三联征”，但 3 种病变并不是每例婴儿摇晃综合征都同时出现，而且视网膜出血在尸检时易遗漏，应特别予以注意。

第十节 脊髓的检查和取材

一、脊髓的解剖学基础

脊髓位于椎管内，呈前后稍扁的圆柱体，其表面被覆硬脊膜、蛛网膜。脊髓上端自枕骨大孔与延

2. 心挫伤

心挫伤多位于心前区的左、右心室前壁和室间隔前部，也可见于心后壁，部位的差异主要与损伤机制不同有关。图 4-12 为房室交界处挫伤，系高坠所致，图 4-13 为心后壁挫伤，系车祸所致。大体检查时，在心表面可见片状出血或血肿形成，切面有时见心肌出血，迁延死亡者可见心肌纤维坏死及坏死后机化、瘢痕等改变。心挫伤的这种片状的出血，要与机械性窒息等情况的心外膜淤点性出血相鉴别，从本质上讲，前者属于血管破裂导致的出血，而后者主要与小静脉淤血、窒息缺氧所致的血管通透性增强、毛细血管破裂、应激状态下肾上腺素分泌增多、血压升高等因素有关。

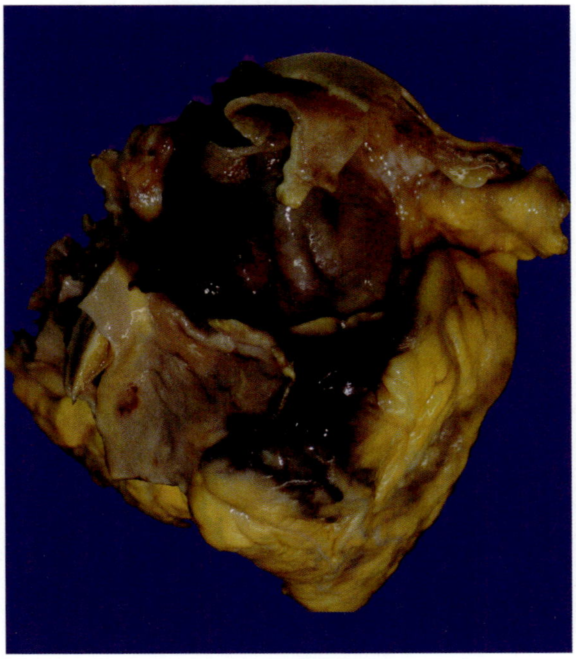

图 4-12　房室外界处挫伤

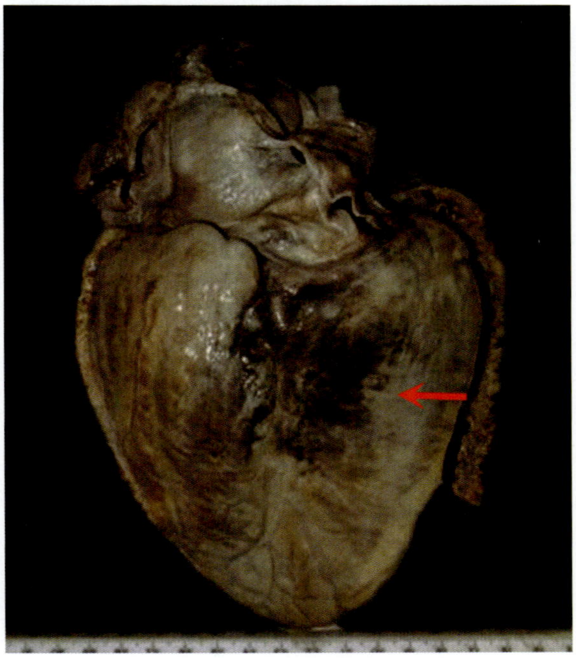

图 4-13　心后壁挫伤

3. 外伤性心肌梗死

（1）发生机制：外伤性心肌梗死的发生机制主要有 3 个方面。①外伤引起冠状动脉内膜损伤继发血栓形成，使冠状动脉部分或完全闭塞；②冠状动脉痉挛；③心肌挫伤后出血或者水肿压迫局部冠状动脉。

（2）病理改变：外伤性心肌梗死在形态上与病理性心肌梗死并无明显差异，因左前降支发生损伤的概率远高于其他主干，故外伤性心肌梗死多见于左前降支所支配的区域。

（3）鉴别诊断：临案时如果死者既往没有冠心病史，冠状动脉检查没有发现明显病变但检见心肌梗死，结合事件经过、外伤情况等分析，诊断外伤性心肌梗死并不困难。复杂的情形是死者原本存在一定程度的冠状动脉粥样硬化斑块病变，伤后又出现新鲜的心肌梗死，到底是外伤直接导致还是外伤作为诱发因素诱发，往往容易引起争论。笔者认为可以从以下几个方面综合进行考虑：①胸部外伤的程度；②斑块狭窄部位与心肌梗死部位是否一致；③外伤与心肌梗死发生之间的时间间隔；④冠状动脉是否合并有斑块破裂、斑块内出血等继发改变；⑤冠状动脉管腔内是否有因内膜损伤而形成的新鲜血栓。

4. 心破裂

心破裂的部位以左、右心室壁多见，也可见于心内间隔破裂。图 4-14 为右心室破裂，图 4-15 为室间隔破裂。破裂大多数发生在受伤的即刻，也有少数发生在伤后数日或数周，主要由于心肌挫伤或外伤性梗死区的心肌坏死、软化、室壁瘤形成而发生的破裂。

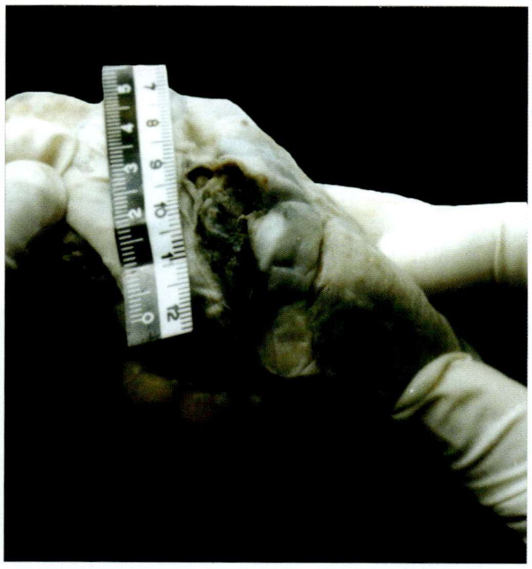

图 4-14　右心室破裂

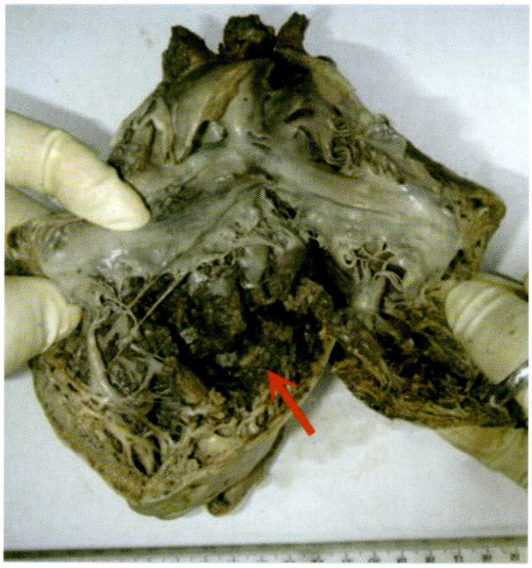

图 4-15　室间隔破裂

需要着重指出的是，心损伤还可以引起单独或合并出现冠状动脉和心传导系统的损伤，损伤的类型主要以局部的挫伤、出血为主，其后果往往比单纯的心肌损伤严重而且复杂。

（二）心外膜炎

正常情况下心外膜菲薄、光滑，无异物附着，但在心包或心肌急慢性炎症时，心外膜可因浆液性、纤维素性、血性或脓性渗出而显得粗糙。如在心包纤维素性炎时，心包渗出的纤维蛋白因心的搏动引起摩擦、牵拉，在心表面形成无数绒毛状结构，故称“绒毛心”，这种情况多见于风湿性心包炎、结核性心包炎等。图 4-16 为结核性心包炎导致的绒毛心。

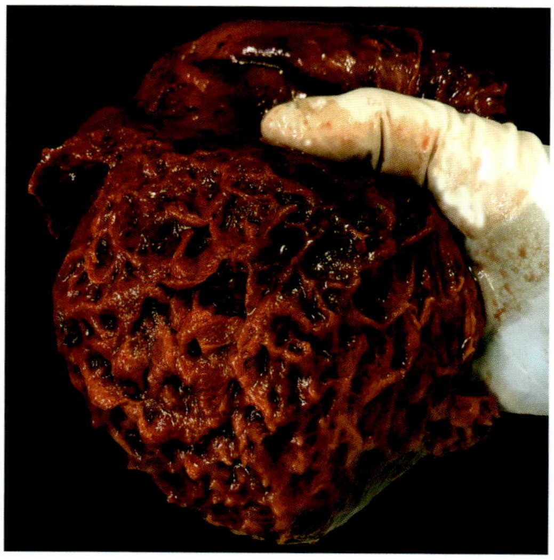

A

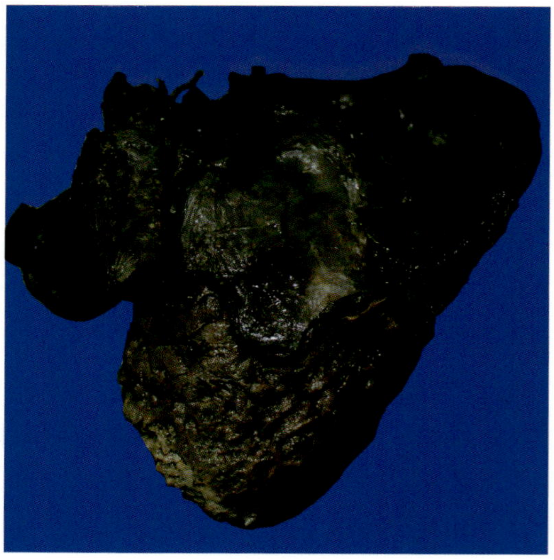

B

图 4-16　绒毛心

A：固定前；B：固定后。

缩窄性心包炎是指心包膜增厚、致密且缺乏弹性，紧密包绕心脏，为急性心包炎因各种原因转归为慢性心包炎的一种较为严重的病变类型。其形成机制是急性心包炎随着渗出液的逐渐吸收，心包膜纤维组织增生、钙化，形成大小固定的外壳紧密包绕心脏，使心及大血管根部空间受限，限制了所有心腔的舒张而使静脉压升高。各种类型的急性心包炎均可发展为缩窄性心包炎，在我国以结核性心包炎最多见，其次是免疫介导的心包炎和肿瘤相关性心包炎。

检查时心包广泛性或局限性增厚、变硬，厚度可达 0.2～1.0 cm，壁层与脏层粘连、融合，严重时心包腔闭锁，有时可见导致心包炎的原发病灶如干酪样坏死病灶或肿瘤结节等。图 4-17 为恶性胸膜间皮瘤转移导致的心包闭锁，图 4-18 为胸腺瘤引起的心包粘连。

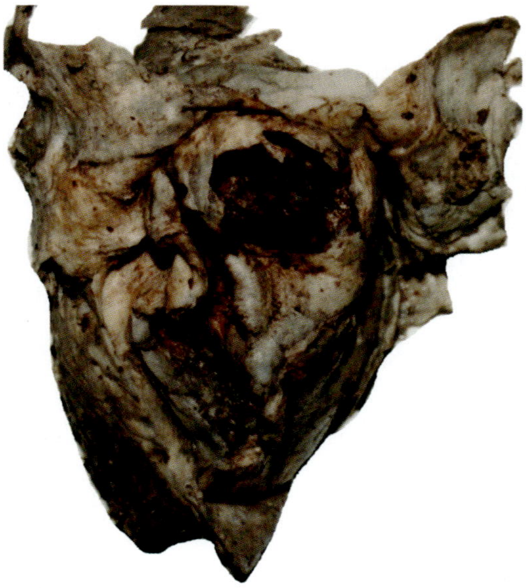

图 4-17　心包闭锁

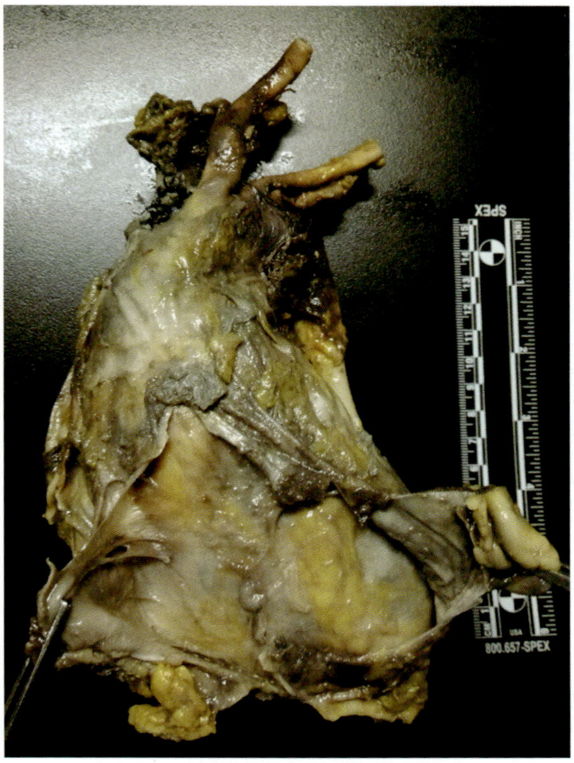

图 4-18　心包粘连

（三）心外膜脂肪

心外膜脂肪是与内脏脂肪同起源于内脏中胚层的棕色脂肪组织，为人体的三大脂肪库之一。正常人心表面常有一定量的脂肪堆积，主要位于右心室，它能缓解冠状动脉因动脉搏动和心收缩所引起的扭转，促进冠状动脉重塑，对机体是有益的。但如果脂肪堆积过多，会限制和影响心的功能和活动。心外膜脂肪与心肌之间没有特殊的筋膜结构，如果心外膜脂肪组织过多，局部的心肌脂肪浸润往往也越严重。此外近些年研究表明，心外膜脂肪组织分泌的脂肪因子的失衡在病理情况下会影响代谢的平衡，对冠状动脉粥样硬化的发生发展起着重要作用，被认为是预测冠心病的又一新标志。

在临床，测量心外膜脂肪总量的方法首选是 MRI，通过图像整合及相关软件计算其体积。在法医病理学界，因目前还没有一个统一的测量方法，笔者建议以脂肪层最厚处的厚度作为测量的依据。

（四）腱斑

腱斑是心外膜的一种常见病变，呈灰白色，斑片样，圆形或椭圆形，可单个，也可为多个（图 4-19 中见 3 处腱斑），多见于 60 岁以上人群。腱斑的形成机制主要与搏动中的心与周围的骨性组织接触、摩擦有关，如右心室前壁的腱斑，系局部与胸骨接触、摩擦所致，心尖处腱斑系局部与肋骨接触、摩擦形成，心后面的腱斑，系局部与椎体接触、摩擦所致，因此有学者提出腱斑往往反映出心搏动最强的部位，如果心存在肥大，则更易形成腱斑，那些心外膜覆盖较多脂肪组织的人群反倒较少形成腱斑。镜下腱斑主要成分是致密的胶原纤维，偶见少量淋巴细胞浸润。腱斑一般没有法医学意义。

图 4-19　腱斑

第三节　心的剪（切）开

心的剪（切）开方法很多，主要有顺血流方向剪开法、横切法、纵切法和原位剪开法四种，每一种方法各有优缺点，临案时应根据不同情况选取适合本例的剪（切）开方法。

采用顺血流方向剪开法、横切法和纵切法时，先将心沿心包反褶处剪断主动脉、肺动脉、肺静脉、上腔静脉和下腔静脉等大血管，将心与纵隔分离。各大血管剪断的位置，一般要求主动脉在距瓣膜 5.0 cm 处，肺动脉在距瓣膜 2.0 cm 处，上腔静脉在距其入口 1.0 cm 处。剪开心之前可先钝性分离主动脉和肺动脉之间的结缔组织，游离出二者的根部。心原位剪开法是在纵隔原位、心尚未与纵隔分离时剪开并检查心。其中，横切法和纵切法对冠状动脉的破坏较大，可以在检查或者游离出冠状动脉主干之后，再行心切开。

一、顺血流方向剪开法

1. 方法

（1）用长刃刀或组织剪沿上、下腔静脉直线剪开右心房，显露右心房和三尖瓣口，注意观察三尖瓣的厚度、硬度及瓣膜口大小。此刀剪开时尽量靠房间隔，以免损坏窦房结，也可以由下腔静脉剪到右心耳，而不剪开上腔静脉，以保持完整的上腔静脉环，以利于后期窦房结的检查和切取。

（2）沿心右缘剪开三尖瓣及右心室壁至右心室心尖部，自右心室尖部朝肺动脉方向、前室间沟旁右 0.5～1.0 cm 处平行剪开右心室前壁及肺动脉，显露右心室和肺动脉。

（3）从左、右肺静脉口剪开左心房，显露左心房及二尖瓣，注意观察二尖瓣的厚度、硬度及瓣膜口的大小，从心左缘剪开左心房、左心室至左心室尖部。

（4）从左心室尖部朝左心耳根部方向、前室间沟旁左 0.5～1.0 cm 处平行剪开左心室前壁至左心耳根部，此时可以看到左旋支断面，剪线偏右沿主动脉主干方向剪开主动脉瓣和升主动脉，完整显露左心室、主动脉瓣和升主动脉。

图 4-20 为顺血流方向剪开法示意图，图中 1、2、3、4 分别代表上述的 4 步。遇瓣膜狭窄时，最好在瓣膜口之上水平剪开，这样既可完整显露瓣膜，又不破坏各瓣叶的关系。

2. 适用

顺血流方向剪开法能最大限度地暴露左右心房腔、左右心室腔、房间隔、室间隔、瓣膜、乳头肌

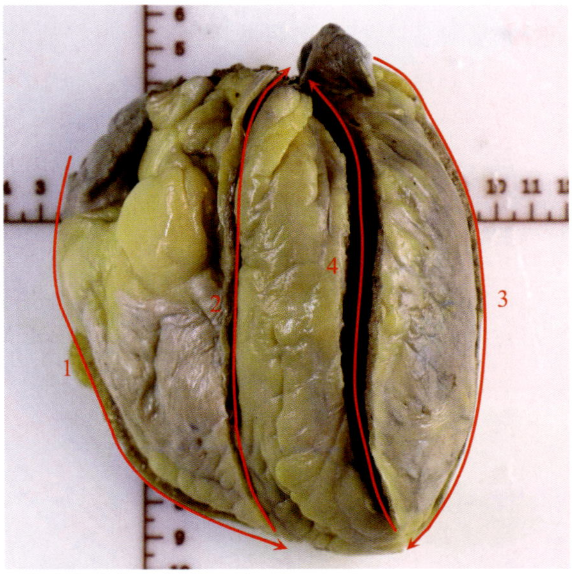

图 4-20 顺血流方向剪开法

等解剖结构，同时又能较完整地保存冠状动脉系统和心传导系统，是法医日常工作中最为常用、最为重要的一种方法。

二、横切法

1. 方法

于冠状沟与心尖的中点处，以与心长径垂直横切一刀，暴露左右心室腔、左右心室壁、室间隔及前后室间沟内的血管。根据情况还可以在此切面的上、下，再做多个与之平行的横切面进行详细检查，见图 4-21。

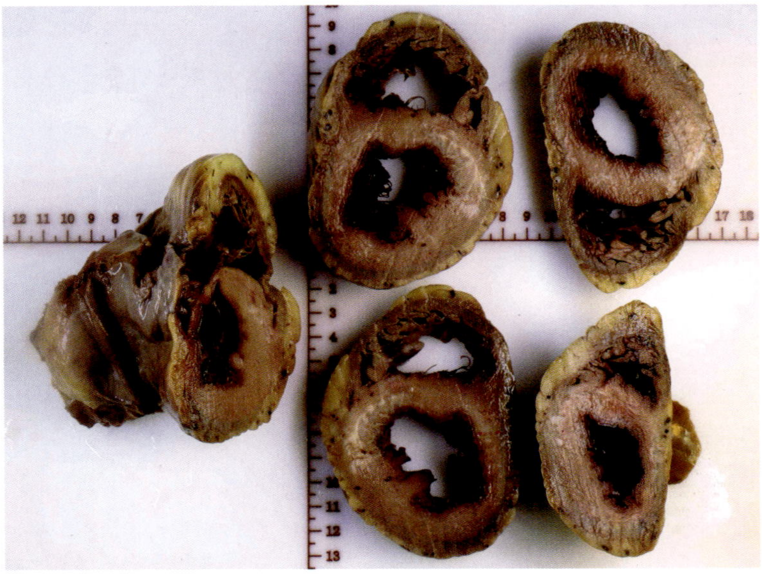

图 4-21 心横切法

2. 适用

横切法宜在游离或检查完冠状动脉各主要分支后进行，它能很好地暴露心腔大小以及心壁与室间隔厚度的对比关系，适用于各种类型心肌病的检查。

三、纵切法

1. 方法

（1）原位检查冠状动脉四主干或游离出冠状动脉四主干。

（2）沿上、下腔静脉剪开右心房，自右肺静脉口朝左心缘与左心房交点处剪开左心房。

（3）在主动脉根部后侧、左右心耳前侧，以心左缘与右缘连线，用长刀经冠状窦口前方自心底面向心尖做一切面，切开房间隔、室间隔及左、右心室壁。纵切法见图 4-22。

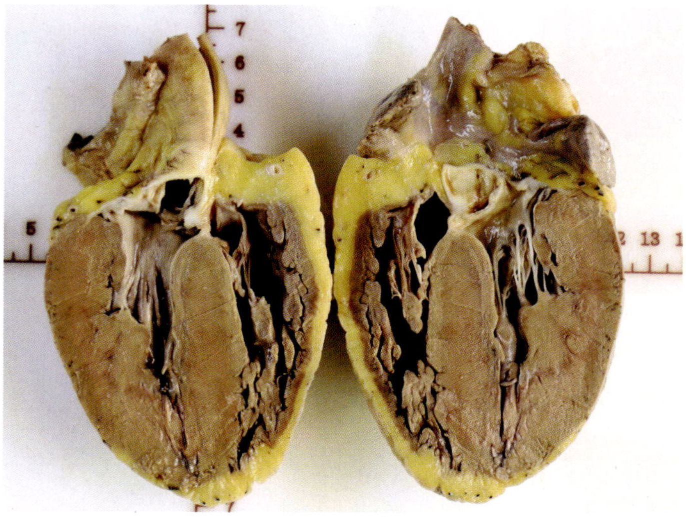

图 4-22　心纵切法

2. 适用

（1）能够直观地显示左、右心房及左、右心室腔的情况，尤其是对于部分先天性心脏病，如法洛四联症，为观察主动脉骑跨等病理改变提供了良好的视野。

（2）有利于瓣膜病变的发现、检查及取材。

（3）便于房室结区的取材，纵切面即经过房室结区，可以直接在纵剖面上进行取材。

四、原位剪开法

1. 方法

（1）沿心左缘剪开左心室。

（2）将剪刀从心尖部插入右心室腔，沿心右缘剪开右心室。

（3）剪开上、下腔静脉。

（4）由心尖部沿右心室流出道剪开右心室壁。

（5）由心尖部沿左心室流出道剪开左心室壁。

（6）检查主动脉、肺动脉内有无血栓等异常，拍照固定后，将心提起沿心包反褶处剪断主动脉、肺动脉、肺静脉、上腔静脉和下腔静脉。

（7）固定后再行冠状动脉的检查。

2. 适用

原位剪开法适用于先天性心脏病和肺动脉栓塞等的检查，尤其是后者。图 4-23 中肺动脉主干中见一“Y”形骑跨性固体质块，镜下证实为混合血栓。

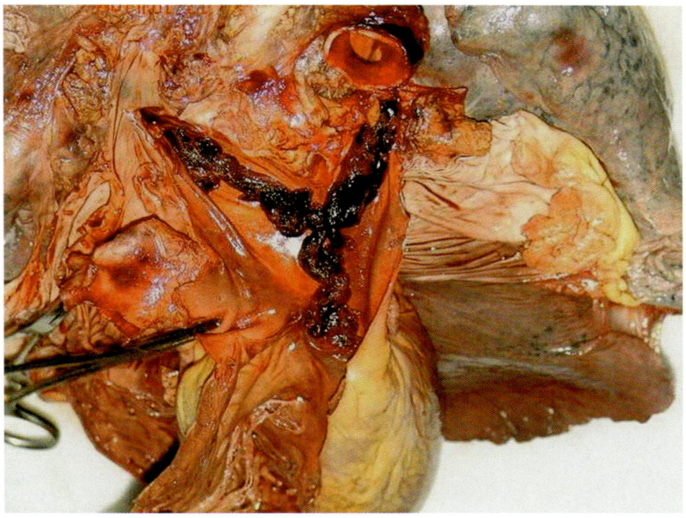

图 4-23 心原位剪开法

第四节 心相关数据的测量

一、心的重量

心的重量是判断心正常与否的重要指标之一，准确测量心重量应在剪开心并清洗掉附着在瓣膜、腱索、肉柱内的积血、血凝块等之后进行。正常心的重量可因年龄、身高、体重等因素不同而有所差异，其中主要与年龄因素相关。中国成年男性心的正常重量为 250～270 g，成年女性心的正常重量为 240～260 g，一般认为成人心低于 200 g 或者超过 350 g 者均属异常。关于男女各年龄段的正常心重，各家统计有一定的差异，表 4-1 是国人男女各年龄组心的正常重量。

表 4-1 男女各年龄组心的正常重量

年龄组	男		女	
	例数（例）	平均值±标准差（g）	例数（例）	平均值±标准差（g）
出生至 6 d	583	20.0±5.0	357	20.0±5.0
7～29 d	239	20.0±6.0	142	21.0±6.0
1～2 个月	306	25.0±8.0	198	24.0±9.0

续表

年龄组	男		女	
	例数（例）	平均值±标准差（g）	例数（例）	平均值±标准差（g）
3～5 个月	266	34.0±20.0	204	29.0±9.0
6～9 个月	345	39.0±10.0	255	36.0±9.0
10～11 个月	151	45.0±12.0	113	44.0±12.0
1～2 岁	898	53.1±12.0	732	50.1±15.1
3～7 岁	911	80.6±23.0	755	74.8±21.2
8～12 岁	314	134.0±38.3	248	123.0±36.8
13～17 岁	181	201.0±53.6	153	191.5±47.7
18～39 岁	1 926	279.3±49.9	949	252.5±47.5
40～49 岁	564	290.6±53.3	238	266.9±56.4
50～59 岁	396	292.4±53.5	142	272.9±47.7
60～69 岁	255	291.4±54.4	138	287.6±56.8
70～79 岁	100	305.6±57.4	84	293.2±55.0
80～100 岁	34	319.0±53.0	37	283.0±51.0

注：摘自李志尚、黄高明《我国各年龄组脏器重量详表》。

二、心横径与心室纵径

心横径指心右缘至心左缘最宽处，多位于房室沟处。心室纵径是指前室间沟与房室沟交点至心尖的长度。

三、心室壁厚度

测量心室壁及室间隔壁的厚度时，心外脂肪层和乳头肌、肉柱都不应包括在内，测量的部位在心室最宽阔处，一般在瓣膜与心尖的中间部位，所测心壁切面应平整无偏斜。

正常成年人左心室厚度为 0.8～1.0 cm，右心室壁的厚度为 0.1～0.3 cm，室间隔的厚度为 0.8～1.0 cm，室间隔与左心室游离壁之比正常值为 0.95，肥厚型心肌病时二者之比＞1.3。

四、瓣膜周径和瓣膜口面积

瓣膜周径以瓣膜附着处的周长为准，一般用软皮尺测量或者以细线沿瓣膜根部环绕一周后再用直尺测量细线的长度。瓣膜周径是反映关闭不全的常用指标。

成人各瓣膜周径的正常范围是：主动脉瓣 7.0～8.0 cm，肺动脉瓣 8.0～9.0 cm，二尖瓣 9.0～11.0 cm，三尖瓣 11.0～13.0 cm。

瓣膜口面积为瓣膜张开时瓣叶缘之间面积，是反映瓣膜狭窄的常用指标。

正常二尖瓣口面积为 4.0～6.0 cm^2（可通过两个手指），当瓣口面积减小一半即可对跨瓣血流产生影响而出现症状。瓣口面积 1.5～2.0 cm^2 为轻度狭窄，1.0～1.5 cm^2 为中度狭窄，小于 1.0 cm^2 为重度狭窄。

正常主动脉瓣口面积≥3.0 cm^2，瓣口面积1.0～3.0 cm^2为轻度狭窄，0.75～1.0 cm^2为中度狭窄，小于0.75 cm^2为重度狭窄。

正常三尖瓣口面积>7.0 cm^2，当瓣口面积<1.5 cm^2时，出现血流动力学异常，导致三尖瓣狭窄的最常见原因仍然是风湿热。

需要指出的是，死后由于心腔内张力的消失、心压迫变形等因素，大体检查时观察到的心瓣膜的开闭情况并不能完全代表生前各瓣膜的实际状态。

五、心腔大小

心腔扩大或缩小均会对血流动力学产生影响。临床上通过心超声等检验手段，可以很方便地测得左、右心房腔和左、右心室腔的大小，一般以其内径来表示心腔的大小，正常左心室内径为4.5～5.0 cm（彩超数据，下同），左心房内径<3.0 cm，右心室内径为0.7～2.3 cm，右心房内径为3.3～4.1 cm。因机体死亡后影响心腔大小的因素较多，目前在法医病理检案中尚没有统一的测量心腔大小的方法。

第五节 心切面的检查

一、心腔和心壁的检查

（一）心腔狭窄

心腔狭窄主要见于肥厚型心肌病和限制型心肌病，前者由于室间隔不匀称性肥厚，导致心室腔狭窄，左心室流出道梗阻，见图4-24，后者的心腔狭窄是由于心室内膜和内膜下心肌进行性纤维化、心内膜增厚所致。此外心原发性或继发性肿瘤，因为瘤块的生长、占位也会导致心腔狭窄，图4-25为室间隔神经纤维瘤。

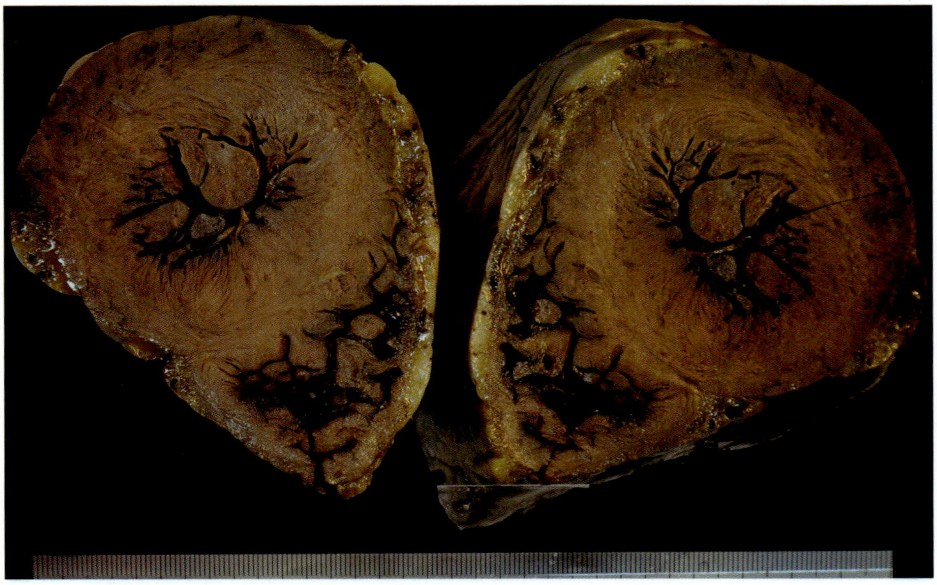

图 4-24　肥厚型心肌病所致心腔狭窄

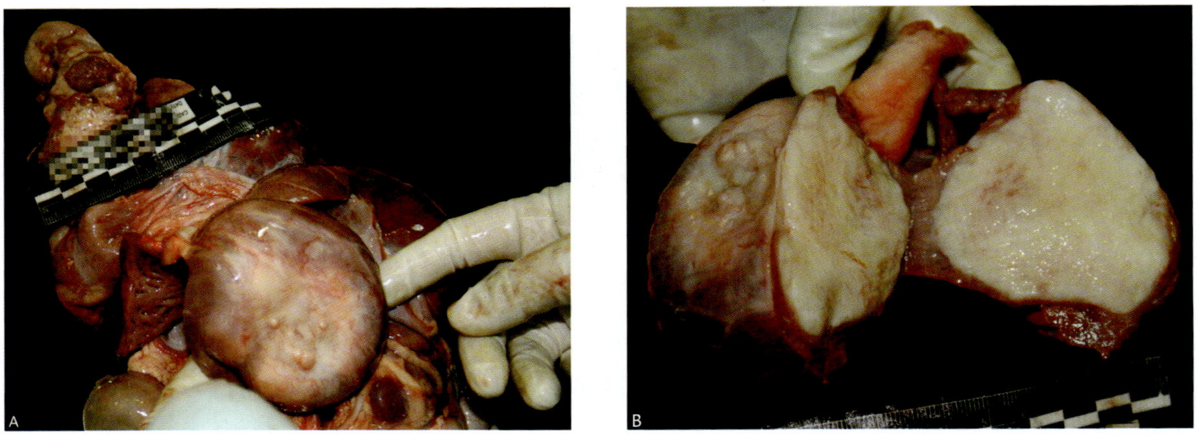

A　　　　B

图 4-25　室间隔神经纤维瘤所致心腔狭窄

A：表面观；B：切面观。

（二）心腔扩张

心腔扩张分为两种类型，一种是肌源性扩张，如心肌炎、多数心肌病等，扩张是因心肌本身受损、心肌收缩力减弱所致，此时心室腔的纵径和横径均增大。另外一种是紧张源性扩张，这种情况心肌本身无明显病变，扩张是由于机械性牵拉增加了心肌的张力所致，此时心室腔的纵径增加明显，如高血压、心瓣膜病引起的心肌代偿性肥大出现之前，常先有这种类型的扩张。当然，无论何种原因所致的心脏病，在出现心衰之后，都属于肌源性扩张。心腔扩张见于绝大部分心脏疾病的终末状态，尤其是肌源性扩张。

根据心腔有无扩张将心外形肥大分为向心性肥大和离心性肥大两种类型。向心性肥大者心腔没有明显扩张，心肥大的主要原因是室壁肥厚。离心性肥大是心腔容积显著增大与室壁轻度增厚并存，心肥大的主要原因是心腔扩张，见图 4-26。总的来说，向心性肥大发展为离心性肥大，是心功能由代偿进展为失代偿的结果，其实质是心肌收缩力的下降。

图 4-26　心腔扩张

（三）心壁肥厚

心壁肥厚是指各种原因导致心肌纤维增生所引起的心壁增厚，主要指左、右心室壁肥厚和室间隔肥厚。右心室肥大时，主要表现为右心室游离壁增厚，而左心室肥大时，在横切面上可见左心室游离壁和室间隔均增厚，通常室间隔稍轻一些，但肥厚型心肌病例外，见图 4-27，其中图 B 中心内膜及浅层心肌见纤维化。

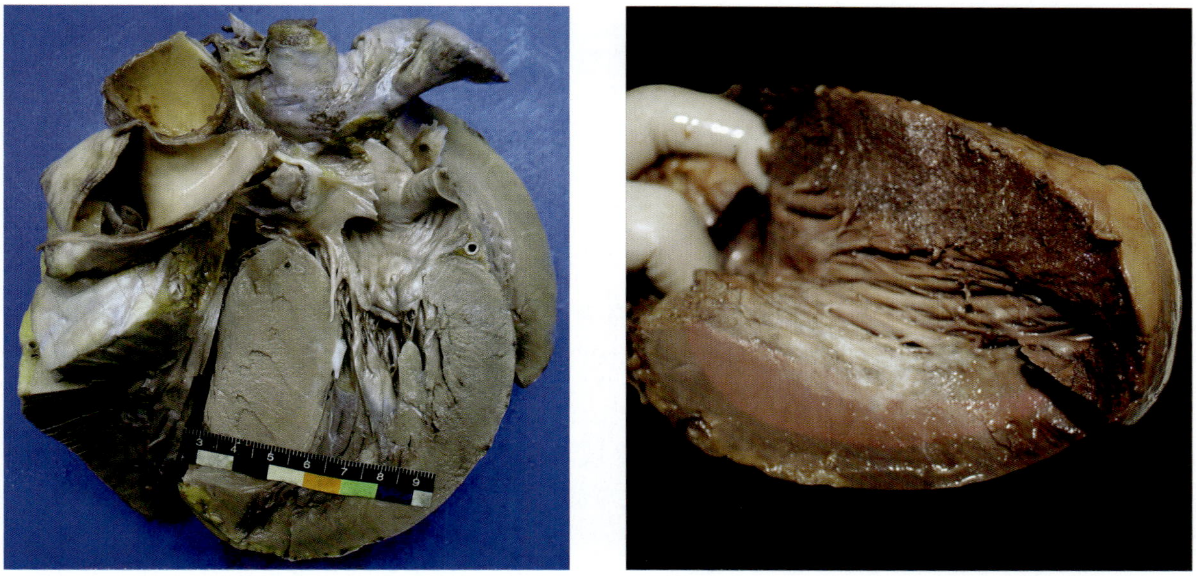

A　　B

图 4-27　肥厚型心肌病

A：室间隔肥厚；B：左心室壁肥厚伴浅层心肌纤维化。

1. 右心室肥厚

右心室肥厚多见于慢性肺源性心脏病、肺动脉瓣狭窄、肺动脉高压、二尖瓣病变、房间隔缺损等，检案中以慢性肺源性心脏病最为常见。

慢性肺源性心脏病，简称肺心病，主要是由于慢性阻塞性肺疾病、胸廓运动障碍性疾病及肺血管疾病所致的肺循环阻力增加、肺动脉高压，进而使右心肥厚、扩大，伴或不伴右心功能衰竭的心脏病，其中以慢性阻塞性肺病为最常见的原因，其病理改变主要包括肺部病变和心脏病变。

肺心病肺部病理改变主要表现为肺的慢性病变及血管床的改建。前者包括慢性气管炎、肺气肿、肺纤维化等，后者包括无肌型细动脉肌化和肌型小动脉中膜增厚等。

肺心病心早期病理改变表现为紧张源性扩张，心纵径增加明显，晚期由于出现右心衰竭，表现为肌源性扩张，右心室壁肥厚，右心室腔扩张，此时心发生顺时针转位，将左心推向左后方，心尖钝圆，主要由右心室组成。心重量增加，肺动脉圆锥显著膨隆，右心室壁厚度明显增加，可超过 0.5 cm（通常以肺动脉瓣下 2 cm 处为测量点）。随着右心室壁的肥厚，右室乳头肌也有相应肥大。病程较长者，左心室也可见一定程度的扩张和肥厚，此时表现为双心室壁肥厚。镜下右心室心肌细胞肥大，心肌细胞核增大、深染，核的两端由圆变方，可见马蹄形、哑铃形或不规则形的异形核。由于慢性缺氧，可见心肌纤维萎缩、肌浆溶解及间质胶原增生等改变。

2. 左心室肥厚

左心室肥厚多见于高血压性心脏病、主动脉瓣关闭不全、主动脉瓣狭窄、法洛氏四联症等，检案中以高血压性心脏病（简称高心病）最为常见。

心是维持血压的重要器官，而血压长期升高又会损害心，导致心的结构和功能发生变化，突出的病理改变是左心室肥大。在病变早期，左心室壁肥厚，心肌纤维肥大，乳头肌及肉柱增粗变圆，心肌收缩力正常甚至增强，此时心腔不扩张，甚至缩小。随着病变进一步发展，肥大的心肌因供血不足而收缩力下降，室壁相对变薄，乳头肌及肉柱变扁平，心腔扩大，整个心的外形变得很大。

左心肥大者，心的重量往往也会超过正常，而右心肥大者，心的重量则可能在正常范围之内。因此更准确的方法是分别测量左、右心室的重量。由于室间隔的重量与左心室游离壁的重量常平行增加，而与右心室肥大的关系不大，故可以用右心室游离壁的重量来代表右心室重量。测量方法是沿冠状沟分别剪掉左右心房和主动脉、肺动脉，去掉心外膜的脂肪，紧贴室间隔右侧剪下右心室游离壁，分别测量左心室（含室间隔）和右心室游离壁的重量。二者正常之比为（2.3～3.3）：1，单纯右心室肥大时二者之比小于 2：1，单纯左心室肥大时二者之比大于 3.3：1。

二、心肌的检查

为了更好地检查心肌情况，可以在剪开心的基础之上再用长刀水平切开左、右心室壁，更大程度地暴露心肌。正常心肌呈棕红色，固定后的心肌呈土灰色。

（一）心肌梗死

心肌梗死最常见的部位是左前降支所供应的区域，即左心室前壁、心尖部、室间隔前 2/3，约占全部心肌梗死的 50％以上，其次是右冠状动脉所供应的区域，即左心室后壁、室间隔后 1/3 及右心室，占全部梗死的 25％～30％。

根据梗死的深度将心肌梗死分为心内膜下梗死和透壁性梗死两种。前者指梗死仅累及心室壁内侧 1/3 的心肌，见图 4-28（图中蓝色箭头处为陈旧性心肌梗死，红色箭头处为急性心内膜下心肌梗死），部分可波及局部肉柱和乳头肌。后者是指累及心室壁全层（如未全层而达心室壁 2/3 以上者称为厚层梗死），见图 4-29。梗死累及心内膜时，可引起心内膜炎和附壁血栓形成，附壁血栓如脱落可引起栓塞。透壁性梗死可形成室壁瘤或直接引起心破裂。

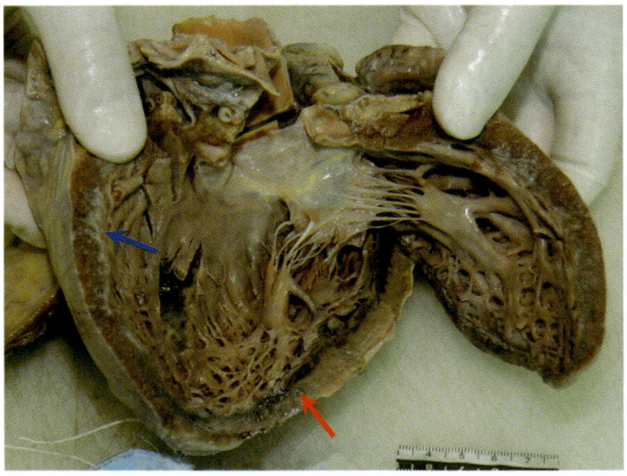

图 4-28　心内膜下梗死

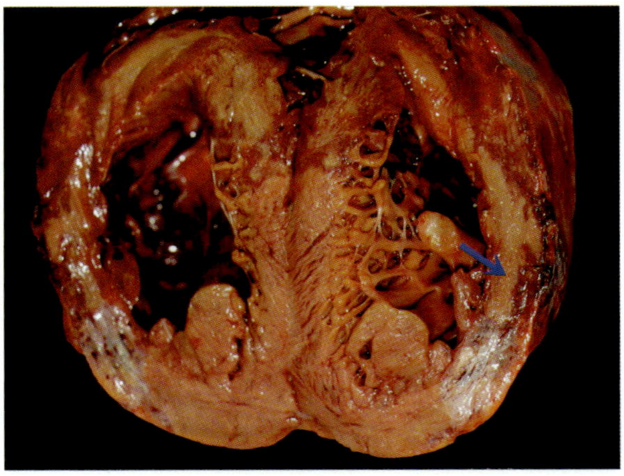

图 4-29　透壁梗死

此外还有两种类型的心肌梗死，即环绕型心内膜下心梗和小灶性心梗，前者一般是由于低血压或低血氧供应导致全心心肌缺血所致，后者是由于冠状动脉分支栓塞所致。

新鲜梗死者，一般需经 6 h 后才出现肉眼可见的改变，初呈苍白色，与周围界限不清，约 4 d 后梗死灶周边可出现明显的充血、出血带，见图 4-30。到第 10 天左右，梗死灶发黄、变软，随着时间的推移，灰红色的肉芽组织逐渐替代坏死的心肌并最终形成灰白色心肌瘢痕，见图 4-31，整个过程一般需要 2 个月左右的时间。

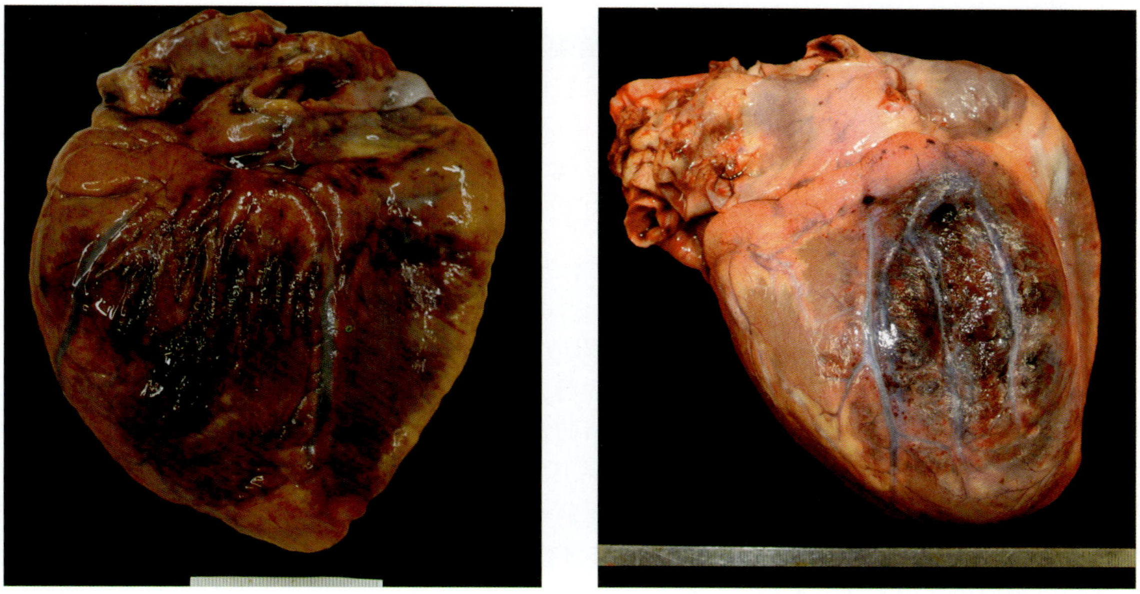

A　　　　B

图 4-30　急性心肌梗死

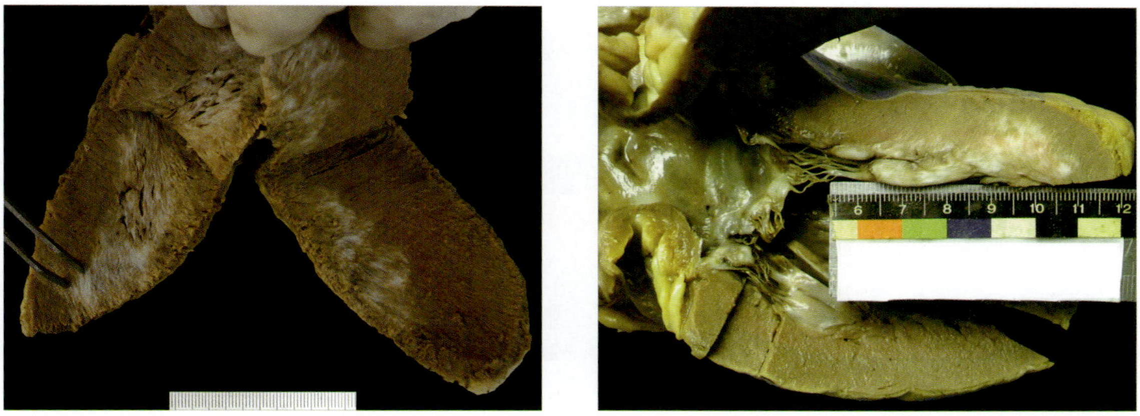

A　　　　B

图 4-31　陈旧性心肌梗死

（二）心肌脂肪变性

正常情况下心肌以脂肪酸作为主要的能量来源，因此心肌中可以出现很少量的微小脂滴。如果心肌细胞内的脂滴增多变大，则称为心肌脂肪变性，多见于严重贫血、中毒、感染及慢性心力衰竭等时。

心肌脂肪变性分为灶性和弥漫性两型。灶性多见于左心室的心内膜下，表现为脂肪变的黄色条纹与未受侵犯的红色心肌相间排列，呈现虎皮斑纹样外观，故又称“虎斑心”。产生这种斑纹样外观的原因是局部心肌缺氧的严重程度不同，即黄色带为缺氧最严重、脂肪变性最明显处，而红色带为供氧相对较好、脂肪变性相对较轻或无病变处。弥漫性心肌脂肪变性，病变分布弥漫而较均匀，整个心显得苍白微黄，质软，甚至有油腻感。

（三）心肌脂肪浸润

心肌脂肪浸润是指心外膜增生的脂肪组织沿间质延伸入心肌细胞间的一种病理改变，多见于右心室壁。脂肪浸润分为 3 种情况：①心外膜脂肪沿着血管的走行方向向心肌深层浸润生长，呈树干样；②脂肪组织以无数薄层结构平行的由心外膜向心肌层内生长，呈层状；③心肌内局部结缔组织化生或者心肌梗死灶瘢痕组织转变而来，呈岛屿状。3 种情况均可引起局部心肌纤维压迫性萎缩甚至消失。

一般按浸润深度将心肌脂肪浸润的程度分为轻度、中度和重度三级，浸润深度不超过心室壁厚的 1/3 者为轻度，1/3～2/3 者为中度，超过 2/3 者为重度。重度心肌脂肪浸润可因局部心壁显著薄弱易致心破裂。

（四）致心律失常型右室心肌病

致心律失常型右室心肌病是近 20 年才逐渐认识的一类心肌疾病，病变主要累及右心室壁，以右心室壁心肌不同程度地被脂肪或纤维脂肪组织取代为特征。临床主要表现为室性心律失常、心力衰竭和猝死，在文献中本病曾被称为羊皮纸心、右心室脂肪浸润或脂肪过多症、右心室发育不良、致心律失常性右室发育不良、右心室心肌病等。1995 年世界卫生组织/国际心肌病学协会将其正式命名为致心律失常型右室心肌病，与扩张型心肌病、肥厚型心肌病、限制型心肌病等并列为原发性心肌病。研究显示本病多数有明显的家族群集倾向，符合常染色体显性遗传，2006 美国心脏病学会在心肌病分类上进一步将其归属为遗传性原发性心肌病。本病任何年龄均可发病，但以青年人为常见，男性多于女性。

1. 病理改变

致心律失常型右室心肌病的大体改变很有特点。外观右心室多呈球形增大，右心室心外膜脂肪组织增多，切面观右心室腔扩张，部分伴有室壁瘤形成，心室肌变薄，可见层状、树枝状或云彩状分布的黄色脂肪浸润区。部分病例病变可累及室间隔和左心室，但总体上病变以右心室为明显，多位于右心室前壁漏斗部、心尖部及后下壁，三者构成所谓“发育不良三角”，见图 4-32。心瓣膜及冠状动脉等多无形态学改变。

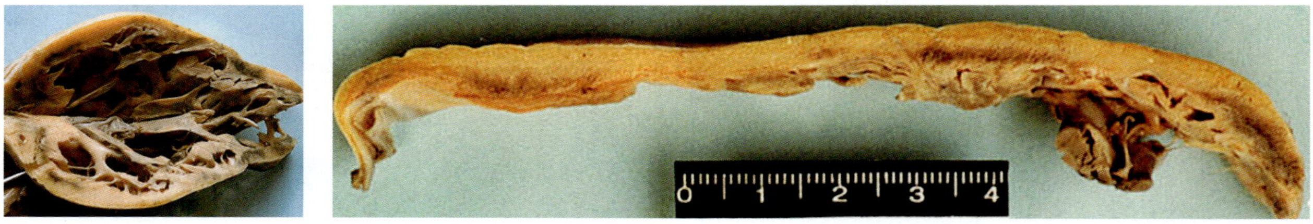

A　　　　　　　　　　　　B

图 4-32　致心律失常型右室心肌病

A：右心室心内膜面观；B：右心室壁切面观。

2. 病理分型

根据组织病理学特点将本病分为两种类型。

（1）脂肪型：此型主要累及右室心尖部和动脉圆锥区域，室间隔和左心室有散在病变。脂肪组织呈条索状或片块状浸润、穿插于心肌层，残存的心肌纤维萎缩，呈不规则索团状，与脂肪组织混存，严重者心肌几乎全层被脂肪组织取代，室壁厚度没有改变，也没有纤维组织和炎性细胞浸润。

（2）纤维脂肪型：此型心肌严重萎缩和瘢痕化，伴炎症浸润，右心室室壁厚度可随室壁瘤扩张而显著变薄，可有炎性细胞浸润，左室也可受累。

脂肪心是一个比较陈旧的病理学概念，原本是指心外膜下有大量的脂肪沉积，并浸润到心肌纤维之间，导致心肌纤维萎缩甚至消失的一类心肌疾病。随着认识的深入，病理学已基本摒弃这一概念，以前很多诊断为“脂肪心”的，实际上是致心律失常型右室心肌病。

（五）心肌致密化不全

心肌致密化不全是一种少见的先天性心脏病，其病理改变主要有：心外形扩张、重量增加，左心室心内膜呈“海绵样”外观，表现为数目众多突出于心室腔的肌小梁和深陷的小梁隐窝交错分布，小梁隐窝常深达心室壁的外1/3，隐窝与心室腔相通。镜下心内膜下纤维组织、胶原纤维组织增生明显，心肌组织结构破坏、纤维化、瘢痕形成及退行性改变，有时可见到炎性细胞浸润。“海绵样”外观为心肌致密化不全特征性改变，病变常呈现局限性，多累及左心室心尖部、侧壁或下壁，少数累及室间隔。图4-33为心肌致密化不全心内膜面和心肌切面观。个别文献报道见累及双心室。在肌小梁形成的隐窝内可见附壁血栓形成，附壁血栓易脱落而引起其他器官如脑的梗死。冠状动脉一般正常。

心肌致密化不全的发病机制目前尚未完全清楚，一般认为与基因突变有关，临床表现主要有心力衰竭、心律失常、血栓形成和体循环血栓栓塞，部分病例可引起猝死。临床上报道心肌致密化不全并非少见，但国内法医实践中相关的个案报道并不多。

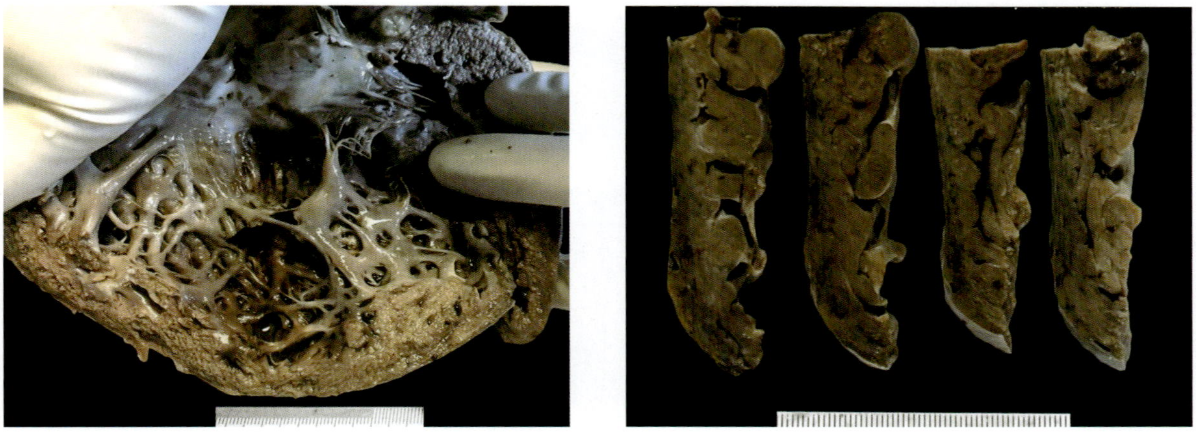

A　　B

图4-33　心肌致密化不全

A：心内膜面观；B：心肌切面观。

拓展学习6　美国心脏病协会关于心肌病新的定义和分类

随着心脏分子遗传学的发展，人们对心肌病发病机制的认识不断深入，原有的心肌病定义和分类已无法满足学科的需要，2006年3月美国心脏病协会（American heart association，AHA）提出了新的心肌病定义和分类。新的定义和分类更加系统、科学，不仅能更好地指导临床和科研工作，同时给我们法医病理学检验工作提供了新的思路。

一、AHA关于心肌病的新定义

心肌病是一组由一系列病因（遗传因素多见）引起的，以心肌机械活动异常和（或）心电异常为表现的心肌异质性疾病，可伴心肌不适当肥厚或心腔扩张，心肌病可局限于心，亦可为全身性疾病的一部分，常导致进行性心力衰竭或心源性死亡。

二、AHA关于心肌病的新分类

根据主要器官的受累情况，AHA将心肌病分为原发性和继发性两大类。原发性心肌病又分为遗传性、混合性（遗传和非遗传）和获得性三个亚类，其病变局限于心肌，为数较少。继发性心肌病为全身性疾病的一部分，其心肌受累的频度和程度相差极大。有关原发性心肌病和继发性心肌病的分类分别见表4-2和表4-3。

表4-2 原发性心肌病（以心肌受累为主）的分类

遗传性	混合性*	获得性
肥厚型心肌病	扩张型心肌病	炎症性心肌病（心肌炎）
致心律失常型右心室心肌病	限制型心肌病	应激性心肌病
左心室致密化不全		围生期心肌病
原发性心肌糖原累积病		心动过速性心肌病
传导系统疾病		胰岛素依赖型糖尿病母亲所生的婴儿
线粒体肌病		
离子通道病		
长QT综合征		
Brugada综合征		
短QT综合征		
儿茶酚胺性多形性室性心动过速		
夜间不明原因猝死综合征		

注：*以非遗传性为主。

表4-3 继发性心肌病

浸润性	心面综合征
淀粉样变性（原发性，常染色体显性遗传）	努南（Noonan）综合征
Gaucher病	着色斑病
Hurler病	神经肌肉病
Hunter病	Friedreich运动失调
贮积性疾病	Duchenne-Becher肌营养不良
血色病	Emery-Dreifuss肌营养不良
Fabry病	肌强直性肌营养不良
糖原贮积病	神经纤维瘤病
Nieman-Pick病	结节性硬化症
中毒	营养不良
药物、重金属、化学物质	脚气病、维生素C缺乏病、硒缺乏症
心内膜疾病	自身免疫病
心内膜心肌纤维化	系统性红斑狼疮
嗜酸粒细胞性心内膜炎（Loeffler心内膜炎）	皮肌炎
炎症性（肉芽肿性）	类风湿关节炎
结节病	硬皮病
内分泌性	结节性多动脉炎
糖尿病	电解质紊乱
甲状腺功能亢进症	癌症治疗所致
甲状腺功能减退症	蒽环类抗肿瘤药：阿霉素、柔红霉素
甲状旁腺功能亢进症	环磷酰胺
嗜铬细胞瘤	放射治疗
肢端肥大症	

三、新定义和分类的特色

一是从分子遗传学角度来全面理解心肌病的发病机制，克服了以前单纯从病理形态学进行分类的局限性。

二是首次将心肌离子通道病列为心肌病，更新了人们对心肌病的概念。心肌离子通道病是指因编码跨膜钠、钾离子的基因突变引起蛋白缺陷的一组遗传性和先天性心脏病，患者多数具有特殊心电图表现，临床上以发作恶性室性心律失常和猝死为特征，因其病因基础在细胞膜的分子水平，故往往无明显病理形态学改变，这可以解释部分高度怀疑心源性猝死、但经系统全面的尸体解剖和病理组织学检验无明显异常案例的死亡原因。

三是新的分类将心肌病分为原发性和继发性两种，原发性或继发性心肌病有时难以区分，需依靠临床和相关检查，后者也不再称为特异性心肌病。获得性心肌病的具体发病机制尚不明确，由某一诱因和（或）病因所致，与遗传因素关系不大，而继发性心肌病为全身疾病的一部分。

四是首次将应激性心肌病单独划分为一种特殊的心肌病。该病的特点是发病前均有躯体或心理应激史，且发病时血浆中应激性产物如儿茶酚胺等水平明显增高，突出的病理改变为急性发作期心尖部呈气球样膨大。国内自2000年以来不断有该类病例的临床及死亡案例的报道，但仍有诸多病理生理机制等尚未完全明确。法医病理学实践中对于有明确躯体及心理应激史但无致命伤的案例，在排除离子通道病或其他遗传性心脏疾病之后能否诊断为应激性心肌病猝死也有待进一步探讨，因此对应激性心肌病进行深入的基础研究必将有利于法医病理学诊断水平的提高，目前已成为法医病理学研究的热点及难点之一。

五是明确将心瓣膜病、高血压性心脏病、先天性心脏病、冠心病及心肌或心腔内肿瘤等其他心血管疾病引起的心肌病变排除在心肌病之外。

三、心内膜的检查

心内膜检查时，要注意内膜的颜色有无改变，有无附壁血栓、出血，内膜是否光滑、增厚等。

1. 心内膜红染

正常心内膜的颜色呈灰白色，且四个腔室的颜色基本一致，某些原因可能使心内膜的颜色发生改变，法医工作中比较典型的是淡水溺死。淡水溺死者，溺液进入肺泡后渗入肺泡壁血管并进入左心，再进入体循环，血液因被稀释而发生溶血，使左心内膜和主动脉内膜红染。

2. 心内膜出血

引起心内膜出血的原因很多，男性以颅脑外伤、外伤性失血性休克、中毒多见，女性以流产和产后大出血、颅脑损伤、中毒多见，出血呈不规则的片状，主要分布于心内膜下层，个别达浅层心肌，以室间隔的左心室面多见，出血机制目前尚未完全明确。图4-34是五步蛇蛇毒中毒致死的案例，左心室心内膜见大片状出血。

3. 心内膜增厚

正常心内膜菲薄，各种病理情况可导致心内膜增厚，比较典型的是限制型心肌病，由于心内膜和内膜下心肌进行性纤维化，导致心室内膜明显增厚，可达0.2～0.3 cm，外观呈灰白色，见图4-35，心腔狭窄，舒张期心室充盈受限。

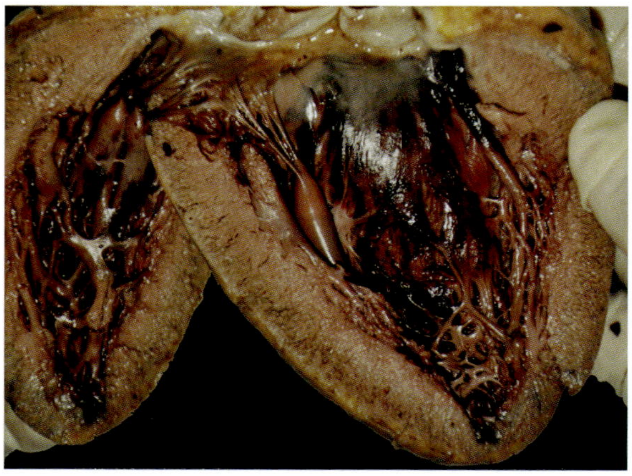

图 4-34　左心室心内膜出血

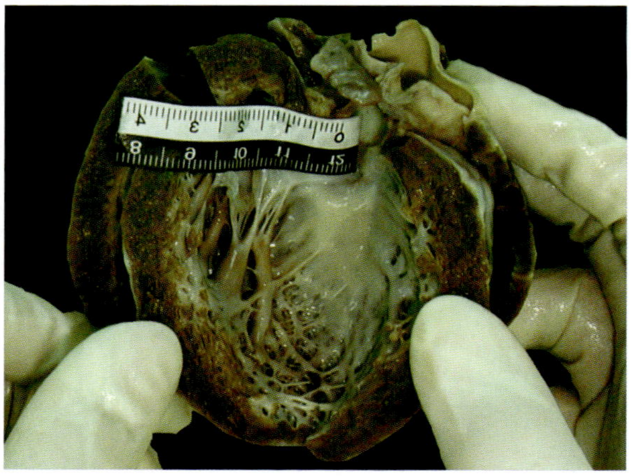

图 4-35　限制型心肌病

4. 附壁血栓

心附壁血栓常是风湿性心脏病、冠状动脉粥样硬化性心脏病等的一种并发症，多见于左心系统，如脱落则引起心、脑等的梗死，见图 4-36 和图 4-37。检验时要注意与心腔内的死后血凝块相鉴别，表 4-4 是二者之间的鉴别要点。

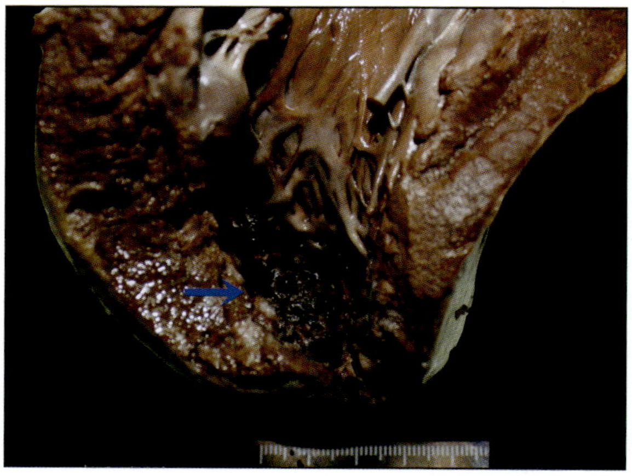

图 4-36　左心室心尖部附壁血栓

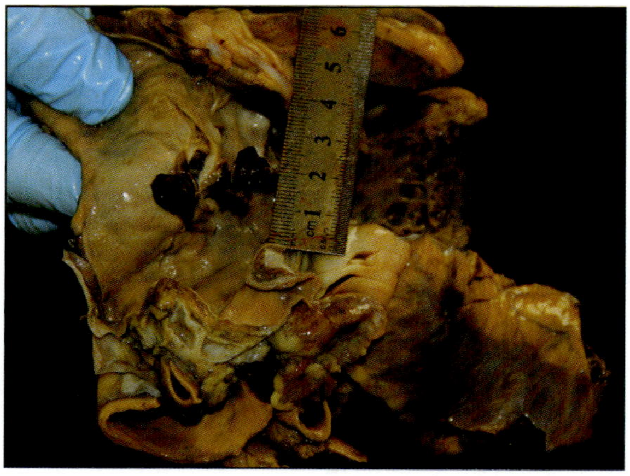

图 4-37　右心室附壁血栓

表 4-4　血栓和死后血凝块的鉴别要点

	血栓	死后血凝块
外观	干燥、粗糙、无光泽	湿润、光滑、有光泽
质地	较硬、脆、易碎	柔软、有弹性
色泽	白色、暗红色混杂	均匀一致暗红色
与血管壁关系	部分粘连、不易剥离，剥离后内膜有损伤	不粘连、易剥离，剥离后内膜光滑
镜下特点	血小板多，周围常有肉芽组织长入	血小板少，周围无肉芽组织形成

拓展学习 7 血栓

在活体的心脏和血管腔内，血液发生凝固或血液中某些有形成分凝集形成固体质块的过程称为血栓形成，在这一过程中所形成的固体质块称为血栓，血栓可使血流发生完全性或不完全性阻塞。

一、血栓形成的条件

在生理状态下，血液中的凝血系统和纤维蛋白溶解系统保持着动态平衡，这一平衡既保证了血液潜在的可凝固性，又保证了血液的流动状态，如果这一动态平衡被破坏，触发了凝血过程，便可形成血栓。公认血栓形成的条件有以下 3 个。

1. 心血管内皮的损伤

心血管内皮细胞同时具有抗凝和促凝两种特性，在生理情况下，以抗凝作用为主，从而使心血管内的血液保持流体状态。当心血管内皮细胞损伤时，内皮下的胶原暴露，激活血小板和凝血因子Ⅻ和Ⅶ，启动内源性和外源性凝血过程。如风湿性和感染性心内膜炎的心内膜（含心瓣膜），心肌梗死区的心内膜，动脉粥样硬化斑块溃疡处的动脉内膜，创伤性或炎症性部位的动静脉内膜，皆可导致局部内皮细胞损伤，而缺氧、休克、败血症和细菌内毒素等可引起全身广泛性血管内皮损伤，造成弥漫性血管内凝血，在全身微循环内形成血栓。

2. 血流状态的改变

血流状态的改变包括血流缓慢和涡流形成。如心力衰竭、久病和术后卧床者，常在下肢深静脉和盆腔静脉产生血栓，二尖瓣狭窄、动脉瘤内血流缓慢时易在左心房和动脉瘤内形成血栓。

3. 血液凝固性增高

血液凝固性增高指各种原因导致的遗传性和获得性血液高凝状态。常见于 DIC、恶性肿瘤晚期、严重创伤和大面积烧伤患者，妊娠和分娩前后、长期口服避孕药的女性，高脂血症、冠状动脉粥样硬化、长期吸烟和肥胖症者。

3 个条件中，心血管内膜的损伤是形成血栓的最重要和最常见的原因，但在不同状态下，血流缓慢和血液凝固性增高也可能是重要因素。

二、血栓的类型

血栓按形态可分为白色血栓、混合血栓、红色血栓和透明血栓四类，它们在形成部位、主要成分及形态特征等方面均存在一定的差异，表 4-5 是各类血栓的鉴别要点。

表 4-5　不同类型血栓的鉴别要点

类型	形成部位	主要成分	形态特征
白色血栓	见于血流较快的心瓣膜、心腔内和动脉内，静脉血栓头部	血小板和少量纤维蛋白	灰白、波浪状、质实，与瓣膜壁、血管壁紧密黏附
混合血栓	多位于血流缓慢的静脉，静脉延续性血栓中部	血小板和红细胞	粗糙、干燥、圆柱状，灰白色和红褐色相间，与血管壁黏附
红色血栓	见于静脉延续性血栓尾部	血液成分	红、湿润、有弹性，但易干枯、脱落
透明血栓	微循环内	嗜酸性同质性的纤维蛋白	只能在显微镜下可辨

拓展学习 8 死后血液状态

死后血液状态是指机体死亡后心腔和大血管内血液的性状，按照表现形式分为凝固状和流动状两种，其中凝固状又分为红色凝固状和鸡脂样凝固状。

一、凝固状

1. 红色凝固状

机体死亡后，心腔和血管内的血液因为血流停滞而很快发生凝固，形成的固体质块称为死后凝血块。其形成过程与活体状态下静脉血栓下游局部血流停止、血液发生凝固形成红色血栓，以及血液在静止状态下（如血管破裂出血、抽血未加抗凝剂等）因凝集反应自然形成血块的过程类似，本质是血液中可溶于水的纤维蛋白原在凝血酶的作用下变成不溶于水的纤维蛋白，纤维蛋白网结其他血细胞成团，凝固成为血块。这种死后凝血块呈红色胶冻样，湿润有弹性，与心血管内膜不粘连，见图 4-38，与红色血栓非常相似，不易区分，比如肺动脉内的死后血凝块容易误认为是肺动脉血栓栓塞，心腔内的凝血块有时和乳头肌肉柱、瓣膜、腱索交织在一起，也容易被误认为附壁血栓，临案时应做好鉴别诊断工作。

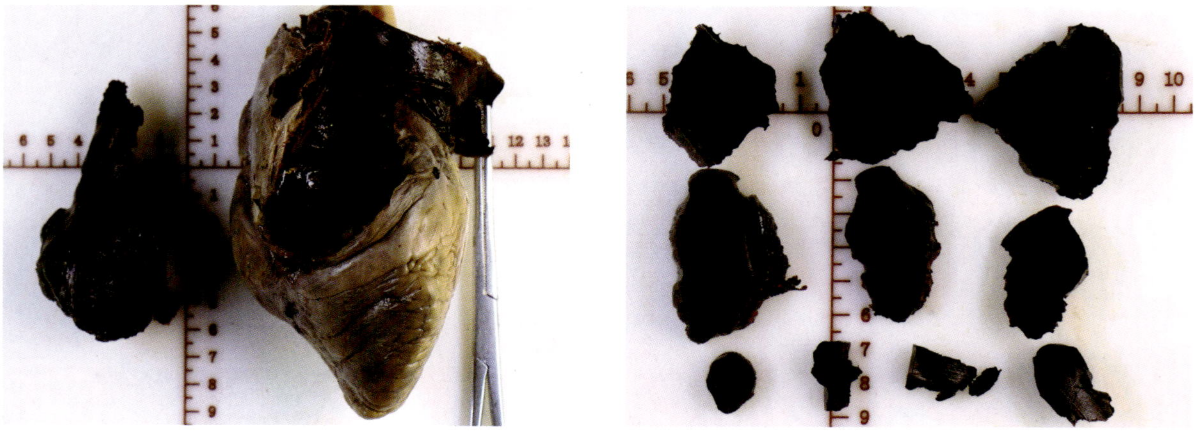

A　　B

图 4-38　死后红色凝固状血凝块

A：表面观；B：切面观。

2. 鸡脂样凝固状

死后的血液凝固如果在濒死期即开始或形成过程较为缓慢，此时血液在完全凝固前，其内各成分因自身比重不同而发生互相分离，较重的红细胞沉积在血凝块的底部，中间层为白色的白细胞所组成，上层为含有血小板和白细胞的灰黄色血浆层。在尸检时，这种分层血块常见于心腔内，外观类似鸡脂，故称鸡脂样凝血块，见图 4-39，其中图 B—D 为同一案件中的标本。

二、流动状

流动状指机体死亡后血液不发生凝固而仍保持流动状，常见于机械性窒息、猝死、休克等的死者，其血液不凝固，呈暗红色、流动性。死后血液不凝固的机制尚未完全阐明，通常认为与以下 3 个因素有关。一是纤维蛋白溶解系统增强。窒息时血管内皮细胞因缺氧产生纤溶酶原激活物，激活纤溶酶溶解纤维蛋白。二是上述原因导致死亡者，其血液中肾上腺素水平异常升高，也可导致尸体血液纤维蛋白溶解。三是体内肥大细胞在窒息死亡过程中释放肝素，肝素使凝血酶活性降低，血小板黏着和聚集受阻。

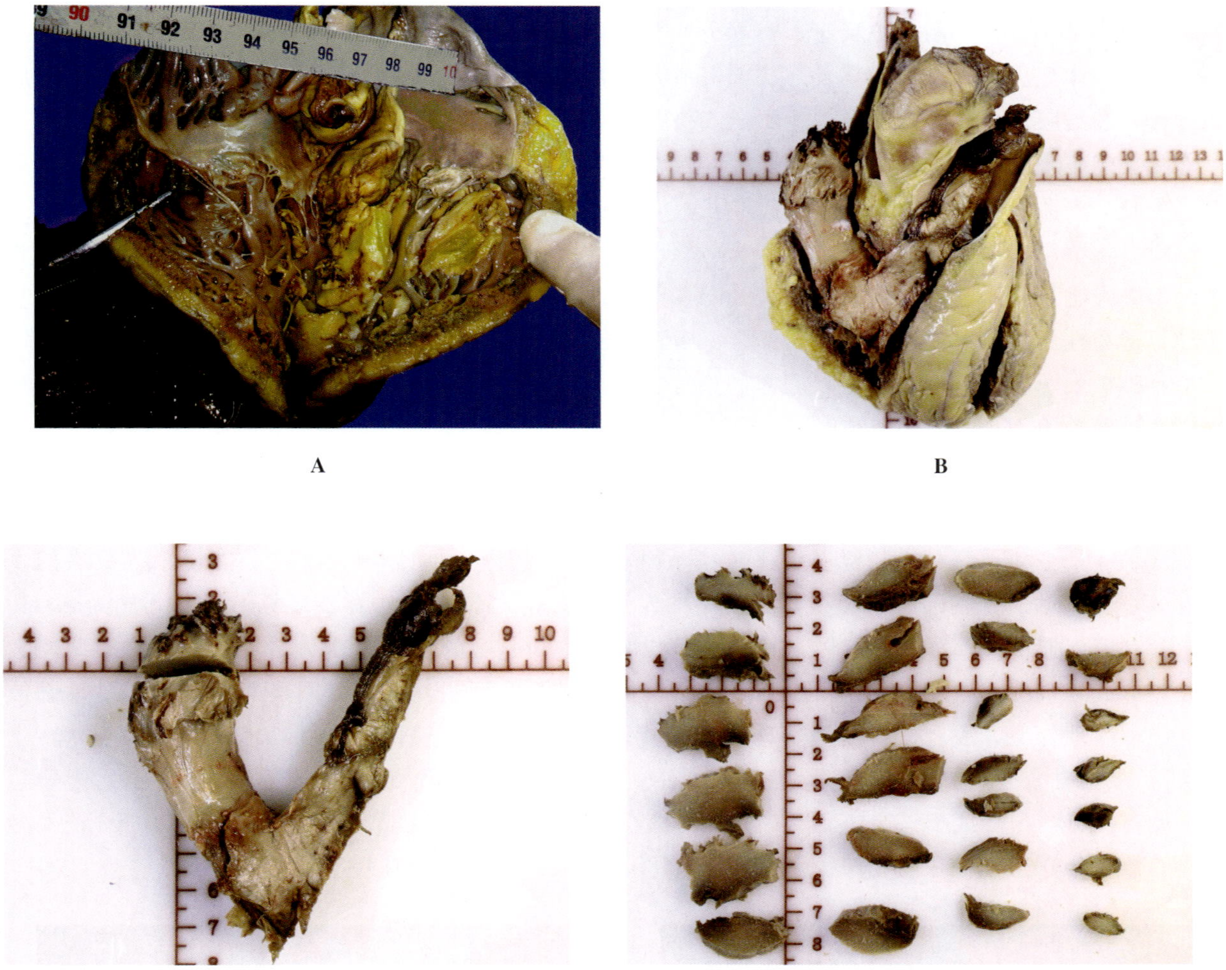

A B

C D

图 4-39 死后鸡脂样血凝块

A：右心内的鸡脂样血凝块；B：右心室流入道、流出道内的“V”形鸡脂样血凝块；C：鸡脂样血凝块表面观；D：鸡脂样血凝块切面观。

实际工作中也有部分死者心腔和大血管内的血液呈半流动状态，其实质是死后血液中的凝血系统和纤维蛋白溶解系统相互作用的结果。

总之，死后血液状态是一种尸体现象，不同的血液状态与死亡原因、死亡过程等因素有关。

四、心瓣膜及瓣膜附属结构的检查

心瓣膜位于房室口和动脉口处，是心内膜突向心腔而成的薄片状结构。心瓣膜表面覆以内皮，内部为致密结缔组织，并与纤维环相连，其功能是阻止血液在心腔内逆流。

（一）瓣膜的检查

正常心瓣膜柔软、透明，不见小血管。心瓣膜的检查主要是在测量瓣膜周径和瓣膜口大小的基础上，注意观察瓣叶是否过长、过宽、是否有胶冻样半透明样外观，瓣膜有无增厚、质地是否变硬、是否有赘生物和血栓（图 4-40）、瓣叶有无粘连及瓣膜的位置是否正常，是否存在瓣膜关闭不全和瓣膜口狭窄，还要注意是否有瓣膜置换。

心瓣膜病是一种常见的心脏疾患，病因分为先天因素和后天因素两种。每种心瓣膜病均存在一定的好发部位，如先天性心瓣膜病累及三尖瓣和肺动脉瓣多见，而后天性心瓣膜病则多数累及二尖瓣和主动脉瓣。心瓣膜病主要导致瓣膜关闭不全或狭窄，部分患者两者兼有。

瓣膜关闭不全是指心瓣膜关闭时不能完全闭合，以致部分血流仍可反流，造成的常见原因有瓣膜增厚、变硬、卷曲、缩短，或瓣膜破裂、穿孔，以及腱索增粗、缩短和与瓣膜粘连等。

瓣膜口狭窄是指瓣膜口在开放时不能充分张开，导致血流通过障碍，造成的常见原因是瓣膜互相粘连、瓣膜纤维性增厚、弹性减弱或丧失、瓣膜环硬化和缩窄等。

除了器质性原因可以导致瓣膜关闭不全、瓣膜口狭窄外，实践中也会遇到瓣膜本身形态结构正常，但由于心腔扩大、乳头肌位置改变、心内肿瘤等其他原因导致瓣膜关闭不全、瓣膜口狭窄的情形，称为功能性瓣膜关闭不全、瓣膜口狭窄。

1. 先天性疾患导致的心瓣膜病

先天性疾患导致的心瓣膜病以二叶型主动脉瓣、三尖瓣下移畸形和肺动脉瓣狭窄等比较多见。

（1）二叶型主动脉瓣：二叶型主动脉瓣是一种常见的先天性主动脉瓣膜病变，在整个人群中的发病率为 1%～2%，在患有主动脉瓣疾病人群中的发病率为 32%，男性比女性多见，男女之比为 2∶1。部分患者有家族遗传性，为常染色体显性遗传。二叶型主动脉瓣的病理改变为主动脉瓣的瓣膜两两发生融合，形成异常的大主动脉瓣，由三叶型主动脉瓣变成二叶型主动脉瓣，图 4-41。二叶型主动脉瓣有以下 3 种病理分型方法。按解剖类型分单纯型（无融合嵴，为两窦两叶）和功能型（有融合嵴，三窦三叶）；根据融合方式分为左、右冠瓣融合，右、无冠瓣融合，左、无冠瓣融合，其中左、右冠瓣融合最常见；按瓣叶闭合线形态分前后型（关闭线呈“—”形。）和左右型（关闭线呈“|”形）；按融合嵴线的数量分 0 型（瓣叶上无嵴线）、Ⅰ型（有一条嵴线）和Ⅱ型（有两条嵴线）。

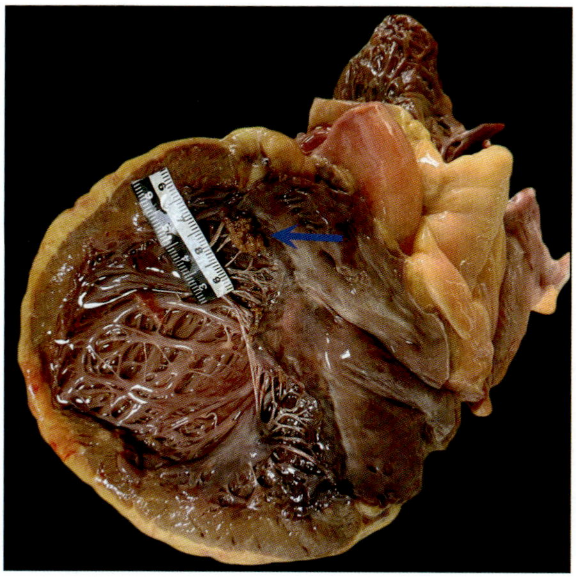

图 4-40 二尖瓣附壁血栓

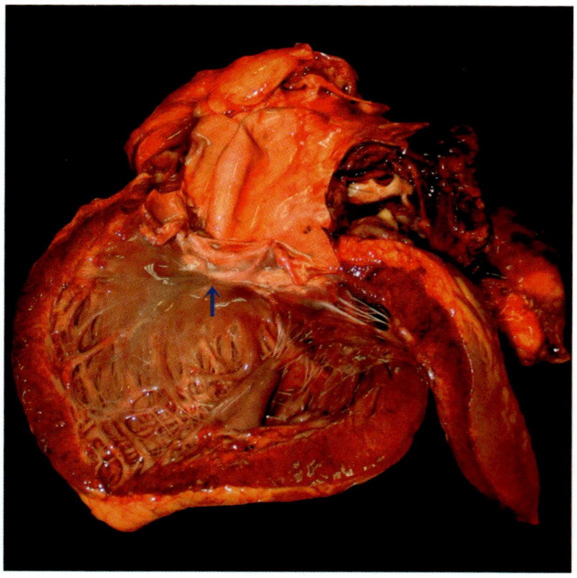

图 4-41 二叶型主动脉瓣

单纯的二叶型主动脉瓣畸形比较少见，通常与其他先天性心血管畸形并存，常见并发症有主动脉瓣狭窄、主动脉瓣关闭不全、感染性心内膜炎、升主动脉扩张和主动脉夹层等。

（2）三尖瓣下移畸形：也称 Ebstein 畸形，基本病变为三尖瓣瓣叶和右心室发育异常，伴有膈瓣叶和后瓣叶向右心室下移，通过腱索乳头肌附着于三尖瓣瓣环下方的右心室壁上。前瓣叶起源于正常三尖瓣瓣环，可增大如船帆，有时可有许多小孔，通过缩短和发育不全的腱索及乳头肌附着于心室壁。下移的瓣叶使右心室分成两个部分，瓣叶上方扩大的心室称为房化心室，其功能与右心房相似；瓣叶下方为功能右心室。

三尖瓣下移病例中 50%～60%伴有卵圆孔未闭或心房间隔缺损，其他合并畸形有肺动脉狭窄、室间隔缺损、动脉导管未闭、法洛四联症、大动脉错位、主动脉缩窄和先天性二尖瓣狭窄等。

（3）肺动脉瓣狭窄：肺动脉口狭窄指右室和肺动脉之间存在的先天性狭窄畸形，占先天性心脏病的 8%～10%。分 3 种类型：肺动脉瓣膜狭窄、右心室漏斗部狭窄和肺动脉主干及其分支狭窄，而以瓣膜狭窄最常见。瓣膜狭窄通常为瓣叶增厚交界融合，瓣口呈鱼嘴状突向肺动脉，肺动脉主干呈狭窄后扩张，常有不同程度的肺动脉瓣环狭窄。

2. 后天性疾患导致的心瓣膜病

后天性疾患以风湿性心内膜炎最为常见，其次是感染性心内膜炎、钙化性主动脉瓣狭窄。

（1）风湿性心内膜炎：主要侵犯心瓣膜，引起瓣膜炎，也可累及瓣膜邻近的心内膜和腱索，引起瓣膜变形和功能障碍。病变主要累及二尖瓣，其次是二尖瓣和主动脉瓣同时受累，三尖瓣和肺动脉瓣极少受累。

病变早期，受累瓣膜肿胀，瓣膜出现黏液样变性和纤维素样坏死，病变瓣膜表面尤其是闭锁缘向血流面的内皮细胞发生变性、脱落，局部胶原裸露，形成白色血栓。肉眼表现为在瓣膜闭锁缘上形成单行排列的、直径为 0.1～0.2 cm 的疣状赘生物，这些赘生物主要发生于二尖瓣的心房面和主动脉瓣心室面，呈灰白色半透明状，附着牢固，一般不易脱落。因疣状赘生物较有特征，故又称为疣状心内膜炎。病变后期，赘生物机化，如类似的病变反复发作，可导致瓣膜增厚、变硬、卷曲、缩短，瓣膜间相互粘连，腱索增粗、缩短，最后形成慢性心瓣膜病，见图 4-42。

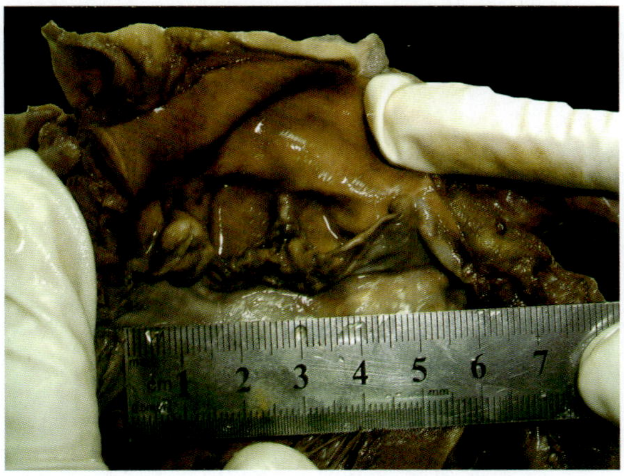

图 4-42　慢性心瓣膜病（主动脉瓣）

（2）感染性心内膜炎：是由病原微生物直接侵犯心内膜，特别是心瓣膜而引起的炎症性疾病，以细菌多见，故也称细菌性心内膜炎。根据病原微生物的致病力、临床经过长短和病理变化的不同，一般分为急性心内膜炎和亚急性心内膜炎两种。

急性感染性心内膜炎主要由致病力强的化脓菌如金黄色葡萄球菌、溶血性链球菌、肺炎球菌等引起，通常是身体某部位发生感染，当机体抵抗力降低时，细菌入血引起脓毒血症、败血症，进一步侵犯心内膜引发化脓性心瓣膜炎。病变多发生于原本无病变的正常心瓣膜，以二尖瓣和主动脉瓣最常累及，肉眼表现为瓣膜溃烂、穿孔或破裂，在破溃瓣膜表面形成体积较大、质地松脆、灰黄或浅绿色的含有大量细菌的疣状赘生物，见图 4-43，图中 A、B、C 分别累及三尖瓣、二尖瓣和主动脉瓣。疣状赘生物破碎后形成含菌性栓子，可引起心、脑、肾、脾等的败血症梗死和转移性脓肿。病变瓣膜根部的内膜和心肌有时可见环形脓肿。

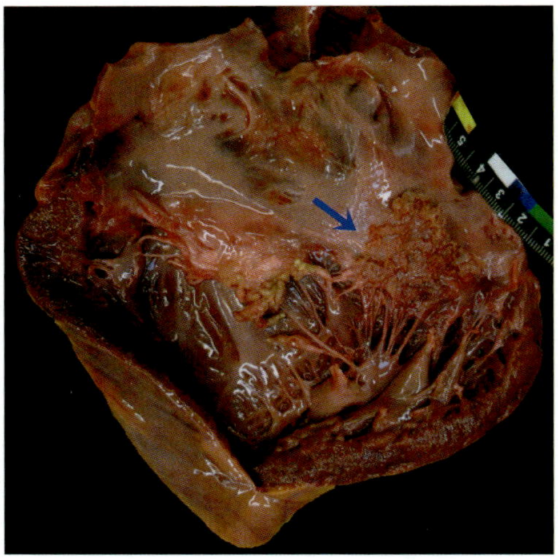

A

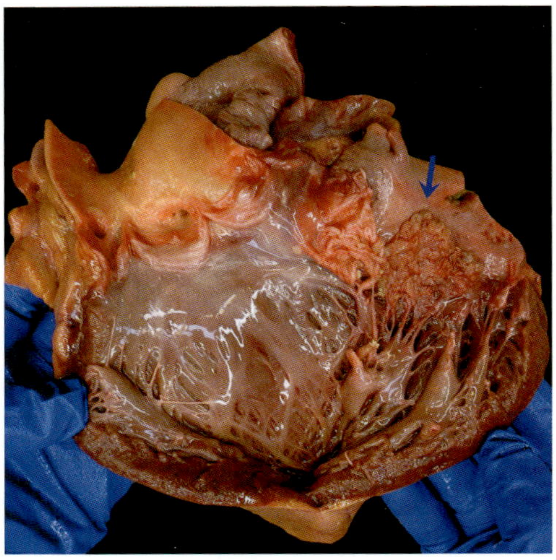

B

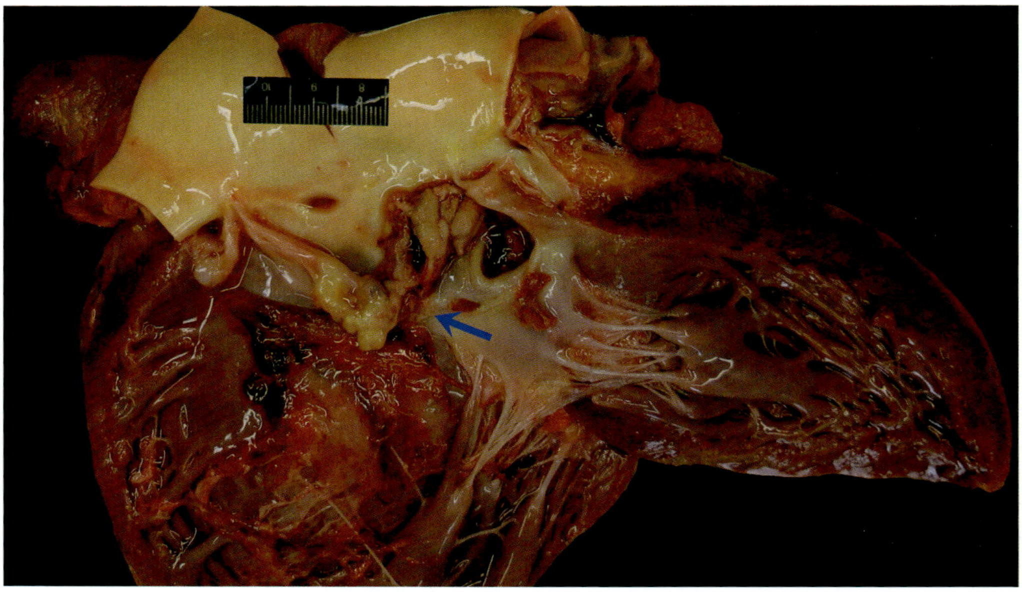

C

图 4-43　急性感染性心内膜炎

A：累及三尖瓣；B：累及二尖瓣；C：累及主动脉瓣。

亚急性期感染性心内膜炎多由致病力相对较弱的病原微生物如草绿色链球菌、肠球菌等引起，常侵犯原本有病变的瓣膜，亦常见于二尖瓣和主动脉瓣，在瓣膜表面形成含有病原微生物的赘生物，严重时瓣膜可发生溃疡、穿孔和腱索断裂。赘生物呈息肉状或菜花状，污秽灰黄色，大小不等，形态不一，单个或多个，质地松脆，易破碎脱落引发脑、肾、脾等的栓塞和血管炎，由于栓子中不含菌或极少毒力弱的细菌，常为无菌性梗死。

(3) 钙化性主动脉瓣狭窄：是老年人最常见的心瓣膜疾病，占老年非风湿性心瓣膜病的 80%，其病理特征是瓣叶局灶性钙化和广泛性纤维组织增生，大体检查时在瓣膜表面可见大小不等的钙化结节，瓣膜变硬失去弹性，敲击时能发出声响，瓣膜联合处相互融合，引起瓣膜口狭窄和/或关闭不全，见图 4-44。

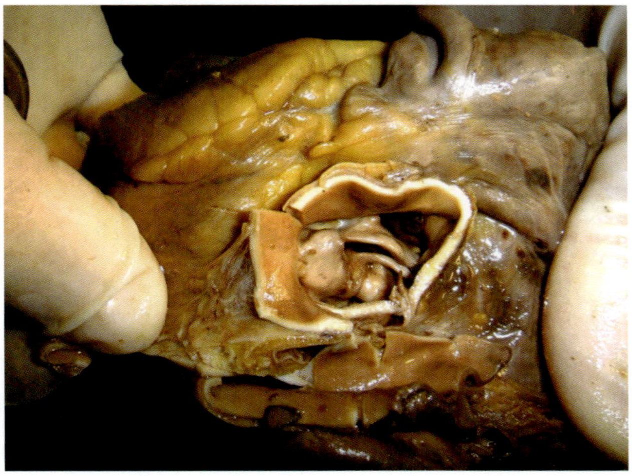

图 4-44 钙化性主动脉瓣狭窄

本病进展较为缓慢，引起瓣膜狭窄和/或关闭不全多不严重，对血流动力学影响亦较小，故在相当长时间内无明显症状，甚至终身呈亚临床状态。

3. 心瓣膜疾病与法医实践

随着人口老龄化进程加快，老年心瓣膜病及冠心病、心肌梗死后引起的瓣膜病变也越来越常见，由心瓣膜病引起死亡的案例经常遇到，临案时要注意以下几点。

一是瓣膜关闭不全、瓣膜口狭窄均可引起血流动力学的改变，患者最后常因心力衰竭、心律失常、心肌缺血或栓塞等原因死亡，当然心功能从代偿到失代偿多数会经历一个比较漫长的过程，但也有部分患者在剧烈活动、情绪激动等诱因时因急性心功能衰竭而引发急性死亡。

二是近年来由于心瓣膜置换术的成熟和广泛应用，使不少心瓣膜病患者的心功能得以改善，生活质量和生存期明显好转，但不论是用合成材料制成的人工机械瓣膜还是用生物组织材料制成的人工生物瓣膜，均可能由于人工瓣膜发生变性、撕裂、钙化或并发感染性心内膜炎而导致人工瓣膜失效。

三是心瓣膜置换术后需要终生抗凝治疗，尤其是人工机械瓣，如果抗凝不当，如抗凝不足或过度，容易引发血栓栓塞或出血，严重时会危及患者生命。

四是要注意影响抗凝药物疗效的其他因素。如吲哚美辛、阿司匹林、甲硝唑等会增强抗凝作用，维生素 K、苯巴比妥、避孕药及激素类药物等会降低抗凝作用。患者本身的一些疾病，也对抗凝药物的疗效产生影响，如合并肝胆疾患和心力衰竭，因维生素 K 的合成减少，抗凝药的作用会增强。

（二）瓣膜附属结构的检查

心瓣膜按形态分为尖形瓣和半月瓣，前者包括二尖瓣和三尖瓣，后者包括主动脉瓣和肺动脉瓣，只有尖形瓣才具有乳头肌和腱索等瓣膜附属结构，瓣环、瓣叶、腱索和乳头肌在结构和功能上是一个整体，称为瓣膜复合体，它们共同保证血液的单向流动，其中任何一部分结构损伤，将会导致血流动力学上的改变。

1. 乳头肌的检查

乳头肌按其形态分为指状型、结合型和中间型三种类型。指状型是指乳头肌的 1/3 或更多部分突入心室腔内。结合型是指乳头肌完全与心室壁结合，只有很少一部分突入室腔。中间型介于二者之间。

乳头肌的供血方式与乳头肌形态有关。指状型乳头肌常从其基部接受一大的中央动脉供血，此动脉起于该处心外膜的动脉分支，穿过心肌层走向乳头肌的顶端，经过 4～5 次分支，相互吻合形成网状，以供应整个乳头肌。这种乳头肌供血模式的特点是与局部心内膜下的血管丛很少或没有吻合支连接。结合型乳头肌常由分段型、长的穿过心肌层的小动脉直接供应，这些血管的分支不仅彼此相互吻合，而且与局部心内膜下血管丛相连接。中间型乳头肌的血液供应为上述两种状况兼而有之。因此在阻塞性冠状动脉疾病时，指状型乳头肌比结合型和中间型乳头肌更易发生缺血、梗死。

右心室有三组乳头肌，前侧乳头肌较大，起于右心室前壁的中部，后侧乳头肌位置和大小常不恒定，隔侧乳头肌最小，有时缺如。

左心室有两组乳头肌，前外侧乳头肌通常较粗，由左前降支和左旋支分支供应血液，后内侧乳头肌较宽，通常由右冠状动脉和左旋支分支供应血液。虽然左心室每组乳头肌均有双重来源供血，但后内侧乳头肌的血供较前外侧乳头肌差，因此后内侧乳头肌的缺血和梗死较前外侧乳头肌多见。

检查乳头肌时要注意乳头肌有无出血、梗死、断裂、纤维化等改变，这些均可导致乳头肌功能不全，尤其是乳头肌断裂，常引起严重的后果。图 4-45 为 2 例乳头肌出血。

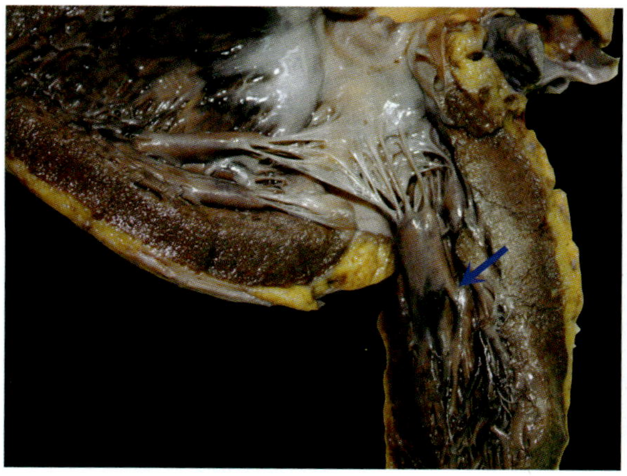

A

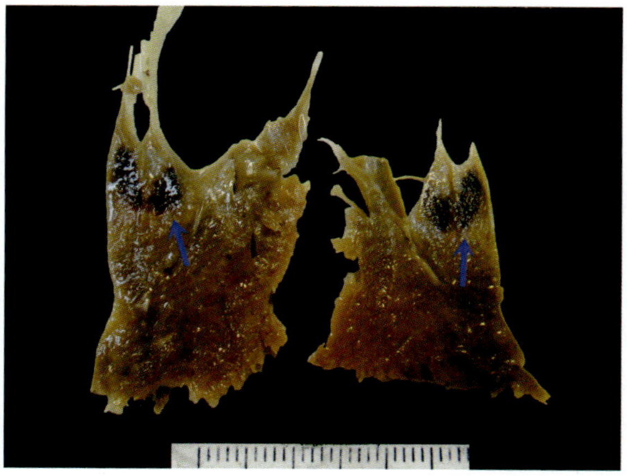

B

图 4-45　乳头肌出血

A：表面观；B：切面观。

乳头肌断裂主要发生在左心室，右心室乳头肌断裂极为罕见。断裂发生的原因主要为局部的心肌梗死，如后内侧乳头肌断裂常见于急性透壁性下壁心肌梗死，而左前侧乳头肌断裂常是急性前侧壁心肌梗死的后果。统计数据显示，左心室乳头肌断裂多见于后内侧乳头肌，其发生率是前外侧乳头肌的

6～12 倍，可能与二者血液供应的差异有关。

乳头肌断裂按断裂的程度分为部分断裂和完全断裂两种。后内侧乳头肌由多个乳头组成，如断裂则大多表现为部分断裂，而前外侧乳头肌常是一个整体，如断裂则大部分表现为完全断裂。完全断裂可发生严重的二尖瓣反流，造成严重的急性肺水肿，约 1/3 患者立即死亡，半数患者 24 h 内死亡，部分断裂者，可导致一定程度的二尖瓣反流，存活数天者常伴有明显的心力衰竭。

2. 腱索的检查

腱索分为支柱腱索、次级腱索和第三级腱索，按附着点不同，又分为边缘腱索、粗糙带腱索及基底部腱索。腱索的检查，要注意腱索是否存在不正常的加长和缩短，腱索附着是否异位，腱索是否存在融合和断裂等异常情形，这些异常均能影响瓣膜的功能。

腱索有真假腱索之分，真腱索是纤维性条状组织，起自左心室或右心室的乳头肌而插入至二尖瓣或三尖瓣瓣叶。假腱索是除正常连接乳头肌和瓣叶的腱索以外的纤维条索结构，属于一种先天性解剖变异，多见于左心室，又称左心室条束。左心室假腱索常见情形有：①腱索自乳头肌至乳头肌；②腱索自乳头肌至左心室壁；③腱索自左心室壁至左心室壁；④腱索自乳头肌至室间隔，或自左心室壁至室间隔。假腱索常呈索样或囊样，其厚度常≥0.2 cm，单条或多条，少数呈小的多股纤维样的网状结构。左心室假腱索在尸检中并不少见。有资料显示，人类各年龄组约半数存在左心室假腱索。一般认为左室假腱索是一种无临床意义的解剖学变异，近年来也有人认为左室假腱索可能与心杂音、心律失常、胸痛、胸闷、心悸等有关。

腱索断裂主要发生于二尖瓣，三尖瓣腱索断裂的少见，引起断裂的原因主要有急性心肌梗死、感染性心内膜炎、二尖瓣脱垂等，有人统计 56 例二尖瓣腱索断裂，发现半数存在黏液样变性。根据断裂的程度分为完全性断裂和部分性断裂，前者断裂发生于支柱腱索，后者发生于次级或第三级腱索，患者可出现不同程度的急性左心衰和肺水肿。

五、心耳的检查

左、右心耳是左、右心房各向前内方伸出的一个三角形盲端结构。现代医学研究表明，左心耳相当于一个减压仓，对缓解左心房内压力升高及保证左心室充盈具有重要意义，左、右心耳还是分泌心房钠尿肽的主要部位，因此心耳亦具有重要的生理功能。

心耳内壁主要由梳状肌及肌小梁组成，表面凸凹不平，易使血流产生旋涡和流速减慢，尤其是在某些病理情况时，如心瓣膜病合并房颤患者，左心耳内易形成血栓，血栓脱落后可引起脑、四肢、肾、脾等的动脉栓塞，其中以脑动脉栓塞最为常见，检验时应注意观察。

六、心肿瘤

心肿瘤是指发生在心腔或心肌内的肿瘤，为一种较为少见的心病变，其中以原发性占绝大多数。黏液瘤和横纹肌瘤分别是成人和儿童最常见的原发性良性心肿瘤，而恶性心肿瘤以血管肉瘤和横纹肌肉瘤多见。

心黏液瘤可发生于心内膜表面的任何部位，但以左心房尤其是卵圆窝附近最为常见，常有蒂与瘤体相连，单发或多发，可在心腔内运动。蒂的直径一般在 0.5～1.0 cm，瘤体较大时蒂的结构不明显。瘤体为不规则球状，外观有光泽，浅黄色黏液样或半透明胶冻状，似成熟的葡萄，大小从小结节状到占据整个心房不等，表面有高低不平的绒毛状突起。切面质软，呈灰黄白色，继发囊变、出血、坏死等改变后呈红黄相间外观。镜下瘤细胞呈星芒状、梭形或圆形，常见多核瘤细胞，瘤细胞间和细胞团索间见大量酸性黏多糖。心黏液瘤组织较松脆，极易脱落引起栓塞。

心横纹肌瘤多见于室间隔，常为多发，瘤体大小不等，瘤体呈黄褐色，与周围心肌分界不清，有时压迫周围心肌形成假包膜，较大者可形成突入心腔的结节，累及房室瓣口易引起瓣膜堵塞。镜下肿瘤组织如海绵状结构，由肿胀的肌细胞构成，中心为胞浆团块和细胞核。胞浆空亮，呈束状向细胞周边部分伸展，有“蜘蛛细胞”之称。

与其他部位肿瘤不同，心肿瘤对机体的影响，不仅取决于肿瘤病变本身，更决定于肿瘤的位置和大小，其对机体的影响主要有：①导致心内占位致心腔狭窄，阻塞心瓣膜口、流出道、大血管开口，引起血流动力学改变；②在心肌内浸润性生长引起心肌坏死、心力衰竭，或侵犯心传导系统引起严重心律异常；③肿瘤侵犯心外膜，引起血性心包积液、心包粘连甚至心包闭锁；④肿瘤组织的碎片或附着的血栓脱落，引起体循环或肺循环栓塞。

七、心解剖结构异常

这里所说的解剖结构异常，是指在胚胎发育时期由于心及大血管的形成障碍或发育异常，或出生后应自动关闭的通道未能闭合的一组先天性心脏病。

（一）先天性心脏病的分类

根据血流动力学结合病理生理变化，先天性心脏病可分为发绀型、非发绀型和阻塞型（如主动脉缩窄）三大类，也可根据有无血液分流分为无分流型（如肺动脉狭窄、主动脉缩窄）、左至右分流型（如房间隔缺损、室间隔缺损、动脉导管未闭）和右至左分流型（如法洛氏四联症、大血管错位）三大类。

（二）先天性心脏病对机体的影响

先天性心脏病对机体的影响，主要取决于畸形的类型和严重程度。一般认为，右向左分流型和复合畸形者预后较无分流型和左向右分流型者差。原有左向右分流的病人，一旦出现肺动脉高压使分流方向发生逆转，出现艾森曼格综合征的，预后就很差。艾森曼格综合征是指各种左向右分流型先天性心脏病如房间隔缺损、室间隔缺损、动脉导管未闭等，随着疾病的发展，肺血管阻力升高，使肺动脉压达到或超过体循环压力，导致血液通过心内或心外异常通路产生双向或反向分流的一种病理生理综合征。

（三）先天性心脏病的常见类型

尸检中先天性心脏病以房间隔缺损、室间隔缺损、动脉导管未闭及法洛氏四联症较为常见。

1. 房间隔缺损

根据发生学的不同，房间隔缺损可分为原发孔房间隔缺损和继发孔房间隔缺损两大类。原发孔房间隔缺损常伴有二尖瓣和三尖瓣的畸形。根据缺损出现的部位，继发孔房间隔缺损又分为中央型缺损（卵圆窝型缺损，见图 4-46）、上腔型缺损、下腔型缺损和混合型缺损四种类型。

冠状静脉窦型房间隔缺损是一种少见的房间隔缺损，占房间隔缺损总数的 1%以下，又称为“无顶冠状静脉窦综合征”或“冠状静脉窦缺如”，表现为冠状静脉窦与左心房后下壁分隔不完全或无分隔，见图 4-47。

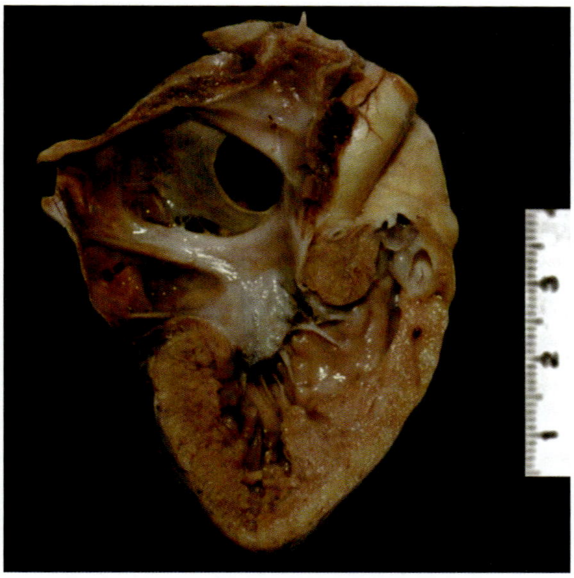

图 4-46 房间隔缺损

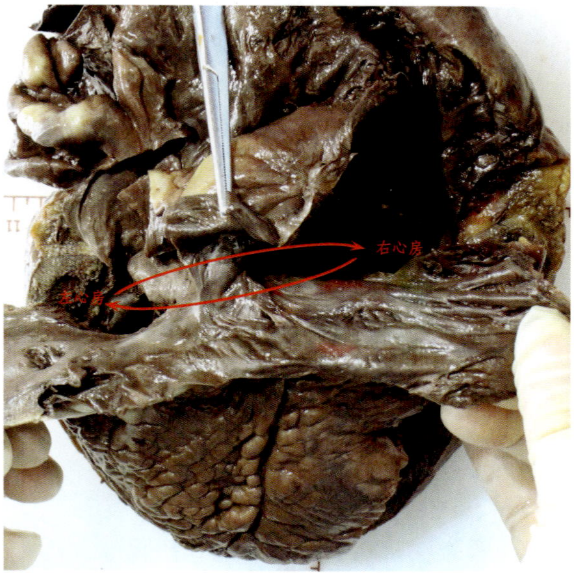

图 4-47 冠状静脉窦型房间隔缺损

房间隔缺损者，早期左心房的压力通常高于右心房，左心房的血液分流入右心房，可致肺血流量增加，肺小动脉内膜增生，管腔狭窄，肺动脉阻力明显增高而出现肺动脉高压，右心房和右心室肥厚、扩大。晚期由于肺动脉压显著增高，待肺动脉血压高于或者等于体循环血压时，出现右向左的分流，患者可出现青紫，出现艾森曼格综合征。

2. 室间隔缺损

室间隔缺损一般分为膜部缺损（图 4-48）、漏斗部缺损和肌部缺损三种类型。室间隔缺损较小时，可不出现症状。室间隔缺损较大时，左右心室的负荷均增大，故左心室、右心室均增大。同时肺循环量增加，继而产生肺动脉高压及肺小血管病变，最终将形成艾森曼格综合征。

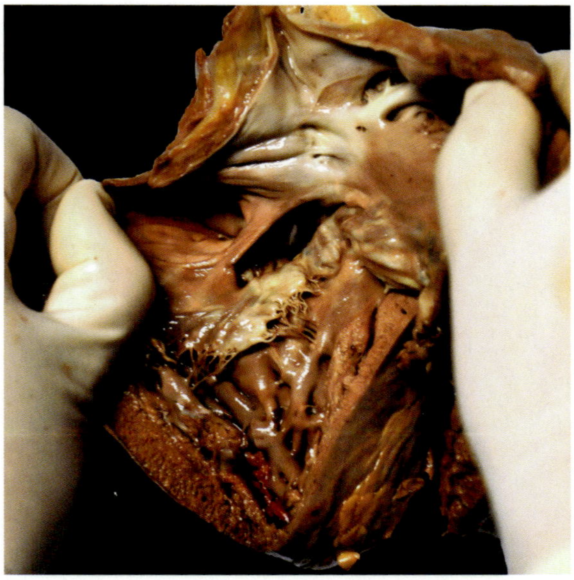

图 4-48 室间隔膜部缺损

3. 动脉导管未闭

动脉导管未闭是指连接于主动脉干和肺动脉干之间的短管即动脉导管在出生后始终处于不闭锁的异常状态。正常者在胎儿期大部分肺动脉血液由此导管流入主动脉，出生后呼吸功能建立，肺内血管扩张，血液进入肺内，动脉导管失去作用，一般在出生后 3～12 个月逐渐闭锁成为动脉韧带。如果在出生后 1 年仍不闭锁，称为动脉导管开放或动脉导管未闭。未闭的导管分管型、漏斗型和窗型三种类型。管型导管直径多在 0.5～1.0 cm，个别可达 2.0～3.0 cm，长度在 0.7～1.0 cm。漏斗型导管其近主动脉端较粗而近肺动脉端较细，呈漏斗状。窗型导管是主动脉和肺动脉紧贴，开口较大几乎没有长度。由于主动脉压远高于肺动脉压，故不论心在收缩或舒张期，血液的分流均由左至右，左心负荷加重，左心室肥大。如果未闭的动脉导管较粗，可导致肺血流量增大，肺动脉高压，右心室肥大，最终将形成艾森曼格综合征。

4. 法洛氏四联症

法洛氏四联症是一种常见的先天性心脏畸形，主要表现为肺动脉流出道狭窄、室间隔膜部缺损、主动脉右移并骑跨于室间隔缺损上方、右心室肥大。法洛四联症在儿童发绀型心脏畸形中居首位，其预后取决于肺动脉狭窄程度及侧支循环情况。

第六节 冠状动脉的检查

一、冠状动脉的检查方法

1. 原位检查法

原位检查法是在心原位对冠状动脉进行检查的方法。在检查之前可先用手指沿着冠状动脉的走行方向进行触诊，以便对冠状动脉的病变有一个预判。首先注意观察冠状动脉开口的位置、开口的大小，检查时应自左、右冠状动脉开口处开始，沿着冠状动脉四主干走向，以0.2～0.5 cm的间距横切，边切边观察冠状动脉管壁有无增厚，管腔有无异常扩张或狭窄，腔内有无可疑血栓等病变，见图4-49。横切时的进刀方向应注意保持“两个垂直”，即与心外膜垂直和与冠状动脉纵轴垂直。左主干、左前降支沿前室间沟垂直沿前室间沟向心尖部行走，其纵轴方向变化不大，而左旋支和右冠状动脉在冠状沟内环绕心行走，其纵轴方向变化较大，横切时要通过观察冠脉切面情况及时调整进刀方向，以确保与冠脉纵轴垂直。检查所用的刀片应锋利，避免人为引起斑块破裂。

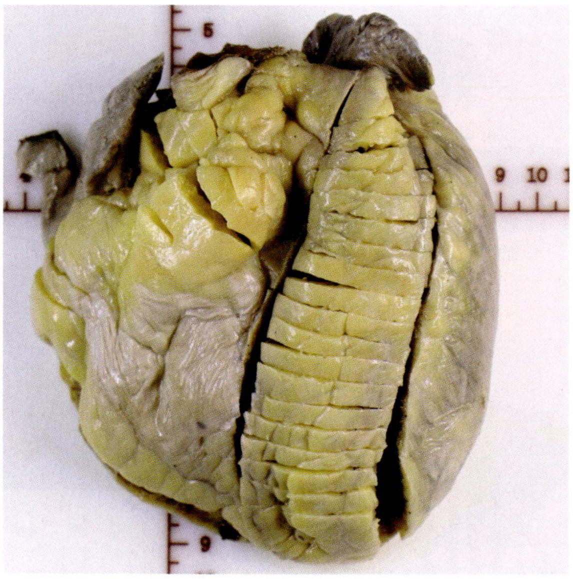

图 4-49 冠状动脉原位检查法

冠状动脉粥样硬化斑块病变是冠状动脉最常见的病变，占95%～99%，检验时要注意观察斑块的位置、形态、颜色等特征。粥样斑块多位于管腔的心肌侧，呈新月形，使管腔呈偏心性狭窄。纤维性斑块外观呈瓷白色，而粥样斑块则呈灰黄色，见图 4-50。继发斑块内出血者，瓷白色或灰黄色的斑块内常夹杂有暗红色成分，见图 4-51。继发血栓栓塞或血栓形成者，管腔可因此完全堵塞，内见暗红色或暗红色与灰白色混杂分布的血栓，见图 4-52。继发斑块内钙化者，横切时阻力增大，沙砾感明显。

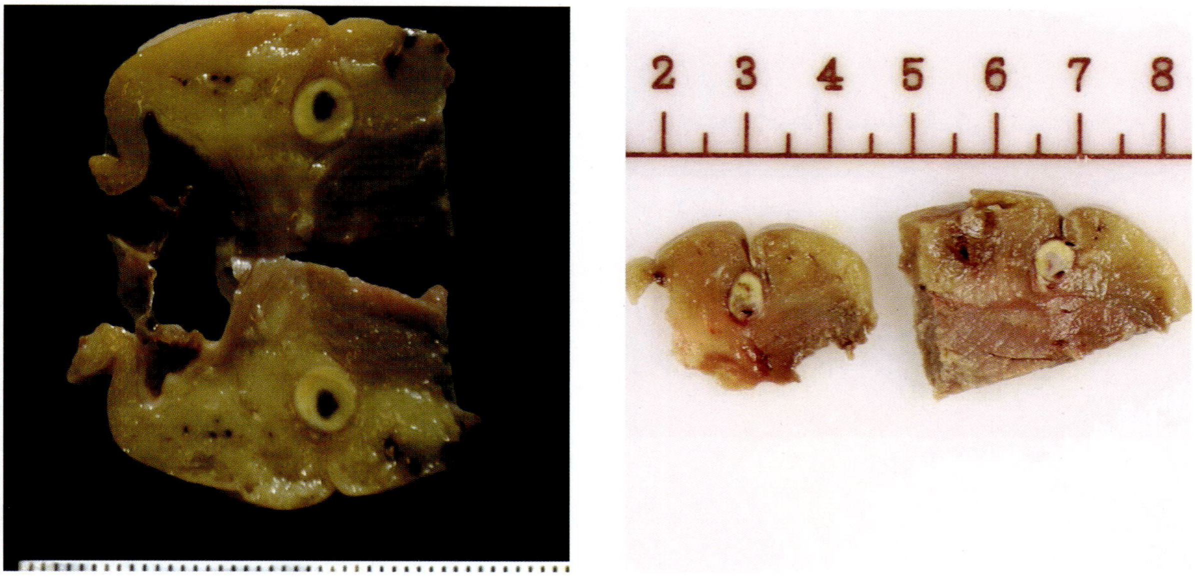

A　　　　B

图 4-50　粥样斑块

A：Ⅲ 级狭窄；B：Ⅳ级狭窄。

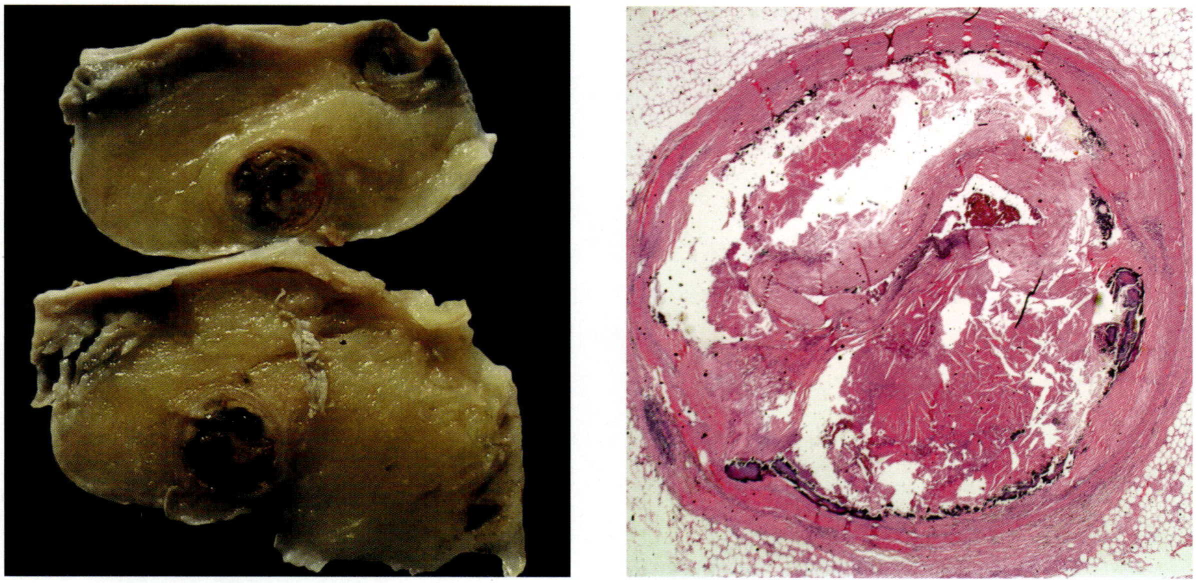

A　　　　B

图 4-51　继发斑块破裂出血

A：大体观；B：镜下观。

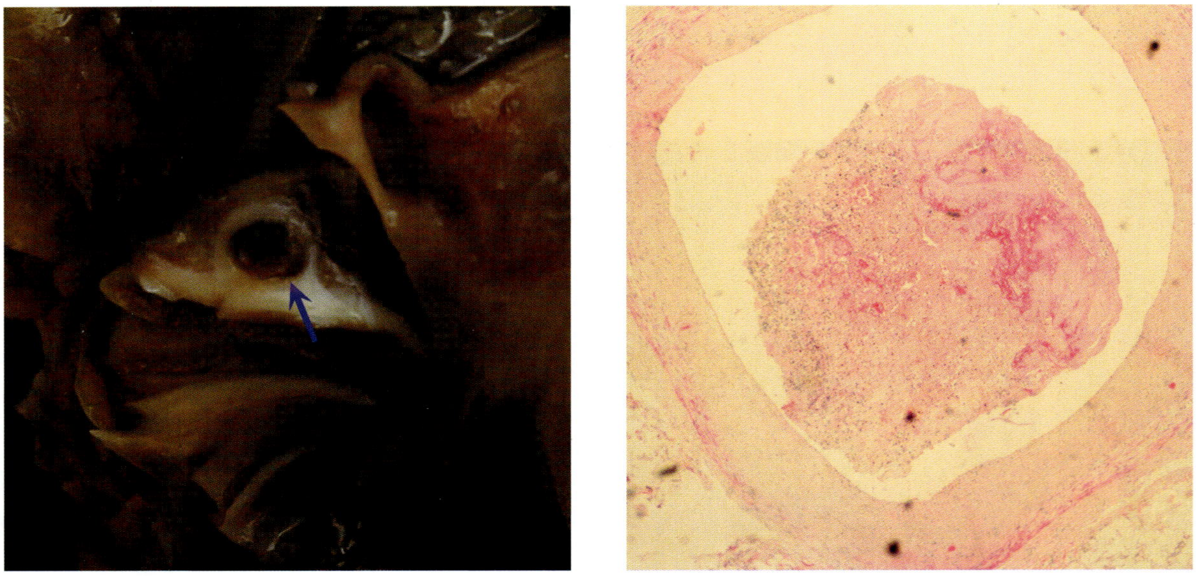

A　　B

图 4-52　冠状动脉血栓栓塞

A：大体观；B：镜下观。

粥样硬化斑块的检出率，以左前降支最高，其余依次为右冠状动脉、左主干和左旋支。大支多于小支，同一支的近端重于远端，主要累及行走于心肌表面的一段，进入心肌的部分很少受累，且于分支口处较重。

2. 游离检查法

游离检查法是先将冠状动脉四主干沿其走向从前室间沟、冠状沟内游离出来后再进行检查的方法。游离检查法主要适用于以下 3 种情况。

（1）冠状动脉严重钙化者：严重钙化时阻力明显增大，强行横切时容易造成斑块人为破裂，导致误诊。此时需要将冠状动脉游离出来进行脱钙处理后再按照上述方法进行检查，脱钙的具体方法详见第二章。

（2）冠状动脉内有支架者：随着医疗水平的进步，冠状动脉血管成形术是治疗冠状动脉主要分支局限性狭窄、改善心肌血液供应的一种常用方法，在尸检中也经常会遇到放有金属支架的心标本，见图 4-53。因内有金属异物的存在，不能在原位进行常规检查、取材，此时可将该主干游离出来后用眼科剪或小号刀片，沿血管的走向剪开或剖开该段冠状动脉，直接观察金属支架及局部冠脉管壁（尤其是支架两端的部位）有无异常，待取出支架后再行常规检查。

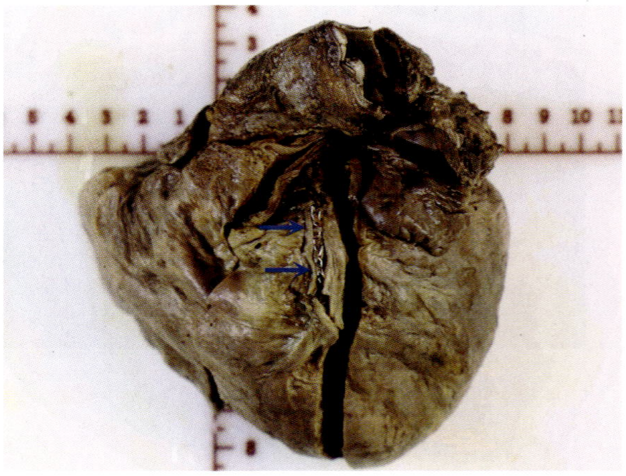

图 4-53　左前降支内金属支架

（3）剪开心的方法对冠状动脉破坏较大者：部分心的剪开方法，如横切法和纵切法，对冠状动脉的破坏较大，可以在剪开心之前游离出冠状动脉主干。

游离检查法可以将同一主干的多个切面置于同一个包埋盒内包埋，便于了解同一主干的整体情况，但对于冠状动脉周围组织毗邻结构的观察不如原位检查法清楚，易遗漏心肌桥等病变。

二、冠状动脉的分布类型

左、右冠状动脉在心胸肋面的分布比较恒定，但在膈面的分布变异较大，根据左、右冠状动脉在心膈面分布情况，将冠状动脉的分布类型分为以下三型。

1. 右优势型

右冠状动脉在膈面除发出后降支外，并有分支分布于左室膈面的部分或全部。这部分人群的右冠状动脉比较粗大、走行较长、分支多，对心的供血范围较大，因此右冠状动脉对这部分人的心肌供血相对重要。

2. 均衡型

左、右心室的膈面分别由本侧的冠状动脉供血，即右冠状动脉发出后降支、左旋支发出左室后支，它们的分布区域不越过房室交界点和后室间沟。这部分人群右冠状动脉和左旋支的供血范围相对均衡，其功能重要性也接近一致。

3. 左优势型

左旋支除发出后降支外，还发出分支供应右室膈面的一部分。这类人的左旋支比较粗大、分支多、走行长，对心的供血范围较大，因此左旋支对此类人的心肌供血相对重要。

据统计，中国人中65.7%为右优势型，5.6%的中国人为左优势型，28.7%的为均衡型。在上述分型中，所谓优势动脉仅指它在心室膈面的分布情况，而非供血量的多少，当然优势动脉（尤其是左优势型）狭窄或闭塞造成的后果要比非优势型动脉更严重。

三、冠状动脉的常见病变

（一）冠状动脉畸形

冠状动脉畸形是一种少见的先天性心血管畸形，它可以不伴有其他先天性心血管畸形而独立存在。先天性冠状动脉畸形包括起始异常、分布异常和终止异常等不同类型。

1. 单支型冠状动脉

单支型冠状动脉是冠状动脉以单一开口起源为整个心供血的冠状动脉类型。根据Lipton等的分型，将单支型冠状动脉分为Ⅰ、Ⅱ、Ⅲ型。Ⅰ型是指单支冠状动脉远段延续为对侧的冠状动脉，为其较大的分支，根据起源于左窦或右窦又分为LⅠ、RⅠ两个亚型。Ⅱ型是指单支冠状动脉自左冠窦或右冠窦发出后，即有较大分支经大动脉根部供应对侧正常冠状动脉分布区。根据分支位于右室圆锥部或肺动脉前（A）、主动脉和肺动脉之间（B）或主动脉根部之后（P），分为LⅡA、LⅡB、LⅡP和RⅡA、RⅡB、RⅡP等几种亚型。Ⅲ型是指单支型冠状动脉起于右冠窦，左旋支及左前降支分别经主动脉后方及前方走行。

2. 开口位置异常

正常情况下，左冠状动脉和右冠状动脉分别开口于主动脉根部的左冠窦和右冠窦内，位置通常位于窦管结合部的下方、主动脉瓣游离缘的上方。开口过高或过低，均应视作异常。开口位于窦管结合部上方者，称为“高位游走”，可因主动脉壁内产生的隧道效应而影响冠状动脉的供血。图4-54中两例均为右冠状动脉开口过高。所谓隧道效应，是指主动脉内的血液高速向前流动，产生向前的势能，冠脉内血液的流向与主动脉内的流向正好相反，如果冠状动脉开口过高，会产生所谓的盗血现象。开口过低者，心室舒张时主动脉瓣瓣膜贴附窦壁，也可能对冠状动脉供血产生不利影响。

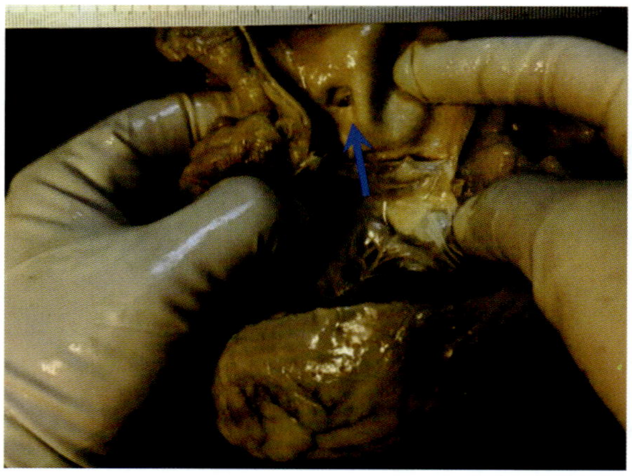

A

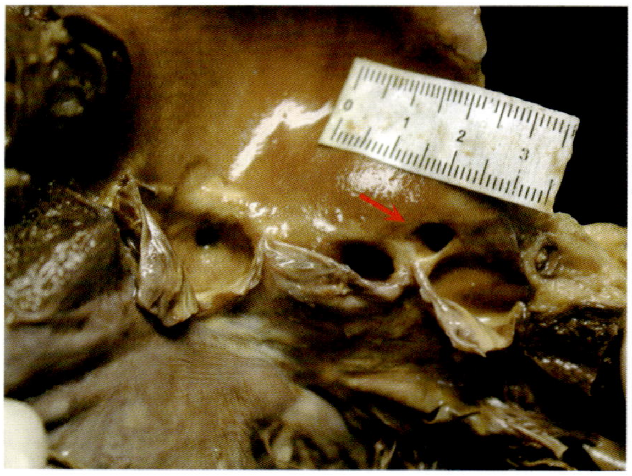

B

图 4-54　冠状动脉开口过高

A：蓝箭头所指处；B：红箭头所指处。

起始异常还包括左或右冠状动脉开口于无冠窦、并行左主干（即左前降支、左旋支分别开口于左冠窦）、右冠状动脉开口于左冠窦、左或右冠状动脉开口于肺动脉、动脉圆锥支直接开口于右冠窦等不同类型。图 4-55 为右冠状动脉开口于左冠窦，图 4-56 为右冠状动脉双开口，图 4-57 为右冠状动脉开口于肺动脉。

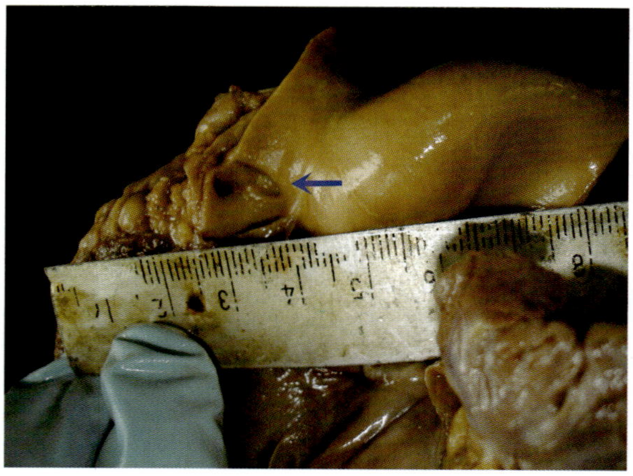

图 4-55　右冠状动脉开口于左冠窦

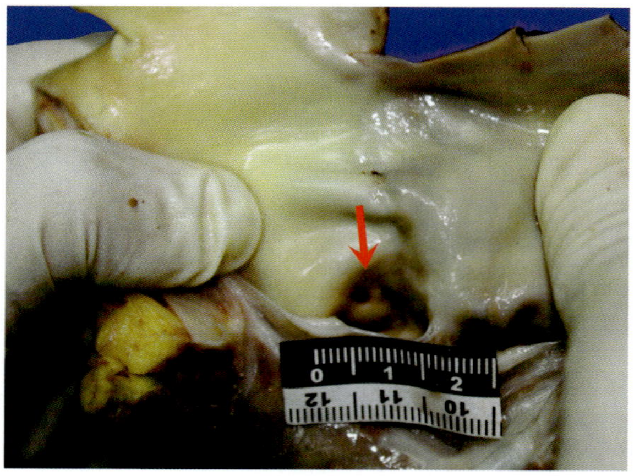

图 4-56　右冠状动脉双开口

起始异常常伴有近段冠状动脉的行走异常，行走于主动脉和肺动脉之间者，易受到两大动脉搏动的挤压，或在贴绕主动脉或肺动脉管壁前行过程中形成多处急转弯而使冠状动脉管腔呈裂隙状，这种改变在运动等情形时随着主动脉、肺动脉血流量增加、扩张，影响会更加明显，可发生心肌梗死、恶性心律失常、猝死等后果。

3. 冠状动脉瘘

冠状动脉瘘是指冠状动脉主干或其分支与某一心腔或其他血管之间存在的异常通道，多为右冠脉-右心系统（右心房、右心室、肺动脉）瘘。右冠脉-右心系统瘘者，出生后因右心系统压力低，可引起异常血管内血液逆流而出现右心系统盗血现象。当冠状动脉瘘分流量较大时，心肌灌注亦减少，可引发相应的心肌缺血症状。

临床上依赖血管造影等检查手段，诊断冠状动脉瘘并不困难，但在心的检查过程中容易遗漏，尤其是一些小的动脉瘘。

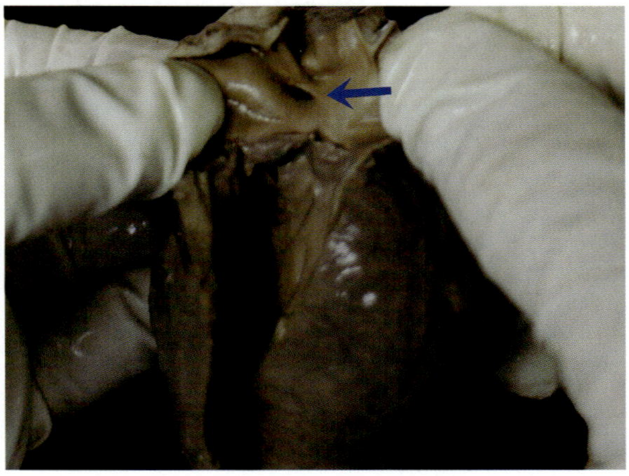

图 4-57　右冠状动脉开口于肺动脉

4. 壁冠状动脉

正常冠状动脉及其分支走行于心外膜下，但有时深入肌层内，在心肌内走行一段后又回到心外膜下，在心肌内走行的这一段动脉称为壁冠状动脉，其表面的心肌称为心肌桥，见图 4-58。

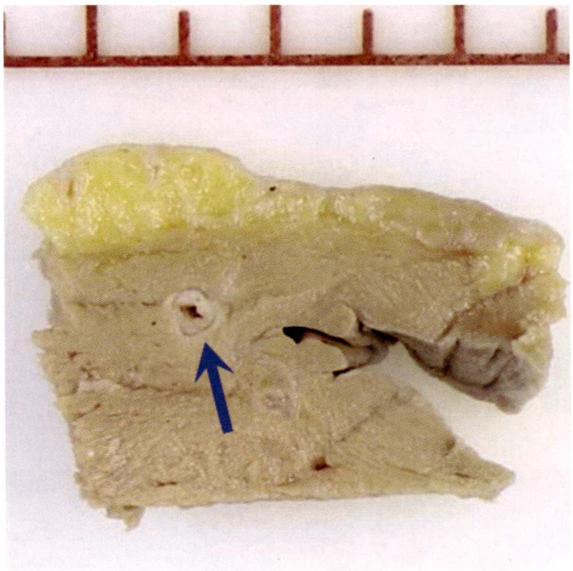

图 4-58　壁冠状动脉（左前降支）

壁冠状动脉是一种先天性冠状动脉发育畸形，多见于左前降支中段，且多位于该支血管的近、中 1/3 之间，心肌桥可单处，也可多处。

根据冠状动脉深入心肌内的程度和其表面心肌桥的厚度，将壁冠状动脉分为“表浅型”和“纵深型”两种。当心收缩时，心肌桥压迫壁冠状动脉使其管腔狭窄，心肌桥越长越厚、心肌纤维与局部冠状动脉成角越大，引起壁冠状动脉的狭窄程度也就越重。表浅型因心肌桥薄且短，对冠脉血流影响较小，多数无心肌缺血症状及相应的心电图改变，而纵深型因心肌桥厚且长，对冠脉血流影响常较大。

在法医病理学实践中，冠状动脉畸形并非罕见，但每种畸形是否会产生严重影响，应具体问题具体分析。有学者根据临床特点将冠状动脉畸形分为良性畸形和潜在危险畸形两种。良性畸形包括并行左主干、左旋支缺如或起源于右冠窦或右冠状动脉，冠脉开口过高或过低，左或右冠状动脉开口于无冠窦，冠状动脉间沟通，小的冠状动脉瘘等；潜在危险畸形包括冠状动脉起源于肺动脉，左冠状动脉起源于右冠窦，右冠状动脉起源于左冠窦，单支冠状动脉，大的冠状动脉瘘等。

（二）冠状动脉开口狭窄

正常成年人左冠状动脉开口直径为 4.0～6.0 mm，右冠状动脉开口直径为 3.0～5.5 mm。实践中开口狭窄并非少见，一般认为左冠状动脉开口直径小于 2.5 mm 者为轻度狭窄，小于 2.0 mm 者为中度狭窄，小于 1.5 mm 者为重度狭窄。右冠状动脉开口直径小于 2.0 mm 者为轻度狭窄，小于 1.5 mm 者为中度狭窄，小于 1.0 mm 者为重度狭窄。

引起冠状动脉开口狭窄的原因主要有：①单纯性开口狭窄，多系先天性原因，其特点是开口狭窄，但局部主动脉内膜光滑，无明显病变，见图 4-59A、图 4-59B；②局部粥样硬化性病变，因粥样硬化病变致开口局部主动脉内膜隆起、增厚，使冠脉开口狭窄，见图 4-59C；③局部炎症，如第三期梅毒引发的梅毒性主动脉炎，主动脉内膜表面见弥漫分布的树皮样皱纹，部分伴有冠脉开口狭窄。也有部分案件的冠状动脉开口大小正常，但开口周边的主动脉内膜增生，阻塞开口，也被视为开口狭窄。

冠状动脉开口狭窄可以是左、右冠状动脉同时狭窄，也可以是单纯左侧或右侧狭窄，实践中以单纯左侧开口狭窄多见。

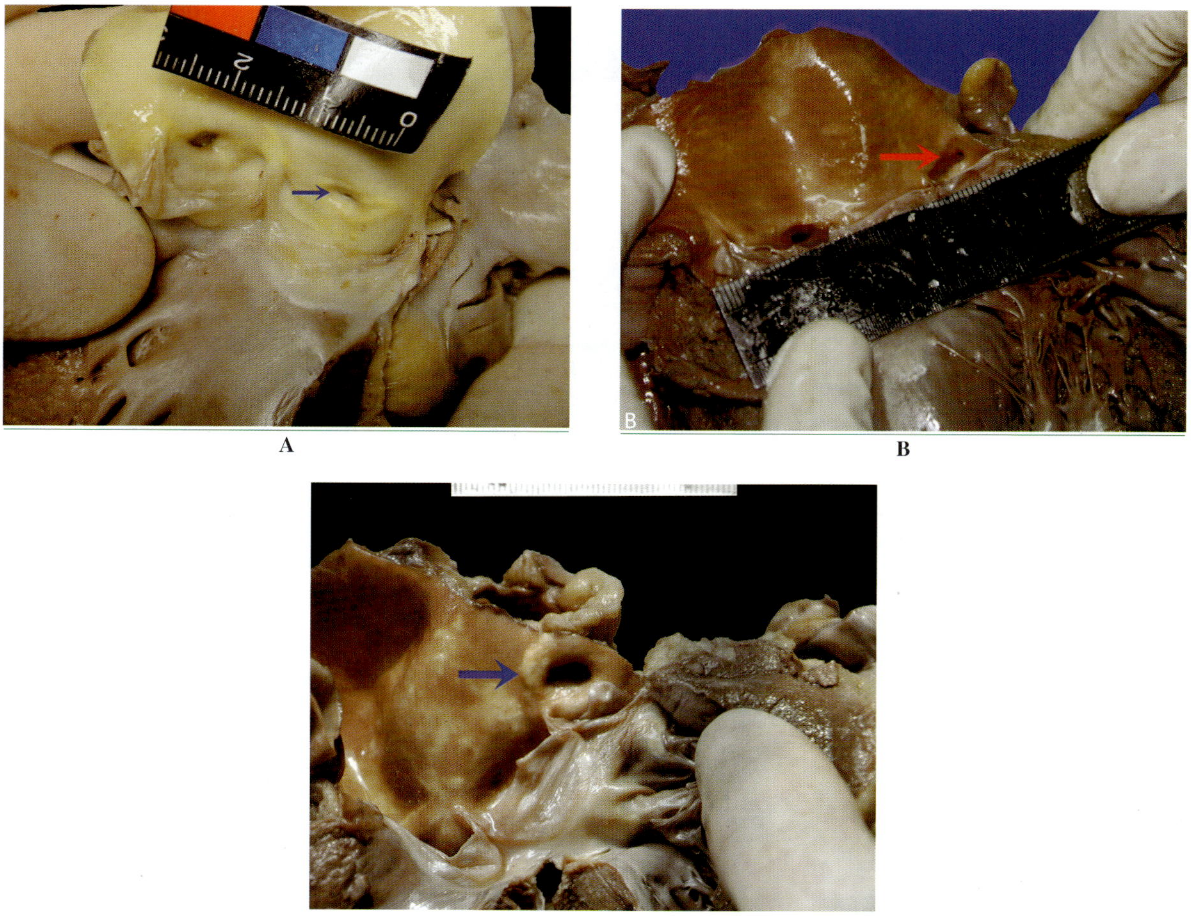

A　　B　　C

图 4-59　冠状动脉开口狭窄

A—B：单纯性右冠状动脉开口狭窄；C：局部粥样硬化性病变致右冠状动脉开口狭窄。

（三）冠状动脉管径过小或异常扩张

正常冠状动脉管径大小，左主干为 4.1～6.0 mm（正常值 2.6～7.0 mm），右冠状动脉为 3.1～5.0 mm（正常值 2.0～6.5 mm）。管径过小或过大皆被视为异常。

1. 冠状动脉细小

冠状动脉细小是指冠状动脉本身无粥样硬化等病变，只是管腔内径较正常人细小的一种先天性改变，严重者管腔呈针尖样大小，除此之外常伴有主干较短。笔者遇到 1 例，死者男性，35 岁，在争吵过程中突然倒地死亡。心重 358 g，右冠状动脉（标尺上方）及左前降支（标尺下方）管径均较正常细小，尤以右冠状动脉明显，见图 4-60（5 个组织块均取材于开口附近）。

2. 冠状动脉瘤

冠状动脉瘤是指冠状动脉发生局部性或弥漫性扩张的一种瘤样改变，管腔超过局部原来直径的两倍以上，呈单发或多发。根据病因又分为先天性冠状动脉瘤和获得性冠状动脉瘤。

先天性冠状动脉瘤者因其冠状动脉壁中层发生变性、坏死，弹力纤维破坏，中层呈节段性缺如，肌纤维发育不良，病变血管不断扩张、变薄而形成动脉瘤，病因尚不完全清楚。笔者遇到 1 例，12 岁男童，因上网与同伴发生争吵后迅速死亡，尸表未见明显损伤，心重 300 g，左旋支弥漫性扩张，扩张最严重处内径达 1.4 cm，管腔内未见血栓，见图 4-61。

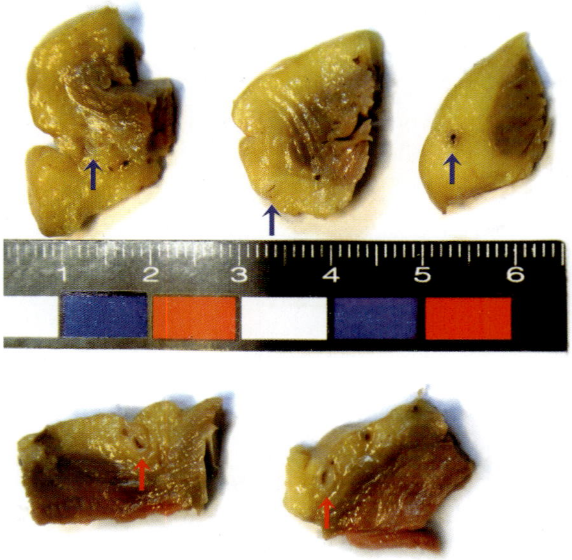

图 4-60　冠状动脉细小

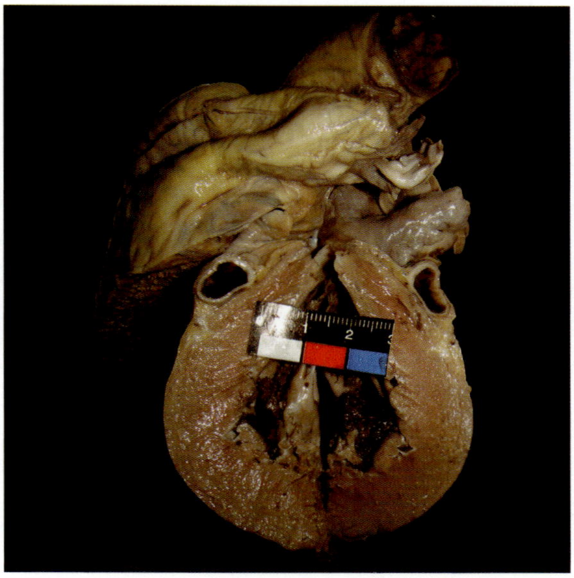

图 4-61　冠状动脉瘤

获得性冠状动脉瘤是继发于其他疾病而引起的冠状动脉异常扩张。常见原因有川崎病、冠状动脉粥样硬化、主动脉瓣上狭窄等。

川崎病也称皮肤黏膜淋巴结综合征，是一种以全身血管炎为主要病理特点的急性发热性出疹性小儿疾病，可并发严重的心血管疾病，主要表现为冠状动脉囊性扩张。

冠状动脉粥样硬化者因内膜脂质沉积，局部血管的营养受到障碍，继而造成管壁内膜撕裂，管壁变性、萎缩、脆弱而形成动脉瘤。

正常情况下，冠状动脉的灌注发生在舒张期，当主动脉瓣上狭窄时，灌注的时相主要发生在心室的收缩期，久而久之易引起冠状动脉被动扩张。

（四）冠状动脉管腔狭窄

冠状动脉管腔狭窄是指各种原因导致的血流通过的有效管腔面积减少，是法医病理学检验中最常遇到的一种冠状动脉病变类型。

1. 致病原因

（1）斑块形成：斑块的形成分为两种情况。一种是含脂质的斑块，为最常见的冠状动脉管腔狭窄原因，其发病机制一般认为是血管内皮细胞因各种原因发生损伤，单核细胞黏附于内皮细胞表面并迁移至内皮下，吞噬沉积于内皮下的脂质形成单核源性泡沫细胞，同时中膜的平滑肌细胞增生并迁入内膜，也吞噬脂质转化为肌源性泡沫细胞，随后泡沫细胞发生坏死，大量的脂质特别是胆固醇存在于基质中，使血管内膜增厚并硬化。

另一种是不含脂质的斑块，指冠状动脉斑块内不含脂质，也没有吞噬脂质的巨噬细胞参与，仅因血管平滑肌细胞增生导致冠状动脉局部或弥散性的狭窄。增生的平滑肌细胞呈特征性的旋涡状排列，伴有多量结缔组织黏蛋白及蛋白多糖。这种病变多见于年轻妇女，吸烟已被认定为致病因素之一。

（2）栓塞或血栓形成：身体其他部位形成的栓子随血液流动至冠状动脉时可引起冠状动脉栓塞，冠状动脉内的斑块如发生破裂，其内的粥样坏死物质进入管腔将导致其下游栓塞。冠状动脉粥样硬化病变可致内膜受损，容易在局部形成附壁血栓。

（3）其他原因：冠状动脉炎症（风湿性、梅毒性和血管闭塞性脉管炎等）、结缔组织病、冠状动脉夹层（图 4-62）等均可导致冠状动脉管腔狭窄。

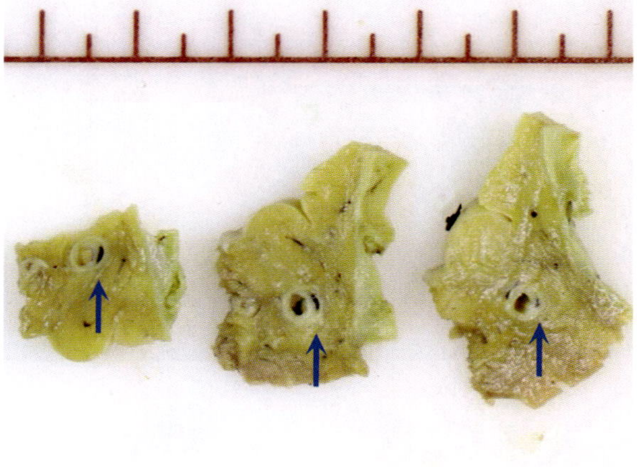

图 4-62　冠状动脉夹层

2. 程度分级

冠状动脉狭窄程度，一般以肉眼观察、判断为主，但所切截面是否与其纵轴垂直也会影响肉眼判断结果。冠状动脉狭窄程度（N）等于管腔残留面积与管腔正常面积之比，通常分 4 级：N≤25%者为Ⅰ级狭窄，25%<N≤50%者为Ⅱ级狭窄，50%<N≤75%者为Ⅲ级狭窄，N>75%者为Ⅳ级狭窄。四分法较简明，方便肉眼判断，实践中还可以利用数码技术结合一些软件计算出管腔狭窄的具体百分比。

3. 狭窄定位

冠状动脉管腔狭窄的位置越接近开口处，对心的影响越大，因此常需要对狭窄部位进行定位描述。实践中一般采用以下两种方法：一是以测量狭窄处距冠脉开口处（或左前降支和左旋支分支处）的距离来定位，如左前降支距冠脉开口（或分支口）6.0 cm 处见一Ⅲ级斑块。二是通过冠状动脉分段来定位。左前降支分为近段（左前降支起始段至第一对角支或室间隔支发出处）、中段（第一对角支或室间隔支发出处至左前降支动脉转角处）和远段（左前降支动脉转角处以下）三部分，左旋支分为近段（开口至第一钝缘支发出处）和远段（第一钝缘支发出处以下）两部分，右冠状动脉分为近段（开口至第一右室支发出处或右冠状动脉的第一个弯曲部）、中段（第一右室支发出处至锐缘支发出处）和远段（锐缘支发出处至后降支）三部分。

拓展学习 9 美国心脏学会关于动脉粥样硬化的分型

在 20 世纪 90 年代，美国心脏学会动脉粥样硬化血管病变委员会提出根据病变进展将动脉粥样硬化病变分为Ⅰ、Ⅱ、Ⅲ、Ⅳ、Ⅴ、Ⅵ型，根据稳定性将斑块又分为稳定型斑块和不稳定型斑块，现简介如下。

一、按病变进展分型

1. Ⅰ型病变

又称初始病变，指仅能在显微镜下或用化学法才能检测到的动脉内膜脂质沉积及由此引起的细胞反应。镜下可在动脉内膜处见孤立或散在分布的泡沫细胞。Ⅰ型病变常见于婴儿和儿童，在成人可见于不易发生动脉粥样硬化的动脉部位。

2. Ⅱ型病变

又称脂质条纹，是最早肉眼可见的病变，在动脉内膜表现为黄色条纹、斑纹或斑点，脂质条纹可被苏丹Ⅲ或苏丹Ⅳ染为红色。镜下可见若干层巨噬细胞源性泡沫细胞。脂质主要成分为胆固醇，多位于细胞内，也可见少量的脂质由泡沫细胞释放出，形成细胞外脂滴。Ⅱ型病变表面的内皮细胞变稀薄，排列方向与血流方向相反，说明已有一定程度的内皮细胞损伤，但无大量的内皮细胞坏死，也无大面积的内皮破损。

根据是否易进展为Ⅲ型病变又将Ⅱ型病变分为两个亚型，即Ⅱa 型和Ⅱb，其中易进展为Ⅲ型病变的称为易进展型Ⅱ型病变或Ⅱa 型，多位于受血流剪切力作用大的血管部位，例如冠状动脉的左前降支及血管分叉处，不易进展为Ⅲ型病变的称为不易进展型Ⅱ型病变或Ⅱb 型。Ⅱ型病变不会引起临床症状。

3. Ⅲ型病变

又称中间型病变、过渡型病变或粥样瘤前期病变，其形态学特点介于Ⅱ型和Ⅳ型病变之间，特征性的镜下改变是在内膜平滑肌细胞层中间，细胞外脂质滴聚集成散在、孤立的脂质池。Ⅲ型病变可致动脉变形，但也不会引起临床症状。

4. Ⅳ型病变

又称为粥样瘤，属于晚期动脉粥样硬化病变的第一阶段，细胞外脂质增多，由小的、孤立的脂质池聚集成为脂质核，病变表面逐渐有结缔组织（主要是胶原纤维）增生形成纤维帽。此时动脉内膜的完整性遭到破坏，动脉壁变形。

5. Ⅴ型病变

又称纤维粥样瘤，因有增多的平滑肌细胞和大量新生成的纤维结缔组织，使纤维帽明显增厚，形成肉眼可见的突入管腔的白色斑块。Ⅴ型病变中纤维组织明显增生的称为Ⅴa 型病变，脂质核或其他部位有明显钙化，称为Ⅴb 型，无脂质核或仅含少量脂质，称为Ⅴc 型病变。此型病变与Ⅳ病变相比，管腔更狭窄，病变可能进一步出现裂隙、血肿和（或）血栓形成而引发临床事件。

6. Ⅵ型病变

在Ⅴ型病变的基础上出现一个或多个继发性病变的为Ⅵ型病变，又称有继发病变的病变，常见的继发性病变有斑块表面破裂、血肿（或出血）和血栓形成，其中继发斑块表面破裂的为Ⅵa 型，继发斑块内血肿（或出血）的为Ⅵb 型，继发血栓形成的病变为Ⅵc 型，3 种病变均存在的为Ⅵabc 型。Ⅵ型病变是动脉粥样硬化引起临床事件和死亡的主要原因。

二、按病变危害性分型

传统观点认为，粥样斑块的大小、管腔狭窄程度是引起组织器官供血不足的主要因素，但近些年来发现随着粥样斑块增大，动脉壁出现适应性重塑或代偿性扩大，一个体积较大的稳定性斑块可以多年不引起临床事件，而一个体积不大的不稳定斑块（因其易形成血栓）则可引起严重的临床事件。

1. 稳定型斑块

稳定型斑块的形态学特点有：①细胞外脂质核体积相对小；②纤维帽厚而均匀，局部有较多的胶原成分和平滑肌细胞，而巨噬细胞较少。

2. 不稳定型斑块

不稳定型斑块的形态学特点有：①细胞外脂质核体积大；②纤维帽薄而不均匀，胶原含量和平滑肌细胞数量减少，局部有慢性炎性细胞，新生血管增多；③斑块内膜表面可有不同程度的糜烂、剥脱、裂缝和溃疡，最小的溃疡是在镜下看到内皮细胞层局部丧失，深的溃疡可以看到脂质核，以致有脂质释放出来，形成血栓和血肿；④严重时斑块在纤维帽最薄和泡沫细胞浸润最多的“肩部”破裂。斑块破裂伴有斑块表面血栓形成是不稳定型心绞痛、心肌梗死和猝死的主要原因。

因此我们在进行法医学死因分析时，不仅要关注冠状动脉的狭窄程度，还要关注斑块的稳定性。

拓展学习 10　冠状动脉痉挛

冠状动脉痉挛是指由于各种原因引起的节段性、弥漫性、可塑性的冠状动脉平滑肌痉挛收缩，使冠状动脉血流量下降而导致的一种心缺血综合征。痉挛可发生在冠状动脉的任何一个分支，可表现为一支或多个分支同时受累，冠脉本身有无病变均可发生，但存在粥样硬化、血栓形成或冠状动脉炎等病变的冠状动脉更易发生，其后果是使原本存在狭窄的冠状动脉更加狭窄，甚至由部分阻塞变成完全堵塞。

研究表明，冠状动脉痉挛本质上是一种异常的血管运动神经反应，其发病机制一般认为与血管内皮功能紊乱、血管平滑肌收缩反应性增强、自主神经功能紊乱、局部炎症等因素有关，是多种因素综合作用的结果。如过度兴奋、紧张、焦虑、惊恐、哀痛、寒冷刺激、剧烈运动等，或大量吸烟或酗酒，均可通过上述因素诱发冠状动脉痉挛。

冠状动脉痉挛分为一过性痉挛和持续性痉挛。一过性痉挛者，可无明显的形态学改变。持续痉挛者，心肌和脂肪组织内小动脉壁可见急性血浆浸润、小血管周围水肿、冠状动脉粥样斑块破裂出血、冠状动脉滋养血管麻痹性扩张淤血及局部漏出性出血等形态学改变。

在法医实践中，遇到有急性循环衰竭征象、心肌存在早期缺血改变（如心肌波浪样变性、收缩带样坏死等）、心肌间小动脉管壁急性血浆浸润及血管周围水肿者，即使冠状动脉狭窄程度不重（如狭窄程度在Ⅱ级以下），也要考虑合并存在冠状动脉痉挛导致死亡的可能。

第七节　主动脉的检查

一、主动脉的解剖学基础

主动脉为体循环的主干，主要靠主动脉窦、主动脉韧带和膈肌维系于胸腔内，腹主动脉相对游离。

根据行程将主动脉分为升主动脉、主动脉弓和降主动脉三部。升主动脉自左心室起始后，于肺动脉干和上腔静脉之间向右前上方行走，至右侧第二胸肋关节后方移行为主动脉弓，左冠状动脉和右冠状动脉分别开口其根部的左冠窦和右冠窦。主动脉弓呈弓形弯向左后方，在其凸侧自右至左向上发出头臂干、左颈总动脉和左锁骨下动脉，其中头臂干向右上方行至右胸锁关节后方分为右颈总动脉和右锁骨下动脉。主动脉弓至第四胸椎下缘移行为降主动脉，降主动脉以膈主动脉裂孔为界分为胸主动脉和腹主动脉，腹主动脉在第四腰椎下缘水平处分为左、右髂总动脉。图 4-63 为主动脉解剖图。

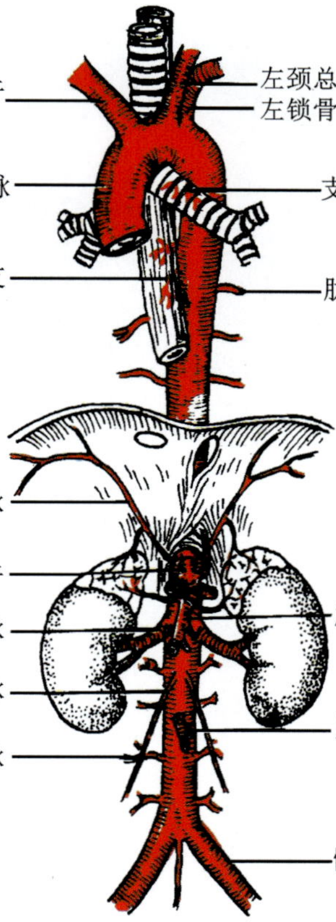

图 4-63 主动脉解剖图

主动脉为弹性大动脉，富有弹性是由于其管壁由多层弹性膜和大量弹性纤维构成，平滑肌较少。主动脉管壁从内到外分为内膜、中膜和外膜三层。内膜有较厚的内皮下层，内皮下层之外为多层弹性膜组成的内弹性膜。成人主动脉中膜有 40～70 层有弹性纤维相连的弹性膜，弹性膜之间有环形平滑肌和少量胶原纤维、弹性纤维。外膜较薄，没有明显的外弹力膜，逐渐移行为周围的疏松结缔组织。

正常主动脉的周径，升主动脉处（心上部）为 7.4 cm 左右，主动脉降部处为 4.6～6.0 cm，腹主动脉处为 3.5～4.5 cm。

二、主动脉的剪开

一般沿长轴剪开主动脉，因其弯曲度较大，检查时动作应轻柔，避免因过度翻转而造成人为的内膜损伤，尤其是存在粥样硬化病变时。对于固定后的或弹性较差的主动脉，建议沿左右两侧剪开，将主动脉分成前后两半。部分夹层动脉瘤者，也可以沿主动脉长轴每隔 3～5 cm 间距横断面切开主动脉，这样可以方便地观察到完整的假血管腔（图 4-64）。

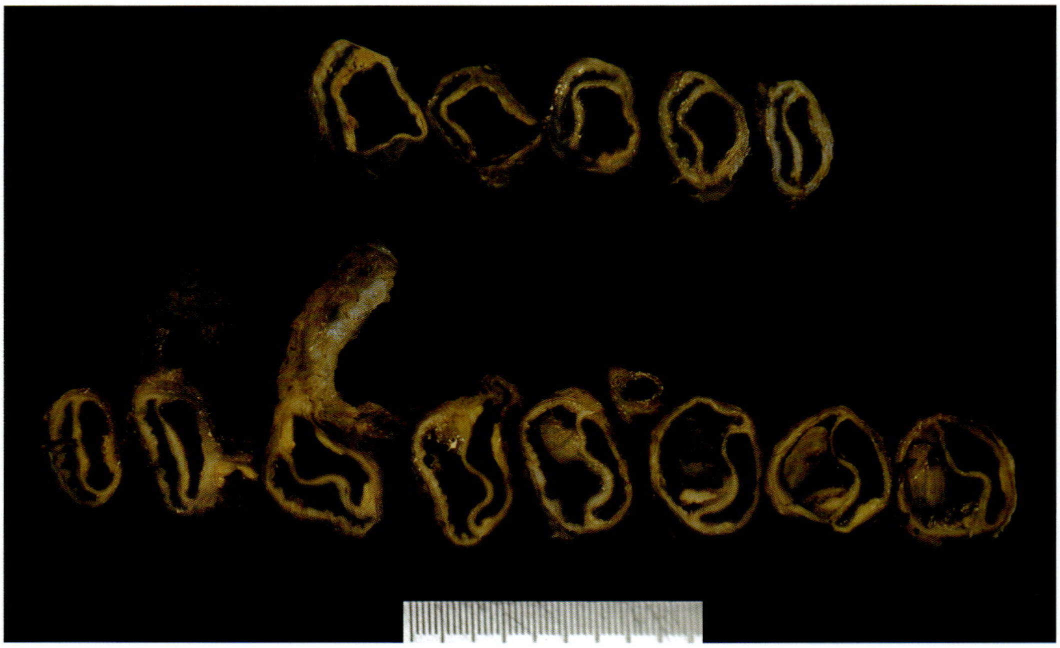

图 4-64 主动脉的剪开

三、主动脉的检查

（一）主动脉损伤

1. 损伤机制

闭合性主动脉损伤常见于交通事故、高坠及挤压等情形，损伤机制与闭合性心损伤类似。开放性主动脉损伤常见于刺切、枪弹穿透及爆炸等情形。

2. 好发部位

主动脉的损伤好发于两个部位：一是降主动脉的起始段，即在锁骨下动脉开口处之下。此处以上有动脉韧带和大动脉将其固定，以下则活动度较大，当人体处于减速运动时，如急刹车、高坠等，主动脉中较为固定部分和较为活动部分的减速程度不一致，引起局部动脉极度扭曲变形，从而导致撕裂。另一处易损伤的部位是升主动脉根部。

3. 损伤类型

根据损伤程度将主动脉损伤分为四型。

Ⅰ型：主动脉内膜撕裂，因有内膜损伤，易形成血栓，伤者可能较早出现脑梗死等动脉栓塞症状。

Ⅱ型：主动脉内膜和中膜撕裂，形成壁间血肿。

Ⅲ型：主动脉三层均破裂，由主动脉周围的结缔组织包裹，形成假性动脉瘤。

Ⅳ型：主动脉全层破裂，引起胸腔、腹腔大出血。

其中前Ⅲ级为限制性出血，第Ⅳ级为非限制性出血，图 4-65 为主动脉损伤类型示意图。

主动脉损伤是危及伤者生命的急危重症，尤其是第Ⅳ级，全层破裂者除极少数因破口较小暂时为血凝块堵塞外，绝大部分因非限制性出血而在短时间内死亡。限制性出血也可在一定的条件下转化为非限制性出血，出现极易引起争议的迟发性破裂，如果死者原本就存在主动脉粥样硬化等病变，鉴定时则更应谨慎。

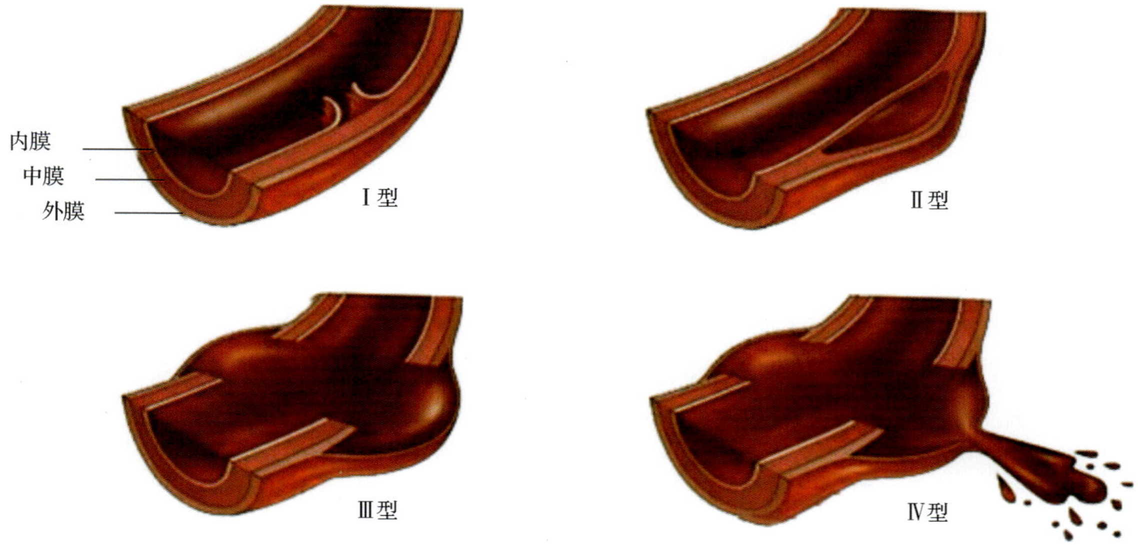

图 4-65　主动脉损伤类型示意图

（二）主动脉粥样硬化

主动脉粥样硬化多见于主动脉的后壁及其分支开口处，可能与这些部位承受血流冲击的力量较大有关。腹主动脉病变常最为严重，其次是降主动脉和主动脉弓。

主动脉粥样硬化的病变与冠状动脉粥样硬化的病变基本类似。肉眼病变早期表现为突出内膜表面、呈黄色的脂纹和脂质斑点，脂纹的长轴一般与主动脉纵轴平行。纤维斑块的颜色从黄色到白色不等，主要取决于斑块内脂质与胶原纤维的比例。晚期病变则较多样、复杂，主要表现为斑块破裂、脱落及局部血栓形成（图 4-66）。

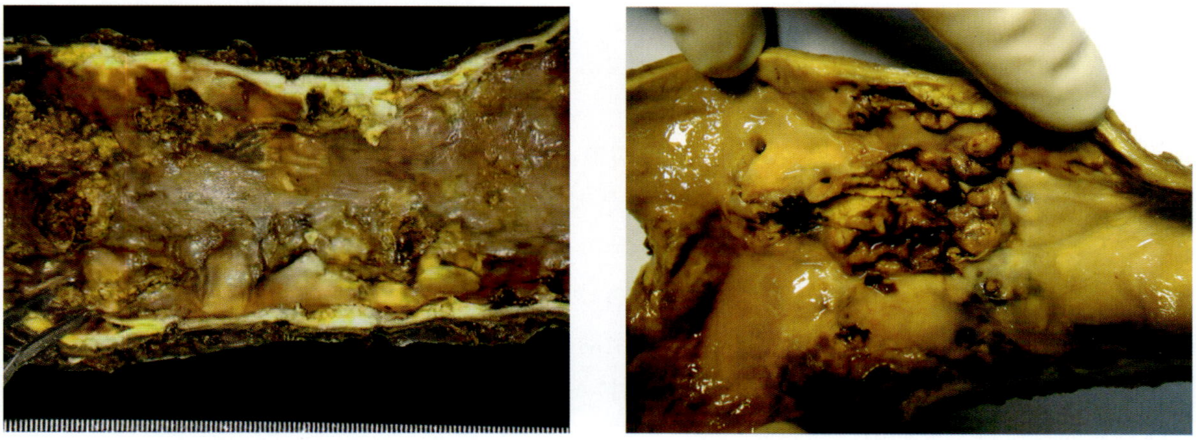

A　B

图 4-66　主动脉粥样硬化

（三）主动脉瘤

主动脉瘤是指各种原因导致的主动脉壁局限性异常扩张或连通于主动脉腔的一种病变。

1. 致病原因

（1）主动脉粥样硬化：为最常见的原因，粥样斑块病变侵蚀主动脉壁，破坏动脉中层，弹力纤维发生退行性病变，加之管壁因粥样硬化而增厚，滋养血管受压而发生营养障碍，或者滋养血管破裂致中层积血，多见于腹主动脉段，尤其在肾动脉开口至髂动脉分叉处。

（2）感染：如梅毒性主动脉炎，由于主动脉外膜滋养血管闭塞性内膜炎，导致中膜弹力纤维和平滑肌发生缺血和退行性变，主动脉可呈梭形或囊状扩张而形成动脉瘤，多见于升主动脉和主动脉弓段。

（3）胶原合成障碍：由于胶原合成障碍，细胞外结缔组织（主要是胶原纤维和弹力纤维）合成异常，导致主动脉中层囊性坏死，多见于升主动脉，比较典型的是马凡氏综合征。

马凡氏综合征是常染色体显性遗传性结缔组织疾病，主要与编码细胞外基质蛋白原纤维蛋白-1（FBN1）的基因突变有关。其病理变化主要有 3 个方面：一是心血管病变。主动脉囊性动脉瘤、剥离性主动脉瘤（一般在中层内 1/3 与外 2/3 交界处剥离，形成管套，也称夹层动脉瘤）及二尖瓣脱垂是马凡氏综合征的 3 种心血管病变类型；二是眼部病变，由于眼晶状体结缔组织软弱无力，出现晶状体脱位、异位等，患者高度近视，晚期几乎都发生白内障；三是骨骼异常，为本病较为显著的特征，典型者身材高，四肢细长，特别是前臂和大腿。手指和脚趾特别长，呈蜘蛛样。由于身体各部纵向生长过度，因而出现长头和窄面（俗称马面脸）、驼背、脊柱侧弯、鸡胸、扁平足等。

马凡氏综合征目前尚无特效治疗，病变发展速度个体差异很大，但总体看预后险恶，有 1/3 的马凡氏综合征病人死于 32 岁以前，2/3 的死于 50 岁左右。死亡原因主要是心血管病变，其中绝大多数为主动脉瘤破裂，且多表现为猝死，易引起纠纷。

（4）外伤：如前所述的Ⅱ型、Ⅲ型主动脉损伤均可形成创伤性或假性动脉瘤。

2. 病理类型

通常按动脉瘤壁的结构，将主动脉瘤分为 3 种类型。

（1）真性主动脉瘤：动脉瘤瘤壁由血管壁中的内、中、外膜三层组织构成，仅局部因薄弱发生异常扩张。

（2）假性主动脉瘤：血液从主动脉壁破裂处溢出，在局部形成较大血肿，血块及其机化物等与主动脉壁一起构成瘤壁。

（3）夹层动脉瘤：夹层动脉瘤的形成方式有两种：一是由于主动脉内膜的固有病变形成内膜裂口，血液经裂口撕开管壁并注入主动脉中膜层内。二是因主动脉中膜退变坏死、中膜滋养血管破裂出血，主动脉中膜沿变性坏死处撕裂开，形成夹层性血肿（也称壁间血肿）或套管样假血管腔，此时局部内膜没有破口。如果假血管腔下游内膜发生第 2 个裂口，则再次与血管相通。病程长者，血肿机化，假血管腔衬覆内皮细胞，形成管外之管，此时并非主动脉壁扩张，有别于传统意义的动脉瘤，故不少学者主张用“主动脉夹层”一词较为恰当。图 4-67 中 A 为腹主动脉夹层，B 是主动脉根部夹层，▲处为夹层内形成的凝血块，★处为主动脉腔。C、D 为主动脉夹层破入心包腔内，因出血缓慢，血液凝固并机化。E、F 为主动脉夹层并主动脉覆膜支架植入术后。

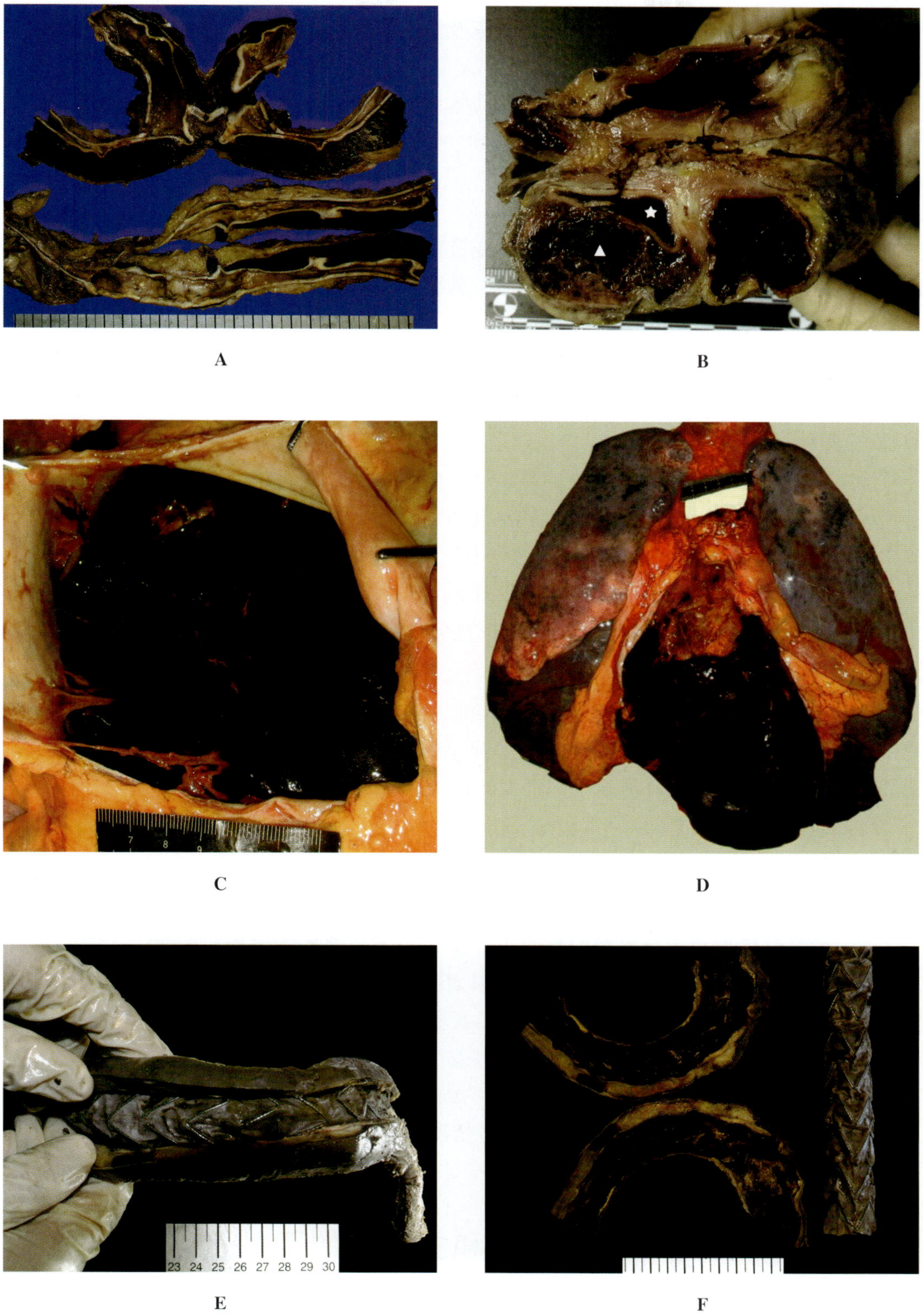

图 4-67　主动脉夹层

A：腹主动脉夹层；B：主动脉根部夹层；C—D：夹层破入心包、血肿机化；E—F：主动脉夹层并主动脉覆膜支架植入术后。

主动脉夹层根据夹层病变的范围有 Debakey 分型和 Stanford 分型两种分型方法。

Debakey 分型将主动脉夹层分为三型，Ⅰ型：病变起源于升主动脉并累及腹主动脉；Ⅱ型：病变局限于升主动脉；Ⅲ型：病变起源于胸降主动脉，向下未累及腹主动脉者称为ⅢA，累及腹主动脉者称ⅢB。

Stanford 分型将主动脉夹层分为 A、B 两型，A 型：无论夹层病变起源于哪一部位，只要累及升主动脉者称为 A 型；B 型：夹层病变起源于胸降主动脉且未累及升主动脉者称为 B 型。

Stanford A 型相当于 DebakeyⅠ型和Ⅱ型，Stanford B 型相当于 DebakeyⅢ型，两种分类方法相比，Stanford 分型更为简捷、实用。

3. 检查要点

检查时要注意确定主动脉瘤的病变部位、病变范围和病变类型。主动脉瘤最严重的并发症为动脉瘤破裂而引起的致死性大出血，表现为心包积血、胸腔积血及腹腔积血等。对于破裂者尤其是主动脉夹层破裂者，除了要确定内破裂口和外破裂口的位置，还要确定有无累及主动脉主要分支，因其可导致受累靶器官缺血而产生严重后果，如累及冠状动脉开口可导致急性心肌缺血，累及头臂干、左颈总动脉可导致脑梗死，累及肾动脉可导致肾梗死或肾缺血性高血压，累及髂动脉可导致急性下肢缺血等。

（四）主动脉缩窄

主动脉缩窄是指主动脉发生节段性或长管状缩窄的一种病理改变，缩窄的部位可发生于主动脉全段，最常发生于动脉导管或动脉韧带与主动脉连接的相邻部位，严重的缩窄可使主动脉腔完全闭锁不通，造成“主动脉离断”。缩窄节段后的主动脉常有扩张，严重者可形成动脉瘤。

主动脉缩窄绝大部分为一种先天性异常，男性多于女性，大多伴有二叶式主动脉瓣、锁骨下动脉狭窄、动脉导管未闭等其他先天性心血管畸形，少部分可因主动脉炎症引起。

（五）主动脉环扩张

主动脉环扩张的形成机制是各种原因导致主动脉根部动脉中层弹性减弱、收缩力下降，在收缩期局部血流长期冲击下，引起主动脉根部及升主动脉起始部发生扩张、松弛，病理表现为升主动脉根部对称性梭形扩张、膨大，主动脉环亦呈不同程度的扩张。

（六）主动脉窦瘤

主动脉窦瘤是主动脉窦动脉瘤的简称，为窦壁局部变薄、向外扩张而形成的一种囊袋状突起。主动脉窦瘤的形成，除了局部高压血流长期冲击外，还与一些先天性和后天性的因素有关，其中先天性因素占大多数，包括胚胎期主动脉根部中层弹力纤维与主动脉瓣环连接发生障碍、主动脉瓣环本身发育缺陷及托垫窦壁外的肌组织发育不良等。后天因素仅占少部分，如梅毒性主动脉炎、感染性心内膜炎、动脉粥样硬化、主动脉夹层及主动脉损伤等因素导致的窦壁组织破坏。

主动脉窦瘤男性多于女性，3 个主动脉窦均可发生，以右冠窦最多见，其次是无冠窦，左冠窦少见。瘤壁由主动脉内膜和退化的中膜组成，随着年龄的增长，瘤体逐渐增大，瘤壁逐渐变薄而易于破裂，尤其是在剧烈活动、分娩、外伤、情绪激动等情况下，一旦破裂，病情凶险。

第八节 心和主动脉的取材

一、心肌的取材

非缺血性心脏病案例的取材，一般在左心室前壁、侧壁、后壁各取 1 块，心尖部 1 块，左心室乳头肌 1～2 块，室间隔 1～2 块，右心室 1 块，瓣膜视情况 1～2 块，其中左心室壁应包含有心肌纤维横断面和纵切面两种方向取材，横断面取材时应包含有心外膜层、心肌层和心内膜层。

怀疑缺血性心脏病者，在上述常规取材的基础上，对于病变严重的冠状动脉的供血区域、可疑新鲜或陈旧性心肌梗死处应加大取材密度。推荐采用分区法进行取材，以左心室为例，将左心室壁连同室间隔分成 6 个区域，即左室前壁（图 4-68 中 1）、左室前侧壁（图 4-68 中 2）、左室后侧壁（图 4-68 中 3）、左室后壁（图 4-68 中 4）、室间隔后侧（图 4-68 中 5）和室间隔前侧（图 4-68 中 6），分别取材、标记和包埋，还可以选取多个心横截面进行类似取材，这样能够比较全面地检查是否存在心肌缺血改变，并能对病灶进行定位，更好地为冠心病诊断提供依据。

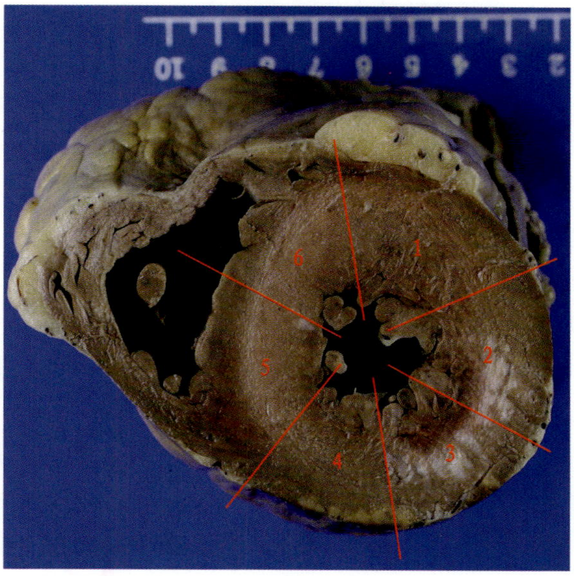

图 4-68　心肌分区取材法

二、冠状动脉的取材

大体检查冠状动脉未见明显异常的，冠状动脉可不单独取材而合并到局部心肌的取材中，如心前壁取材时包含左前降支。

对于大体检查冠状动脉存在狭窄等病变的，应加大取材密度，尤其是狭窄最严重处、可疑斑块破裂处、可疑斑块内出血处、可疑继发栓塞或血栓形成处，都应充分取材。

三、心传导系统的取材

心传导系统的取材大体上分为两步，第一步是在心原位分别切取含有窦房结、房室结、房室束和左右束支的组织块，第二步是根据需要选择纵切法或横切法剪切窦房结和房室结。

（一）窦房结、房室结、房室束和左、右束支的切取

1. 窦房结的切取

首先分辨出上腔静脉、右心房、右心耳嵴等窦房结的几个定位标志，新鲜心标本有时可以在局部表面看到一条沿界沟行走的窦房结动脉。切取时以右心耳嵴为起点，平行于上腔静脉切第一刀，沿界沟下缘 0.3 cm 与其平行切第二刀，与第一刀平行向左后方移动 1.5～2.0 cm 切第三刀，平行第二刀上移 0.7 cm 切第四刀，见图 4-69，切取出一长条状的组织块。

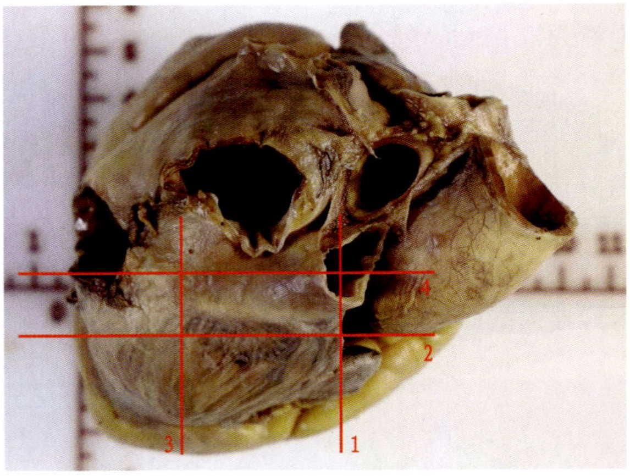

图 4-69　窦房结的切取

2. 房室结的切取

首先分辨出卵圆窝、冠状窦口、室间隔膜部及三尖瓣隔瓣等房室结的几个定位标志，新鲜心标本有时可在局部表面看到房室结动脉。切取时沿室间隔膜部后缘纵切第一刀，沿卵圆窝下缘与室间隔膜部顶端的连线切第二刀，沿冠状窦口下缘与室间隔膜部底部下移 0.5 cm 的连线切第三刀，沿冠状窦口前缘距第一刀 1.2～1.8 cm 并与之平行切第四刀，切取出一类正方形的组织块，见图 4-70 中红线。

3. 房室束及左、右束支的切取

将切取房室结的第一刀向下延长，沿室间隔膜部前缘与第一刀平行切第二刀，平室间隔膜部顶端切第三刀，与第三刀平行下移 1.5～1.8 cm 切第四刀，切取出一宽约 0.5 cm 的长条状组织块。沿中线分成两小块，以靠室间隔膜部后缘为包埋面，按同一方向包埋，见图 4-70 中蓝线。

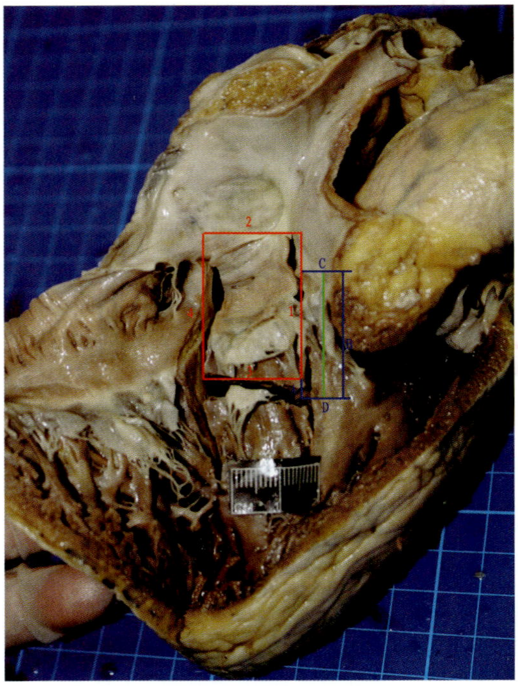

图 4-70　房室结的切取

（二）窦房结和房室结的横切法和纵切法

横切法是沿与窦房结和房室结长轴垂直的方向，将窦房结横断成 7～10 块，房室结横断成 3 块，分别按同一方向包埋。

纵切法是沿与窦房结和房室结长轴平行的方向，将窦房结均分为 2 条，以中线作为包埋面相向包埋，将房室结均分为 3 条，上条以下面作为包埋面，下面两条以中线作为包埋面相向包埋。

图 4-71 为窦房结横切法（蓝线）和纵切法（红线）取材示意图。图 4-72A 为房室结的横切法（红线）、纵切法（蓝线）取材示意图。图 4-72B 中箭头所指区域为房室结，可见房室结动脉。

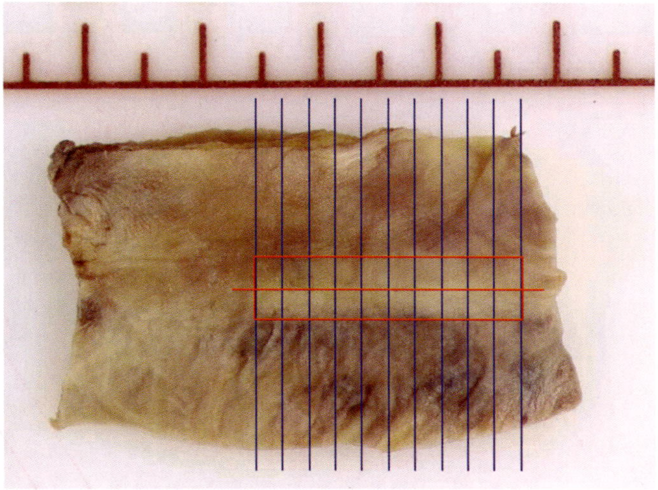

图 4-71　窦房结横切法和纵切法示意图

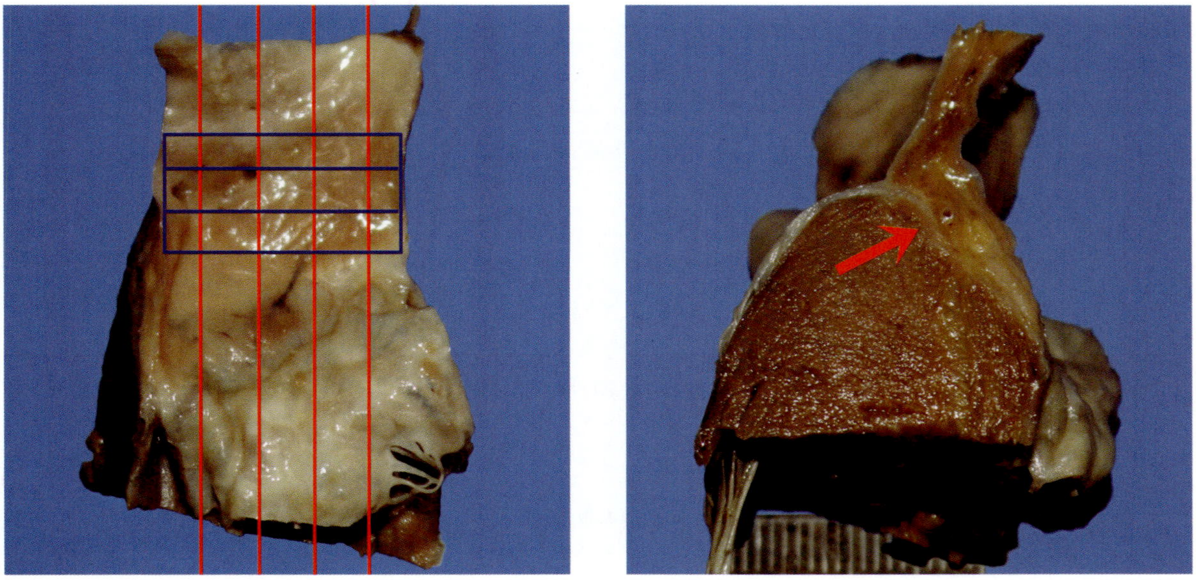

A　　B

图 4-72　房室结横切法和纵切法示意图

A：红线示房室结横切法，蓝线示房室结纵切法；B：箭头所指为房室结动脉。

（三）横切法和纵切法的优缺点

1. 从检查取材的角度来看

横切法比较容易掌握，基本都能切取到窦房结、房室结，比较适合于初学者。而纵切法操作相对复杂，需反复练习方可达到理想效果。

2. 从镜下观察的角度来看

横切法切取的是窦房结和房室结的横断面，镜下观察时，窦房结、房室结与周围界限清楚，容易辨认，其内含有窦房结动脉或房室结动脉的横断面，利于观察血管的病变。

纵切法切取的是窦房结、房室结的纵切面，能够在同一张切片上同时显示窦房结、房室结的头、体、尾三部，能很方便地观察到窦房结、房室结的整体结构，且大部分结细胞显示的是其纵切面，便于观察结细胞的长轴结构，但观察窦房结动脉、房室结动脉不够理想。

四、主动脉的取材

正常情况下一般沿主动脉长轴方向取材1～2块，对于存在动脉瘤、动脉夹层等病变者，要加大取材密度，既要切取破裂处及病变最严重处，也要注意切取病变与正常组织交界部位。

拓展学习 11　心的增龄性改变

我国是老年人口最多和老龄化速度最快的国家之一，衰老是生命的自然规律，其发生机制尚没有完全清楚，目前主要有遗传程序学说、自由基学说、线粒体DNA损伤学说、脂褐素累积学说等。机体的衰老是以细胞衰老为基础的，大量蜕变、废弃的细胞器堆积于细胞内，使正常细胞代谢功能发生停滞和紊乱，越来越多的细胞发生老化、消亡，导致细胞对环境变化适应能力降低和维持细胞内环境能力降低。细胞衰老从形态学上看，主要表现为细胞内水分减少、失去正常形态，细胞膜因磷脂含量降低而变厚，细胞内色素沉积，如脂褐素小体随年龄增长而增多，细胞核固缩，常染色体减少，染色加深，核质比减小等。

心是一个容易衰老的器官，随着年龄的增长，其在大体表现、组织结构等方面会出现一系列增龄性改变，这些改变容易与一般心血管疾病的病变相混淆，在此有必要做一介绍。

一、心大小的增龄性改变

1. 心的重量

大多数器官随着年龄的增长而呈现萎缩性改变，比如随着年龄的增长，脑、肝、肾等器官呈现萎缩趋势，而心是例外的器官。心的重量随生理性血压升高而增加，有资料表明，大约从30岁开始男性每年约增加1 g，女性约增加1.5 g。60岁以上的老年人易发生老年性高血压病，左心室后负荷增加，此时心肌肥大、心壁肥厚、心重量增加将更明显。

2. 心腔的大小

随着年龄增长，心略有缩小，心底与心尖的距离缩短。左、右心室的容积在收缩期和舒张期均有轻度缩小，而心房则相对扩大，左心房可扩大20%，与老年人肺动脉压力升高有关。

二、心肌的增龄性改变

1. 心肌肥大

心肌细胞属于长寿的终末分化细胞，正常心内约有20亿个心肌细胞，出生后其数量一般不再增多。成人随着年龄的增长，心肌细胞将发生一系列衰老变化，数目逐渐减少，并出现代偿性肥大，心肌纤维间的结缔组织增多。近年来的研究发现，正常生理状态下成年心肌细胞的数目可通过心内的心肌干细胞增殖而增加，但这种心肌细胞数目的增加不能抵抗心衰老的进程。心肌肥大、间质纤维组织增多将导致心室壁逐渐增厚，超声心动图检查提示，70～79岁健康老年人左心室后壁厚度较20～29岁青年人增加25%，室间隔也随年龄增长而增厚，有时与肥厚型心肌病类似。

2. 心肌脂褐素沉着

脂褐素是溶酶体对细胞内结构或功能不健全的亚细胞成分进行自体吞噬后不能被完全消化的残余体，包括一些电子密度不等的物质、脂滴、小泡等，呈脂溶性，镜下呈棕色或黄色。脂褐素随年龄增长而积累，进而挤压与破坏细胞器，使细胞萎缩和死亡，广泛存在于心、血管、脑、肝、肾上腺、睾丸等器官组织中。新近研究认为，脂褐素是细胞衰老的基本特征，故又称“老年色素”。

脂褐素沉积是心肌老年性变化的一个常见表现，一般从45岁开始，脂褐素沉积逐渐增多，沉积于细胞核的两极，使心肌色泽呈棕色。脂褐素沉积可引起心肌纤维的蛋白质合成障碍，从而减少心肌纤维内收缩蛋白的补充。

3. 心肌嗜碱性变

心肌嗜碱性变是指心肌胞浆内含有略嗜碱性的糖原产物，在HE染色中嗜碱性物质为均质状，老年人的心肌中经常可见。电镜及组织化学染色证明，心肌内嗜碱性物质和神经系统的淀粉样小体性质相似。

4. 心肌淀粉样变

心肌淀粉样变是淀粉样物质沉积于心肌的一种病变，在65岁以上的老年人心脏中常见，这些淀粉样物质主要是多糖蛋白复合物，开始沉积于毛细血管和小动脉壁，以后逐渐扩展至心肌间质，影响心肌收缩功能，如果累及心传导系统，则可导致难治性心律失常。

三、心内、外膜的增龄性改变

1. 心内膜

心内膜和心瓣膜位于心腔面，因长期受到血流的冲击易发生老年性改变，主要表现为胶原纤维和弹性纤维随年龄增长而增生，钙质沉积随年龄增长而增多，导致心内膜和心瓣膜逐渐增厚、硬化。心内膜呈不均匀的弥散性增厚，表面可出现一层灰白色物质，左心腔较右心腔明显。心瓣膜增厚后，外观呈晦暗不透明，发生钙质沉积者，则瓣叶变硬和钙化，有时呈锯齿状，钙化多见于主动脉瓣和二尖瓣，而三尖瓣和肺动脉瓣则较少发生。

2. 心外膜

随着年龄的增长，心外膜趋于增厚，外观略呈晦暗，心外膜下脂肪组织亦逐渐增多，尤其在大血管根部、左心室和室间沟等处，由此增加了心的负担，外膜下脂肪组织也常发生胶样水肿。

四、心传导系统的增龄性改变

1. 大小的变化

总体来讲，心传导系统的大小存在一个由小到大、再由大变小的变化过程。一般认为，20岁左右后，窦房结、房室结大小几乎恒定，40岁之后，其体积随年龄的增长而逐渐变小。

2. 组织结构的变化

心传导系统的组织结构由特化的心肌细胞如起搏细胞、过渡细胞、浦肯野氏细胞等实质部分和胶原纤维、弹力纤维及脂肪组织等间质部分组成，随着年龄的增长，传导系统内实质成分逐渐减少，而脂肪组织和纤维组织则逐渐增多。

窦房结内的脂肪组织、纤维组织从40岁开始有一定规律的增多，而房室结从30岁开始见脂肪浸润，60 岁以后纤维组织明显增多，但网状纤维则随年龄增长而减少。国内宋一璇、姚青松等学者对230 例人心传导系统间质年龄变化进行统计，并设定间质总面积少于 25%为Ⅰ级，25%～50%为Ⅱ级，50%以上为Ⅲ级，经研究后认为，40 岁之前窦房结、房室结、房室束和左束支无或极轻的纤维化或脂肪浸润，以后每 20 年进 1 级。如果心传导组织内的纤维组织、脂肪组织局限或广泛性增多，程度明显超越其增龄性变化的，称为病理性增多。窦房结的老年性变化影响了兴奋冲动的形成和传导，这是老年人产生窦房结综合征的重要原因。房室结的老年性变化和房室瓣环钙化可引起房室束和左束支起始部扭曲，故老年人容易发生房室传导阻滞。

五、冠状动脉的增龄性改变

冠状动脉的增龄性改变主要表现为内膜结缔组织层随年龄增加逐渐增厚，胶原纤维增多，基质减少，使得内膜呈弥漫一致的增生变厚，偶尔也有局灶性内膜轻微隆起。有学者利用尸检资料研究了人冠状动脉壁组织结构的增龄性变化，发现冠状动脉壁最重要的年龄变化是内膜增厚，而中膜面积占管壁面积的百分比随年龄增长而逐渐减少，显示中膜层呈现萎缩或退化。进一步的研究还发现，冠状动脉内膜的增厚并不均匀，其中心肌侧内膜厚度大于胸壁侧，主要与血流动力学的差异作用有关。

此外，纤维性支架随着年龄的增长可发生不同程度的钙化，甚至骨化，因房室束穿过右纤维三角即中心纤维体，此部位如发生钙化，将产生房室传导阻滞。

第五章 呼吸系统的检查和取材

第一节 呼吸系统的解剖学基础

呼吸系统由上呼吸道、下呼吸道和肺组成，其中上、下呼吸道是传送气体的管道，肺是进行气体交换的器官。

一、呼吸道

呼吸道包括鼻、咽、喉、气管和各级支气管，其中鼻、咽、喉称为上呼吸道，气管、主支气管及肺内的各级支气管称为下呼吸道。因鼻和咽的上部在法医病理学检验中并不常见，此处不做重点介绍。

1. 上呼吸道

咽是呼吸道和消化道的共同通道，上起颅底，下达环状软骨平面下缘，分为鼻咽、口咽和喉咽三部分。口咽为软腭游离缘平面至会厌上缘的部分，前方借咽峡与口腔相通，向下连通咽喉部。喉咽是咽的最下部，稍狭窄，上起自会厌上缘平面，下至环状软骨下缘与食管相续，前通于喉腔。在喉口的两侧各有一深窝称梨状隐窝，常为异物滞留之处。咽黏膜内富有淋巴组织，部分为弥漫性，部分形成淋巴小结，特别发育处形成扁桃体，如腭扁桃体、舌扁桃体、咽扁桃体等，这些淋巴组织位于消化道和呼吸道的入口处，共同组成咽淋巴环，起重要的防御作用。

喉既是呼吸通道，又是发音器官。喉以喉软骨为基础，借关节、韧带和肌肉连接而成。软骨包括不成对的甲状软骨、环状软骨、会厌软骨和成对的杓状软骨等，构成喉的支架。喉腔向上借喉口通喉咽部，向下与气管相通。腔壁覆以黏膜，与咽和气管的黏膜相延续，图 5-1。

2. 下呼吸道

气管是由一串透明软骨环与膜性组织连接而构成的管腔，透明软骨位于外膜和黏膜下层之间，为“马蹄形”的不完整环，占气管前 2/3，后壁为无软骨的坚实膜壁，与食管前壁紧接，由纤维结缔组织和平滑肌构成。气管上起于环状软骨下缘，下达气管隆嵴处，分为左、右主支气管。气管的左右径为 2.0～2.5 cm，前后径为 1.5～2.0 cm。

支气管结构与气管相似，由软骨环、结缔组织与平滑肌组成。成年人右支气管长 2.5～3.0 cm，直径 1.4～2.3 cm，与气管纵轴的延长线成 20°～25°（嵴下角），口径较左支气管粗，是气管的直接延续，进入肺门后形成上、中、下叶支气管。左支气管较右支气管细而长，与气管纵轴延长线约成 45°（嵴下角），成人长约 5 cm，直径 1.0～1.5 cm，进入肺门后分上、下叶支气管。

左、右支气管进入肺门后，如树枝状反复分支，依次分为叶支气管、段支气管、小支气管、细支

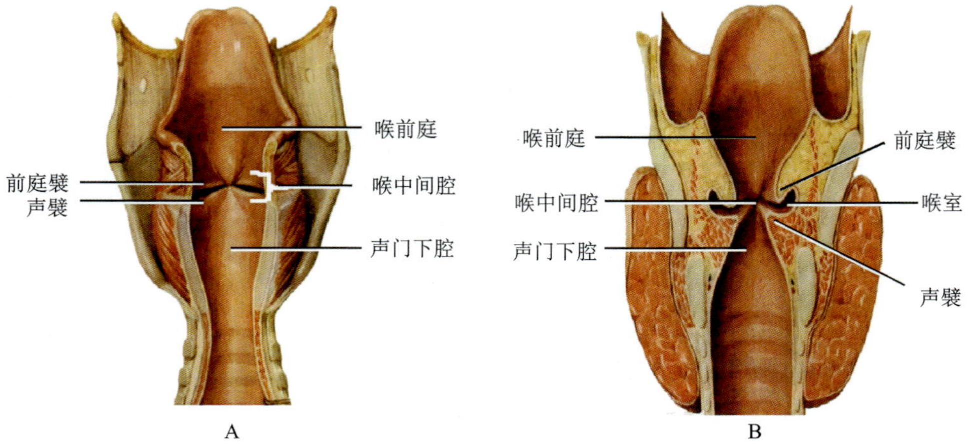

图 5-1 喉腔

A：喉腔后壁剖开的后面观；B：喉腔冠状切的后面观。

气管和终末细支气管，形成支气管树。分支愈细，软骨环数目逐渐减少，软骨环也不完整，管壁平滑肌逐渐增多，见图 5-2。

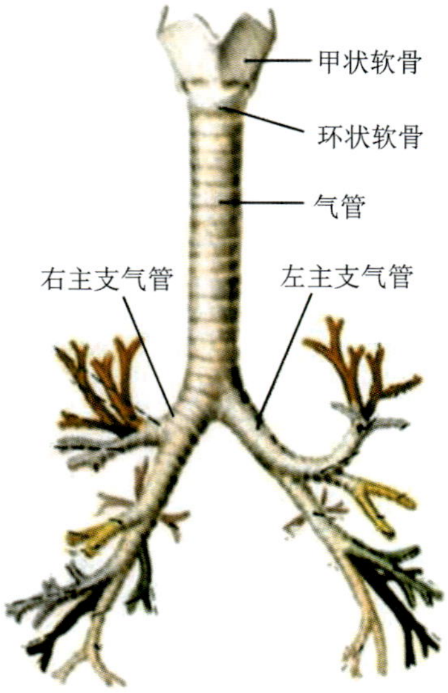

图 5-2 呼吸道

二、肺

肺的外形似圆锥形，上为肺尖，下为肺底。肺的表面分为 3 个面，外侧为肋面，广阔圆凸。内侧面即纵隔面，对向纵隔和脊柱，内侧面中部为肺门，有支气管、肺血管、淋巴管及神经出入，这些结构被结缔组织包裹形成肺根，是维系肺正常解剖位置的重要支点。膈面即肺底，与膈肌毗邻，稍向上凸。上述 3 个面的交界处分别称为肺的前缘、后缘和下缘，前缘和下缘较锐利，后缘较钝圆。左肺以一条斜裂为界分为上、下二叶，右肺以斜裂和水平裂为界分为上、中、下三叶，见图 5-3。

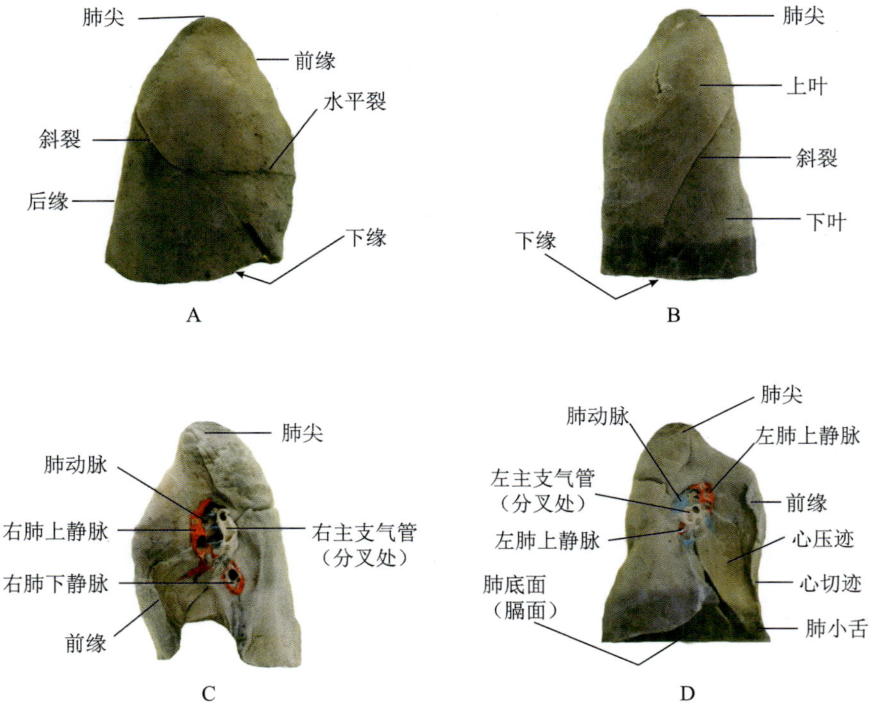

图 5-3 肺的外形

A：右肺肋面；B：左肺肋面；C：右肺内侧面（纵隔面）观；D：左肺内侧面（纵隔面）观。

肺由肺实质和肺间质两部分组成。实质包括上面所述的支气管树和肺泡。肺小叶是肺的基本结构和功能单位，它由直径 1 mm 以下的细支气管及其分支（包括终末细支气管、呼吸性细支气管、肺泡管、肺泡囊）和相连的肺泡组成，形状呈锥形，尖朝向肺门，底向肺表面，每叶肺有 50～80 个肺小叶，小叶之间有结缔组织间隔，见图 5-4。间质包括结缔组织、血管、淋巴管、淋巴结和神经等。

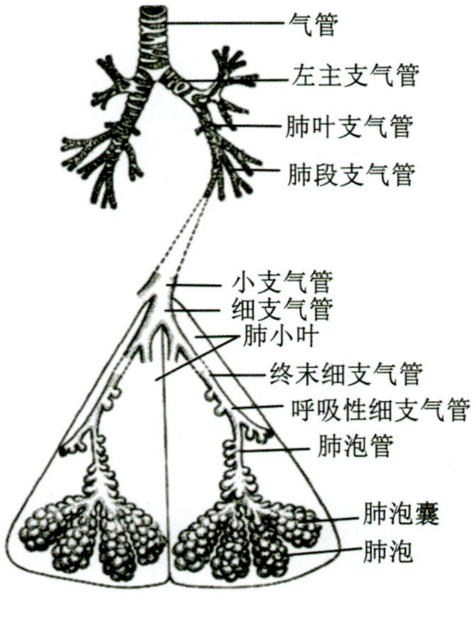

图 5-4 肺小叶

第二节 呼吸道的剪开和检查

一、呼吸道的剪开

完整的呼吸系统解剖摘取应包括咽、喉、气管、支气管及双肺。剪开呼吸道前于气管膜部后侧自上至下尽量以钝性分离的方法分离气管，暴露气管支气管膜部，检查颈部其他器官如甲状腺、甲状旁腺、颈总动脉等有无异常。注意检查舌骨、甲状软骨有无骨折，周围软组织有无出血。

呼吸道的剪开应从其背侧的膜部进行。将呼吸道和肺置于检验台上，背侧面向上，流水冲洗掉附着的凝血块，以气管隆嵴（即气管分叉处）为起点，沿气管、支气管的膜部，向上剪开气管、环状软骨、甲状软骨，向下剪开左、右支气管，如有必要还可进一步剪开叶支气管甚至段支气管，这样可以充分暴露咽腔、喉腔、气管和支气管腔。剪开后不要轻易用流水冲洗，应待仔细观察清楚并拍照完毕后再进行。实际工作中一些法医在尸体原位从呼吸道的前侧切开呼吸道，属于不规范操作。

烧死尸体和溺死尸体，在剪开呼吸道前应清洗干净剪刀等器械，避免将其他异物带入呼吸道内，影响判断。

二、呼吸道的检查

剪开后可将甲状软骨自背部剪开处向前反折、展开，以便充分暴露喉腔。检查时应注意双侧咽扁桃体是否肿大、是否有脓性物质附着，声门襞是否肿胀，气管、支气管管腔有无异常扩张、管壁有无增厚，黏膜是否光滑，有无充血、出血、坏死等改变，图 5-5 为喉头囊肿。气管切开或气管插管（图 5-6）会在气管壁形成一定的损伤，检查时应注意区分。除此之外，还应着重注意以下 3 个方面。

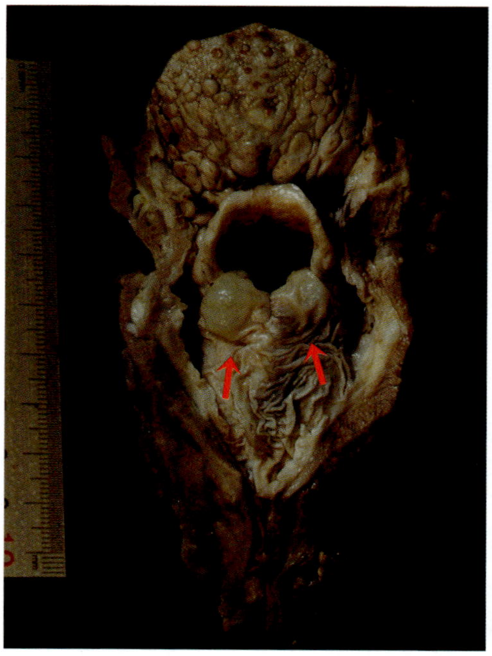

图 5-5　喉头囊肿

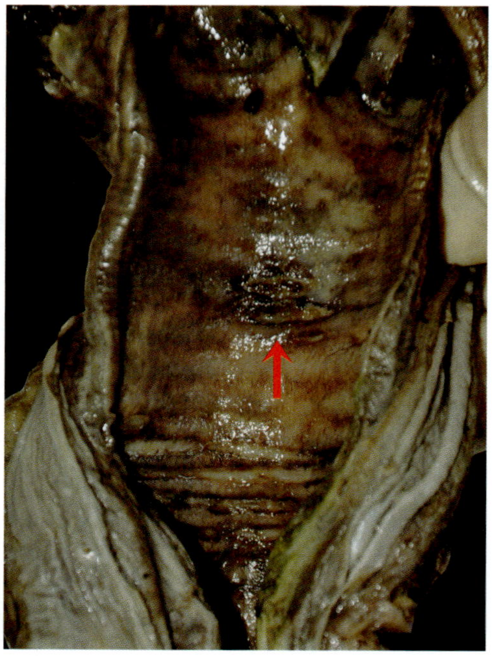

图 5-6　气管损伤

（一）喉头水肿的检查

喉头水肿是指喉部黏膜下组织液渗出的一种病理改变，肉眼观察表现为会厌、声带明显肿胀，色苍白，严重者可引起声门阻塞。对于喉头水肿的检查，一般应在固定之前进行拍照，因为固定过程可能使喉头水肿的程度明显减轻。引起喉头水肿的常见原因有过敏、炎症、异物损伤、呼吸道灼伤等，临床抢救过程中气管插管、颈部放疗有时也可引起喉头水肿，法医实践中以过敏因素多见，如青霉素、利多卡因等药物过敏和鱼、虾、蟹等食物过敏。

声门下腔处黏膜下组织比较疏松，炎症时易引起喉充血、水肿，婴幼儿因喉腔较窄小，充血、水肿时易引起喉阻塞，造成通气障碍，见图 5-7。

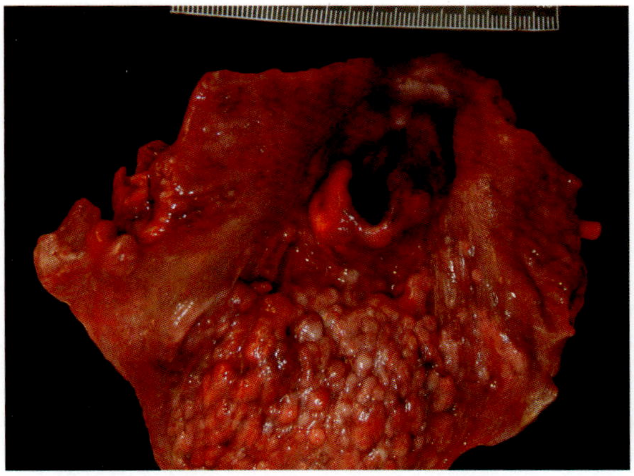

A

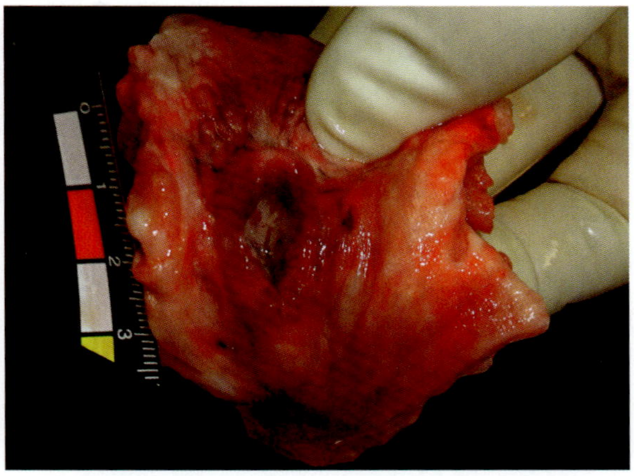

B

图 5-7　喉头充血水肿

A. 急性会厌炎所致；B. 青霉素过敏所致。

（二）呼吸道分泌物的检查

呼吸道黏膜富有黏液腺泡、浆液腺泡组成的混合性腺和纤毛，正常情况下混合性腺分泌较有黏性的黏液和浆液来湿润呼吸道，同时也黏住与空气一起进入呼吸道的灰尘、微生物等异物，这些由黏液、浆液及异物等组成的混合物，借呼吸道纤毛运动向外扇动到咽腔，然后随唾液被吞咽进入胃，此时通常无咳嗽。当呼吸道和肺发生炎症时，呼吸道分泌物的量会显著增多，成分也会发生改变，除了上述成分外，还包含有各种炎性分泌物、坏死脱落的呼吸道上皮细胞，纤毛运动不能扇走，就形成了通常所说的痰，需借助咳嗽的方式将痰咳出。

痰是否易于被清除出呼吸道，主要与痰的量、痰的黏稠性、呼吸道纤毛运动等因素有关。滞留于呼吸道的痰容易凝结成痰块或痰栓，影响呼吸功能，甚至导致窒息。痰块或痰栓的形态多样，如结节状、类圆形、椭圆形、半月形、条状、丝状、柳条形等，颜色也多样，如黄色、白色、绿色、红色、铁锈色等。检查时应注意观察和记录痰块或痰栓的位置、性状及引起呼吸道阻塞的程度。2020 年 1 月份在武汉暴发了新型冠状病毒肺炎疫情，解剖发现，死者的呼吸道内都可见到较多黏液或黏液栓。

（三）呼吸道异物的检查

呼吸道内有无异物是呼吸道检查的另一个重要内容，法医病理检案中遇到的呼吸道异物主要有以下几种情形。

1. 烧死过程中形成的异物

生前烧死者，灼热的空气、蒸气、火焰及烟雾随呼吸运动被吸入并直接作用于呼吸道，迅速引起会厌、喉头、气管、支气管等处黏膜充血水肿，甚至黏膜坏死、脱落，与烟灰、炎性渗出物等混合，贴附在呼吸道黏膜表面，形成一层较厚的灰黑色易剥离假膜，上述病理改变称为热作用呼吸道综合征。热作用呼吸道综合征是鉴别烧死和死后焚尸的重要依据之一，而且这种病变，在呼吸道的位置越深，其法医学价值越大，见图 5-8。

2. 溺死过程中形成的异物

典型溺死者，气管、支气管内充满与其口鼻部相同的黏稠泡沫，其形成机制为溺死过程中吸入的水、空气和支气管黏膜分泌的黏液，在剧烈的呼吸运动下相互混合搅拌形成细小均匀的泡沫，因富含黏液而较为稳定，不易破灭，一般呈白色，如合并有支气管黏膜或肺泡壁小血管破裂、出血，则呈淡粉红色。除此之外，有时还可以在呼吸道内发现如泥沙、水草及植物碎片等异物，这些均有助于鉴别溺死或死后入水，图 5-9 为气管内的多量泥沙。

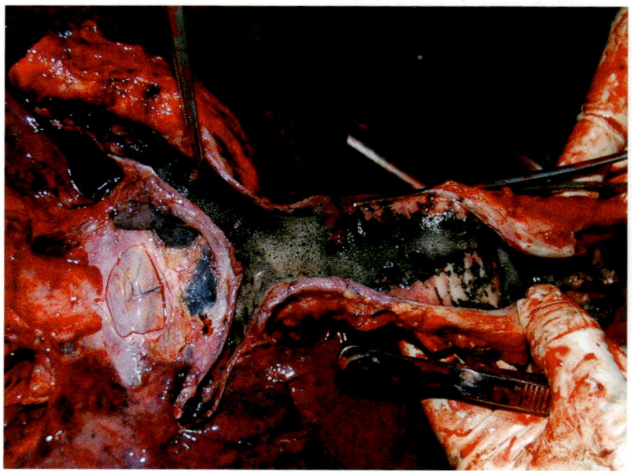

图 5-8　气管异物（烟灰）

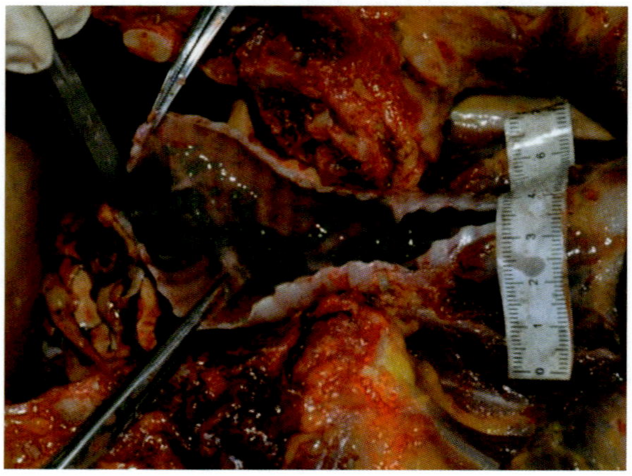

图 5-9　气管异物（泥沙）

需要特别指出的是，呼吸道内的这种白色或淡粉红色泡沫并非溺死所特有，也可见于因癫痫大发作、有机磷中毒、颅脑损伤、失血性休克、急性肺水肿、扼颈等死亡者，因此在检验时应多方位思考，避免遗漏阳性发现。

3. 食物或呕吐物吸入形成的异物

呼吸道内出现食物或呕吐物在法医检案中较为常见，见图 5-10。生前、死后（包括濒死期）均可发生，如何鉴别是法医工作的一个重点，也是一个难点，可以从以下几个方面来进行综合考虑。

（1）从形成原因来看：生前吸入多见于醉酒者、昏迷者及手术后的患者等，颅脑损伤者因颅内高压引起的中枢性呕吐，也可能造成呕吐物误吸入肺内。濒死期胃内容物吸入和死后胃内容反流形成的原因差异很大，但比较多的见于濒死期或死后进行过胸外心脏按压或剧烈的体位改变如搬运等情况。

（2）从死前表现来看：人体咽喉部分布有丰富的神经，局部受到异物刺激时会出现防御性的剧烈呛咳，促使异物排出，起到保护下呼吸道的作用。呛咳则往往会在其面部、手臂及衣服上遗留有呈喷射状的食物残渣。濒死期胃内容物吸入和死后胃内容反流则往往没有这些现象。

（3）从吸入的量和深度来看：由于咽喉部存在防御性呛咳，故生前吸入者吸入量相对较少，但往往会随着呼吸运动吸入支气管树较深的部位。濒死期和死后由于会厌反射减弱或消失，吸入的量相对较多，但往往较浅。部分案例在濒死期或死后进行抢救时的人工辅助呼吸（如口对口人工呼吸、呼吸机辅助呼吸等）可能把反流进入气管、支气管的胃内容物吹送至支气管树深部，应注意鉴别。

（4）从尸检整体情况来看：生前吸入者，尸检常可见颜面青紫肿胀，颜面部、球睑结膜及心、肺等器官表面可见点状出血等机械性窒息的相关表现，镜下可见肺不张、代偿性肺气肿、细支气管痉挛呈花边样、细支气管和肺泡内异物等改变。而濒死期胃内容物吸入和死后胃内容反流者，无这些表现。

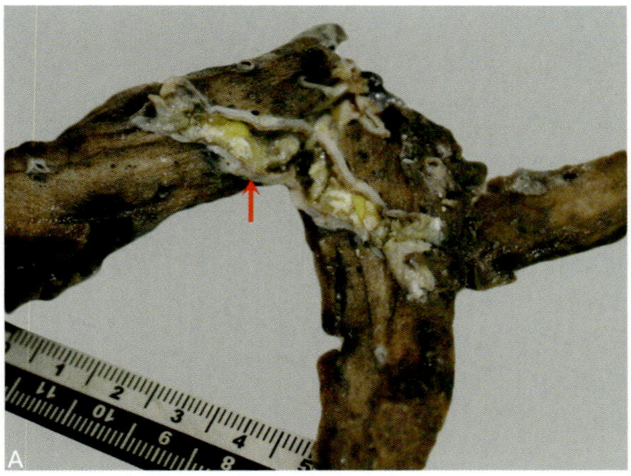

A

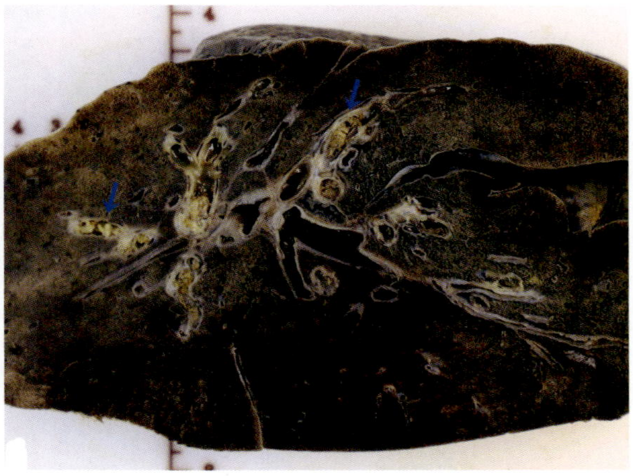

B

图 5-10 支气管异物（胃内容物）

4. 其他异物

常见的异物有硬币、纽扣、弹丸、花生米、黄豆、牙齿、义齿等，以婴幼儿意外吸入多见。异物可存留在咽腔、喉腔、气管和支气管等不同位置内，因右支气管较粗短，加之嵴下角较小，故异物较易落入右主支气管内，图 5-11 为折断的牙齿吸入支气管腔内。

图 5-11 支气管异物（牙齿）

第三节 肺表面的检查

一、肺的重量和大小

检查完喉头、气管、支气管后，自肺门处剪断左、右支气管及左右肺动脉、肺静脉。肺的重量，在一定程度上可以较好地反映肺病变的严重程度，一般左肺正常重量为 325～480 g，右肺正常重量为 360～570 g。表 5-1 是男女国人各年龄组双肺的正常重量，实际工作中一般应左、右肺分开称重。

表 5-1　男女各年龄组双肺的正常重量

年龄组	男		女	
	例数（例）	平均值±标准差（g）	例数（例）	平均值±标准差（g）
出生至 6 d	134	63.0±19.0	85	61.0±61.0
7～29 d	63	74.0±26.0	27	75.0±28.0
1～2 个月	97	84.0±23.0	58	84.0±37.0
3～5 个月	86	118.0±99.0	56	116.0±96.0
6～9 个月	135	151.0±79.0	93	140.0±69.0
10～11 个月	63	199.0±64.0	34	165.0±72.0
1～2 岁	309	202.8±74.0	254	193.3±78.5
3～7 岁	320	301.3±130.3	277	293.0±137.3
8～12 岁	156	509.9±209.6	100	455.7±310.5
13～17 岁	76	727.0±360.4	52	689.2±284.0
18～39 岁	642	1 096.2±348.4	425	924.8±288.1
40～49 岁	218	1 153.0±350.3	127	993.0±246.0
50～59 岁	139	1 153.0±342.0	87	1 042.3±315.2
60～100 岁	150	1 091.0±271.0	127	910.0±251.0

注：摘自李志尚、黄高明《我国各年龄组脏器重量详表》。

各种原因均可导致肺的外形增大或缩小。如肺气肿者，体积膨大，边缘钝圆。肺炎、重度肺水肿及肺肿瘤等有时也可导致部分肺叶外形增大。而肺萎陷、肺不张时其外形缩小，肺硬实。

二、肺表面的检查

正常情况下，新鲜的肺外观呈粉红色，肺表面光泽润滑。随着年龄的增长，空气中的尘埃、炭末等颗粒物吸入肺内并沉积，肺的颜色逐步变为暗红色或深灰色，甚至棕黑色。肺外表的检查要注意以下几点。

1. 检查肺膜是否光滑

正常肺表面光滑，肺叶间无粘连。多种原因可导致胸膜粘连和/或增厚，最常见的是渗出性胸膜炎，渗出的胸腔积液在胸膜腔内停留时间较长，刺激胸膜并引起纤维蛋白附着在胸壁上或肉芽组织增生引起胸膜粘连或增厚。尸检时可见胸膜粘连，肺不易取出。胸膜粘连最常见于肋膈角处，也可呈广泛性，严重时胸膜腔闭锁，广泛的胸膜粘连将会影响肺的呼吸功能。大体检查时肺膜表面不光滑，见絮状物附着，肺膜局限性或广泛性增厚，肺叶间粘连。

其次是胸膜的肿瘤，如间皮瘤。良性间皮瘤者胸膜可见灰白略带棕黄的结节样肿块，孤立或单发，瘤体一般较小。恶性间皮瘤胸膜壁层、脏层（即肺膜）呈胼胝样或粗结节状弥漫性增厚、粘连，颜色灰白微红。

2. 检查肺被膜有无出血

出血可呈点状、斑片状或岛状，既可是肺局部的血管破裂性出血，也可是肺外出血（如鼻、咽、口腔出血及颈部损伤、颅底骨折出血等）吸入肺内，在肺表面形成肺小叶轮廓的红色斑片状出血，也称为血岛。图 5-12 为颈部损伤后血液吸入肺后形成的血岛。

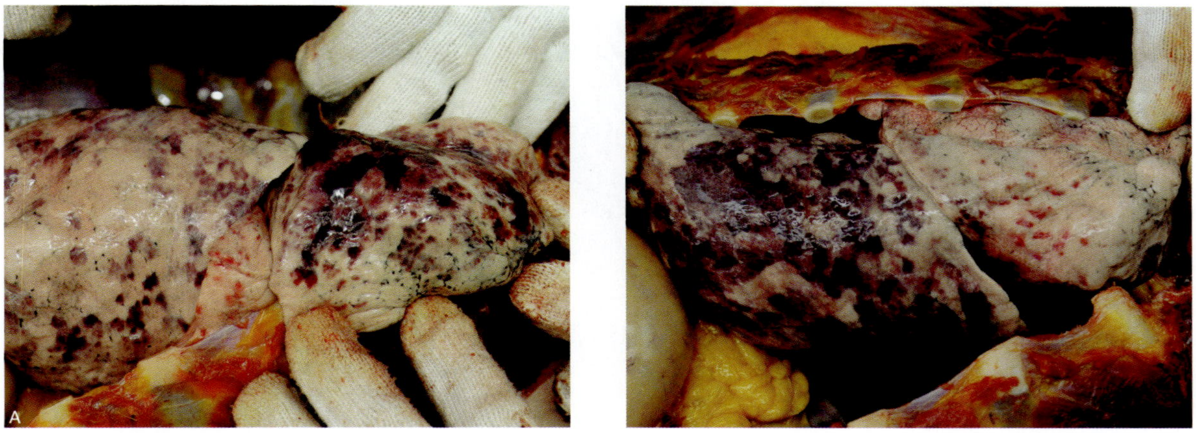

A　　B

图 5-12　血岛

肺的损伤可以表现为肺挫伤、肺裂伤，见图 5-13 和图 5-14。前者主要为肺毛细血管破裂、肺间质或肺泡内出血，没有肺组织结构的破坏。肺裂伤是指肺组织结构完整性的破坏，发生于肺内的撕裂伤，可形成气腔、血肿或气血腔，发生于肺表面的裂伤，可形成血胸、气胸和肺不张。需要注意的是，肺的色泽改变及固定等因素都容易影响肺挫伤、肺裂伤等的观察。肺裂伤时，由于肺萎陷，加之固定后颜色改变等因素的影响，极易漏诊，尤其是发生在肺尖的裂伤。

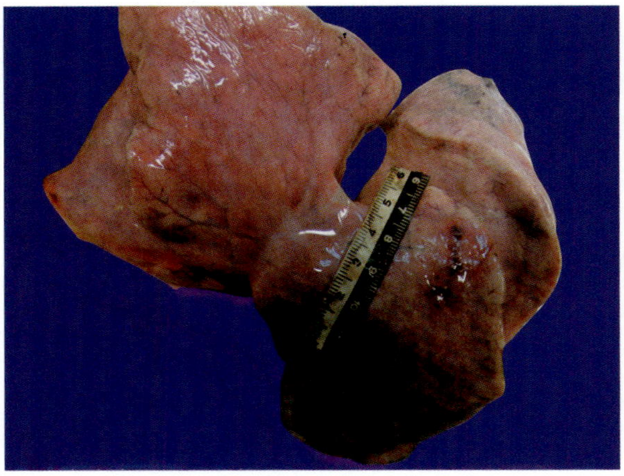

图 5-13　肺挫伤

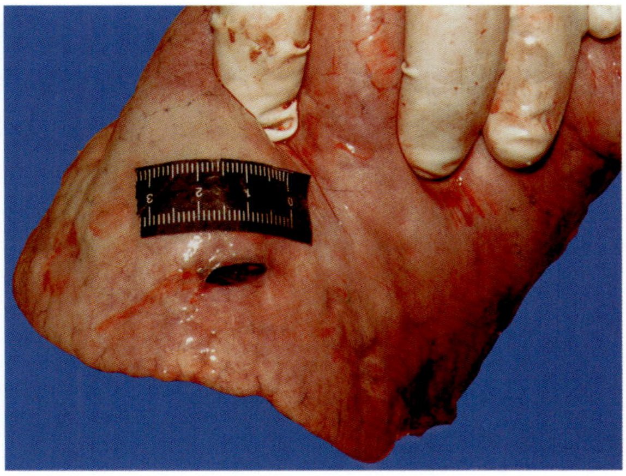

图 5-14　肺刺创

溺死者两肺可见散在淡红色出血斑，多见于肺叶之间及肺下叶，系因肺泡壁破裂出血并溶血所致，称之为溺死斑，或 paltauf 斑，见图 5-15。

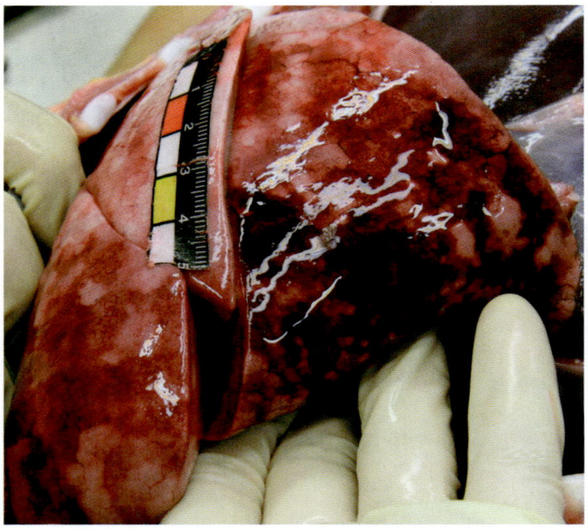

图 5-15　溺死斑

3. 触按肺组织的质感

正常肺组织具有弹性，质地软如触唇。肺气肿是呼吸性细支气管至肺泡的末梢组织因持续性含气量增加而呈过度膨胀，伴有肺泡壁弹力组织破坏、间隔断裂至肺泡相互融合，肺容积膨大的一种病理状态，按其发病原因分为老年性肺气肿、代偿性肺气肿、间质性肺气肿、灶性肺气肿、旁间隔性肺气肿、阻塞性肺气肿等几种类型。

肺气肿者肺组织柔软，缺乏原有的弹性，指压后不能马上复原而留有压痕。肺边缘尤其上叶肺边缘往往可见肺大泡。肺大泡也称肺大疱，是指由于各种原因导致肺泡腔内压力升高，肺泡壁破裂、互相融合形成的含气囊腔，是自发性气胸或血气胸的常见原因，肺部外伤可增加肺大泡破裂的概率。肺实变者，肺的质地变硬如触鼻甚至如触额，缺乏弹性。

溺水者死前往往出现强烈的呼吸运动，导致溺液、黏液、空气三者在气道内混合成为泡沫，因吸气力量大于呼气力量，使泡沫样溺液被吸入肺泡而不易呼出，大量溺液储集于肺中，导致水性肺气肿，表现为两肺体积膨大，充满胸腔，可见肋骨的压痕，边缘钝圆，触之有揉面感或握雪感，指压有凹痕，重量增加，切开肺可见大量泡沫状溺液流出，是溺死的重要征象之一。

第四节　肺的切开

肺的切开方法主要有沿肺门切开法、水平切开法和沿气道切开法三种，实践中可根据不同案件类型选取不同的切开方法。

一、沿肺门切开法

用脏器刀沿左、右肺的长轴自肺外缘向肺门或自肺门向肺外侧缘做最大切面，见图 5-16。为进一步观察肺切面的情况，可在此最大切面的基础上向前和向后每隔 2～5 cm 继续做平行的切面，检验时将肺的切片按顺序平放在检验台上，在最大切面上可以观察到肺的内带、中带和外带，而边缘的切面可能只暴露肺外带。

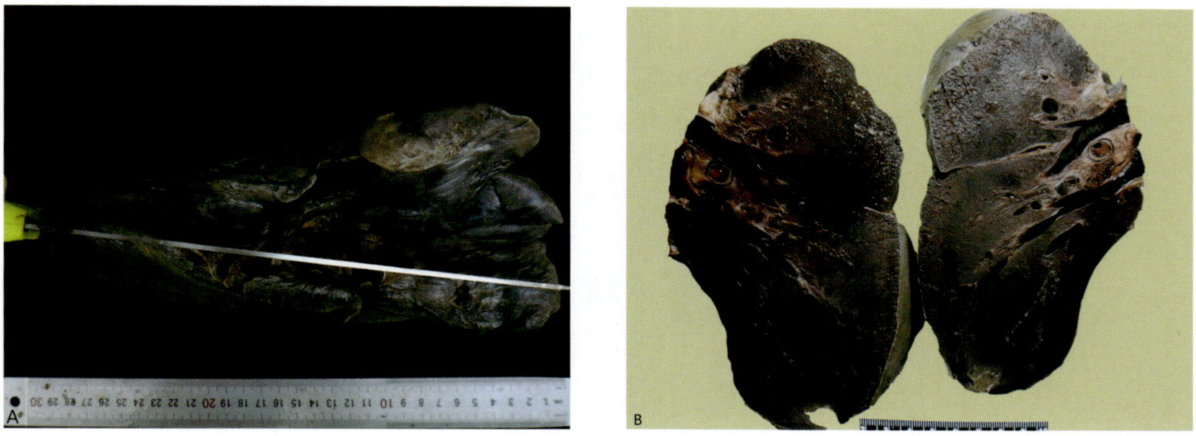

A　　　　　　　　　　B

图 5-16　沿肺门切开法

A：示意图；B：效果图。

沿肺门切开法既能充分显现肺门大血管和支气管，又能最大限度地暴露肺实质的情况。但部分肺标本因各种原因导致明显变形，采用此法有一定的困难。

由于肺组织内支气管分支是以肺门为尖的类圆锥形方式伸展，实际工作中也可以采取沿肺门书页状切开法，操作方法是将肺内侧面置于切板上，外侧凸缘向上，用脏器刀自外侧缘朝肺门方向一刀切开，但不完全切断，如此向前或向后连续做书页状切面，均保留肺门部相连，以保持各肺片的连接。沿肺门书页状切开法既能最大限度地暴露肺实质，又能充分显露支气管的分支情况。

二、水平切开法

方法是将肺平放于取材台上，用长刀沿肺的最大水平面将肺切成上下两半，见图 5-17，如有需要还可以在最大水平切面的基础上向上或向下每隔 2～5 cm 继续做水平切面。

水平切面也能较好地暴露肺实质的情况，是法医检案工作中较常使用的一种简易切法，且不受肺组织变形的影响，但对肺血管系统和支气管的暴露不满意。

图 5-17　肺水平切开法

三、沿气道切开法

中央型肺癌和周围型肺癌多起源于下呼吸道，为了更好地显示肿块与呼吸道的关系，宜采用沿气道切开法。操作方法是用脏器刀插入肺门支气管上下壁之中线，再将刀刃摆横由肺门切至肺外缘，或者使用探针插入肺门支气管导引长刀切向肺外缘。

第五节 肺切面的检查

检验时用手挤压肺组织，动态观察切面的液体溢出情况。正常肺可见少量含气的无色液体（气泡）溢出，肺水肿者仅见液体溢出而不含气泡，肺实变者可无明显液体溢出。由于不可能无限制地做肺切面，故在切开后还应该继续“触诊”，以期发现小的局限性病灶。

一、支气管分支的检查

支气管分支分布于近肺门部，检查有无异物（包括痰液）及新生物，有无狭窄及扩张。支气管扩张者可见支气管呈筒状或囊状扩张，支气管、细支气管可呈持续延伸性扩张，也可呈节段性扩张，管腔内见较多黏液脓性分泌物，见图 5-18。

图 5-18 支气管扩张症

二、色泽的检查

正常肺切面呈淡红色，色泽均匀湿润。一些病理改变会使肺的正常颜色发生改变，如肺炭末沉积者见散在黑色斑点（图 5-19），一氧化碳及氰化物中毒者的肺呈鲜红色（图 5-20），失血性休克、肺气肿者的肺呈苍白贫血貌（图 5-21）。急性肺淤血时，肺呈暗红色，慢性肺淤血时，肺泡腔除了水肿液及出血外，还含有大量含铁血黄素颗粒的巨噬细胞而呈铜褐色，因多伴有硬化，又称肺褐色硬化（图 5-22）。

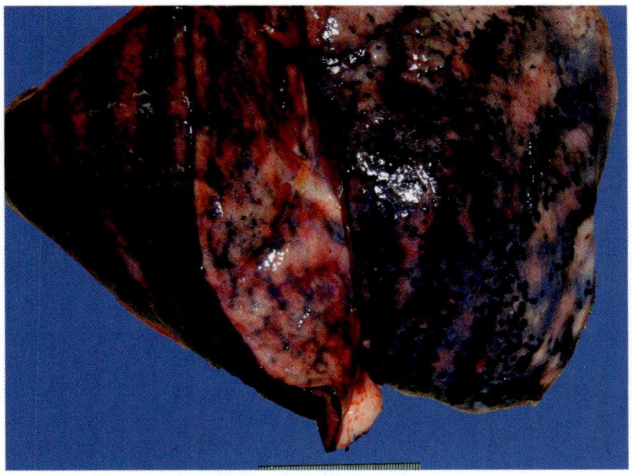

图 5-19 肺炭末沉积

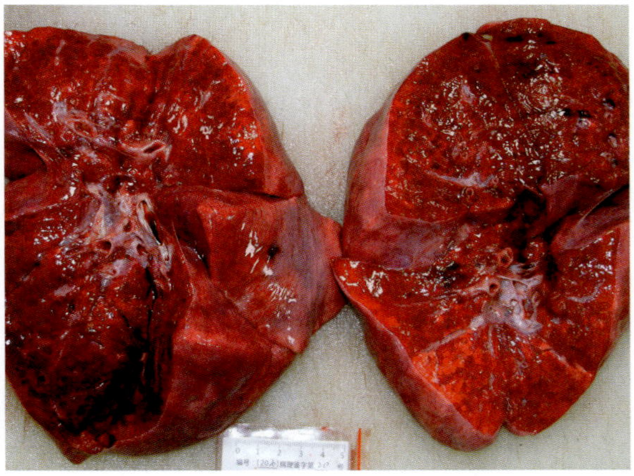

图 5-20 一氧化碳中毒之肺

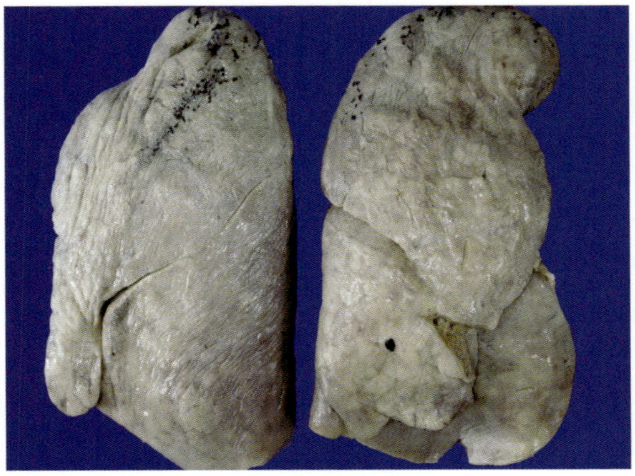

图 5-21 肺贫血

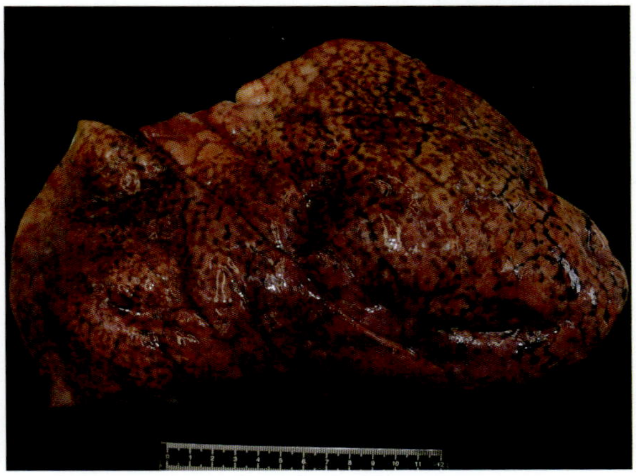

图 5-22 慢性肺淤血

三、质地的检查

正常肺内含有空气，密度小于水，放在清水中浮在水面上，如果某种原因导致肺内空气减少，肺的质地增加，密度大于水，放在清水中会沉入水中，肺实变和肺不张是导致肺质地增加最常见的两种原因。

（一）肺实变

肺实变是泛指任何原因导致的肺泡腔内浆液、纤维蛋白和细胞成分等积聚、肺泡含气量减少、肺质地硬化、缺乏弹性的一种病变，图 5-23 为一肺泡蛋白沉积症标本。肺实变主要见于以下几种情形。

1. 肺水肿

在法医学实践中，几乎每一例尸检均可发现程度不等的肺水肿，其中有些是在濒死期形成的，并不构成死因。构成死因者，肺水肿往往较为严重，更主要的是可以发现导致肺水肿的原发性疾病或损伤。

在实践中，要注意死后较长时间解剖的尸体，在肺泡腔内往往也可见到类似水肿样的液体，甚至还可形成一定量的胸腔积液。

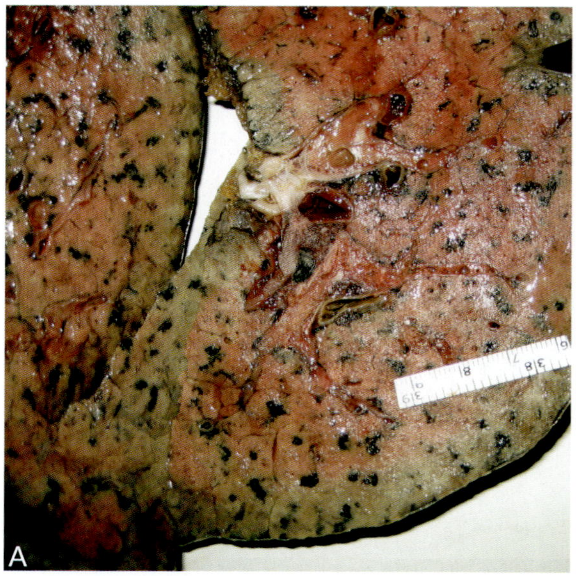

A

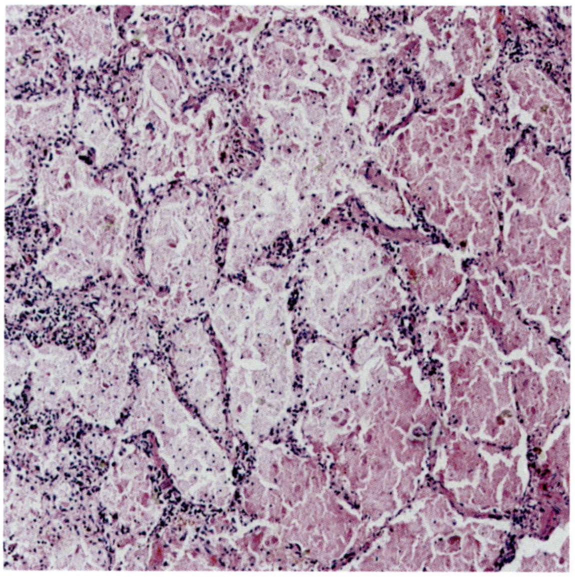

B

图 5-23　肺泡蛋白沉积症

A：切面观；B：镜下观。

2. 肺炎和肺脓肿

肺炎和肺脓肿导致的肺实变，由于致病因子和机体反应性的不同，炎症发生的部位、累及的范围和病变性质也往往不同，而间质性肺炎者往往没有明显的实变病灶。

（1）大叶性肺炎：大叶性肺炎病变累及一个或多个大叶，典型的大叶性肺炎分为四期，肉眼改变也略有差异。充血水肿期肺叶肿胀，切面暗红色，见图 5-24。红色肝样变期肺质地变实，切面呈粗糙灰红色。灰色肝样变期肺切面粗糙灰白，可见干燥颗粒状渗出物。溶解消散期肺质地变软，切面病灶基本消失，如果纤维素不能完全吸收、清除，则由肉芽组织机化，肺组织则呈褐色肉质样改变，称为肺肉质变。

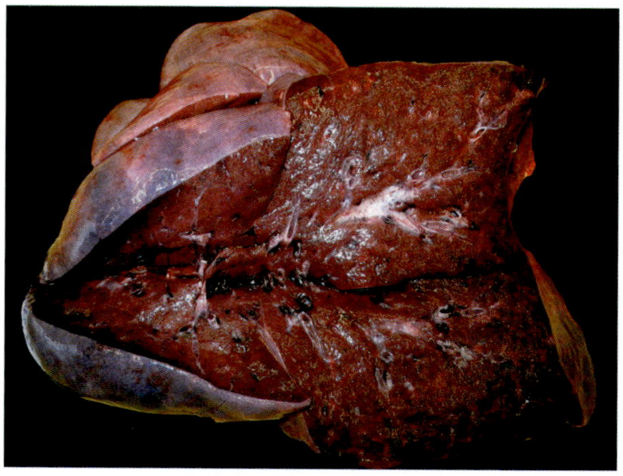

图 5-24　大叶性肺炎

（2）小叶性肺炎：小叶性肺炎多见于双肺下叶，由于这种小叶性病变是以细支气管为中心向其周围肺组织扩散的，故也称支气管肺炎，表现为散在分布的大小不等、直径为0.5～1.0 cm的灰黄色或暗红色实性病灶，见图5-25。如果邻近的小叶性病灶相互融合，称为融合性支气管肺炎，见图5-26，严重者可累及整个大叶，容易与大叶性肺炎混淆。

图 5-25 小叶性肺炎

图 5-26 融合性小叶性肺炎

（3）肺脓肿：肺部的化脓性感染导致局部肺组织坏死、液化，则形成肺脓肿，肺切面可见一个或数个充满黄绿色脓液的圆形囊腔，急性者可无明显囊壁，慢性者则由于肉芽组织生长可形成厚薄不等的囊壁。图5-27为一肺脓肿标本，肺显著肿胀，表面见大量坏死物质附着（A），切面见坏死囊腔（B）。

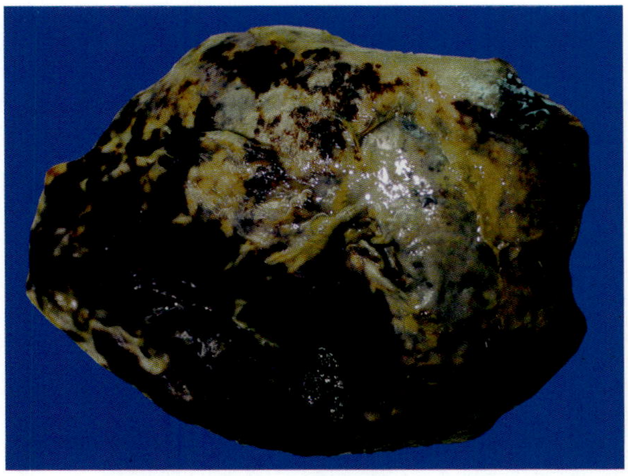

A

B

图 5-27 肺脓肿

A：表面观；B：切面观。

（4）严重急性呼吸综合征：为一种由冠状病毒引起的急性呼吸道传染病，又称传染性非典型肺炎，临床特征为发热、干咳、气促，并迅速发展至呼吸窘迫，传染性强，死亡率高。本病的病变主要表现为急性肺损伤，肉眼观双肺膨胀，广泛实变，表面及切面呈暗红色，见图5-28，并可见灶性出血和出血性梗死等。镜下呈急性弥漫性脱屑性肺泡炎和支气管炎改变，后期肺泡内机化、肺间质纤维化。

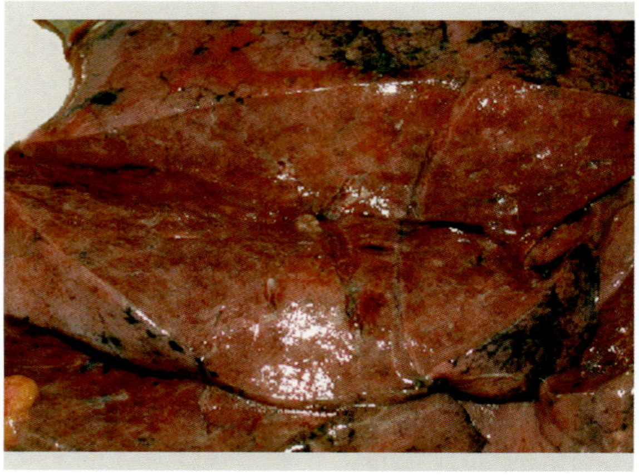

图 5-28 严重急性呼吸综合征之肺

3. 肺结核

肺结核是由结核分枝杆菌引起的一种慢性呼吸道传染病，按初次感染和再次感染结核菌时机体的反应性不同，将肺结核分为原发性肺结核和继发性肺结核两大类，法医尸检中遇到的几乎均为继发性肺结核。根据病理特点，继发性肺结核又分为以下几种类型。

（1）局灶型肺结核：表现为肺尖下 2～4 cm 处、直径为 0.5～1.0 cm 的类圆形、境界清楚的病灶，有纤维包裹，属于非活动性结核病，见图 5-29。

（2）浸润型肺结核：多由局灶型肺结核发展而来，病变以渗出为主，中央有干酪样坏死，周围见炎症包绕，界限不清楚，见图 5-30。

图 5-29 局灶性肺结核

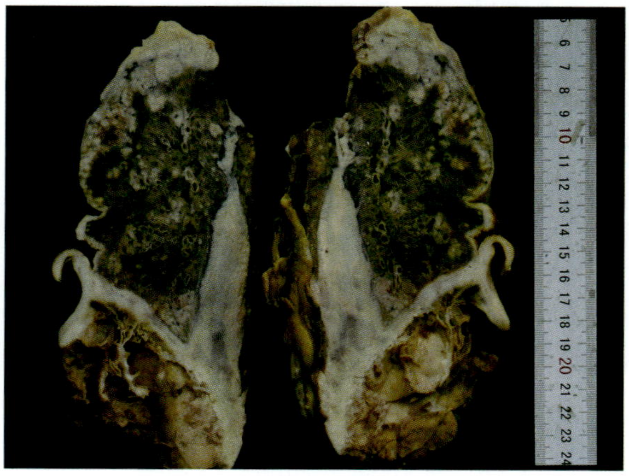

图 5-30 浸润性肺结核

（3）纤维空洞型肺结核：本型特点为肺内见一个或多个大小不等、不规则的厚壁空洞形成，多位于肺上叶，壁厚可达 1 cm 以上。同侧或对侧肺组织特别是肺下叶可见有支气管播散引起的很多新旧不一、大小不等、病变类型不同的结核病灶，愈往下愈新鲜。后期肺组织破坏严重，广泛纤维化，胸膜增厚，胸膜粘连。

（4）干酪样肺炎：发生于机体免疫力低下并对结核杆菌超敏反应过高的患者，按病变范围的不同分为小叶性和大叶性干酪样肺炎，后者可累及一个肺叶或几个肺叶，肉眼观肺叶肿大实变，切面呈黄色干酪样，坏死物质排出后可形成空洞。

（5）结核球：为孤立的有纤维包裹的境界分明的球形干酪样坏死灶，直径2～5 cm，多为单个，也可为多个，常位于肺的上叶。

（6）结核性胸膜炎：按病变性质分为干性和湿性，以湿性较为常见。湿性的病变主要为浆液纤维素性炎，一般经适当治疗可吸收，如渗出物中纤维素较多，不易吸收，则可因机化引起胸膜增厚、粘连。干性的病变主要为增殖性炎，表现为肺尖等部位局灶性增生性结核病灶，一般可通过纤维化而痊愈，并常使局部胸膜增厚、粘连。

原发性和继发性肺结核细菌可通过血道播散引起血源性结核病，如大量结核杆菌侵入血液，机体免疫力较弱时，可引起全身粟粒性结核病。大体检查时在肺、肝、脾、肾和脑膜等器官内密布大量大小一致、分布均匀、灰白带黄色、境界清楚、圆形的粟粒大小的结核结节。图5-31为肺粟粒性结核病。

图5-31　肺粟粒性结核病

4. 肺出血

肺出血在法医病理学检验过程中经常遇到，按血液逸出的机制分为破裂性出血和漏出性出血，前者是指血管机械损伤、血管壁被周围病变侵蚀引起的局部血管破裂、出血，后者多见于急性左心衰、机体凝血机制障碍、流行性出血热、蛇毒、敌鼠钠盐、肝素等引起的微循环毛细血管和毛细血管后静脉的通透性增高，血液通过扩大的内皮细胞间隙和受损的基底膜漏出血管外，二者在实践中均多见。

（1）肺出血的原因：各种原因均可导致程度不等的肺出血。常见原因有外伤、疾病和中毒。

外伤所致的肺出血既可见于开放性胸部损伤，如锐器、弹片、弹头等，也可见于闭合性胸部损伤，其损伤机制主要与胸部外伤导致的挤压效应、惯性效应和内爆效应等有关。检验时可见到肺挫伤、肺挫裂伤等形态，图5-32均为肺外伤引起。

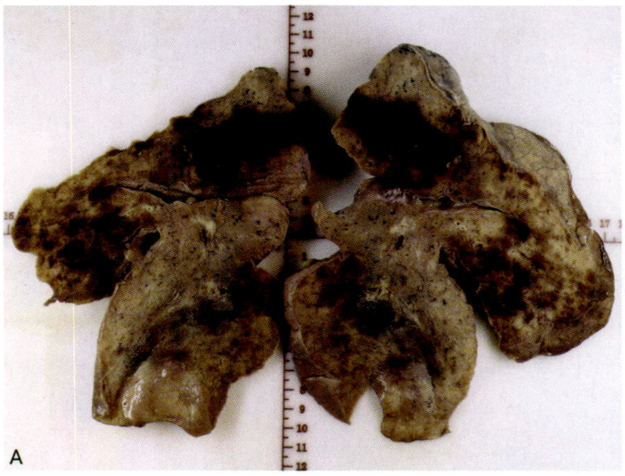

A

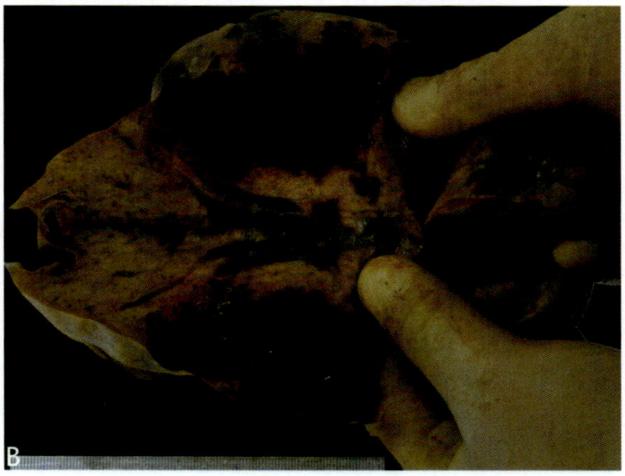

B

图5-32　肺出血

A：肺挫伤；B：肺挫裂伤。

疾病所致的肺出血主要见于支气管扩张、纤维空洞型肺结核、肺癌，以及流行性出血热、钩端螺旋体病等，死者生前往往有咯血或痰中带血症状。

中毒所致的肺出血主要见于敌鼠钠盐、溴敌隆、蛇毒、肝素等中毒，检验时可见包括肺在内的广泛性内脏器官出血。

（2）肺出血的病理改变：肺出血后，局部变硬、实变，密度增加，呈暗红色改变。肺出血的程度及部位与引起出血的原因有一定的关系，比如因敌鼠钠盐、溴敌隆等中毒导致的肺出血，往往弥漫而又广泛，纤维空洞型肺结核、肺癌导致的肺出血，则往往位于病灶的周围。闭合性胸部损伤者，部分因惯性效应导致胸腔内器官运动不同步，肺叶位移小而出血轻，肺门处位移大而出血重。肺梗死导致的局部出血，切面呈三角形，底面近肺膜。

（3）肺出血的鉴别诊断：死后内脏器官血液坠积是一个十分常见的尸体现象，尤其是双肺的背侧，福尔马林溶液固定后也可形成质地较硬的血凝块，与肺出血容易混淆，在大体检查和取材时应注意区别。

5. 肺内肿瘤

肺是原发性肿瘤和转移性肿瘤的常见部位，原发性肺良性肿瘤主要有支气管腺瘤、肺错构瘤、平滑肌瘤，原发性肺恶性肿瘤绝大多数为支气管肺癌，根据肿块的位置分为中央型（图 5-33）、周围型（图 5-34）和弥漫性三种。

图 5-33 中央型肺癌

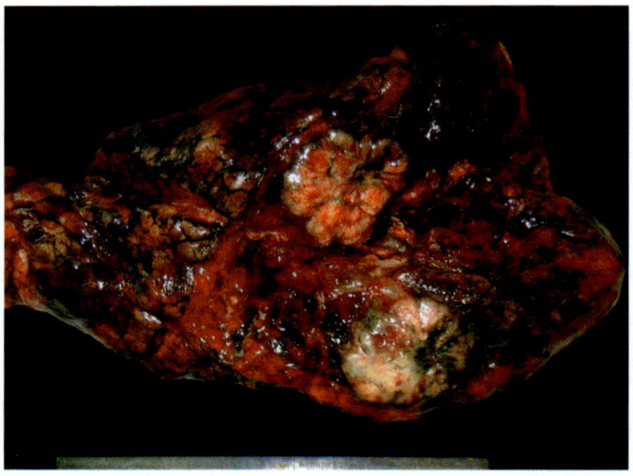

图 5-34 周围型肺癌

肺是恶性肿瘤转移最高发的器官，全身各部位的恶性肿瘤基本都可能转移到肺，少数病例肺转移灶比原发肿瘤更早被发现，其病理特点为两肺见多发性病灶，病灶大小不一，密度均匀。

检验时应注意观察肿物分布、数量、大小、质地，有无坏死、空洞，与周围组织、肺膜及支气管的关系，周围有无卫星结节。

6. 肺尘埃沉着病

肺尘埃沉着病是指长期吸入大量有害粉尘并潴留肺内，引起肺部弥漫性纤维化为主的一组疾病，在法医病理学检验中经常遇到，见图 5-35。一般按吸入粉尘的种类不同将肺尘埃沉着病分为硅肺（游离二氧化硅）、硅酸盐肺（结合二氧化硅、石棉、云母、水泥等）、碳肺尘埃沉着病（煤炭、炭黑、石墨）、混合性肺尘埃沉着病（游离二氧化硅和其他粉尘，煤硅肺、铁硅肺）等，与死者生活及工作背景密切相关，易并发肺结核和肺癌。

肺尘埃沉着病的病理改变主要有两个方面，一是肺间质尘性纤维化，表现为肺泡间隔、血管及细支气管周围大量粉尘沉积及尘细胞聚积，肺泡间隔增宽，弥漫性纤维化。二是肺纤维化引起的肺气肿、肺大泡、肺不张及肺心病改变。此外，肺尘埃沉着病者多数伴有胸膜肥厚、粘连。

图 5-35 肺尘埃沉着病

硅肺是肺尘埃沉着病中对人体危害最严重的一种，除了引起广泛性肺纤维化外，还会形成特征性的硅肺结节，其典型改变为多层同心圆状排列的胶原纤维构成结节状病灶，结节中央或偏侧有闭塞的小血管或小气管，横断面似葱头状。晚期硅肺者肺体积缩小，一般含气量减少，色灰或黑白，呈花岗岩样。重量及密度均增加，入水下沉，见图 5-36。

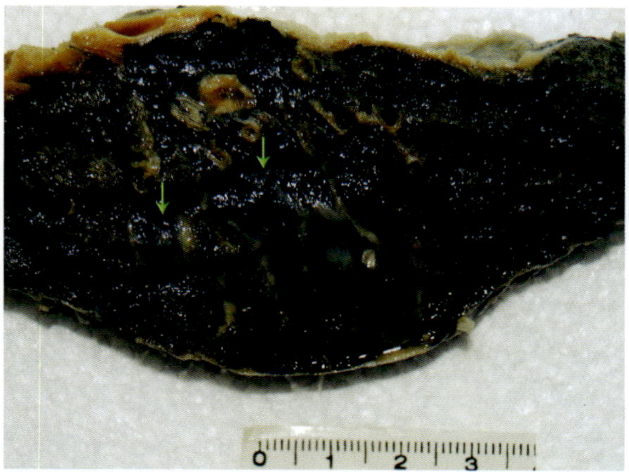

A

B

图 5-36 硅肺

（二）肺不张

一般将出生后肺从未充盈过气体的称为肺不张，而将已经充气的肺组织因各种原因失去原有的气体的称为肺萎陷，但由于多年来沿用习惯，广义肺不张包括先天性肺不张及后天性肺萎陷。导致肺不张的常见原因有以下方面。

1. 肺膨胀受限

常见于胸部外伤引起的胸腔内负压降低或压力增高，如胸腔内积液、积气、积血、张力性气胸、膈疝等。

2. 支气管、细支气管受压迫或阻塞

如异物堵塞支气管或细支气管可以引起大叶性或肺段性肺不张，偶见异物堵塞气管或主支气管引

起双侧或一侧肺不张。患肺部炎症性疾病如肺炎、支气管炎及支气管哮喘者，支气管黏膜肿胀，平滑肌痉挛，气管支气管内的炎性渗出物增多且较黏稠，形成黏液栓可阻塞呼吸道引起肺不张。

3. 表面活性物质缺乏和减少

肺泡表面覆盖有一种磷脂蛋白混合物的表面活性物质，能降低肺泡的气—液交界面表面张力，维持肺泡稳定。呼气时肺泡缩小，表面活性物质密度增加，表面张力降低，使肺泡不致过度塌陷，吸气时肺泡扩张，表面活性物质浓度降低，表面张力增大，防止肺泡过度膨胀。任何导致产生肺表面活性物质的肺泡Ⅱ型上皮细胞损伤的因素，均可导致肺不张的发生。如果表面活性物质缺乏，则肺泡表面张力增大，肺泡回缩力增加，肺泡即萎陷，造成很多处微型肺不张。肺表面活性物质缺乏可见于：①早产儿，肺发育不成熟；②支气管肺炎特别是病毒性肺炎致表面活性物质生成减少；③创伤、休克等初期发生过度换气，迅速消耗了表面活性物质；④吸入毒气或肺水肿等使表面活性物质破坏及变性。

4. 呼吸过浅

呼吸过浅，使肺内压力降低到不足以抵抗局部肺泡表面张力时，就可逐渐引起肺泡关闭与肺不张。如手术后或各种原因导致的昏迷及极度衰弱的病人。

根据肺不张的范围，将肺不张分为一侧或双侧肺不张、大叶性肺不张、肺段肺不张、微型肺不张等几种类型。

拓展学习 12 肺水肿

肺内的正常解剖和生理机制能保持肺间质水分恒定和肺泡处于理想的湿润状态，以利于完成肺的各种功能。如果由于某种原因引起肺内组织液的生成和回流平衡失调，使大量组织液在很短时间内不能被肺的淋巴系统和静脉系统吸收，从肺毛细血管内外渗，积聚在肺泡、肺间质和细小支气管内，从而造成肺通气与换气功能严重障碍，在临床上出现一系列症状与体征的病理状态，称之为肺水肿。

一、肺水肿的发病机制

肺在组织结构上可分为 4 个相互分隔相互独立的腔室，有的充满液体，有的相当干燥，彼此之间可进行液体移动和交换。一是肺血管腔。肺毛细血管、小静脉、小动脉均具有通透液体的特性，血管内皮细胞中的小液泡，一侧排出泡内液体，另侧吞入胞外液体。二是肺泡腔。肺泡表面为上皮细胞，其中约 90%的面积为Ⅰ型肺泡细胞覆盖。上皮细胞之间的连接十分紧密，正常情况下液体不能透过；Ⅱ型肺泡细胞含有丰富的磷脂类物质，以胞吐方式释放表面活性物质，铺展于肺泡内面形成一层薄膜，起降低肺泡表面张力的作用，防止肺泡过度塌陷或过度膨胀。三是间质腔。间质腔主要分布于支气管树的周围，随着支气管树分支增加，间质逐渐减少，肺间质的组成与一般疏松结缔组织相仿，可调节液体的储存。四是淋巴管腔，可不断地引流间质中的液体，还能吸收蛋白质。正常情况下，液体不断从肺毛细血管滤出到肺间质中，又不断地通过淋巴系统从间质把液体引流出，使肺内的液体移动保持动态平衡。

肺内液体分布通常受肺部毛细血管内流体静水压、肺毛细血管通透性、血浆胶体渗透压、肺淋巴循环及肺泡表面活性物质的影响。

肺水肿的形成，可以是其中之一因素发生变化并超过机体的代偿范围所致，实践中更多的是几种因素综合作用的结果。如复张性肺水肿，气胸、胸腔积液或胸腔手术后导致肺萎陷，快速排气、抽液后肺迅速复张，可出现肺水肿的临床表现，尤其多见于气胸、胸腔积液者。肺复张性肺水肿发生可能与以下因素有关，一是肺泡长期萎缩，使Ⅱ型细胞代谢障碍，肺泡表面活性物质减少，肺泡表面张力增加。二是肺组织长期缺氧，使肺毛细血管内皮和肺泡上皮受损，通透性增加。三是胸内负压增加，使复张肺毛细血管压力与血流量增加，使受损的毛细血管壁内外压力差增大。四是机械性力量使肺毛细血管内皮空隙变性，间隙增大，促使血管内液体和血浆蛋白流入肺组织间隙。各种原因引起的上气道梗阻、经气管插管、气管切开等，梗阻解除后也可迅速发生急性肺水肿，法医鉴定时应引起注意。

二、肺水肿的类型

1. 心源性肺水肿

多因左心衰竭引起，由于回心血量及右心排出量急剧增多或左心排出量严重减少，造成大量血液积聚在肺循环中导致肺淤血，同时肺毛细血管壁渗透性增高，液体通过毛细血管壁滤出，形成肺水肿。

2. 神经源性肺水肿

神经源性肺水肿又称中枢性肺水肿，是指患者并无原发性心、肺、肾等疾病的情况下，由于中枢神经系统损伤或疾病所引发的急性肺水肿，发生率较高，尤其是在颅脑外伤时，据文献报道，神经源性肺水肿在颅脑外伤的发生率为50%，在因颅脑外伤死亡的病例中高达80%，在儿童中更是高达90%，是导致颅脑损伤患者死亡的主要原因之一。神经源性肺水肿的发病机制目前尚未完全清楚，目前主要有冲击伤理论、肺毛细血管膜渗透缺陷理论等学说。

3. 感染性肺水肿

是指继发于全身感染或肺部感染的一种肺水肿，主要是由于肺毛细血管壁通透性增加所致。

4. 淹溺性肺水肿

淡水和海水溺死所致的肺水肿，在机制上略有差异。淡水溺死者，低渗性淡水吸入后大量进入血液循环，血容量增加，心脏负担增加而导致肺水肿，同时因为血液稀释、红细胞溶解、大量钾离子释放入血、电解质紊乱而导致心室纤颤。海水溺死者，高渗的海水进入肺泡后，不但不进入血液，反而从肺泡毛细血管中吸出水分，导致肺水肿，同时引起血液浓缩，但一般不发生心律失常。

5. 毒素吸入性肺水肿

有害气体或有毒物质可直接损害肺毛细血管导致其通透性增加，肺泡表面活性物质减少，并通过神经体液因素引起肺内小静脉收缩、淋巴管痉挛，使肺组织水分潴留。有机磷中毒者还因乙酰胆碱积聚，导致支气管痉挛，分泌物增多，故其肺水肿的程度往往较为严重。

6. 高原性肺水肿

因高海拔低氧环境下引起的肺水肿称为高原性肺水肿。其机制是急性缺氧可使肺小动脉痉挛，肺循环阻力增加，肺毛细血管网静脉压明显增高，毛细血管通透性增加，血浆渗出而产生肺水肿。此外，肺泡壁和肺毛细血管损伤、表面活性物质不足，血管活性物质释放都可参与高原性肺水肿的发生。

三、肺水肿的分期

根据肺水肿的发生发展过程，一般将肺水肿为4期。

肺水肿Ⅰ期：水肿液聚集在细支气管和小血管周围的疏松结缔组织内，支气管、血管周围腔隙和叶间隔增宽，淋巴管增宽。在支气管轴位投影时，可见管壁环形厚度增宽，边缘模糊，称为袖口征。

肺水肿Ⅱ期：水肿液主要聚集在肺泡间隔，使肺泡间隔肿胀、增厚。间质和肺泡壁水肿液潴留，增加了氧气的弥散距离。

肺水肿Ⅲ期：水肿液聚集在肺泡角。

肺水肿Ⅳ期：水肿液聚集在肺泡。

Ⅰ期和Ⅱ期又合称为间质性肺水肿，Ⅲ期和Ⅳ期又合称为肺泡性肺水肿。

四、肺水肿的病理改变

肺的重量是判断肺水肿程度的常见指标，正常肺重量，一般左肺重325～480 g，右肺重360～570 g，双肺共重685～1 050 g。肺水肿者，其双肺重量常见在1 200 g以上，甚至可达2 500 g以上，外形饱满，呈苍白色，湿度明显增加，切面有大量液体或富含泡沫的液体溢出。镜下见广泛的肺充血，间质间隙、肺泡和细支气管内充满含有蛋白质的液体，此外部分案例在肺泡内可见透明膜，有时还可见间质出血和肺泡出血，肺毛细血管内可见微血栓形成，亦有时可见灶性肺不张。

第六节 呼吸系统的取材

一、呼吸系统的常规取材

呼吸系统的常规取材是指大体检查未见明显异常、死因可能与呼吸系统无密切关系的案例取材，此时喉头、气管、支气管根据案件需要，每个部位取 1～2 块，每个肺叶各 1 块（连带肺膜）。

二、喉头的取材

对于过敏性休克及上呼吸道感染的案例，应加大喉头的取材密度。对于喉头部位的取材，应充分切取喉部黏膜组织，可以采用如下方法：①剪开呼吸道后充分暴露喉部；②以取材刀垂直切下会厌、声门区组织；③采用透壁切取的方法，连带甲状软骨一并取材。

三、肺部实变的取材

前已述及，肺实变的常见原因有水肿、感染、出血、肿瘤、矽沉积等。按照实变范围不同，又可分为局限性实变和弥漫性实变。局限性实变者，直径小于 3 cm 的，应该切取其最大切面取材，如实变处质地不均匀，可以做连续切面取材并做好标记；直径大于 3 cm 的，切取最大切面后再修整成数小块并做好标记。弥漫性实变者，如粟粒性肺结核、硅肺等散在分布的结节性病灶，应选取具有代表性的数个病灶取材。

呼吸系统炎症大体可分为呼吸道炎症及肺炎，但多数情况下二者常常并行发展。因此对于可疑呼吸系统炎症的案例取材，应注意在一般常规取材的基础上，增加对咽扁桃体、气管/支气管、肺门淋巴结及周围软组织的取材，同时根据大体检查结果增加对实变较重肺叶的取材，并逐一做好标记。

四、火场尸体呼吸系统的取材

火场尸体呼吸系统的取材，其最主要的目的在于鉴别是否生前烧死。因此，呼吸道的取材是火场尸体取材的重中之重，应对喉头、气管、支气管及肺组织深部的细支气管着重取材。取材时应注意保护气管黏膜表面的附着物，如形成的假膜、烟灰等。

五、呼吸系统取材注意事项

对于肺组织的取材应注意以下几个方面。

第一，非特殊取材尽量避开肺低下部位血液坠积区域。

第二，肺组织较为疏松，取材厚度应略厚于实质器官，0.3～0.5 cm 即可。

第三，肺组织的取材，既要取邻近被膜下组织（包含脏层胸膜），亦要在肺叶深部切取。

第四，各肺叶应分别标记。肺内主要病变区域取材 3～5 块，应包括病变中央区和病变与正常区域交界区。

第七节 肺血管系统的检查

一、肺血管系统概述

根据功能和来源，肺的血管分为功能血管和营养血管两大类。

1. 肺的功能血管

即肺循环，管径较粗，为弹性动脉，肺动脉干起于右心室，在主动脉弓下方分为左、右肺动脉。左肺动脉横跨胸主动脉的前方，经左主支气管的前上方进入肺门。右肺动脉较长，在升主动脉和上腔静脉的后方，奇静脉弓的下方进入肺门。左、右肺动脉进入肺门后，其分支与支气管伴行。右肺上叶支气管位于动脉的上方，称动脉上支气管。其余的支气管分支均位于伴行动脉的下方，称动脉下支气管。两侧肺静脉逐级汇集成左、右肺上、下静脉。左肺上静脉收集左肺上叶的静脉血，右肺上静脉收集右肺上叶和中叶的静脉血，左、右肺下静脉分别收集两肺下叶的静脉血，最后均汇入左心房。

肺循环的功能是运输右心室的血液经肺间质回流到左心房，途中血液在肺泡壁内完成气体交换过程，经历由大动脉→小动脉→毛细血管（动脉端）→组织，再由毛细血管（静脉端）→小静脉→大静脉的过程，各种栓子如静脉系统的血栓、脂肪栓子、空气栓子、羊水栓子等必将阻塞在肺循环内，因此肺是人体内最大的血液过滤器官，也是最容易发生栓塞的器官。通常情况下，较大的栓子栓塞在肺大动脉→小动脉→肺毛细血管动脉端这一段内，部分较小的栓子可穿过肺毛细血管（动脉端）→组织→毛细血管（静脉端）而进入体循环内，引起脑、肾、脾等器官栓塞、梗死。

2. 肺的营养血管

即支气管动脉，管径较细，为肌性动脉。一般每侧两条，大多数发自胸主动脉，也可起自肋间动脉、锁骨上动脉或乳内动脉，随支气管的分支而分支，在肺内分布于支气管壁、肺动脉和肺静脉壁、小叶间结缔组织及脏胸膜等，供养呼吸性细支气管以上的呼吸道组织。支气管动脉在支气管扩张等疾病时可形成动－静脉分流，静脉曲张破裂时可引起大咯血。

二、肺血管系统的检查

1. 肺动脉粥样硬化

严重肺动脉高压者，在肺动脉壁可见到类似于主动脉粥样硬化的病变，动脉内膜出现黄色斑点状、条纹状或斑片状脂质沉积，但病变程度较轻。

2. 肺动脉扩张和狭窄

成人肺动脉主干内径的正常值为1.2～2.6 cm，一定程度的肺动脉扩张或狭窄均会对心肺功能产生影响。肺动脉扩张多见于肺动脉高压，尤其是慢性肺动脉高压者。肺动脉狭窄是一种常见的先天性心脏病，分为瓣狭窄、漏斗部狭窄、肺动脉主干狭窄等不同类型，各型可单独存在，亦可合并发生。

3. 肺动脉腔内容物的检查

检验时可沿肺动脉分支的走行方向进一步剪开肺动脉分支，观察其内是否有固体质块，如有注意观察其色泽，与管壁是否紧密粘连，触摸其硬度，测量其长度及直径。

血栓栓子表面较为干燥，质地较硬，与管壁粘连较紧。较长的血栓栓子多呈树枝状，有时可在栓子表面见到证明栓子来源的静脉瓣印痕。死后凝血块外表平滑湿润，有光泽和弹性，与肺动脉管壁粘连不紧而易于剥离，剥离后管壁内膜完好。

肺脂肪栓塞者有时候在离断肺动脉主干时可见脂滴溢出。

第八节 肺栓塞的检查和取材

肺栓塞是由于肺动脉及其分支被内源性或外源性栓子栓塞并导致肺循环障碍而引发的一系列临床和病理生理改变的综合征。法医检案中常见肺栓塞类型有肺血栓栓塞、肺脂肪栓塞、肺羊水栓塞及肺空气栓塞，其他少见的有肺癌栓栓塞和肺细菌栓塞等。国内曾有法医报道 1 例因椎骨手术过程中产生的骨粉尘进入循环系统而导致肺骨栓塞死亡的案例。肺栓塞的致死率极高，有统计数据显示，在美国因肺栓塞死亡的仅次于冠心病和恶性肿瘤。

一、肺栓塞的常见类型

1. 肺动脉血栓栓塞

肺血栓栓塞是指来自静脉系统或右心的血栓、随血液流动阻塞肺动脉或其分支的一种病理改变，为肺栓塞中最常见的类型。造成肺血栓栓塞的栓子绝大多数来自下肢的深部静脉，特别是腘静脉、股静脉和髂静脉，少部分来自盆腔静脉和右心附壁血栓。法医实践中肺血栓栓塞常见于长期卧床者、长时间限制体位者、服药期间的精神病患者，以及长时间服用避孕药的育龄女性。术中和术后较正常生活状态下更容易产生血栓，主要与患者术中长时间地静止躺卧在手术台上，术后由于疼痛、恶心和不能行走及制动等因素有关。国外有学者提出“经济舱综合征”的概念，其机制是因经济舱的空间较为狭窄拥挤，长时间坐在这样的空间内，下肢无法移动，加之不断吸入重新过滤的干燥空气，血液变得浓稠，比较容易在下肢深静脉内形成血栓，一旦体位发生改变，血栓脱落即可造成肺血栓栓塞。

肺血栓栓塞对机体的影响取决于栓子的大小及阻塞的位置，小的栓子多栓塞在肺动脉的小分支，常见于肺下叶，除非是多发性或者是在短时间内反复多次栓塞的，一般不引起严重后果，主要与肺具有双重血液供应、肺动脉和支气管动脉之间有丰富的吻合支、侧支循环可起到代偿作用等因素有关。大的栓子则栓塞在肺动脉主干或大分支，甚至同时栓塞左右肺动脉主干，称为骑跨性栓塞。鉴于肺血液循环的特点，有学者认为只有同时栓塞 5 支肺叶动脉中的 3 支及 3 支以上者才可引发猝死。

小的栓子可逐渐被机化和溶解，其机化过程大体分为以下 3 个步骤：①血栓均质化，即血栓成分崩解后形成嗜酸性、同质化的颗粒状物；②内皮细胞和成纤维细胞长入、肉芽组织形成；③血栓软化、溶解和再通。血栓机化过程中，由于纤溶酶的激活和白细胞崩解释放的溶蛋白酶，使血栓软化和溶解。后期，肉芽组织改建为纤维组织并发生玻璃样变，水分被吸收，血栓干燥收缩而出现裂隙，周围新生的内皮细胞长入并被覆于裂隙表面形成新的血管，并相互吻合沟通，使被阻塞的血管部分地重建血流。实际工作中常可以看到不同机化时相的栓子，为反复多次栓塞的结果。

2. 肺脂肪栓塞

循环血液中出现脂肪滴并阻塞小血管，称为脂肪栓塞。这里所说的脂肪滴是指液态脂肪，而不是脂肪组织碎片，后者称为脂肪组织栓子。脂肪滴的来源按形成机制分为创伤性因素和非创伤性因素两种。创伤性因素中最常见的是骨折尤其是长骨骨折和骨手术后，骨髓内压力的改变等因素导致骨髓内脂肪组织通过被破坏了的髓内血管进入血循环。其次是皮下脂肪组织挫伤、抽脂术及烧伤等，皮下脂肪进入损伤的血管内。此外，脂肪肝者腹部外伤可使肝内的脂滴直接进入血液循环。非创伤性因素主要见于急性胰腺炎、糖尿病、酒精中毒、长期免疫抑制剂治疗、输注脂肪乳剂、动脉内顺铂化疗、长期使用类固醇激素等，这些病理情况可改变血脂的物理状态，或者释放自由脂肪酸、脂肪颗粒进入血循环。

脂肪栓子进入静脉血后，随血流到达肺内，一般认为直径大于 20 μm 的脂滴栓子可引起肺动脉分支、小动脉或毛细血管的栓塞，而直径小于 20 μm 的脂滴栓子则可通过肺泡壁毛细血管经肺静脉至左心到达体循环的分支，引起全身多器官的栓塞，最常栓塞的器官是脑，引起脑水肿和脑出血，出血的类型主要有球状出血、环状出血和血管周围播散性出血三种。此外脂滴释放游离脂肪酸还可引起局部中毒，损伤血管内皮细胞，出现特征性的瘀点性出血，有统计数据表明，50%～60%的人在伤后 24～48 h出现这样的瘀点性出血，多分布于两侧腋部、胸部前外侧、颈前部及结膜等处。

脂肪栓塞的后果，取决于栓塞部位及脂滴数量的多少。少量脂滴入血，可被巨噬细胞吞噬吸收，或由血中脂酶分解清除，无不良后果。若大量脂滴（9～20 g）短时间内迅速进入肺循环，使 75%以上的肺循环面积受阻时，可因窒息或急性右心衰竭而死亡。肉眼观察可见肺广泛性出血、肺梗死等改变。

3. 肺羊水栓塞

肺羊水栓塞是指在分娩过程中羊水成分进入母体血循环后引起的肺栓塞、休克、弥漫性血管内凝血、肾功能衰竭等一系列严重症状的综合征。肺羊水栓塞后果的产生，主要与以下 3 个因素有关，一是由羊水中的有形成分如胎儿角化上皮细胞、毳毛、胎脂、胎粪、黏液等导致的机械性栓塞。二是这些有形成分对母体来说是一种致敏源，进入母体后可引起一些血管活性物质释放，导致妊娠过敏样综合征，这种过敏样综合征并不是 IgE 参与的 I 型变态反应。三是羊水中有促凝物质，这些物质进入母体血液循环后可引起弥漫性血管内凝血。

4. 肺空气栓塞

空气栓塞是指大量空气或其他气体在短时间内进入循环血液中，形成空气栓子并阻塞血管的现象。空气栓塞的形成一般有两个基本条件：一是存在空气进入血液的通道，如因外伤导致血管尤其是静脉血管的破裂。二是内外存在一定的压力差，即静脉压相对低于大气压，如颈静脉或锁骨下静脉损伤尤其是静脉不全断裂时，第 3～6 胸椎附近的开放性损伤，脑静脉窦破裂而受伤者处于头高位、窦内形成负压，骨盆内静脉开放性破裂后形成负压。或者存在直接或间接外界压力促使空气进入血液的因素，多种医疗措施如输卵管打气、注射肥皂水行人工流产等，如操作不当，可引起空气栓塞。空气栓塞能否致死主要与空气进入血液的速度和量有关，较大量的空气（如大于 100 ml）迅速进入血循环，数分钟便可致死。

二、肺栓塞的检验

导致肺栓塞的栓子不同，实际工作中应采取不同的方法来证实。

1. 血栓栓塞

血栓栓塞的诊断有赖于在肺动脉主干及其分支发现栓子，见图 5-37。有时因为一些人为因素导致尸检时并不能发现栓子，如胸外心脏按压可使肺动脉内的栓子被压碎或移位，应引起注意。追查血栓栓子的来源是诊断肺血栓栓塞案件的另一项重要工作，一般来说，直径小于 1 cm 的栓子多来源于腘静脉、胫后静脉及其分支，直径在 1～2 cm 的栓子多来源于大腿静脉，直径大于 2 cm 的栓子多来源于盆、腹腔的大静脉。

2. 脂肪栓塞

因脂肪易溶解于乙醇和二甲苯等有机溶剂内，常规 HE 染色难以显现，因此肺脂肪栓塞的确诊有赖于特殊的脂肪染色，如苏丹红染色、锇酸染色等。方法是在尸体解剖时取肺组织，不经过 10%福尔马林固定液固定，直接做冰冻切片、脂肪染色。但根据笔者多年来的检案经验表明，怀疑脂肪栓塞者的肺、脑等器官经甲醛固定后对随后进行的脂肪染色（如苏丹红染色）影响并不大。

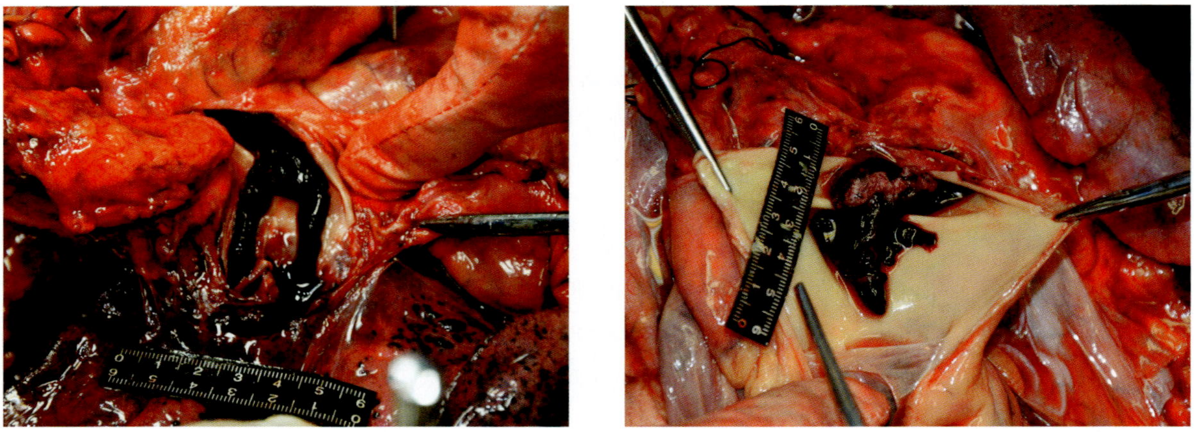

A　　　　B

图 5-37　肺血栓栓塞

Scully 和 Glas 提出并由 Mudd 等人修订了肺脂肪栓塞程度的评级方法，每一肺叶取一个组织块，5 μm 厚切片，在光镜下依次用 4 倍、10 倍、40 倍的物镜进行观察。0 级：4 倍物镜下整个切片没有栓子；1 级：4 倍物镜下整个切片见 1～10 个栓子；2 级：大多数低倍视野下（10 倍物镜）见 1～5 个栓子；3 级：大多数高倍视野下（40 倍物镜）见 1～5 个栓子；4 级：大多数高倍视野下（40 倍物镜）见 5 个或 5 个以上的栓子。

来源于骨髓的脂肪栓子，脂肪组织之间往往夹杂有大量的骨髓细胞，髓过氧化物酶（MPO）是一种重要的含铁溶酶体，存在于髓系细胞（主要是中性粒细胞和单核细胞）的嗜苯胺蓝颗粒中，是髓系细胞的特异性标志物。

3. 羊水栓塞

诊断羊水栓塞的主要依据是在肺组织的小血管内检见角化鳞状上皮、胎毛、胎脂、胎粪等羊水有形成分，有资料显示肺血管腔内出现大量多形核白细胞也是羊水栓塞的特征之一。此外借助一些特殊染色的方法可以有效提高羊水栓塞的诊断率，尤其是在肺血管内羊水成分较少、组织自溶等情形时。例如应用阿尔辛兰-荧光桃红-马休黄双重组化染色法（AB-P-MY 法），角化上皮呈桃红色，黏液呈蓝色。角蛋白 16 主要表达于角化和增生的鳞状上皮内，胎儿的角化上皮细胞含有丰富的角蛋白 16，应用鼠抗人角蛋白 16 单克隆抗体进行免疫组化染色，肺血管内的角化上皮细胞染成棕黄色，结果直观，特异性强。

4. 空气栓塞

空气栓塞者可在肺毛细血管内见到不被染色的空泡，气泡周围有时见白细胞围绕、血小板聚集和纤维素丝等机体对异物的反应，当然如果死亡发生极快者，可无这些生活反应，难以与死后进入血管的空气相鉴别，因此空气栓塞的诊断主要依赖于在尸检时进行的空气栓塞试验，建议在试验时进行同步录像固定证据，否则事后将很难补救。

三、肺梗死的检查

肺有肺动脉和支气管动脉双重供血系统，小的动脉栓塞一般不会引起肺的梗死，但当栓子较大、本身患有严重肺淤血、肺动脉和支气管动脉之间的侧支循环难以有效建立时，也可引起肺的出血性梗死。梗死灶常位于肺下叶，尤好发于肋膈缘，常多发，病灶大小 3～10 cm 不等。外观局部略隆起，表面可见纤维素样渗出，严重时可引起纤维素性胸膜炎。切面梗死灶呈楔形，边缘清楚而光滑，宽基底面靠近胸膜，尖端指向肺门。质地实，密度均匀，因弥漫性出血而呈暗红色，存活较长时间者，灶内红细胞崩解，肉芽组织长入机化，逐渐变成灰白色。

肺栓塞致死者，除了出血性梗死较有特异性外，还可见肺水肿、肺出血、肺不张等非特异性改变。

四、肺栓塞取材的注意事项

在实际检验工作中，对于长期久卧或者术后卧床者在改变体位后突然死亡、骨折后突然死亡、体表大面积挫伤后突然死亡、孕妇在围生期突然死亡等案件，均应着重考虑是否存在肺栓塞的可能性，对怀疑肺栓塞者，取材应注意以下几点：①取材部位以肺实质深部、靠近肺门处为主；②对于肺动脉管腔内的可疑条状质块，应头、体、尾多部位取材；③在条件允许的情况下，怀疑脂肪栓塞者，尸检时应取新鲜肺组织低温保存，以备脂肪染色。

拓展学习 13　深静脉血栓的检查

一、下肢深静脉血栓的检查

尸体呈俯卧位，从足跟到腘窝直线切开皮肤，钝性分离腓肠肌，暴露腘窝静脉，用剪刀剪开并检查其内有无血栓，见图 5-38。也可以自跟腱处切断腓肠肌，自下而上将腓肠肌与胫骨分离，然后每隔 2～3 cm横行切开腓肠肌，如有血栓形成，则可看到结实的、长条状的血栓像“挤牙膏”一样从静脉内迅速滑出，而死后凝血块则较为松弛，一般不突出于血管断面。

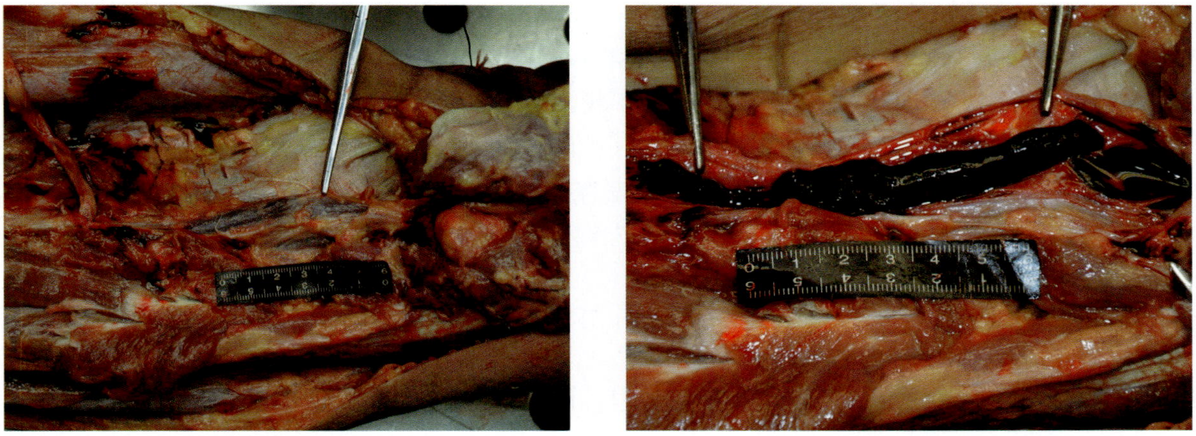

A　　　　B

图 5-38　下肢深静脉血栓

A：剪开静脉前；B：剪开静脉后。

二、盆腔静脉血栓的检查

检查方法是尸体呈仰卧位，打开腹腔后，在原位检查卵巢静脉、子宫静脉，以及髂内静脉内有无呈条索状增粗、变实、质硬的可疑血栓，然后从各韧带的外侧缘切断，将子宫、附件及各韧带一起取出，剪开各主要静脉，仔细检查管腔内有无血栓。

值得注意的是，实际检案过程中，在下肢及盆腔静脉内没有检见残留的血栓，也不能完全排除肺血栓栓塞，因为有可能其内的血栓已完全脱落。

第九节 新生儿呼吸系统的检查

新生儿是指胎儿娩出、结扎脐带时开始，至出生后 28 d 这一时期的婴儿。随着出生后呼吸器官从胎盘变为肺，呼吸系统需经历适应性变化，加之器官在结构和功能上尚未成熟，导致此阶段的发病率和死亡率明显高于其他年龄儿童，其中各种原因引发的呼吸功能障碍是死亡的主要原因，极易引起纠纷，尤其是出生后 1 周内的新生儿。

一、新生儿呼吸系统的特点与法医实践

与其他年龄段相比，新生儿极易出现呼吸功能障碍，这主要与新生儿呼吸系统的解剖生理特点有关，主要体现在以下几个方面：①新生儿的鼻道狭窄，几乎没有下鼻道，鼻黏膜血管和淋巴管丰富，轻微的炎症充血，就可能致窄小的鼻腔更加狭窄，甚至闭塞，使得以鼻呼吸为主的新生儿容易出现呼吸困难，严重的可导致死亡。②新生儿的舌体相对较大，充满整个口腔，舌的前端较宽且无舌尖，舌系带短，舌不易伸出口腔。当新生儿取卧位时舌根靠后，加之喉部位置较高，容易造成呼吸道阻塞。③新生儿的喉部形如漏斗，软骨较软易变形，喉门狭小，喉黏膜薄弱，有丰富的血管和淋巴组织，当有轻微炎症时即可导致喉梗阻。④气管、支气管是气体的传导部分，与成人相比，新生儿的管腔容积与肺泡容积之比相对比较大（达 0.4～0.5，成人为 0.3），因此解剖无效腔较大。同时新生儿的气管、支气管相对狭窄，产生的气道阻力较大，软骨柔软，弹力纤维及肌肉组织发育不完善，管壁容易变形。气管、支气管黏膜柔嫩纤细、血管丰富、纤毛运动差，气道易受感染，且感染时以黏膜肿胀、分泌物增加为主，易使呼气时出现小气道关闭，致呼气不畅，严重影响气体交换。⑤新生儿肺泡表面积与体表表面积之比相对较小，但代谢率又明显高于成人，因此新生儿"肺储备功能"明显不足，较易发生呼吸困难。此外新生儿肺的血管丰富，弹力组织发育差，肺内含气量少而含血量多，故易发生感染，且可致间质性肺炎、肺不张等，这些都是新生儿较容易发生呼吸功能障碍的原因。

二、新生儿呼吸系统的检查

1. 呼吸道

针对上述易造成新生儿呼吸功能障碍的原因，重点检查呼吸道内有无异物（包括炎性分泌物），呼吸道黏膜有无水肿、有无炎症等情形。

2. 肺

对于刚出生不久的新生儿死亡案件，死产或者活产往往是各方关注的焦点，可采用肺浮扬试验、胃肠浮扬试验进行验证，但在实践中存在操作不规范、固定后再行试验等问题。一般来说，活产儿出生后因呼吸及吞咽，使肺泡扩张、胃肠充气，浮扬试验阳性（浮于水面），而死产儿出生后未呼吸及吞咽，密度大于水，浮扬试验阴性（沉入水底）。但一些人为因素或新生儿肺部病变可影响浮扬试验的准确性，导致假阳性或假阴性结果的发生，如肺因腐败而产生腐败气体易呈假阳性，心肺复苏、面罩加

压给氧等可使未呼吸的肺泡扩张亦可呈假阳性，而已呼吸的肺可因肺透明膜病、羊水吸入等病变导致继发性肺不张而呈假阴性，此外褪冰不彻底的肺也会导致假阴性。所以，在判断浮扬试验的意义时应注意以下几点：①要充分了解生产及救治过程，以及冰冻、腐败等情况；②单纯的浮扬试验结果不能作为鉴别活产与死产的唯一依据；③要结合镜下各肺叶、肺泡充气状况及肺透明膜、羊水吸入、继发性肺不张等肺部病变综合判断。

从器官检查的角度看，未呼吸肺和已呼吸肺的差别较大。未呼吸的肺，外观呈均匀的暗紫红色，边缘锐薄，表面光滑，触之无捻发感和弹性，切面似肝。已呼吸的肺，外观呈淡粉红色，表面及切面可见大理石样花纹，边缘钝圆，柔软而富有弹性，触之有捻发感。

对于出生后不久死亡的新生儿，重点检查肺表面是否光滑，表面及切面是否有出血及出血范围，各肺叶是否存在实变及实变的范围，仍然可以通过肺浮扬试验来检验肺实变的程度及范围。

第六章 肝胆的检查和取材

第一节 肝胆的解剖学基础

一、肝

1. 肝的外形

肝是人体中最大的实质性器官和最大的腺体，呈不规则楔形，分为膈面和脏面，膈面和脏面交界的缘称为下缘。膈面隆凸，与膈相接触，膈面的前部借镰状韧带将肝分为大而厚的肝右叶和小而薄的肝左叶。肝的外形见图 6-1。膈面冠状韧带后侧与膈肌之间没有腹膜覆盖的部分称为裸区，此处为肝表面最薄弱部分，肝脓肿常经此处破溃流入胸腹腔。脏面毗邻复杂，与右肾上腺、右肾、十二指肠上部、胃幽门和胃小弯侧及结肠右曲紧邻，并在脏面出现相应的压迹。脏面有左纵沟、右纵沟和介于两者之间的横沟，整体似英文字母“H”。横沟也称肝门或第一肝门，内有肝左右管、门静脉左右支、肝固有动脉的左右支，以及淋巴管、神经等出入，这些出入肝门的结构总称为肝蒂。在膈面腔静脉沟的上部，有肝左、中、右静脉出肝后立即注入下腔静脉，此处被称为第二肝门。在腔静脉沟的下部，有若干条肝静脉系统的小静脉在此汇入下腔静脉，此处被称为第三肝门。

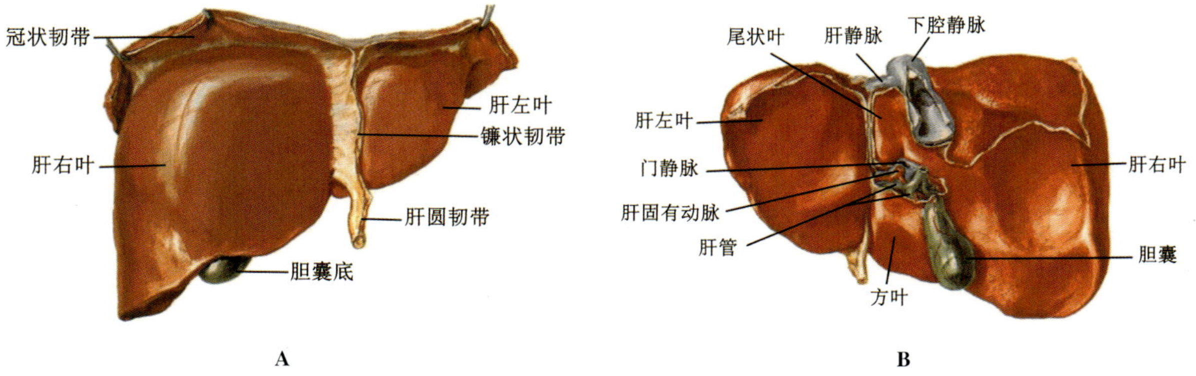

图 6-1　肝

A：膈面观；B：脏面观。

2. 肝的分叶

肝的脏面借“H”形沟分为四叶，左纵沟左侧的部分为左叶，右纵沟右侧的部分为右叶，左、右纵沟之间、横沟前方的部分为方叶，横沟后方的部分为尾状叶。

3. 肝的血液循环

肝有两套血管。其一是肝固有动脉，为肝的营养血管，肝血供的 1/4 来自肝动脉，进入肝后逐渐分支为小叶间动脉。其二是门静脉，为肝的功能血管，进入肝后逐渐分支为小叶间静脉，把来自消化道吸收的营养物质送入肝细胞内代谢和转化。

门静脉高压是指由各种原因引起的门静脉系统血流受阻和（或）血流量增加，导致门静脉及其属支的血管压力升高，临床表现主要有脾淤血性肿大、门一腔静脉侧支循环形成和开放，以及腹水，在我国 90% 以上的门静脉高压是由肝炎后肝硬化引起。门一腔静脉侧支循环主要有胃底和食管下段交通支、直肠下端和肛管交通支、前腹壁交通支、腹膜后交通支等，其中以胃底和食管下段交通支最为重要。

4. 肝的小叶结构

肝小叶是肝结构和功能的基本单位，呈多面棱柱状，成人肝有 50 万～100 万个肝小叶，人类肝小叶之间的结缔组织较少，小叶分界不清楚，常连成一片。在肝小叶中央有一纵行中央静脉，肝细胞以中央静脉为中心，向四周略呈放射状排列，形成肝细胞索，肝细胞索之间是肝血窦，相邻两肝细胞之间有胆小管，胆小管在肝板内连接成网，然后出肝小叶汇集成小叶间胆管，见图 6-2。

门管区是相邻肝小叶之间呈三角形或椭圆形的结缔组织小区，内有小叶间动脉、小叶间静脉和小叶间胆管，此外还有淋巴管和神经纤维。

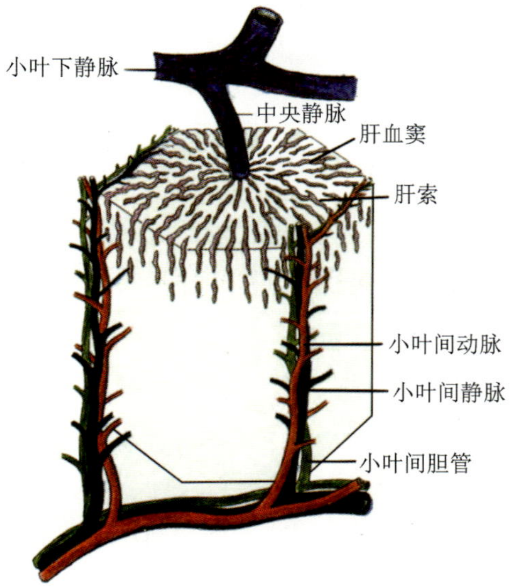

图 6-2 肝的小叶结构

二、胆囊和胆道

1. 胆囊

胆囊位于肝后下方的胆囊窝内，分底、体、颈、管四部，起浓缩和储存胆汁的作用，可容纳 40～70 ml 的胆汁。胆囊壁由黏膜层、肌层和外膜层组成。

2. 胆道

胆道分为肝内胆管和肝外胆管两部分。肝内胆管包括胆小管和小叶间胆管，肝外胆管包括肝左管、肝右管、肝总管和胆总管。肝内胆小管先汇合成小叶间胆管，再逐渐汇合成肝左、右管，肝左、右管于肝门部汇集为肝总管，肝总管与胆囊管汇合为胆总管。胆总管长 6～8 cm，在十二指肠韧带内下行，于十二指肠球部、胰头的后方与胰管汇合并扩大成肝胰壶腹，开口于十二指肠降部的大乳头，开口处有 Oddi 括约肌环绕。肝外胆管见图 6-3。

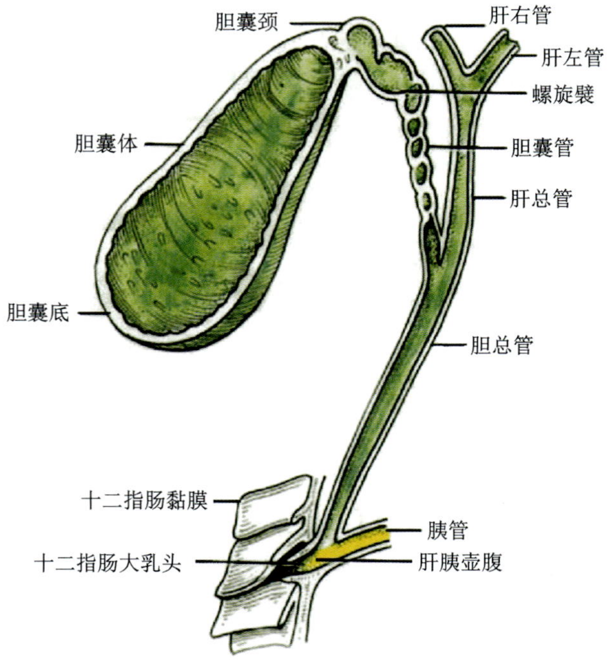

图 6-3 肝外胆道

第二节 肝的切开

1. 水平切法

用长刀沿肝的最大水平面切一刀，将肝切成上下两部分，必要时可在其上下再加切 1～2 个水平切面。

2. 横切法

用长刀自膈面向脏面、间隔 2～3 cm 做数个平行的横切面，切开后按顺序水平摆放、观察，见图 6-4。

图 6-4 肝横切法

A：横切法；B：切开后按顺序摆放。

3. 混合切法

在最大水平切面的基础上，如遇占位等病变，在病变中心处加做一横切面，以充分暴露病灶的三维结构。

第三节 肝的检查

正常肝的重量和大小与年龄有一定的关系，在胎儿和新生儿时，肝的重量相对较大，可达体重的1/20，我国成年人肝的正常重量，男性为1 230～1 450 g，女性为1 100～1 300 g，据统计，占体重的1/50～1/40，此外与体型也有一定关系。表6-1是国人男、女各年龄组肝的正常重量。

表6-1 男女各年龄组肝的正常重量

年龄组	男		女	
	例数（例）	平均值±标准差（g）	例数（例）	平均值±标准差（g）
出生至6 d	654	109.0±31.0	405	115.0±50.0
7～29 d	2 461	116.0±33.0	153	119.0±29.0
1～2个月	314	141.0±38.0	201	134.0±38.0
3～5个月	248	176.0±47.0	204	168.0±44.0
6～9个月	333	274.0±62.0	163	240.0±68.0
10～11个月	151	303.0±69.0	114	285.0±70.0
1～2岁	917	354.0±88.8	759	338.2±82.8
3～7岁	916	532.0±135.2	762	494.3±130.1
8～12岁	309	776.2±177.3	257	731.4±170.7
13～17岁	201	1 068.9±242.9	155	1 101.9±260.5
18～39岁	1 772	1 359.9±275.3	945	1 294.7±280.8
40～49岁	546	1 340.4±285.5	116	1 237.5±280.8
50～59岁	379	1 270.4±277.3	176	1 170.0±283.5
60～69岁	330	1 195.6±280.5	110	1 123.5±271.6
70～79岁	158	1 152.0±251.6	118	1 020.5±223.1
80～100岁	43	1 013.0±252.0	56	887.0±244.0

注：摘自李志尚、黄高明《我国各年龄组脏器重量详表》。

正常肝呈棕红色，质地柔软而脆弱，固定后变硬，呈深褐色。检查时要注意肝被膜是否光滑、完整，是否有纤维组织或凝血块黏附，有无挫伤出血，有无结节及结节的大小。遇有可疑被膜连续性中断的，应仔细观察并与生理性切迹鉴别，必要时可取材制片、镜下观察。正常肝切面质地均匀，可见肝内胆管及血管，要注意观察各切面的颜色、质地及有无占位等情况，细致的触诊有利于发现较小的病灶。现将在肝检查过程中最常遇到的几种大体形态学病变如肝外伤、肝大、肝萎缩、肝黄疸等分别叙述。

一、肝外伤

肝是除脑外最常受钝性暴力损伤的器官，常见于交通事故、高坠、钝性击打和挤压等情形，从损伤发生的概率看，肝右叶较肝左叶多见，膈面较脏面多见。脂肪肝、肝硬化、肝癌等患者，由于肝体积、质地及顺应性发生改变，更易于破裂。

按照被膜有无破裂，一般将肝损伤分为被膜下破裂（图 6-5）和真性破裂（图 6-6、图 6-7、图 6-8）两种。被膜下破裂又根据肝实质破裂的深浅分为表浅型肝破裂和中央型肝破裂，被膜下破裂因各种原因可转化为真性破裂。真性破裂者，肝表面的裂口可呈条状、星芒状或龟壳状等不同形状，钝性打击引起的肝破裂多呈星芒状或条状，破裂中心与力的作用点一致，见图 6-6。高坠所引起的肝破裂常表现为多个平行排列的条状裂创，见图 6-7。部分高坠者因心泵功能瞬间停止，肝破裂局部出血可能并不明显，腹腔也可能没有积血，易被误认为死后伤，需要引起注意。图 6-8 为肝破裂修补术后形成的肝假性囊肿。

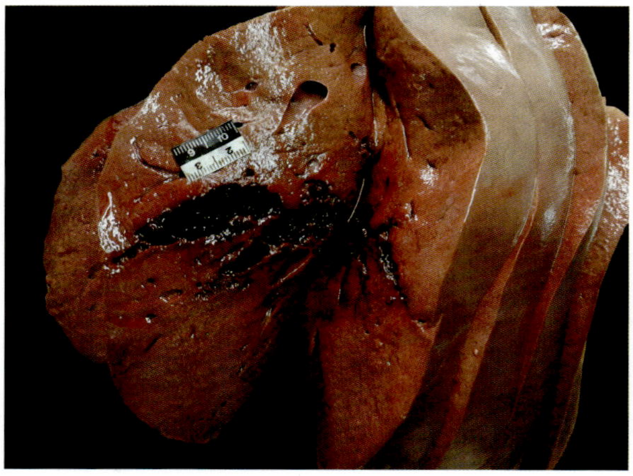

图 6-5　肝被膜下破裂

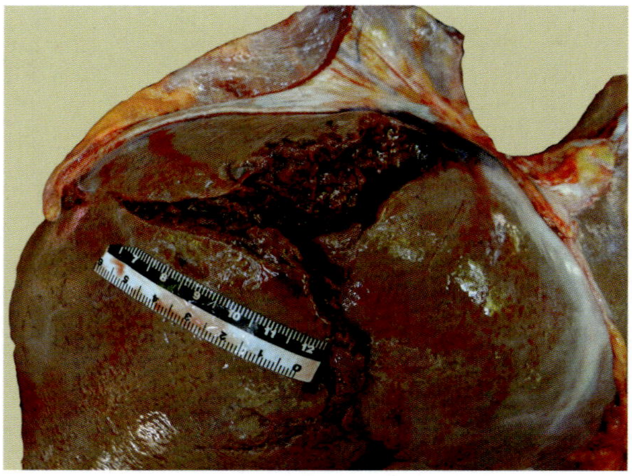

图 6-6　肝真性破裂

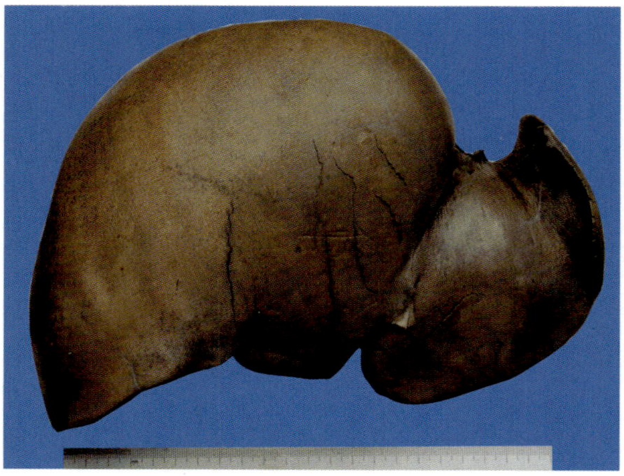

图 6-7　高坠引起的肝破裂

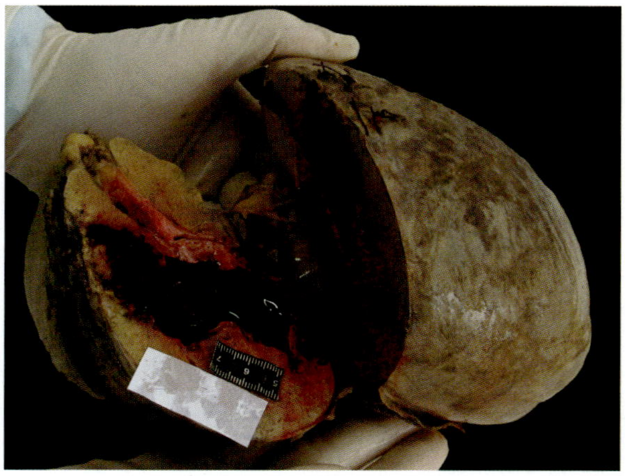

图 6-8　肝破裂修补术后假性囊肿形成

表 6-2 是美国创伤外科学会（AAST）器官损伤分类委员会（OISC）提出的肝损伤分级标准（也称 Moore 分级），一般认为Ⅲ级以内为轻型肝损伤，超过Ⅲ级为重型肝损伤。

表 6-2 肝损伤分级标准

分级	损伤特征	
Ⅰ级	血肿	被膜下血肿，范围＜10%肝表面
	裂伤	被膜裂伤，深度＜1 cm
Ⅱ级	血肿	被膜下血肿，范围 10%～50%肝表面，实质内血肿直径＜10 cm
	裂伤	深度在 1～3 cm，长度＜10 cm
Ⅲ级	血肿	被膜下血肿，范围＞50%肝表面；被膜下或肝实质血肿破裂，实质内血肿＞10 cm 或进行性增大
	裂伤	肝实质裂伤＞3 cm
Ⅳ级	裂伤	肝实质破裂累及肝叶的 25%～75%，或累及同一肝叶的 3 个肝段
Ⅴ级	裂伤	肝实质破裂累及肝叶＞75%
	血管	肝周下腔静脉和肝静脉损伤或肝撕脱伤
Ⅵ级	血管	完全撕脱

肝外伤对机体的危害主要有出血、休克、感染和栓塞等。其中肝外伤导致肺脂肪栓塞得到了大家的共识，其机制是肝外伤后脂酶释放入血使血浆中的脂质出现去分散相，继而相互融合成粗大的脂滴栓子栓塞于肺动脉及其分支。原本有肝脂肪变性者，肝细胞内的脂滴更容易因外伤直接进入血液而引起栓塞。

二、肝大

肝大是指肝外形增大和重量增加，根据是否存在占位性病变分为占位性肿大和非占位性肿大。

（一）占位性肿大

占位性肿大是指因肝内存在占位性病变而导致的肿大，多表现为局限性肿大，常见的肝占位有肝脓肿、肝癌、肝囊肿、肝血管瘤及肝转移性肿瘤等。

1. 肝脓肿

肝脓肿是指细菌、溶组织阿米巴原虫、真菌等多种微生物感染后所引起的肝化脓性病变，其中细菌性占总数的 80%，阿米巴性、真菌性各占约 10%。肝易发生化脓性感染的原因，主要与其有胆道系统、门脉系统、动静脉系统、淋巴系统等多个管道系统有关，大大增加了其感染的机会。

细菌性肝脓肿常为大肠杆菌、金黄色葡萄球菌等多种细菌混合感染的结果。阿米巴肝脓肿是肠外阿米巴病中最重要和最常见的并发症。真菌性肝脓肿主要发生于免疫功能低下者如使用免疫抑制剂、HIV 感染等，往往是全身感染的一部分，免疫特别低下者有时在脓肿处仅见组织坏死而几乎无炎症反应，此时应注意与腐败自溶所致的泡沫器官鉴别，建议做 PAS 染色及银染观察病原菌辅助诊断。图 6-9 见一巨大脓肿腔，内充满脓液，图 6-10 见多发性小脓肿，镜下均呈细菌性肝脓肿表现。

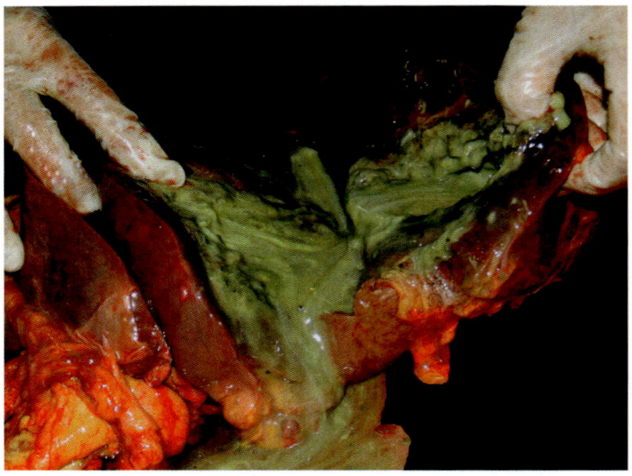

图 6-9 肝脓肿

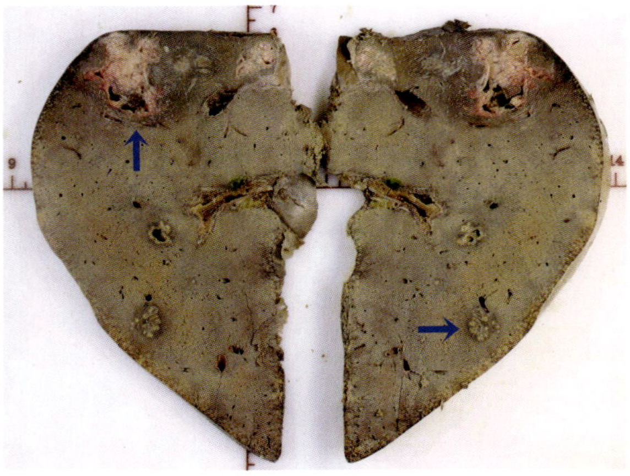

图 6-10 多发性小脓肿

肝脓肿大体检查时肝呈程度不等的肿大，表面多附有脓苔，切面可见一个或多个脓肿性坏死病灶，多数位于肝右叶。病灶大小不等，大至数厘米，小至肉眼不能发现，脓肿灶中心为脓液及坏死组织，周围有时见纤维组织包裹。表 6-3 是不同类型肝脓肿的鉴别要点。

表 6-3 不同类型肝脓肿的鉴别

鉴别	细菌性肝脓肿	阿米巴性肝脓肿	真菌性肝脓肿
病史	常继发于胆道感染或其他化脓性感染	有阿米巴痢疾病史	见于免疫功能低下者，如使用免疫抑制剂、HIV 感染
症状	起病急，进展快，全身中毒反应明显	起病慢，病程较长	起病慢，病程较长
肝大	肝常不大	肝大，呈局限性隆起	肝常不大
脓肿	较小，常为多发	较大，常为单发，破棉絮样外观	较小，多发
脓液	黄绿色或黄白色脓液	棕红色果酱样	豆渣样

肝脓肿如进一步进展，向上穿破可在肝和膈肌之间形成膈下脓肿，穿破膈肌可进入胸腔，形成脓胸、肺脓肿和肝-支气管瘘、胸膜支气管瘘，向下穿破可形成腹腔积脓、化脓性腹膜炎等。

2. 原发性肝癌

原发性肝癌按组织来源一般分为肝细胞性肝癌和肝内胆管癌，其中以肝细胞性肝癌占绝大多数。肝细胞性肝癌病灶可呈单个、多发结节状或弥漫性，肿块大小差异很大，巨块型肝癌晚期可达 10 cm 以上，有的可见包膜。一般伴有颜色及质地的改变，多数质软、形状不规则，发生坏死、出血时呈红色，有较多纤维组织增生时呈灰白色且质地变硬，病灶周围较正常的肝组织可出现偏黄（脂肪变）或偏绿（淤胆）等改变。图 6-11A 为肝硬化并外生型肝细胞性肝癌，切面见肿块内出血（图 6-11B）。肝内胆管癌的肿块多呈灰白色、较硬的实性结节，如伴发坏死、出血则局部呈红色改变，见图 6-12。少数肝内胆管癌的肿块向胆管腔内生长而呈息肉样，多伴有广泛性的淤胆，部分可伴有胆石症和感染。

癌肿晚期，多数病例肝大明显，可达 2 000～3 000 g，肿块可局限在肝的一叶，也可弥散于整个肝内。肝细胞性肝癌晚期常见肝硬化，而肝内胆管癌则较少导致肝硬化。

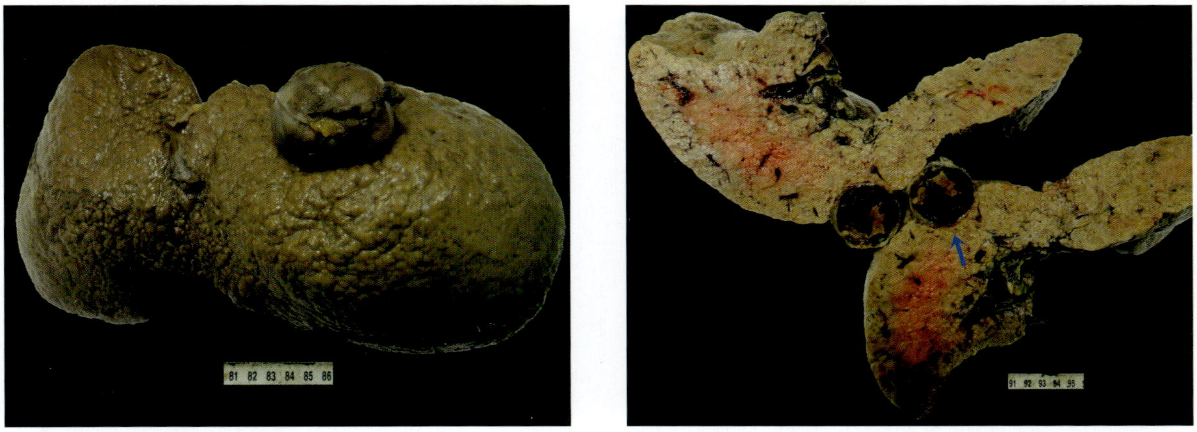

A　　B

图 6-11　肝硬化并外生型肝细胞性肝癌

A：表面观；B：切面观。

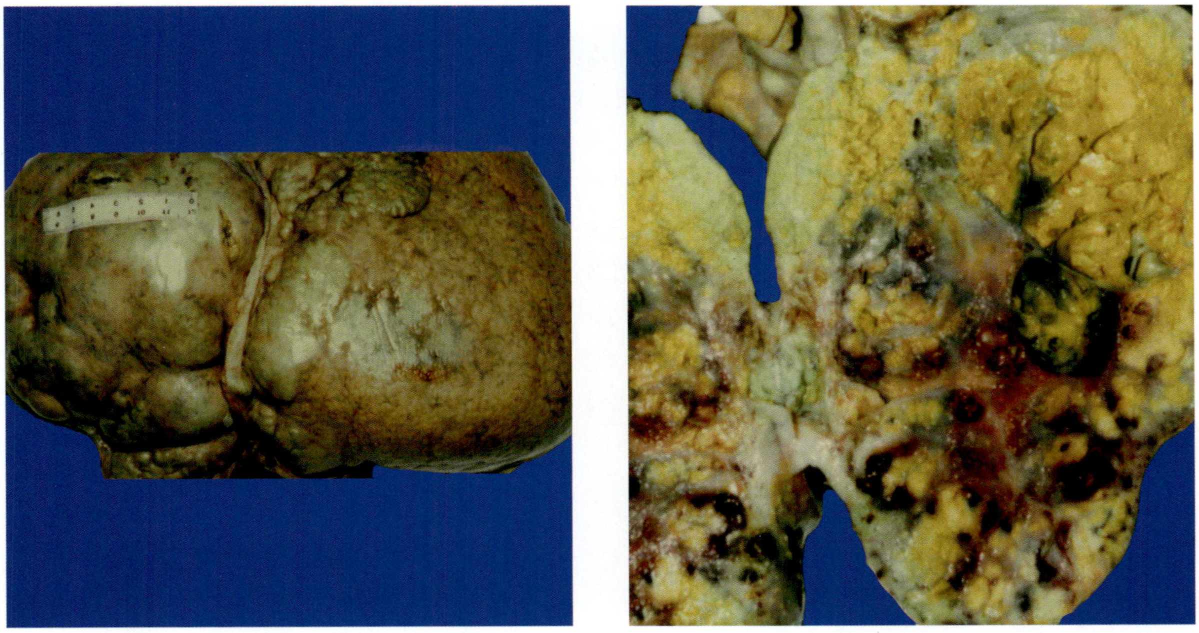

A　　B

图 6-12　肝内胆管癌

A：表面观；B：切面观。

3. 肝囊肿

肝囊肿在检验中时有发现，病因及发病机制尚不清楚，一般认为与先天发育畸形有关，出生后进行性扩张。囊肿包膜完整，厚薄不定，囊内容纳清亮液体，检查时往往因囊内液体流尽而仅见空腔。囊肿有孤立性的，也有多发性的。孤立性者除可见囊肿外，多无其他异常。多发性者，肝体积增大，重量增加，可达数千克，囊肿大小不一、数量不定，小至几毫米，大至数厘米，见图 6-13。肝囊肿存在因短时间内快速生长或破裂阻塞胆道致肝功能受损甚至死亡的可能性，另外囊肿破裂还可导致肝出血及血肿。

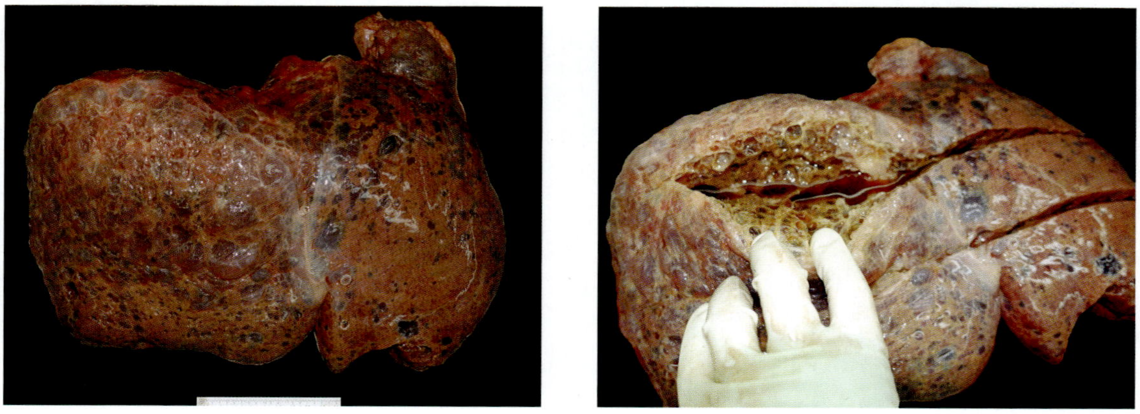

A　　B

图 6-13　多囊肝

A：表面观；B：切面观。

4. 肝血管瘤

肝血管瘤是肝最常见的良性肿瘤，占肝良性肿瘤的 70%左右，是一种肝血管发育异常导致的先天性疾病。瘤体生长缓慢，体积小，多数生前无症状，而在尸检时发现。

肝血管瘤根据组织学改变分为海绵状血管瘤、硬化性血管瘤、血管内皮细胞瘤及毛细血管瘤等类型，其中以海绵状血管瘤最多见。血管瘤表现为形状不规则的单发性或多发性或多发伴融合的含血腔隙，其中以单发性占多数。外观呈紫红色，少数为蓝紫色，固定后多呈暗红色，质软无包膜，边界清楚，见图 6-14。切面呈囊筛状，见图 6-15，可继发血栓、玻璃样变、纤维化、钙化等病理改变。一般按大小将肝血管瘤分为小血管瘤（直径小于 5 cm）、大血管瘤（直径在 5～10 cm）、巨大血管瘤（直径大于 10 cm）三种。由于肝血管瘤壁一般有坚韧的纤维组织，自发性破裂的可能性较小，破裂多是因外力作用所致，如击打或挤压腹部、穿刺等。瘤体积越大、生长越快，自发性破裂的可能性越大。位于被膜下的血管瘤比位于实质内的更容易发生破裂。

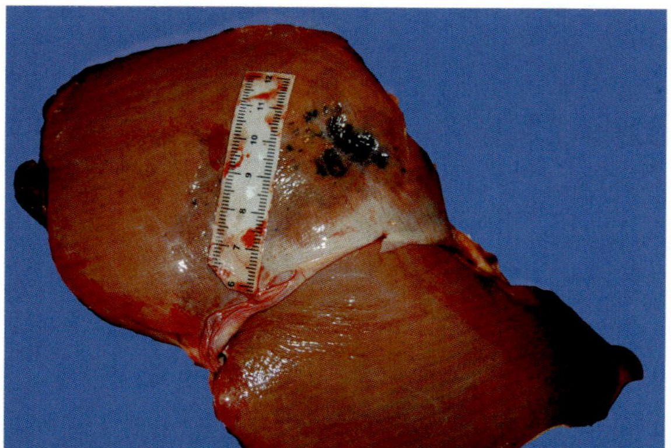

图 6-14　肝海绵状血管瘤

图 6-15　肝海绵状血管瘤切面呈囊筛状

检验时应注意出血（血肿）与血管瘤的鉴别，二者均呈暗红色结节状，大小不一，数量不等。前者为机械性损伤或肿瘤、结核结节破裂所致，新鲜血肿质地硬而实，边缘不整齐、不光滑，有时肉眼观即可见组织呈碎裂状，陈旧血肿有或厚或薄的纤维包膜，故边缘一般较光滑，因血红蛋白降解一般呈绛红色甚至棕黄色，质地软，可成糊状。后者为良性肿瘤，在未破裂时一般境界清楚，边缘光滑，质地硬实，破裂后可形成血肿，有的可突破被膜形成腹腔积血。血管瘤被误诊为原发性肝癌或肝脓肿的案例时有报道，法医检验时亦应注意，通过大体检查及镜检不难鉴别。

5. 肝转移性肿瘤

肝为转移癌的好发部位之一，消化道、肺、胰、肾及乳腺等器官的恶性肿瘤常经血行或淋巴途径转移到肝。

检查时肝表面及切面可见占位性包块，其大小、数目及形态多变，以多个结节病灶较普遍，也可形成巨块状，还可以发生坏死、囊性变、出血及钙化等继发改变，其组织学特征与原发癌相似，见图6-16。

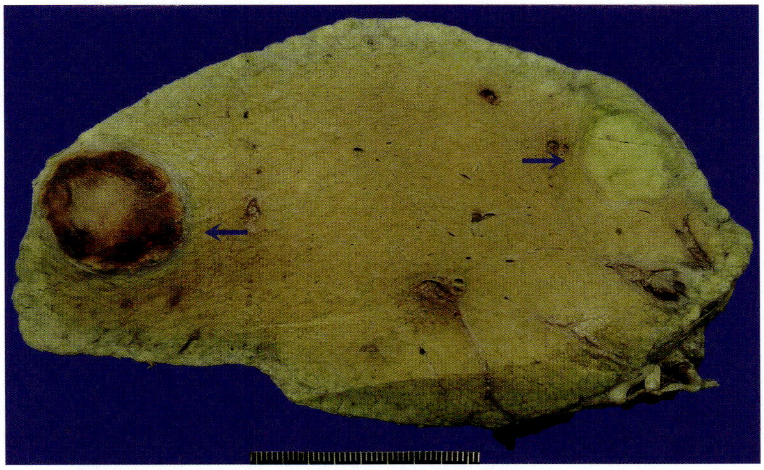

图 6-16　肝转移癌

（二）非占位性肿大

非占位性肝大是指各种原因导致的因肝细胞体积增大、代谢性物质在肝内过度沉积，以及血液在肝内淤积等而引起的肿大，多表现为弥漫性肿大，常见原因有以下方面。

1. 感染性因素

肝炎病毒、EB 病毒、巨细胞病毒、疱疹病毒、肠病毒、致出血热的病毒（如登革热、埃博拉病毒）等均可引起肝实质弥漫性炎症而导致肝大。如乙型肝炎的急性期，大体检查以肝呈弥漫性肿大，包膜紧张无光泽，镜下肝细胞广泛变性（多数为水变性，有时可见嗜酸性变或脂肪变性）为主，可伴有点状或灶状坏死、少量炎细胞浸润、淤胆和再生。慢性病毒性肝炎一般也可见肝大。

感染肝的寄生虫主要有阿米巴、疟原虫、杜氏利什曼原虫、血吸虫、华支睾吸虫、棘球蚴等，检查时均可见不同程度的肿大，尤以疟疾和黑热病最明显。

2. 中毒性因素

肝是人体最主要的解毒器官，具有复杂的代谢及解毒功能。很多化学物质及其代谢产物都可以引起肝损害，这些化学物质可以是砷化物、汞、磷化锌、四氯化碳等毒物，也可以是用于治疗疾病的西药和中药，如利福平、异烟肼等抗结核药，甲苯蝶呤、紫杉醇等抗肿瘤药。在我国，因中草药的广泛应用，其导致的肝损害也不少见。据报道，一般人群中10%、老年人群中40%的肝损害为药物所引起，药物引起的肝损害，不仅见于药物过量，也可发生于药物治疗剂量。

毒物或药物引起肝损害主要通过两个方面，一是直接损害肝细胞，如引起肝细胞膜结构的破坏；二是通过干扰肝细胞代谢间接损害肝细胞，引起肝细胞水变性、脂肪变性、坏死、小胆管淤胆等。肝大与否与毒物的量和持续时间相关。

3. 代谢性因素

一些代谢性疾病如脂肪性肝病、肝淀粉样变、肝豆状核变性、肝糖原贮积等，因为脂肪、淀粉样物质、糖原及铜离子等物质在肝内过度沉积，在疾病的早期可导致肝大，其中以脂肪性肝病最常见。

脂肪性肝病简称脂肪肝，是仅次于病毒性肝炎的第二位常见肝病。大体检查时，肝外观呈黄色，体积增大，重量增加，甚至可达4 000～6 000 g，质地较软，切面有油腻感，见图6-17。根据肝内脂肪含量，将脂肪肝分为轻（肝脂肪含量占总重量的5%～10%，镜下每视野1/3以上的肝细胞脂肪变性）、中（肝脂肪含量占总重量的10%～25%，镜下每视野2/3以上的肝细胞脂肪变性）、重（肝脂肪含量占总重量的25%以上，镜下几乎所有肝细胞脂肪变性）三级。

图6-17 脂肪肝

4. 淤血性因素

充血性心力衰竭、三尖瓣狭窄或关闭不全、缩窄性心包炎、心包填塞、肝静脉阻塞（如布-加综合征）等因肝静脉血液回流障碍、肝静脉内压力升高，均可造成肝被动充血而引起肿大，肿大的原因除了肝窦和肝静脉内血液增多外，还可因并发或继发水样变性和脂肪变性引起肝细胞体积增大，此时肝切面呈红（淤血区）、黄（肝细胞脂肪变性）相间的条纹，如同槟榔的切面，故称为槟榔肝。

三、肝萎缩

肝萎缩是指肝体积缩小、重量减轻的一种病变，上述感染性、中毒性、代谢性和淤血性等因素造成的非占位性肝大，如致病因素持续存在或加重，出现肝硬化或大片肝细胞坏死时则呈萎缩改变。

1. 肝硬化

肝硬化的病变主要有两个方面：一是各种原因导致的弥漫性肝小叶正常结构破坏，二是包括纤维组织增生、肝细胞再生、假小叶形成等在内的肝组织重构。引起肝硬化的常见原因有慢性酒精中毒、肝炎、肝坏死及各种原因引起的胆汁淤积，少见原因有血色病、肝豆状核变性（Wilson 病）、寄生虫病（血吸虫、包虫）等，部分肝硬化病因不明。

肉眼观，肝硬化的特征性表现为体积变小，重量减轻，严重时甚至可轻至正常的 1/3，质地变硬，表面及切面见弥漫性结节。根据结节大小及是否均匀一致，将肝硬化分为细结节性肝硬化、粗结节性肝硬化及混合结节性肝硬化三种类型。细结节性肝硬化者，其结节直径一般小于 3 mm，纤维间隔小于 2 mm，结节相对均匀，说明肝的病理进程较一致，酒精性肝硬化早期和胆汁性肝硬化多为细结节性。粗结节性肝硬化者，其结节直径多数大于 3 mm，有的可达 2～3 cm 甚至更大，其间有厚薄不均的纤维间隔，说明肝不同区域组织坏死、修复再生的病理进程不一致，大片性肝坏死及慢性肝炎所致的肝硬化多为粗结节性。混合结节性肝硬化者，为粗、细结节并存，数量相近，酒精性肝硬化中、晚期可表现为混合性肝硬化。

肝硬化依分类依据不同有多种分类方式，目前较常用的是以病因为基础，结合临床表现和病理改变的综合分类法，将肝硬化分为门脉性（图 6-18 中 A 和 B）、坏死后性、胆汁性（图 6-18 中 C 和 D）、淤血性、寄生虫性、色素性等，其鉴别要点见表 6-4。

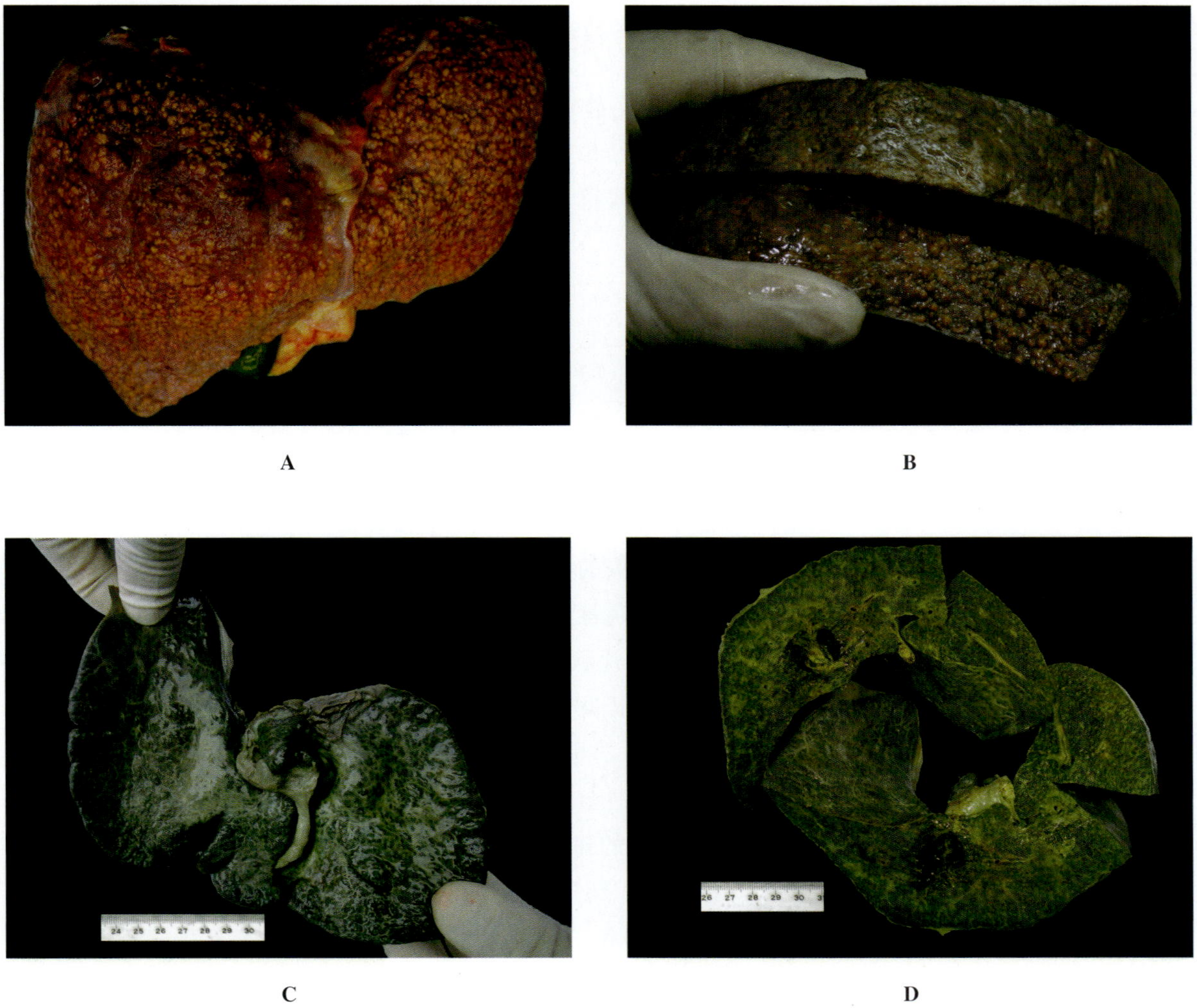

图 6-18　肝硬化

A—B：门脉性肝硬化；C—D：胆汁性肝硬化。

表 6-4 各型肝硬化大体检查鉴别要点

类型	发病机制	大小及质地改变	结节大小	颜色
门脉性	不同原因导致肝实质弥漫变性坏死	初期不明显，晚期明显	颗粒状至小结节状，大小相对均匀	黄绿色至黄褐色
坏死后性	肝实质大块性坏死后再生	病变区明显变硬，可极度缩小	大小、形状各异	颜色多样，可呈黄色、褐色
胆汁性	胆汁淤积	不明显	细颗粒状	绿色
色素性	肝细胞铁超载	体积、重量略有改变	细颗粒状	铁锈色
寄生虫性	寄生虫结节纤维化、结节压迫肝组织致淤血、淤胆	改变明显	结节大小不等	白色（纤维增生） 红褐色（淤血） 绿色（淤胆）

对于法医病理学检验而言，一方面被检对象是静态的，难以像临床病理医师那样获取动态的症状、体征改变及有意义的持续性血生化等实验室检查结果辅助诊断，另一方面不同病因所致肝硬化并非在所有阶段都有独特、典型的形态特征，因此有时候很难做出包含病因特征的分类，而仅做纯形态学的诊断。

肝硬化导致死亡的原因主要见于以下 3 种情况：一是消化道大出血，由于门脉高压，食管下段静脉怒张，如发生破裂，可引起致命性的大呕血。二是肝硬化者多伴有脾大，此时脾质地较脆，易引起破裂而致腹腔大出血。三是肝功能障碍或肝性脑病。

2. 肝坏死

肝坏死是一种常见的病理改变，按坏死的程度分为点状坏死、灶性坏死、片状坏死、大片状坏死等不同类型，一般来说只有大片状的肝细胞坏死才会导致明显的肝萎缩。

（1）重症肝炎：重症肝炎是各类肝炎中最严重的一种类型，较少见，但病死率较高。引起重症肝炎的病原除了最常见的肝炎病毒外，其他如疱疹病毒、巨细胞病毒、EB 病毒、汉坦病毒等也可引起。重症肝炎的主要病理特点是急剧发生的弥漫性大片状肝细胞坏死，根据发病缓急及坏死程度的不同，分为急性重症肝炎、亚急性重症肝炎和慢性重症肝炎三种，下面以肝炎病毒导致的重症肝炎为例介绍其肉眼及镜下改变。

急性重症肝炎肉眼观肝体积明显缩小，重量减至 600～800 g，尤以左叶为甚。被膜皱缩，质地柔软，切面呈黄色或红褐色，部分区域呈红黄相间的斑纹状，又称急性黄色肝萎缩或急性红色肝萎缩。镜下肝细胞呈一次性坏死表现，广泛而严重，面积超过肝实质的 2/3，坏死多从肝小叶中央开始并迅速向四周扩展，仅小叶周边部残留少许变性的肝细胞，网状支架残留。Kupffer 细胞增生肥大，吞噬活跃，肝小叶内及汇管区见大量以淋巴细胞、巨噬细胞为主的炎细胞浸润，残留的肝细胞再生现象不明显。

亚急性重症肝炎大多数由急性重症肝炎迁延而来，少数由急性普通型肝炎恶化进展所致。肉眼观肝体积缩小，表面包膜皱缩不平，质地软硬程度不一，部分区域可见大小不一的结节。切面见坏死区呈红褐色或土黄色，再生的结节因胆汁淤积而呈现黄绿色。镜下特点为既有新旧不一的亚大块坏死，又有网状纤维支架塌陷和胶原化而呈结节状的肝细胞再生。肝小叶内可见明显的淋巴细胞、单核细胞浸润，肝小叶周边部小胆管增生。

慢性重症肝炎是在慢性肝病的基础上，又出现大块性或亚大块的新鲜肝细胞坏死，其大体表现与亚急性重症肝炎类似。

（2）中毒性肝坏死：肝坏死是中毒性肝损害最严重的形式，不同毒物引起肝细胞坏死的部位不同，如砷化物、汞、四氯化碳引起的是小叶中央区细胞的变性坏死，而磷化锌则导致小叶外带的出血坏死。坏死的程度与毒物的剂量有关，当毒物剂量过大时，可引起广泛性的肝细胞坏死，甚至引起急性黄色肝萎缩，与重症肝炎的表现十分类似，但坏死区内炎细胞浸润的类型有一定的差异，中毒性肝坏死主要以中性粒细胞为主，而重症肝炎则以单核细胞、淋巴细胞为主。

3. 营养不良

在一些慢性消耗性疾病、恶病质者，肝可出现不同程度的萎缩，主要是由实质细胞体积变小和数量减少所致。

四、肝黄疸

黄疸是胆红素代谢障碍而引起血清内胆红素浓度升高的一种综合性病理过程，按形成原因分为溶血性黄疸、肝细胞性黄疸和胆汁淤积性黄疸三种类型。溶血性黄疸是指各种原因造成的红细胞大量破坏而产生的溶血所引起的黄疸，肝细胞性黄疸是指肝炎、肝硬化、肝癌、中毒性肝损害等导致肝细胞广泛性损害而引起的黄疸，胆汁淤积性黄疸又称阻塞性黄疸，是指由于肝内胆汁淤积（如肝内胆管结石、癌栓、华支睾吸虫病等）和肝外胆汁淤积（如胆总管狭窄、结石、肿瘤、蛔虫等阻塞等）所引起的黄疸。图 6-19 为新生儿肝胆汁淤积，图 6-20 为胰头占位所致黄疸、胆囊穿刺引流术后的标本。

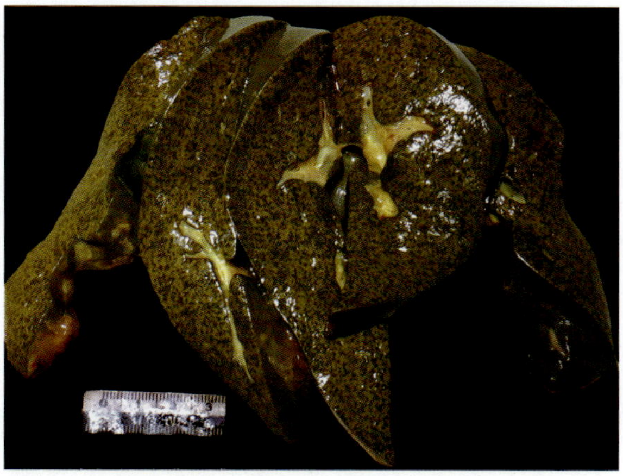

图 6-19　新生儿肝胆汁淤积

图 6-20　阻塞性黄疸

肉眼观肝呈黄绿或墨绿色，有时可见引起黄疸的一些原发疾病如肿块、肝内胆管结石、肝细胞坏死等表现。病理学检查时还需要与固定过程中的胆汁浸染相鉴别。

第四节 胆道的检查

一、胆道的剪开与检查

解剖过程中怀疑胆道存在病变的，应及时调整解剖术式，尽量在原位检查胆道或将肝、胆、胰、十二指肠联合取出后再检查胆道。

由于胆汁的腐蚀和胆道壁的阻隔，未剪开洗净的胆道黏膜面几乎无法取得满意的固定效果，因此常规胆道检查宜在尸检提取肝后立即进行，在剪开胆囊前可先用注射器提取胆汁备检。首先逆向游离出胆囊、胆总管及肝总管至肝左、右管汇合处，在胆囊底部剪一小口使胆汁自然流出，观察胆汁的颜色，然后自破口处沿纵轴剪开胆囊、胆总管及肝总管，观察有无结石、寄生虫，有无嵌顿或组织粘连，再用流水轻柔冲洗胆道黏膜面，观察其色泽有无异常、黏膜有无增厚、有无息肉等异常。胆道病变或损伤部位的定位多以其与肝总管、胆总管起点的距离来描述，在检查过程中禁止揉搓或用手术器械搔刮，以免破坏黏膜组织。

二、胆道的常见病变

1. 胆道结石

国内胆道结石患病率为7%～10%，胆囊结石多数为胆固醇结石，因成分不同可呈泥沙样、圆形、卵圆形、桑葚状或不规则多面体，大小差异很大；数量不定，可以是单枚，也可多达数百枚，颜色可为黄白色、绿色、黑色等。胆囊如检见泥沙样胆石，应特别注意肝内胆管中是否也有泥沙样胆石。图6-21为两例肝内胆管结石标本，其中图6-21A黄疸明显。

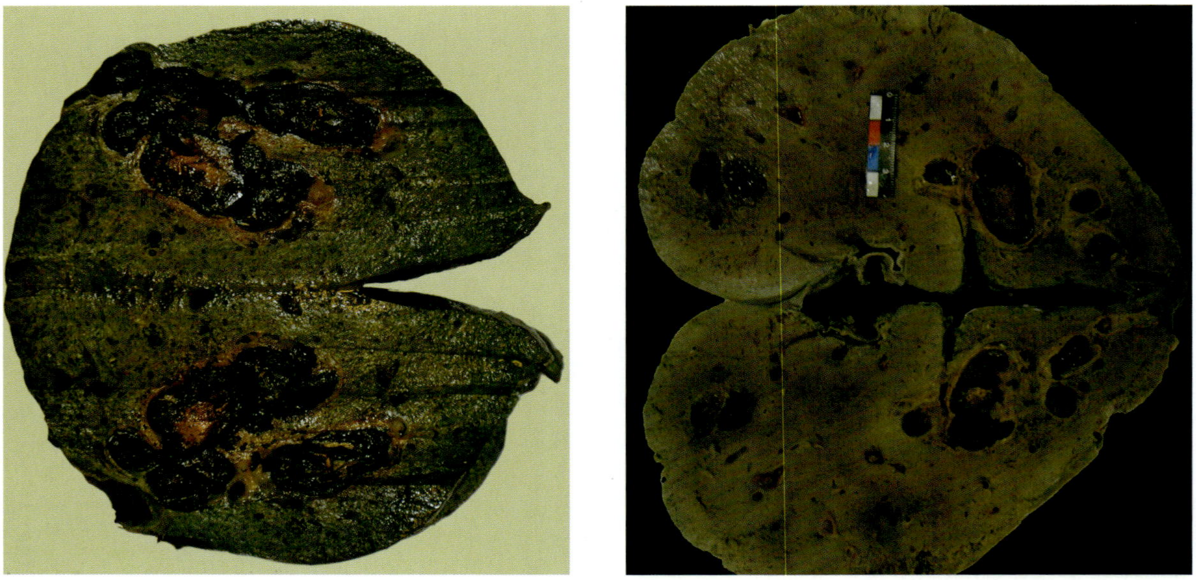

A　　B

图 6-21　肝内胆管结石

胆石嵌顿未及时治疗，易引发急性胰腺炎、急性化脓性胆管炎等致死性并发症，还可诱发原有心脑血管疾病导致猝死，此外胆石长期刺激胆道黏膜是诱发胆道肿瘤的重要因素。

2. 胆道炎症

胆道炎症多由细菌感染引起，胆道胆囊阻塞、胆汁淤滞常为胆道炎症的发病基础。按部位分为胆囊炎和胆管炎。

急性胆囊炎者胆囊肿大，颜色呈暗红色或深红色，囊壁水肿而增厚，黏膜皱褶变平，呈红色充血状，有时伴有化脓、坏死、出血等改变。慢性胆囊炎者大部分表现为胆囊增大、壁厚，黏膜皱褶消失或增粗呈小梁状，胆囊管扩张，少部分胆囊缩小、变硬，囊腔缩小。

急性胆管炎是细菌感染引起的胆道系统的急性炎症，大多存在胆道梗阻的病理基础。如果胆道梗阻未能解除，病情进一步发展，则可发生急性梗阻性化脓性胆管炎。急性梗阻性化脓性胆管炎又称急性重症型胆管炎，是由于胆管梗阻和细菌感染，胆管内压升高、肝胆血屏障受损，大量细菌及毒素进入血循环，造成以肝胆系统损害为主，合并多器官损害的一种严重感染性疾病，是肝内、肝外胆管结石最凶险的并发症，感染性休克、胆源性肝脓肿、脓毒败血症及多器官功能衰竭是导致患者死亡的主要原因。病理改变主要表现为胆管梗阻和胆管内化脓性炎症，肉眼观胆管壁充血、水肿、增厚，梗阻以上部位胆管扩张，内压增高，胆管内充满脓性胆汁，有时可引起肝脓肿、急性出血性坏死性胰腺炎。图 6-22 中 A 为急性梗阻性化脓性胆管炎，B 为并发急性出血性坏死性胰腺炎。

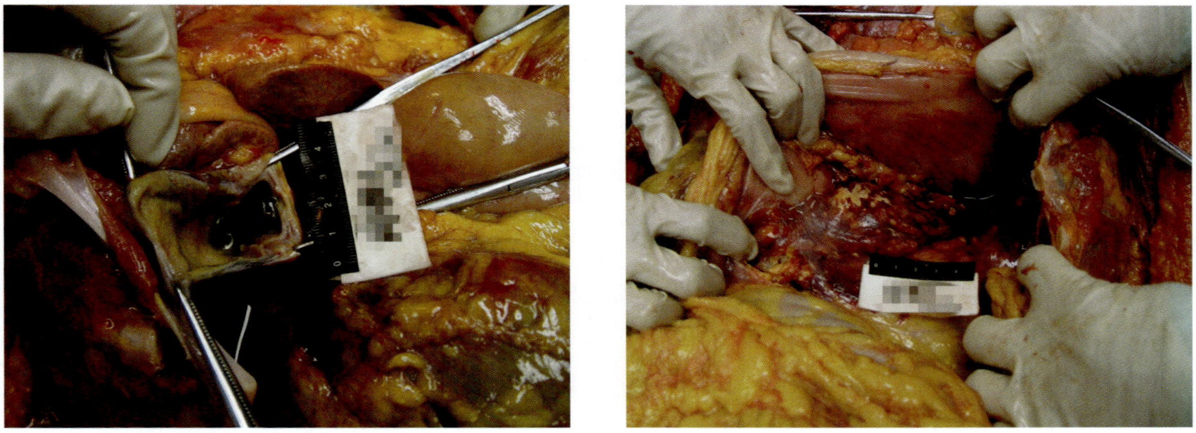

A　　　　B

图 6-22　急性梗阻性化脓性胆管炎并发急性出血性坏死性胰腺炎

A：急性梗阻性化脓性胆管炎；B：并发急性出血性坏死性胰腺炎。

3. 胆道出血

胆道出血是指由于各种原因导致胆道与血管间形成异常通道（瘘管或病理性通道）而引起的上消化道出血，可出现腹痛、呕血、便血等症状。大出血者可因失血性休克致死，也可因继发感染、粘连等危及生命。尸检发现胃、十二指肠血性内容物时，应注意将胆道作为可能的出血来源进行排查。检查时可从十二指肠大乳头部横切肝胰壶腹，观察管腔内是否有凝血块。发现胆道出血的，应继续逆向探查，寻找出血来源。

胆道出血主要为非外伤性出血，原因包括感染（尤其应注意寄生虫感染）、胆石、肿瘤及血管畸形等，以前两种最常见。

外伤性胆道出血多见于手术、侵入性检查等医源性损伤，非医源性损伤可见于高坠、车祸及刀刺等，但较少见，且多伴有其他腹部外伤。目前胆道损伤依受损部位和严重程度分为 5 型（Mattox 分型），见表 6-5。

表 6-5　胆道损伤 Mattox 分型

分型	受损部位	严重程度
Ⅰ	胆囊、肝门部胆管	挫伤
Ⅱ	胆囊	撕裂/穿孔
Ⅲ	胆囊	撕脱[1]
Ⅳ	胆总管[3]/肝总管	撕裂[2]
Ⅴ	胆总管[3]/肝总管	撕裂[4]
	胆总管[5]	撕裂

注：表中 1 指胆囊从肝床上撕脱；2 指撕裂伤小于管径 50%；3 指胆总管十二指肠上段和/或十二指肠后段；4 指撕裂伤大于管径 50%；5 指胆总管胰腺段、十二指肠壁内段。

单纯的胆道外伤一般不会导致伤者很快死亡，但由于部位隐匿，发生率不高，容易漏诊，特别是伴有肝、脾、肠等其他器官损伤时。胆道损伤除了出血，还可出现胆汁溢漏、腹膜炎等继发症，有时候即便是及时手术处理，仍有出现胆漏的可能。手术修补后还可因瘢痕收缩、纤维增生等出现胆道狭窄。因此腹部外伤后死亡的案例，如在常见部位未检见致命性损伤，应考虑存在胆道损伤后继发症致死的可能。

第五节　肝胆的取材

肝常规取材一般在左、右叶各取 1 块带有被膜的组织。可疑病变区域如血管瘤、肿块及破裂处应适当加取，尤其应注意取病变交界部位。

胆囊常规取材可在胆囊底、体、颈部沿纵轴分别取长约 1.5 cm 包含胆囊壁全层的条形组织块。肝内胆管、胆总管胰段和十二指肠壁内段可与相邻组织一并取材。遇有胆道病变时可根据病变类型、形状、范围决定取材方向及方式，如有赘生物、附着物（脓苔、凝血块）的应一并取材。

第七章 脾的检查和取材

第一节 脾的解剖学基础

脾是一暗红色、呈扁椭圆形或扁三角形的实质性器官，位于左季肋区深部，脾质软而脆，尸检摘取脾时应动作轻柔、手法规范，避免造成人为损伤。解剖形态上将脾分为前、后两端，上、下两缘，膈面和脏面两面。膈面平滑隆凸，贴于左膈穹隆下面，脏面凹陷，中央为脾门，是神经、血管等出入脾之处，见图 7-1。脾动脉是腹腔干最粗大的分支，在进入脾门前 2～5 cm 分出脾叶动脉。脾叶动脉最常见的有 2 支，即脾上、下叶动脉，此外也有 1 支和 3 支的，4 支及以上者罕见。有时可见自脾动脉主干、脾叶动脉甚至腹腔动脉发出不经过脾门直接进入脾上极和（或）下极的动脉，称为脾极动脉。

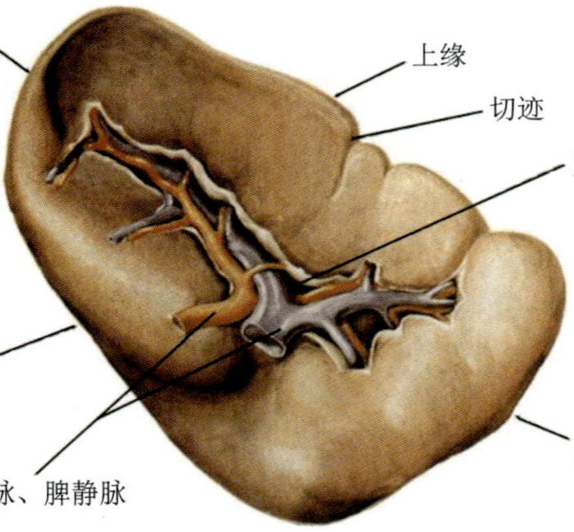

图 7-1 脾

脾在胚胎期是造血器官，自骨髓造血开始后，逐渐演变为人体最大的淋巴器官。脾实质主要由淋巴细胞组成，与一般淋巴结不同的是富含血管和血窦。脾无皮质、髓质之分，而分为白髓、边缘区和红髓三部分，从切面上看，红髓呈紫红色，其间散在分布大小为 1～2 mm 灰白色的白髓，红、白髓之比为（3～4）：1，但自溶及固定不良往往会影响观察。

第二节 脾的检查

一、脾表面的检查

观察脾的表面是否光滑，出现化脓性腹膜炎、腹水等时，脾表面可见一些炎性渗出物附着，脾被膜增厚并伴有玻璃样变时则呈糖衣脾样外观，见图 7-2。观察被膜是否紧张或皱缩，脾大者被膜多呈紧张状态，而脾贫血者被膜多皱缩。检查脾门处进出脾的血管有无撕裂，管腔内有无血栓。此外应注意是否存在副脾。

图 7-2　脾被膜增厚

（一）脾的重量和大小

测量脾的重量、大小是否正常，表 7-1、表 7-2 分别是国人各年龄组脾的正常重量和大小，可以看出，正常人脾的重量和大小随着年龄的增长而增加，至青壮年时最重、最大，50 岁以后逐渐萎缩，性别间的差异尚无定论，高海拔地区居民的脾的各径较平原地区的大，可能是对长期缺氧环境的一种适应性变化。一般认为，正常成年人脾的重量为 100～200 g，脾的重量在 200～300 g 为轻度肿大，300～500 g 为中度肿大，500 g 以上为重度肿大。脾密度与年龄、性别无关。有学者将脾的密度分为4 级：Ⅰ级 $\rho>1.4\ g/cm^3$，多为脾纤维化；Ⅱ级 ρ 在 $1.1\sim1.4\ g/cm^3$，为正常脾密度；Ⅲ级 ρ 在 $1.0\sim1.1\ g/cm^3$，多为脾轻度肿大；Ⅳ级 $\rho<1.0\ g/cm^3$，多为脾重度肿大。

表 7-1　男女各年龄组脾的正常重量

年龄组	男		女	
	例数（例）	平均值±标准差（g）	例数（例）	平均值±标准差（g）
出生至 6 d	653	10.0±4.0	392	10.0±4.0
7～29 d	228	11.0±4.0	156	11.0±4.0
1～2 个月	315	17.0±8.0	195	16.0±8.0
3～5 个月	275	21.0±10.0	218	21.0±9.0
6～9 个月	345	27.0±10.0	274	14.0±10.0
10～11 个月	153	33.0±12.0	114	30.0±13.0
1～2 岁	877	37.8±14.1	733	34.4±13.8
3～7 岁	904	55.9±23.0	758	51.0±22.5
8～12 岁	296	83.4±30.5	250	79.4±31.1
13～17 岁	174	115.1±43.9	135	115.3±43.7
18～39 岁	1 694	177.9±64.5	930	159.5±60.7
40～49 岁	560	165.3±66.3	241	152.9±64.2

续表

年龄组	男		女	
	例数（例）	平均值±标准差（g）	例数（例）	平均值±标准差（g）
50～59岁	413	152.8±61.6	187	127.9±58.5
60～69岁	357	142.6±64.7	188	116.5±54.6
70～79岁	173	127.4±60.3	125	104.4±48.8
80～100岁	43	121.0±65.0	59	109.0±58.0

注：摘自李志尚、黄高明《我国各年龄组脏器重量详表》。

表 7-2　各年龄组脾的正常大小

年龄组	例数（例）	长（平均值±标准差）（cm）	宽（平均值±标准差）（cm）	厚（平均值±标准差）（cm）
0～	4	8.7±1.8	7.0±0.7	2.6±0.4
10～	7	8.4±1.5	9.6±1.6	3.1±0.7
20～	24	8.9±1.7	10.3±1.6	3.6±0.6
30～	91	8.9±2.2	10.4±1.3	3.3±0.6
40～	132	8.8±2.0	9.9±1.6	3.3±0.7
50～	141	8.7±2.3	9.7±1.5	3.4±0.8
60～	80	8.4±2.1	9.4±2.0	3.2±0.6
70～	19	8.5±1.6	9.4±1.8	3.2±0.6

（二）脾大和萎缩

脾大的原因主要有两大类：一是感染性因素，如病毒感染、细菌感染、螺旋体感染、寄生虫感染等各种急性感染，以及慢性病毒性肝炎、慢性血吸虫病、慢性疟疾、黑热病等各种慢性感染。二是非感染性因素，如肝硬化、慢性右心衰竭、慢性缩窄性心包炎或大量心包积液等导致的淤血，以及白血病、红白血病、恶性淋巴瘤、溶血性贫血、真性红细胞增多症、多发性骨髓瘤、脾功能亢进症等各种类型的血液病等。图 7-3 为一巨脾症标本。

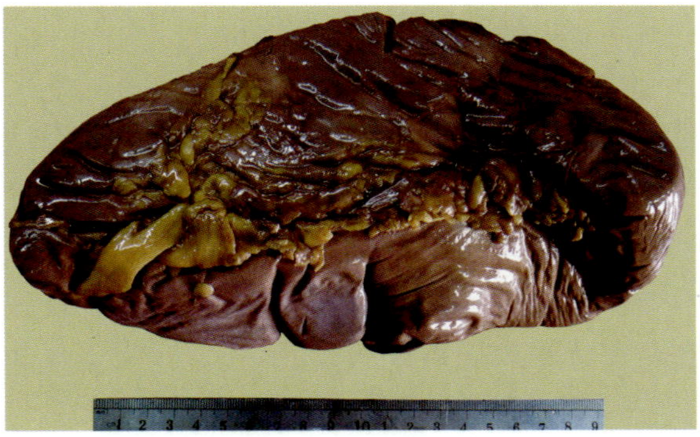

图 7-3　巨脾症

轻度脾大多见于某些病毒感染、细菌感染、充血性心力衰竭、肝硬化等。中度脾大多见于白血症、慢性溶血性贫血、恶性淋巴瘤等。重度脾大多见于慢性疟疾、晚期血吸虫病、真性红细胞增多症、地中海贫血等。淀粉样变性病、尼曼－匹克病等代谢性疾病累及脾时，除表现为脾重度肿大外，往往还伴有脾质地和切面色泽的改变。

不同病因引起的脾大其质地也有差异。一般急性感染引起的脾大，质地软。如传染性单核细胞增多症患者，大多数出现脾急性肿大，被膜相对变薄且伴不同程度炎症，导致脾容易破裂。慢性感染、白血病等引起的脾大，质地硬，表面不平。肝硬化导致的脾大，质地中等硬。淤血性脾大，其质地因淤血程度和淤血时间的长短而不同，时间短、淤血轻者质地软，而时间长、淤血重者质地硬。

尸检过程中也经常会遇到脾萎缩，主要见于老年性萎缩和全身消耗性疾病等情况，常与其他器官如肝、肾等的萎缩平行发展。单纯性脾萎缩者少见，如镰刀形红细胞贫血晚期病例，脾可萎缩到直径只有 2～3 cm，有人用“自体脾切除”来形容这一特征。

脾萎缩大体表现主要有脾外形缩小，被膜皱缩，重量减轻，有的甚至在 50 g 以内。镜下白髓和红髓均明显萎缩，淋巴组织稀疏，脾小梁和中央动脉之间的距离缩小，相互靠近，小梁增粗且弯曲，与脾大时小梁的笔直走行形成明显对比。

（三）脾破裂

脾破裂为最常见的腹部器官损伤，统计数据显示为闭合性腹腔内器官损伤的第一位，占腹部损伤的 20%～40%。检查时应仔细检查脾被膜有无破口，如有应注意测量破口的长度、深度，检查破口内有无凝血块，触压其质地。有时候脾破裂还须与脾切迹相鉴别，脾切迹位于上缘，多数为 1～3 个，少数可多达 5 个，深浅不定，最深可达 4 cm 以上，特别是脾表面有较多凝血块黏附时，容易将脾切迹误认为破口。此时应从切面观察可疑内陷部位是否有完整、延续的被膜，必要时重点取材做镜检。

临床上按破裂的严重程度将脾破裂分为 4 级。

Ⅰ级：脾被膜下破裂或被膜及实质轻度损伤，破裂长度≤5 cm，深度≤1 cm。

Ⅱ级：破裂长度＞5 cm，深度＞1 cm，但脾门未累及，或脾段血管受损。

Ⅲ级：破裂伤及脾门或脾部分离断，或脾叶血管受损。

Ⅳ级：脾广泛破裂或脾蒂、脾动静脉主干受损。

遇有脾破裂案例时应仔细观察、记录损伤的部位、程度，可结合上述分级方式对脾破裂严重程度予以评价。特别是外伤与死因无关，需要就外伤进行法医临床学损伤程度鉴定时，脾破裂的分级具有重要的参考价值。Ⅱ～Ⅲ级破裂一般需腹腔镜或开腹行修补术、脾动脉结扎、部分脾切除等手术治疗，Ⅳ级破裂需行脾切除治疗。临案遇到脾破裂时还应厘清以下几个问题。

1. 真性破裂与假性破裂

真性破裂是指被膜和实质均发生破裂者，腹腔积血明显，在脾破裂口处多有凝血块黏附，被膜因出血而皱缩。假性破裂是指脾被膜完整而实质发生破裂者，大体检查时脾体积增大、重量增加，被膜紧张，质地不均匀，未固定时出血部位触压有波动感，固定后质地较正常脾硬，局部可见凸起，切开脾后可见出血甚至血肿。也有学者将单纯脾被膜破裂而实质未破裂者也归属于假性破裂，不过这种情况较为少见，往往也不会引起严重后果，如因其他原因死亡可在脾窝内见少量积血，时间较长者可表现为脾窝软组织血液浸染，大体检查时可在脾被膜见浅表裂纹。

2. 急性破裂与迟发性破裂

一般将外伤后 48 h 内脾发生破裂并出现腹痛、腹腔出血等症状的称为急性破裂，见图 7-4。48 h 以后发生破裂并出现症状者称为迟发性破裂，见图 7-5。

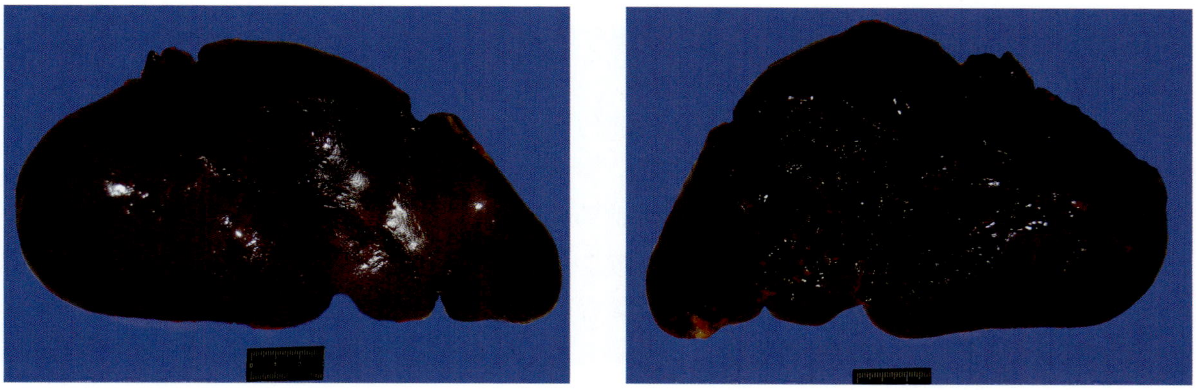

A　　B

图 7-4　急性脾破裂

A：多发条状破裂；B：星芒状破裂。

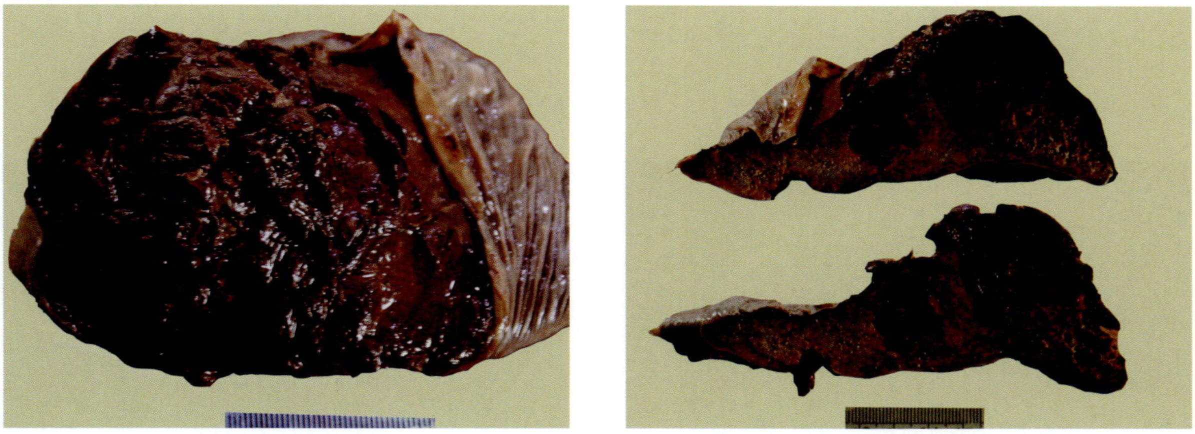

A　　B

图 7-5　迟发性脾破裂

A：表面观；B：切面观。

迟发性脾破裂约占脾外伤的 20%，多发生于伤后 2 周内，其发生机制主要有两种情况：一是受伤当时被膜未破裂但脾实质破裂出血，随着出血的累积，血肿逐渐增大，引起包膜破裂，由假性脾破裂转变为真性脾破裂；二是受伤当时被膜和实质均有破裂，即原本已是真性破裂，但由于凝血块填塞或周围组织包裹、嵌顿、压迫，腹腔积血的进程受到限制而未表现出症状，一段时间后，前述限制出血的原因解除后即又可发生大出血。由于医学的进步，目前迟发性脾破裂多见于未及时规范诊治者，极易引起法律纠纷。迟发性破裂的脾，在其切面可见血肿机化不同时相的表现，部分可见血肿机化形成的纤维组织包膜，这些均是法医病理学检验的重点。

脾破裂后未人为干预的，一般 4 个月左右完全修复，因此首次出现脾破裂症状距腹部外伤时间过长的，确定脾破裂与外伤的因果关系应特别谨慎。检案时必须详细了解被鉴定人的外伤史（尤其是有无二次受伤史）、症状、体征等情况，外伤性迟发性脾破裂者，大多数有间歇性腹痛的临床特点，即具有外伤后腹痛、腹痛缓解、腹痛加剧这一过程。要注意通过大体检查和镜下观察，把握血肿机化的时序性改变特征，分析、研判是否与外伤间隔时间相吻合。

3. 自发性破裂与外伤性破裂

自发性脾破裂一般见于病理性肿大、质地变脆的脾，可因腹压突然急剧增大而发生破裂，比如咳嗽、打喷嚏。外伤性脾破裂有明确的腹部外伤史，多见于高坠、交通事故、拳打脚踢等钝性暴力，除局部皮肤青紫、肿胀外，最常见的伴发损伤为左侧肋骨骨折，其他还包括肝、左肾、胰尾、对应脊椎横突等邻近组织器官损伤。对于病理性脾大和外伤并存的脾破裂案例，伤病关系的鉴别往往比较困难，可根据损伤程度和部位、脾本身病变程度等方面综合分析。邻近组织器官伴发的损伤可佐证外力作用的部位和程度，对于仅有局部皮肤软组织损伤而缺乏邻近深部器官组织伴发损伤的，则可能需要考虑病理性脾大为主要因素，外伤作为辅助或次要因素。

二、脾的切开

脾的切开主要有两种方法。

1. 横切法

从膈面隆凸处对着脾门做一切面，然后在此切面的两边分别做数个平行的切面，见图 7-6。

2. 水平切法

由上缘向下缘做水平切面，遇有质地改变时应有针对性地加做多个切面以利观察。

A

B

图 7-6 脾横切法

A：横切法；B：切开后按顺序摆放。

三、脾切面的检查

切开后观察脾被膜有无增厚，红、白髓是否清晰，脾白髓增生表现为白髓体积增大，红白髓比例降低，有的可见白髓融合，通常见于免疫激活状态。白髓萎缩多见于免疫低下或老年人。急性脾炎是脾常见的一种病理改变，多伴发于各种感染性疾病，大体检查时脾多肿大，切面脾红髓正常结构消失，质软，脾髓呈浆状，极易用刀背刮下。慢性疟疾者的脾，因疟色素沉着，切面色泽变得灰暗，有一定的特征性。

由于脾动脉是没有交通的终末动脉，又是动脉终末循环部，故脾梗死的发生率比其他器官高，脾大时更易发生梗死。脾梗死多表现为贫血性梗死，外观灰白色，锥形，尖端指向血管阻塞的部位，底部靠近表面，梗死区与正常组织交界处因炎症反应常见一充血出血带，局部脾被膜表面可有纤维性渗出物附着。小的梗死灶可完全机化成梗死瘢痕。而大的梗死灶，中央坏死不易被吸收，往往长期残留，有时可发生钙化。

急性脾淤血者因脾窦扩张，内充满大量红细胞，包膜紧张，切面呈暗红色，见图 7-7。慢性脾淤血者因脾索增粗，含有增生的纤维组织、窦壁细胞和淋巴细胞，脾窦腔狭窄甚至关闭，不含红细胞，故切面呈灰褐色且质地偏硬。脾贫血是因脾代偿性收缩、脾内红细胞进入血液循环，导致脾窦内红细胞减少或空虚的一种病理改变，多见于失血性休克、机械性窒息等，切面红、白髓之比降低，见图 7-8。

图 7-7　急性脾淤血

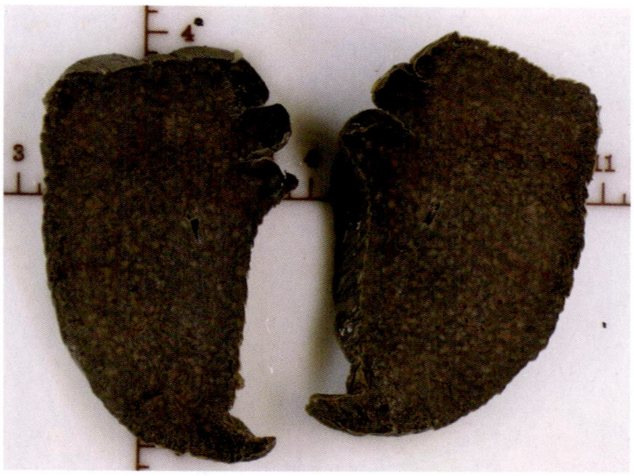

图 7-8　脾贫血

四、异位脾种植

异位脾种植是指脾组织由于脾外伤或脾切除术后所引起的自体种植，绝大多数种植于腹腔内，如大网膜、肠系膜、膈肌、腹壁及肝、胃等处，极少数发生于盆腔和胸腔。脾组织腹腔种植表现为局部见暗红色或蓝黑色小结节，直径一般为 1.0～3.0 cm，单个或多个。有报道，脾组织种植间隔时间最短在 5 个月，最长 32 年，平均为 10 年左右。异位脾种植患者多数无临床症状，少数可出现腹部隐痛或肠梗阻症状，也有误诊为肿瘤报道。

异位种植的脾亦有发生破裂出血的可能，编者遇到一胸腔内异位脾种植并破裂致失血性休克死亡的案例。死者男性，30 岁，被人打伤后死亡，既往于 13 年前因脾大行脾切除手术。尸检发现左第 2～5 肋于锁骨中线处骨折，右第 2～10 肋于肩胛线处骨折，其中第 6、7 肋骨折错位明显，断端突入胸腔。左侧胸腔内积血约 3 000 ml，伴有血凝块。右肺中叶背侧见 1.0 cm 的挫裂创，右侧胸腔内积血约 200 ml。胸段脊柱两侧见 10 个大小不一的类圆形暗红色实质结节，直径 2.0～6.0 cm，其中第二胸椎左侧的结节见一长 2.5 cm 的破口，局部见出血及血凝块，暗红色结节经组织病理学检验证实为脾组织，见图 7-9。

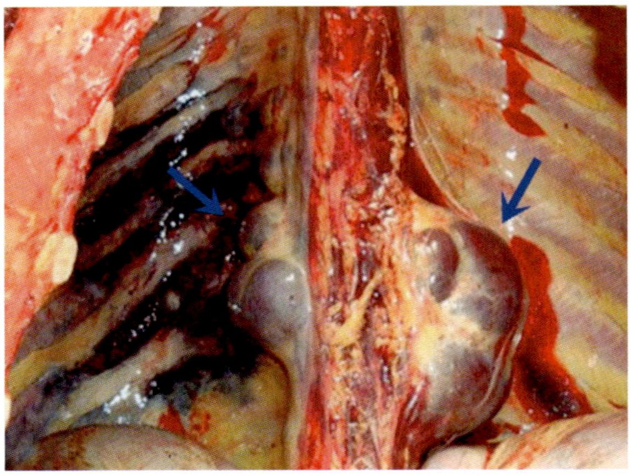

A

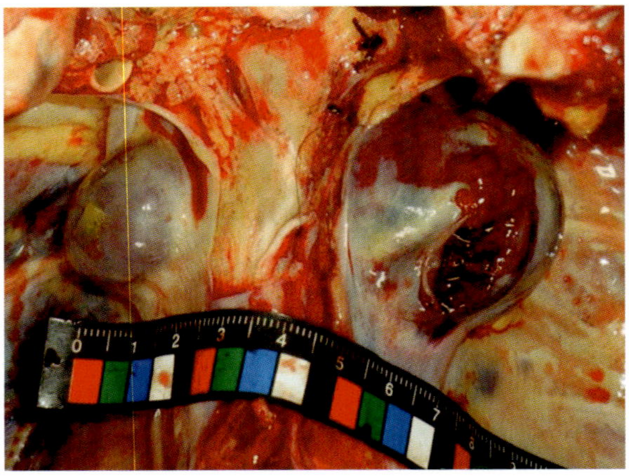

B

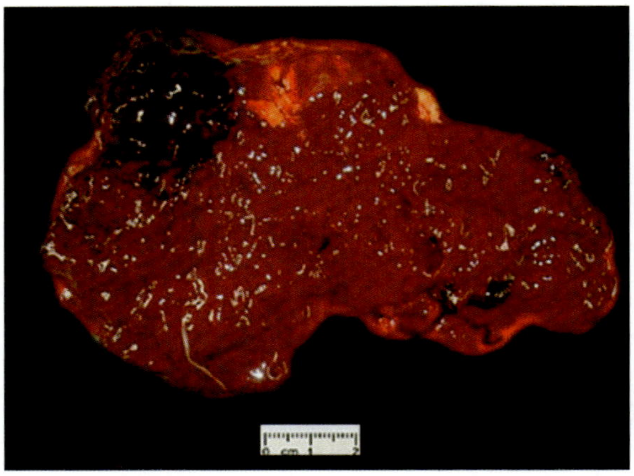

C

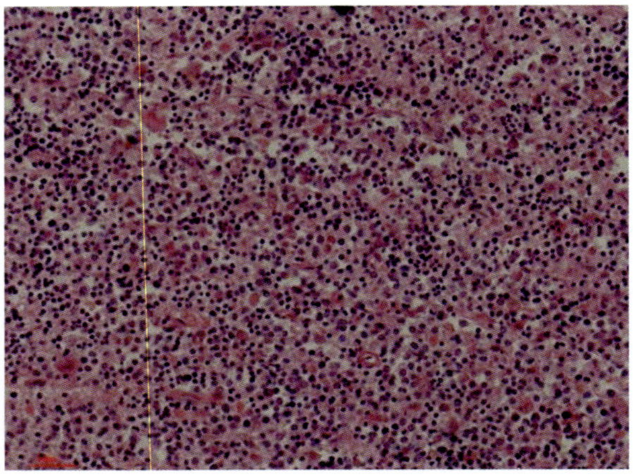

D

图 7-9　胸腔异位脾种植并破裂

A：位于胸椎两侧的异位种植脾；B：异位种植脾破裂；C：异位种植脾切面观；D：异位种植脾镜下观。

五、脾的变异

脾的变异形成于胚胎时期，一般没有临床症状，多数是因为其他疾病进行影像学检查怀疑肿瘤并手术切除后经病理学检查方才发现，但由于其血供丰富，在法医病理学检验中遇到难以解释的出血时应予注意。与正常脾相比，变异的脾虽然在形状、数量、分布等方面有所不同，但显微结构及免疫组化表现基本一样。

1. 副脾

副脾是一种先天发育异常，临床上影像学检查中发生率为 10%～30%，多为一个，极少数为多个，可有独立于脾动脉之外的血供。副脾一般位于脾门或胰尾处，见图 7-10，其他罕见部位包括大网膜内、腹膜后、盆腔、胸腔等处，有时甚至位于其他器官如肾、胰的内部，极少数案例副脾位于卵巢或睾丸处并与性腺融合。

副脾一般较小，几毫米至一两厘米不等，圆形或卵圆形，似淋巴结，微观结构为正常脾组织的结构，但其红白髓比例可能有不同，形成越早者红髓占比越高，形成较晚者则红白髓比例接近正常。

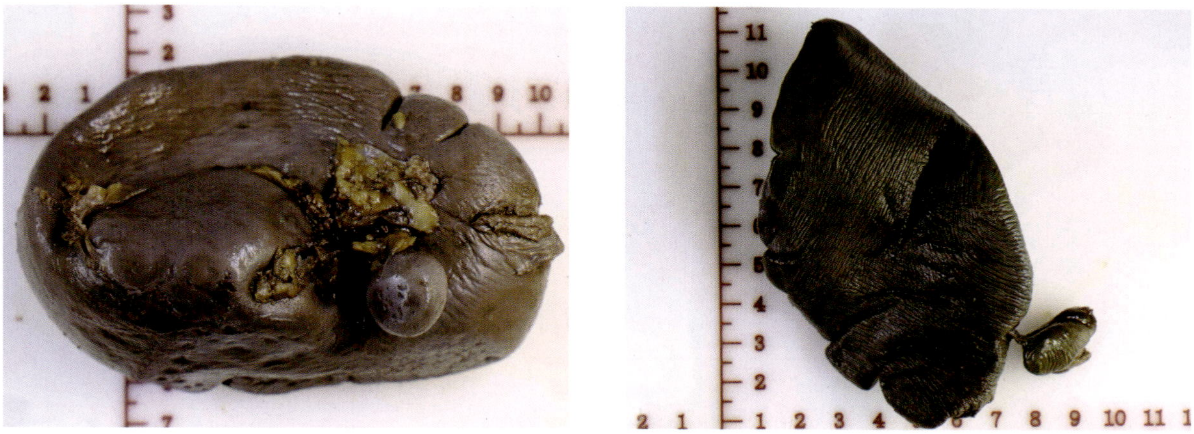

A　　　　B

图 7-10　副脾

A：位于脏面的副脾；B：位于膈面的副脾。

副脾具有发育为脾的潜能，行脾切除术但未切除副脾者，副脾可逐渐生长至接近正常脾大小，但其包膜较薄，且缺乏韧带及筋膜固定，在突然急剧运动或体位、腹压改变时，副脾快速、大幅度地移动，容易造成包膜撕脱或血管撕裂。此外位于肾、胰、肾上腺等器官内或与其他器官紧密相邻的副脾，常规影像学检查则很难显示清晰的边界，血供来自毗邻动脉而非脾动脉时，增强 CT 或超声强化形式与脾不同，临床上容易误诊为肿瘤。

2. 多脾

多脾是指脾组织在胚胎发育过程中原始的分隔小叶没有融合完全，融合程度较低时有多个指状的结节，每个结节都有独立的血供并最终融合成脾动、静脉，融合程度高者脾外形基本正常，但可见较多纤维条索将脾分隔成多个小叶。多脾对于脾功能一般没有太大影响，但往往伴随有器官转位、心血管系统发育畸形、短胰、肠闭锁/旋转不良等其他系统器官的先天性异常而称为多脾综合征。多脾可出现仅累及单个脾小叶的扭转、梗死。

第三节　脾的取材

脾常规取材在膈面、脏面中部各取 1 块包含被膜的组织。被膜表面有黏附物的，应一并取材。脾破裂者应沿破裂口垂直方向取材 1～2 块，破裂口边缘尽量保持原有状态，取材深度必须达到破口底部未破裂部位，范围应涵盖破裂口、交界区及正常区域，以便观察出血吸收、修复的时序性改变。破口较大较深的，可以分成多个组织块分别包埋。

第八章 肾的检查和取材

第一节 肾的解剖学基础

肾为实质性器官，外形上分为上、下两端，内、外两缘，前、后两面，前面较凸，后面较扁平。肾内缘中间呈凹陷状，称为肾门，是肾血管、淋巴管、神经和肾盂出入的部位，这些出入肾门的结构总称为肾蒂，从上向下依次为肾动脉、肾静脉及肾盂，从前向后依次为肾静脉、肾动脉及肾盂，右侧肾蒂较左侧短。由肾门伸入肾实质的凹陷称为肾窦，内含肾动脉的分支、肾静脉的属支、肾小盏、肾大盏、肾盂及脂肪组织等。

肾表面自内向外有纤维膜、脂肪囊和肾筋膜三层被膜，纤维膜为肾实质表面的一层致密结缔组织，薄而坚韧。脂肪囊位于纤维膜的外面，对肾起弹性垫样的保护作用。肾筋膜位于脂肪囊的外面，分前后两层，包绕肾和肾上腺。从肾筋膜深面发出许多结缔组织小束穿过脂肪囊，与纤维膜相连，对肾起固定作用。上述结构如发生异常，则可导致肾下垂和游走肾。

在肾的水平切面上，肾实质分为肾皮质和肾髓质。肾皮质位于肾实质的浅层，富含血管，新鲜标本呈红褐色颗粒状，肾皮质伸向髓质的部分，称为肾柱。肾髓质位于肾实质的深部，厚度约占肾实质的 2/3，由 10～18 个圆锥形的肾锥体组成。肾锥体的底朝向皮质，尖端钝圆，有放射状条纹，突入肾小盏内的部分称为肾乳头。两个或两个以上的肾乳头注入一个肾小盏，2～3 个肾小盏合成一个肾大盏，2～3 个肾大盏再汇合成 1 个肾盂，见图 8-1。

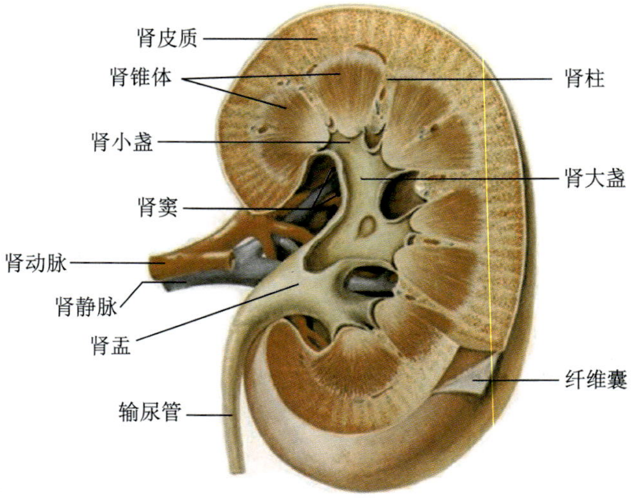

图 8-1 肾

第二节 肾的检查

一、肾表面的检查

检查时先根据肾前后面的特点及肾蒂处肾动静脉、肾盂的排列关系，分辨出左肾和右肾，剪开并检查肾动脉、肾静脉。正常情况下肾被膜较易剥离，尤其是最内层的纤维膜，既往患有肾小球肾炎、肾盂肾炎、肾肿瘤等疾病时，被膜与皮质表面粘连，检查时不可强行剥离。肾损伤，则往往首先表现为肾被膜的挫伤、出血或被膜下积血。图 8-2 为丁醚脲中毒迁延死亡的肾，表面见出血、坏死。

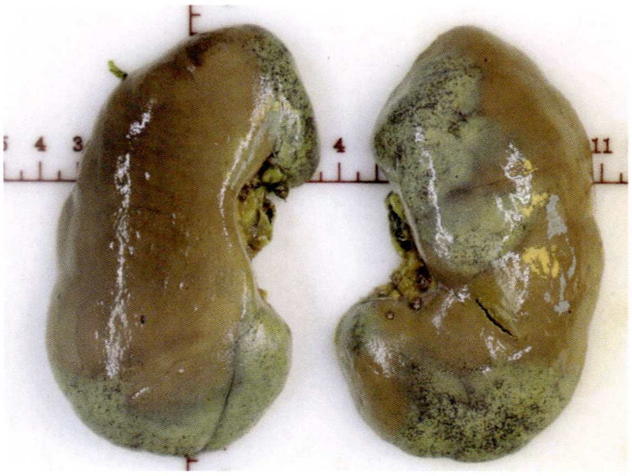

图 8-2 丁醚脲中毒肾

正常肾表面光滑，当呈现出凹凸不平、细颗粒状时，往往提示有大量肾单位破坏。成年男性肾的大小为：长 10～12 cm，宽 5～6 cm，厚 3～4 cm，重量 120～140 g，女性肾的体积和重量略小于同龄男性。正常情况下，左右两肾的大小基本一致，如两肾差异显著，肿大或萎缩均提示存在病理情况。表 8-1 是国人男女各年龄组肾的正常重量。

表 8-1 男女各年龄组肾的正常重量

年龄组	男		女	
	例数（例）	平均值±标准差（g）	例数（例）	平均值±标准差（g）
出生至 6 d	628	27.0±7.0	374	26.0±7.0
7～29 d	248	29.0±7.0	151	27.0±7.0
1～2 个月	334	36.0±12.0	201	32.0±11.0
3～5 个月	302	46.0±15.0	225	43.0±13.0
6～9 个月	359	56.0±15.0	280	53.0±15.0
10～11 个月	149	66.0±18.0	112	61.0±17.0
1～2 岁	908	75.0±20.4	759	72.3±20.1

续表

年龄组	男		女	
	例数（例）	平均值±标准差（g）	例数（例）	平均值±标准差（g）
3～7 岁	890	106.0±32.3	758	98.4±30.1
8～12 岁	394	169.7±47.6	291	163.3±47.5
13～17 岁	111	243.1±54.1	85	242.4±54.9
18～39 岁	2 050	290.8±62.7	936	272.5±60.1
40～49 岁	661	291.4±61.9	270	265.6±59.1
50～59 岁	447	287.2±52.2	188	259.7±55.6
60～69 岁	358	271.1±62.5	180	250.4±63.2
70～79 岁	170	261.4±61.1	124	229.2±53.3
80～100 岁	43	257.0±54.0	53	220.0±53.0

注：摘自李志尚、黄高明《我国各年龄组脏器重量详表》。

二、肾的切开

肾的切开一般采用水平切法，用长刀自肾外缘朝向肾门方向将肾切成对等的两半，如图 8-3 所示，每半必要时还可以再平行切 1～2 个切面。

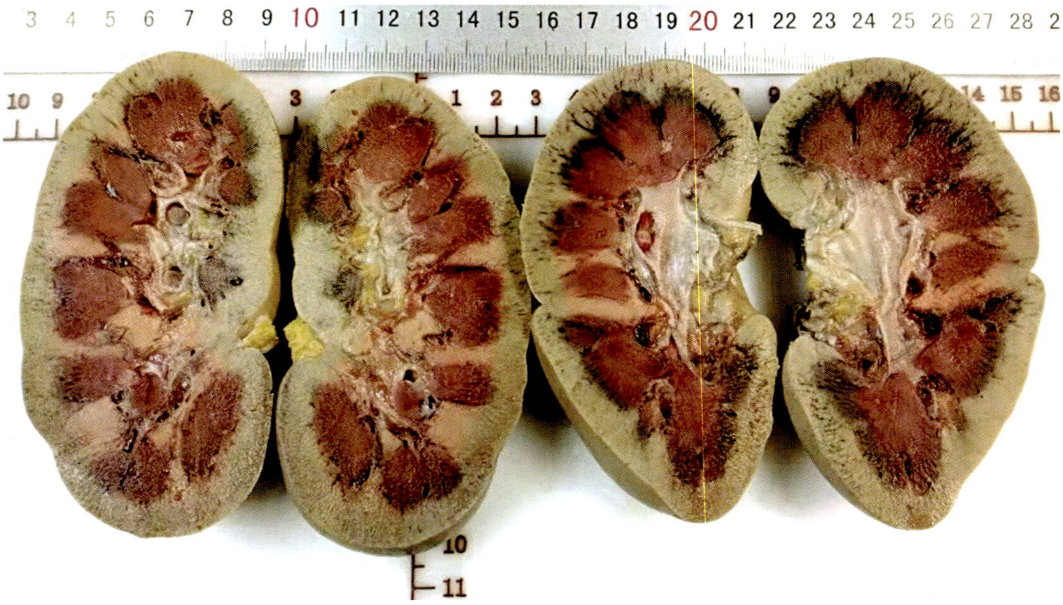

图 8-3 肾水平切法

三、肾切面的检查

正常肾质地较实，新鲜时为暗红色，福尔马林溶液固定后为土灰色，图 8-4 为急性一氧化碳中毒死亡的肾，外观呈鲜红色。正常肾皮质、髓质分界清楚，肾单位破坏严重、自溶等情形时二者界限模糊。正常成人肾实质厚度为1～2 cm，其中肾皮质厚度约0.5 cm。检查时要注意观察皮质、髓质的颜色，有无坏死及占位病灶，如有肿块，要注意观察肿块的位置及与周围组织的关系。囊性变者，要注意观察囊腔大小、囊壁的厚度、囊液的性状。要注意观察肾盂肾盏有否变形、扩张、狭窄，局部黏膜的外观及是否光滑，有无结石及结石的大小、形状等。有时肾组织因各种原因导致实质坏死、萎缩甚至消失，由脂肪组织取代或填充，见图8-5，箭头所指处见一结石。

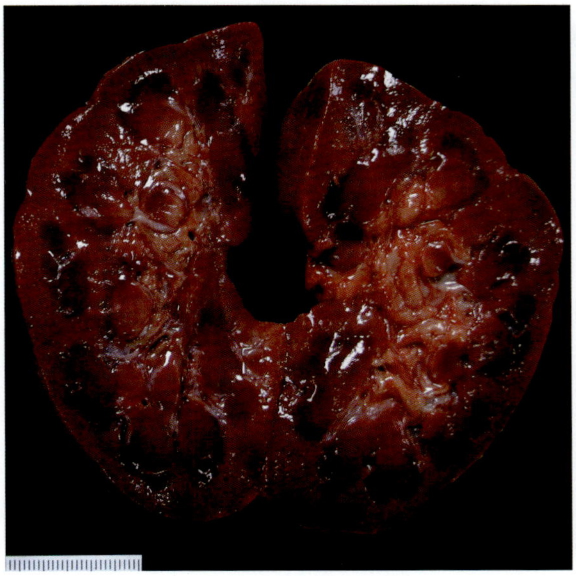

图 8-4　一氧化碳中毒死者之肾

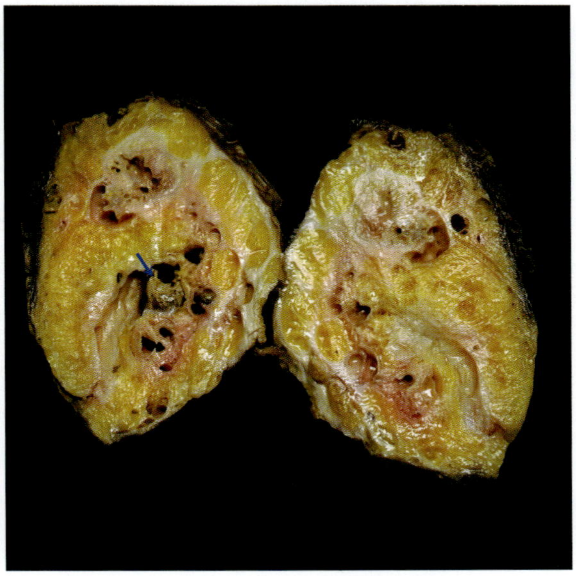

图 8-5　肾脂肪组织填充

（一）肾损伤

虽然肾位置较深，但其质脆易碎，损伤并不少见，如腰部或上腹部遭受钝性打击或激烈的震荡均可导致肾损伤，常见损伤类型有肾包膜出血、肾挫伤（损伤局限于肾实质内，肾包膜及肾盂黏膜完整）、肾部分裂伤（肾实质向肾包膜或肾盂一侧破裂）、肾全层裂伤（肾实质同时向肾包膜和肾盂两侧破裂）、肾蒂损伤（如肾蒂断裂）等。美国创伤协会将肾损伤由轻到重分为5级。

Ⅰ级：肾挫伤或包膜下血肿，无肾皮质裂伤。

Ⅱ级：肾周血肿局限在腹膜后间隙或肾皮质裂伤小于1 cm，无尿液外渗。

Ⅲ级：肾皮质裂伤大于1 cm，无尿液外渗。

Ⅳ级：肾实质裂伤超过皮髓交界进入集合系统，或肾血管损伤伴可控性出血。

Ⅴ级：肾破碎或肾蒂血管损伤。

（二）挤压综合征之肾

挤压综合征是人体富于肌肉的部位因长时间受压或其他原因造成局部循环障碍，引起肌肉缺血性坏死，出现以肌红蛋白血症、肌红蛋白尿、高血钾和急性肾功能衰竭为主要特征的临床综合征。

1. 发病机制

肌肉组织缺血和坏死过程中，可相继释出血红蛋白、肌红蛋白、肌酸及其他酸性物质。这些物质可直接引起肾组织、细胞的损害及肾小管堵塞；又可通过其引起的全身反应（如休克），引起肾血流量减少，肾血管痉挛，肾微循环短路，血管内凝血等，导致肾皮质缺血、肾小管坏死，终致肾功能衰竭。本征多因意外事故、自然灾害、战时、他人加害等使肢体或躯干受暴力挤压所致。法医检案中遇到最多的是肢体、躯干广泛软组织挫伤和肢体被持续较长时间捆绑所致。

2. 临床表现

临床表现为伤处局部肿胀，尤其在外部压力解除后出现，且逐渐加重。局部皮肤有压痕、变硬、皮下出血、张力增加，并可在其周围形成水疱。根据病程临床上分为 3 期。①少尿期：持续 2～14 d，24 h 尿量少于 400 ml，比重不超过 1.020，出现水、电解质紊乱、酸中毒及尿毒症；②多尿期：尿量增多，渐至 24 h 3 000 ml 以上，由于排出大量水及电解质，如不及时补偿，可致脱水及电解质紊乱；③恢复期：症状逐渐消失，血化学检查亦趋正常，但仍表现倦怠、乏力、消瘦及贫血等。有些病例上述分期并不明显。

3. 病理改变

挤压综合征死亡者尸检时可见损伤局部显著出血、肿胀，有时还可见红斑和张力性水疱；肌肉因变性、坏死而呈鱼肉状，色泽变淡，质脆易碎。肾小管上皮细胞变性肿胀、坏死、脱落，髓质肾小管腔内有较多以肌红蛋白为主的管型，必要时行鼠抗人肌红蛋白抗体免疫组织化学染色进一步明确管型的类型。

（三）肾结石

肾结石多数位于肾盂肾盏内，肾实质结石少见，结石呈单个或多个圆形、卵圆形、钝三角形甚至鹿角形结石，表面多光滑，但也有不光滑呈桑葚状的。肾结石对肾的影响主要与结石的部位、大小、数目，以及是否继发炎症、梗阻等因素有关。梗阻部位以上的肾盂肾盏扩张是肾结石最常见的病理改变，如继发感染，则局部肾盂肾盏壁可增厚和纤维化。梗阻早期，肾外形和肾实质仍保持正常，如持续存在，肾盂肾盏则愈来愈扩张，肾实质受积水压迫变得愈来愈萎缩，甚至成为一薄壳囊袋，囊内可见萎缩的肾实质（主要为肾柱）所形成的镰状中隔，见图 8-6 和图 8-7。

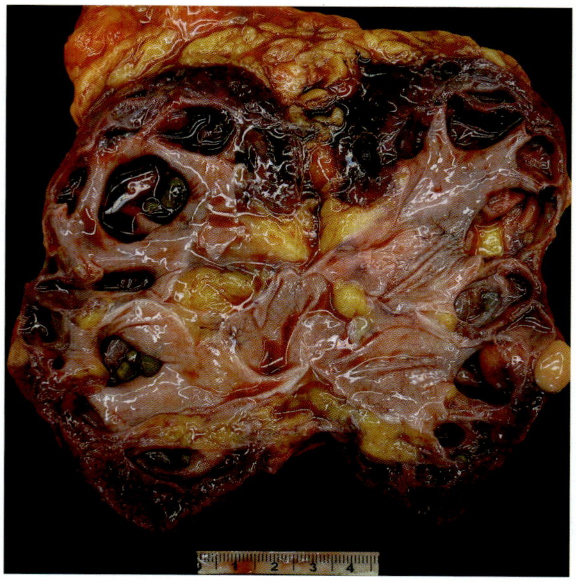

图 8-6　肾积水

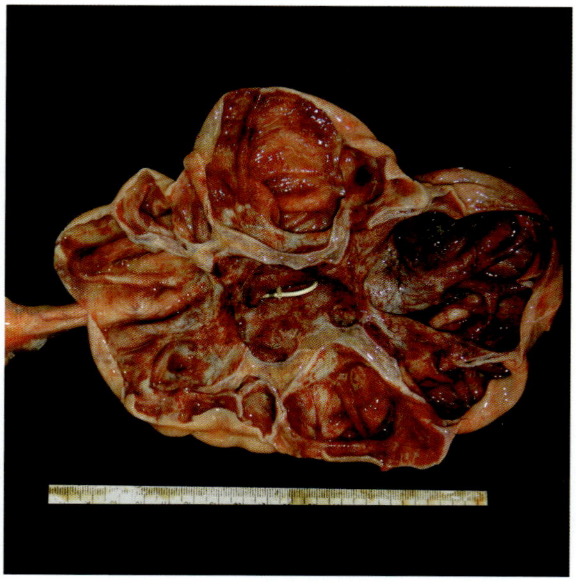

图 8-7　肾多发结石

（四）肾炎症

1. 肾小球肾炎

肾小球肾炎根据病因分为原发性和继发性两种。原发性肾小球肾炎是原发于肾的独立性疾病，肾为唯一或者主要的受累器官，且以肾小球损害为主的超敏反应性疾病。而继发性肾小球肾炎，是指除了肾小球本身的疾病外，由某些全身性疾病所引起的肾小球的病变，这些全身性疾病主要有原发性高血压、糖尿病、系统性红斑狼疮以及过敏性紫癜等。急性原发性肾小球肾炎的种类很多，大体表现差异也很大，但一般都有肾肿大、皮质增厚等表现。部分类型可有一些特征性外观，如急性弥漫性增生性肾小球肾炎、快速进行性肾小球肾炎，两肾对称性肿大，包膜紧张，肾表面光滑，因充血而呈大红肾外观，有时可见较多散在粟粒样出血点而呈蚤咬肾外观。膜性肾小球肾炎，两肾肿胀、增大，苍白色，呈大白肾外观。慢性肾小球肾炎是所有不同类型肾小球肾炎发展的终末阶段，因大量肾小球发生玻璃样变性和硬化，肉眼检查时双侧肾体积缩小，肾包膜不易剥离，表面凹凸不平呈细颗粒状且分布均匀，切面皮质变薄，皮质、髓质分界不清晰，肾盂周围脂肪组织增多，两侧病变基本对称。

2. 肾盂肾炎

肾盂肾炎是感染引起的累及肾盂、肾间质和肾小管的炎症性疾病，是肾最为常见的疾病之一。本病女性发病率明显高于男性，主要与女性尿道括约肌作用弱、尿道与阴道及肛门邻近等因素有关。根据临床经过和病理改变，可将肾盂肾炎分为急性和慢性两种类型。

急性肾盂肾炎者，肉眼检查两侧肾呈不同程度的肿大，表面可见针头样、灰黄色小脓肿成群出现，脓肿周围常绕有红色的充血带。切面观肾盂肾盏黏膜肿胀、充血，表面可见脓性分泌物，部分可见坏死溃疡灶形成。严重者可以引起急性肾乳头坏死、肾盂积脓、肾周脓肿等并发症。急性肾乳头坏死常见于糖尿病或伴有严重尿路阻塞的病人，肾乳头因为缺血和化脓而发生坏死，在肾锥体乳头侧 2/3 区域内出现境界清楚的灰白色或灰黄色梗死样坏死灶为其特征性改变。

法医病理检案中慢性肾盂肾炎远较急性肾盂肾炎多见，大体所见的特征是肾外形缩小，表面有凹凸不平的不规则瘢痕，多位于肾的上、下极。病变可为一侧，也可为两侧，如为两侧，则两侧病变不对称，这一特点有别于慢性肾小球肾炎。切面皮质、髓质界限不清，肾乳头萎缩，肾盂肾盏因瘢痕收缩而变形、狭窄，局部黏膜粗糙。

3. 肾结核

肾结核大多是原发性肺结核经血行播散所致，大量结核杆菌血行播散可引起粟粒性肾结核，且多为全身粟粒性结核的一部分，大体检查时在肾表面及切面见大量大小一致、分布均匀、灰白带黄色、境界清楚、圆形的粟粒大小的结核结节，见图 8-8。少量结核杆菌经血行播散可导致慢性肾结核，尸检遇到的多属于这种类型。慢性肾结核多发生一侧（约占 90%），少数为双侧（约占 10%），病变多起始于肾皮质、髓质交界处或乳头体内，见图 8-9。早期病灶局限，继而病变扩大并发生干酪样坏死，破坏肾乳头而破溃入肾盂，成为结核性空洞，随着病变在肾内扩大蔓延，形成的结核空洞越来越多，最后可使肾仅剩一空壳。

（五）高血压性肾病

缓进型高血压病和急进型高血压病均可导致肾损害，二者略有差异。缓进型高血压病以肾细小动脉病变最为明显，主要发生在入球小动脉，叶间动脉也可涉及，如无合并糖尿病，较少累及出球小动脉。病变血管管腔变窄甚至闭塞，造成肾实质缺血、肾小球纤维化、肾小管萎缩，并有间质纤维化，肾皮质逐渐变薄，相对正常的肾单位代偿性肥大。早期患者肾外观正常，随病变进展肾表面呈颗粒状，体积逐渐萎缩变小，此过程较漫长，一般需 5～10 年，称之为良性肾硬化，但最终导致肾功能衰竭。急进型高血压时入球小动脉中层发生纤维素样坏死，且病变可直接延伸至肾小球毛细血管丛，致使肾小球硬化。叶间、弓状动脉内膜细胞增生，胶原和成纤维细胞呈“洋葱皮”状的同心圆排列。由于病情发展快，患者短期内出现肾功能衰竭，此过程称为恶性肾硬化。

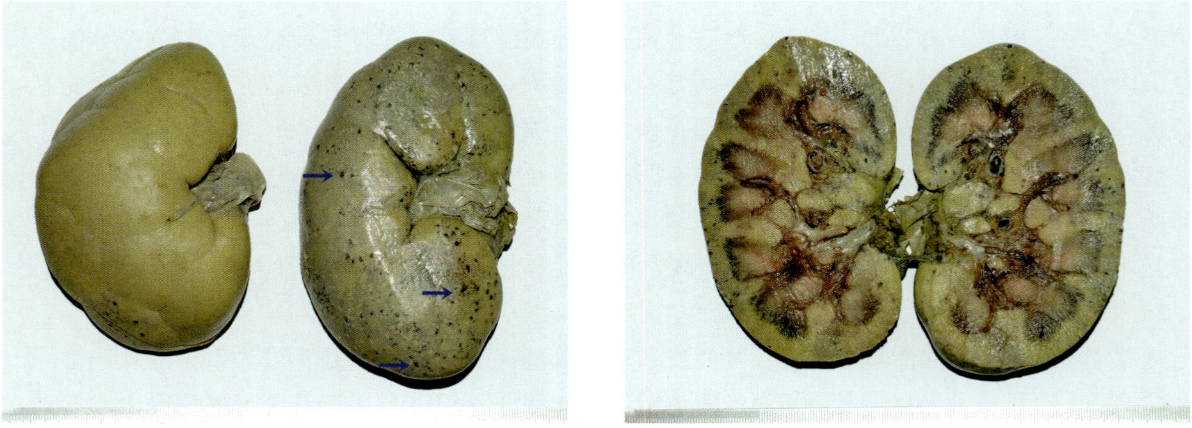

A B

图 8-8　粟粒性肾结核

A：表面观；B：切面观。

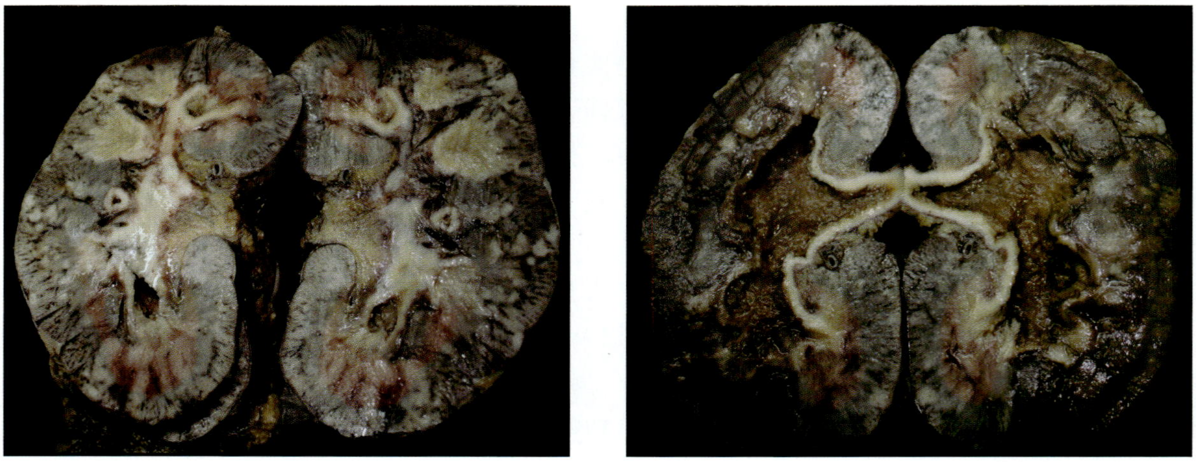

A B

图 8-9　慢性肾结核

高血压性肾改变主要表现为双侧肾对称性、弥漫性病变。肉眼观：肾体积缩小，质地变硬，重量减轻，有时少于 100 g，表面呈颗粒状，凹凸不平，被膜不易剥离，见图 8-10。切面见肾皮质变薄，纹理不清，皮、髓质界限不清，在皮、髓质交界处的叶间动脉和弓形动脉管壁显著增厚、变硬，切断后哆开变圆。镜下观：肾小球、肾小管萎缩和肥大交替存在。萎缩的肾小球发生纤维化甚至玻璃样变，所属肾小管萎缩甚至消失。残存的肾小球发生代偿性肥大，所属肾小管出现代偿性扩张。肾内的细小动脉硬化，特别是肾小球入球动脉发生玻璃样变性，血管腔狭窄或闭塞。肾间质内见大量纤维组织增生和淋巴细胞浸润。

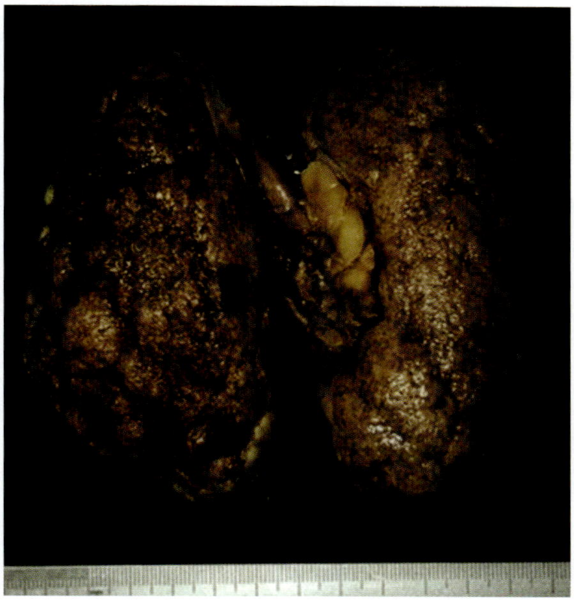

图 8-10 颗粒肾

（六）肾梗死

肾主要由肾动脉供血，侧支血管细小，一旦肾动脉急性阻塞，极易发生缺血性梗死。引起肾梗死的常见原因是其他处形成的栓子脱落，阻塞肾动脉主干或分支，如风湿性心脏病、感染性心内膜炎所形成的附壁血栓脱落，少见原因有肾动脉损伤引起局部血栓形成。

肾梗死呈典型的贫血性梗死改变，梗死灶呈锥形，外观呈灰白色，表面稍隆起，与周围正常组织交界处常见一充血出血带，部分尚见一层纤维素样渗出物覆盖。切面呈扇形或三角形，尖端指向肾门，底部为肾表面。

（七）肾肿瘤

尸检过程中较常遇到的肾良性肿瘤有肾囊肿、肾腺瘤等，其中以肾囊肿多见。肾囊肿是成人肾最常见的一种结构异常，表现为肾表面和实质内见一个或数个大小不等的、与外界不相通的圆形囊腔，囊壁薄、光滑，与周围组织界限清楚，囊内多为清亮浆液性液体。若囊壁厚而不光滑、囊液为血性者，多提示有恶变的可能，见图 8-11。小的肾囊肿多无法医学意义，但大的囊肿在轻微外伤下可致破裂。肾腺瘤肿块一般微小，直径 0.1～0.3 cm，少有超过 1 cm 者，多位于肾表面，包膜完整，切面呈黄色或灰白色，伴有出血

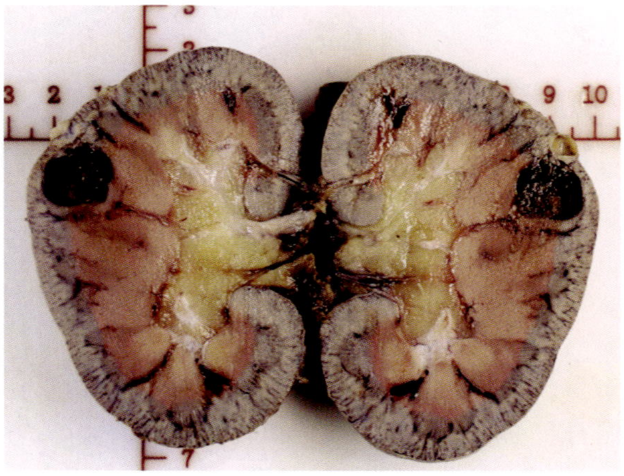

图 8-11 肾囊肿并囊肿内出血

时呈暗红色。

肾恶性肿瘤主要有肾细胞癌、肾母细胞瘤等。肾细胞癌可发生于肾的任何部位，但多见于肾的两极，尤其是上极。切面呈淡黄色或灰白色，因常伴有灶性出血、坏死、软化或钙化等改变，具有红、黄、灰、白等多种颜色相交错的多彩性特点，见图 8-12。图 8-13 为肾结石合并未分类肾细胞癌，图 8-14 为肾透明细胞癌。肾母细胞瘤是婴幼儿中最常见的实体恶性肿瘤，发病率占婴幼儿恶性肿瘤的 20%左右，多表现为单个实性肿物，质地较软，体积较大，边界清楚，可有假包膜形成，切面呈灰白色或灰红色，可伴有灶性出血、坏死或囊性变，部分可见少量骨或软骨成分，见图 8-15。

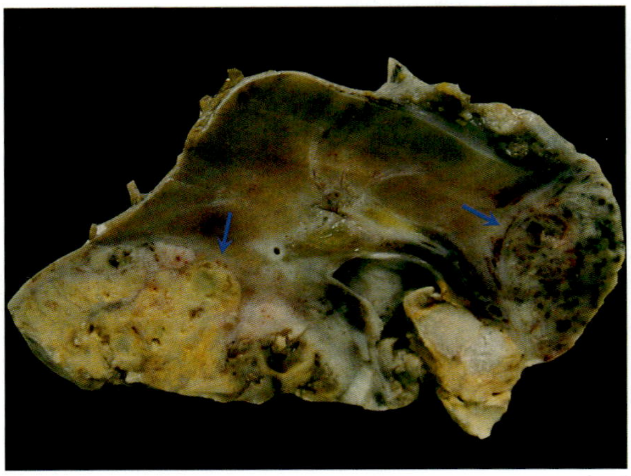

图 8-12 肾细胞癌

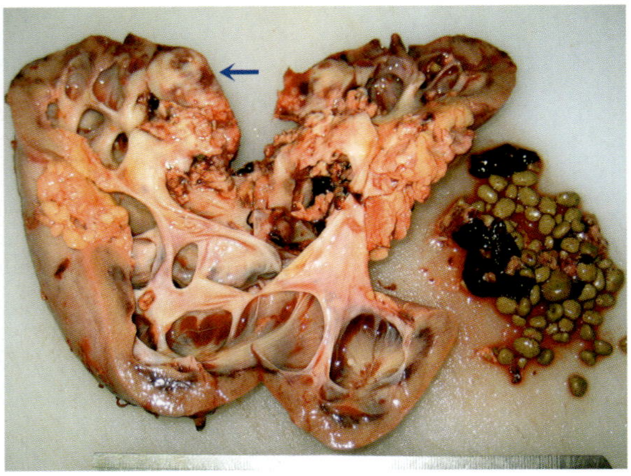

图 8-13 肾结石合并未分类肾细胞癌

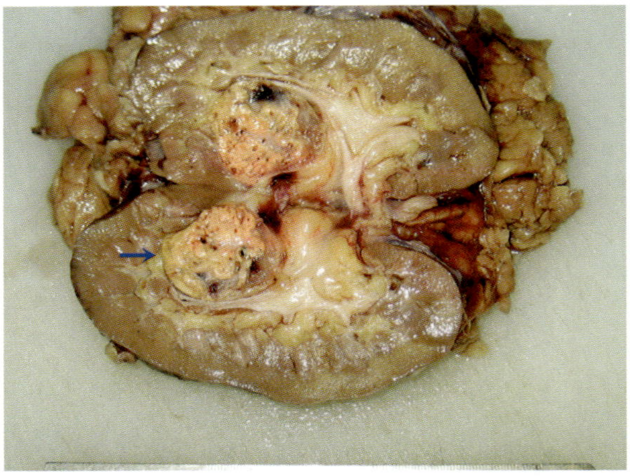

图 8-14 肾透明细胞癌

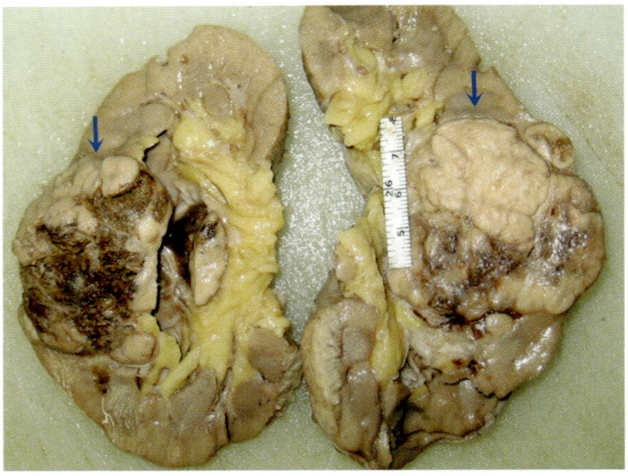

图 8-15 肾母细胞瘤

（八）肾的变异和畸形

肾可以发生多种多样的畸形，畸形的肾对其他器官可以产生压迫，肾本身则可以发生感染、出血、结石，也可导致肾实质性或肾血管性高血压，严重的肾实质减少，则发生肾衰竭。

1. 先天性多囊性肾病

先天性多囊性肾病是一种遗传性肾囊肿性疾病，包括常染色体隐性多囊肾病和常染色体显性多囊肾病。前者多见于儿童，大多于出生后数小时或数天内死于呼吸衰竭或肾衰竭。后者多见于成人，患病率为 0.1%～0.2%，其中 60%患者有家族遗传史。资料表明该病也是一种系统性疾病，可引起心瓣膜病，脑动脉瘤，肝、脾、胰等器官囊肿，其中 40%～60%的合并有肝囊肿。肉眼观肾肿大，表面凹凸不平、肾形不整、质地变硬，切面在肾实质内可见大小不等的囊肿弥漫分布，囊腔大小不等，大者可达数厘米，小者仅为绿豆、芝麻大小，肾皮质残留，见图 8-16。两侧肾的病变进展可略有差异，以至于两肾大小不等，晚期肿大的双肾可占满整个腹腔。成人型先天性多囊性肾病早期无症状，常在 40 岁左右出现高血压和肾功能不全等症状。

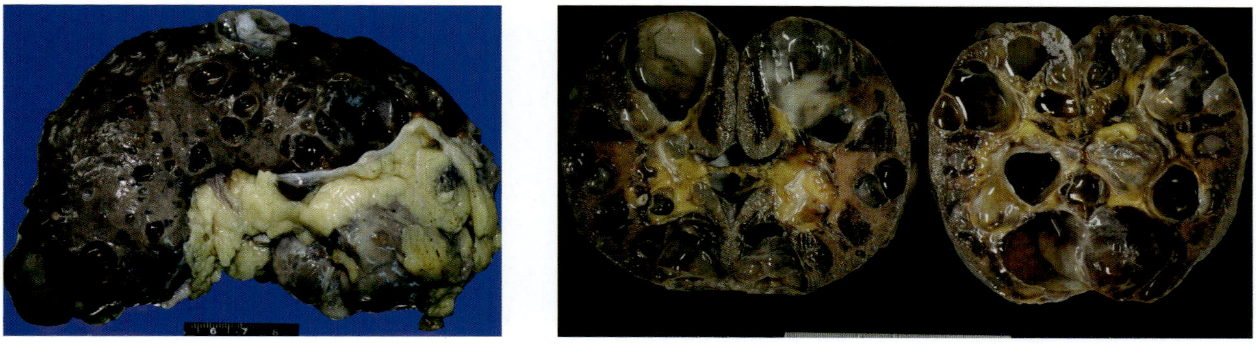

A　　B

图 8-16　先天性多囊性肾病

A：表面观；B：切面观。

2. 蹄铁形肾

蹄铁形肾是指两侧肾下端相互融合而成（极少为上端），融合处称为峡，可为肾实质或结缔组织，常位于腹主动脉分叉之上，见图 8-17。输尿管较短，行经峡的前方，肾血管也常有变异。此异常是胚胎 30～40 d 时，两侧肾胚基一端融合所致。

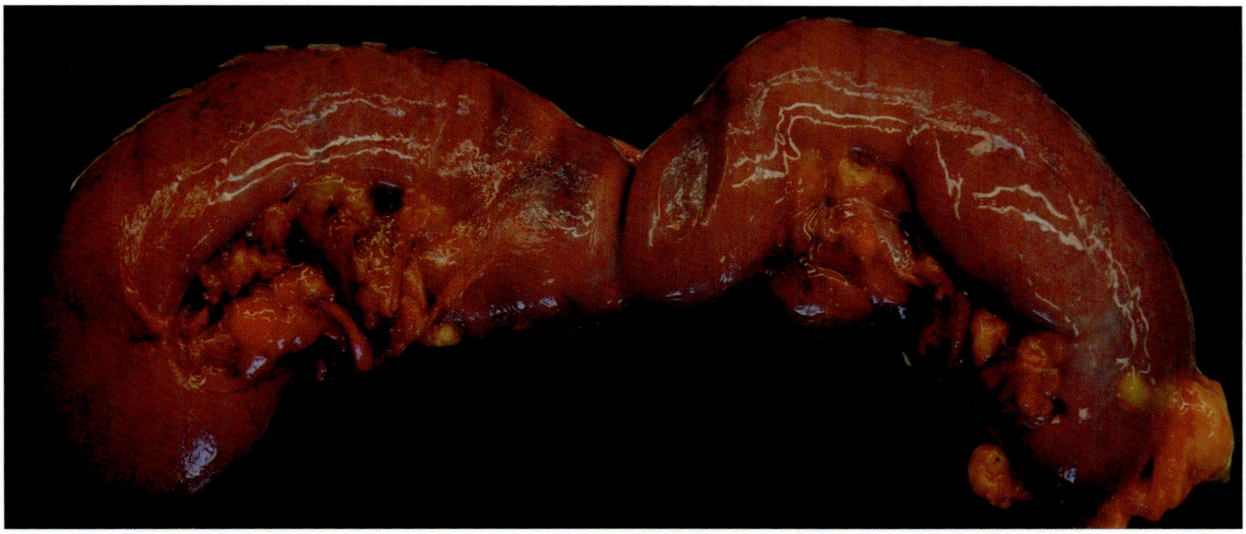

图 8-17　蹄铁形肾

第三节 肾的取材

每侧肾常规取材 2～3 块，应包含有皮质、髓质及肾盂等部位，皮质与被膜粘连者应带有被膜。对于肾破裂者，注意切取破裂口周围组织。对于肾占位者，注意切取能够显示占位与肾实质、肾盂、大血管、肾被膜、肾周脂肪及肾上腺之间关系的组织。对于肾囊性变者，应注意切取增厚处囊壁、内衬乳头的囊壁及囊壁周围的实性病灶。

第九章 胰的检查和取材

第一节 胰的解剖学基础

胰位于腹膜后，横卧于第 1、2 腰椎前方、十二指肠左侧、脾的右侧、横结肠紧贴胰的前缘。胰从右到左分为胰头、胰颈、胰体和胰尾四部，其中胰颈为胰头和胰体之间的一小段狭窄区，长 1.5～2.0 cm，其后面有一沟，内有肠系膜血管走行，是区分胰头和胰体之间的解剖标志，而体部和尾部之间则没有明显的界线。

胰实质分为胰导管系统、胰腺泡和胰岛三部分。导管系统由闰管、小叶内导管、小叶间导管及主胰管组成。主胰管位于胰实质的背侧，其走形与胰的长轴一致，沿途收集众多小叶间导管，最后于十二指肠降部与胆总管汇合成肝胰壶腹，开口于十二指肠大乳头。在胰头上部常可见一副胰管，引流胰头前上部的胰液，开口于十二指肠小乳头。胰腺泡为外分泌部，分泌淀粉酶、脂肪酶等消化酶进入主胰管和副胰管，分解和消化蛋白质、脂肪和糖类。胰岛为内分泌部，分泌胰岛素和胰高血糖素等进入血液，调节血糖。胰的解剖见图 9-1。

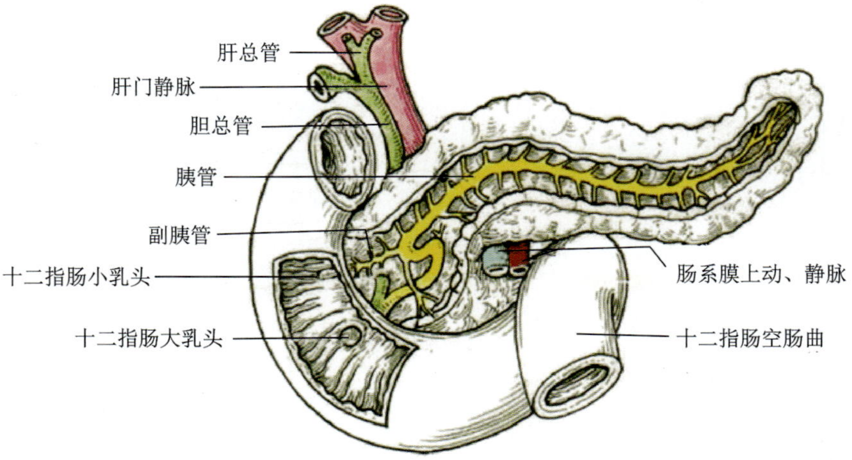

图 9-1　胰

正常胰质地较实，浅灰红色，呈细分叶状。胰仅具有很薄的结缔组织薄膜，被膜不明显，一旦发生病变，尤其是发生肿瘤或囊肿时，胰的肉眼观和位置会发生明显的改变，与毗邻器官的界限也不易辨认，须仔细观察。

第二节 胰的检查

一、胰的切开

胰的切开一般有纵切法和横切法两种方式。

1. 纵切法

纵切法是沿着胰的长轴切开胰，切开时注意保留主胰管的完整性，再用剪刀剪开主胰管。这种切法能在检查实质的同时完整保留主胰管，便于观察主胰管有无扩张、管壁是否光滑、有无异物及堵塞等情况，见图 9-2。

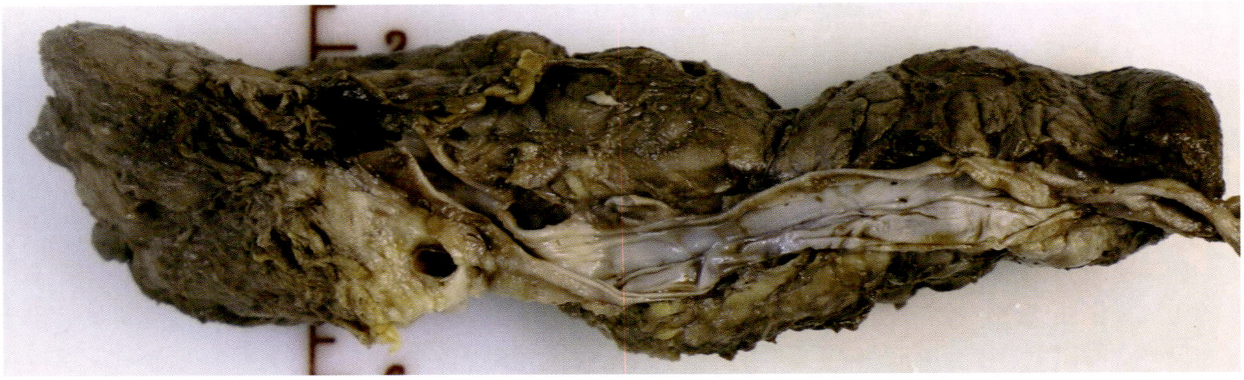

图 9-2　胰纵切法

2. 横切法

横切法是自胰头至胰尾每 0.2～0.5 cm 间距沿横截面切开胰，如图 9-3，这种切法有利于较全面地观察胰实质的情况。

图 9-3　胰横切法

二、胰的检查

正常成人胰长 13～18 cm，宽 3～5 cm，厚 1.5～2.5 cm，重量 90～120 g。表 9-1 是国人男女各年

龄组胰的正常重量。检查时，首先称重、测量大小，然后观察胰有无变形、有无肿大，被膜有无充血和出血，实质内有无肿块或囊肿，周围的脂肪组织有无坏死等改变。

表 9-1 男女各年龄组胰的正常重量

年龄组	男		女	
	例数（例）	平均值±标准差（g）	例数（例）	平均值±标准差（g）
出生至 6 d	344	4.0±2.7	266	3.9±2.2
7～29 d	158	4.4±2.6	90	4.5±2.7
1～2 个月	224	5.7±3.3	125	5.4±3.0
3～5 个月	196	8.3±3.8	138	8.0±3.9
6～9 个月	261	11.0±5.0	172	11.0±4.9
10～11 个月	113	14.0±5.7	76	13.0±5.3
1～2 岁	670	18.2±8.2	502	17.9±7.5
3～7 岁	651	32.2±12.9	497	29.6±11.8
8～12 岁	251	53.6±17.9	167	49.7±17.9
13～17 岁	158	77.0±30.1	118	75.8±24.4
18～39 岁	1 473	104.9±30.4	697	95.7±31.2
40～49 岁	482	111.4±31.0	198	99.8±33.1
50～59 岁	330	104.4±35.1	141	88.6±27.8
60～69 岁	262	100.0±32.0	142	86.6±31.6
70～79 岁	139	98.5±27.3	97	86.2±28.5
80～100 岁	37	98.0±35.0	57	83.0±25.0

注：摘自李志尚、黄高明《我国各年龄组脏器重量详表》。

（一）急性胰腺炎

急性胰腺炎是由于胰分泌的胰酶在胰内被激活后引起胰及胰周围组织自我消化的一种急性化学性炎症，临床上以急性上腹痛（典型者呈腰带形腹痛）、恶心、呕吐、发热、血与尿淀粉酶增高等为特征。

1. 致病原因

急性胰腺炎的发病原因较为复杂。在我国，胆石症及胆道疾病是引起急性胰腺炎最常见的原因，一般认为与二者之间有共同通道有关，而在欧美则以酗酒及暴饮暴食为最常见的致病原因，其他致病原因还包括胰管阻塞、外伤、感染、高脂血症等。

2. 病理改变

根据病变轻重，将急性胰腺炎分为急性水肿型胰腺炎和急性出血坏死型胰腺炎。

急性水肿型胰腺炎者，胰肿大，重量增加，有的为正常重量的 2～3 倍，质地较正常坚实，仅有点状出血或灶性坏死，胰周围少量脂肪坏死。镜下胰间质水肿、充血和以中性粒细胞为主的炎性细胞浸润，有时可见散在点状的脂肪坏死。

急性出血坏死型胰腺炎者，胰除了肿大外，质地变软且易碎，被膜下及间质内弥漫性出血，尤以体部、尾部明显，呈红褐色或暗紫色，见图 9-4。切面小叶结构不清，失去光泽，可见大片状出血和坏死，图 9-5 为固定后切面观。解剖时在腹腔内常见数量不等的油腻状不凝固的血样或咖啡色渗出液。大网膜、肠系膜、胰表面及周围组织可见散在无光泽的黄白色斑点状脂肪坏死或小块状钙化灶。急性出血坏死型胰腺炎有时伴有胰之外器官的损害或腹腔内大出血。镜下可见大片状凝固性坏死，细胞结构模糊不清，成为一片混浊无结构的物质，甚至胰组织完全消失。胰组织内见弥漫性出血，坏死边缘区有中性粒细胞和单核细胞浸润，以及钙盐沉着。部分间质小血管壁坏死、出血，多数血管腔内可发现血栓。胰附近的腹后壁及大网膜的结缔组织和脂肪组织均呈坏死改变，即脂肪细胞轮廓模糊红染，细胞核消失，并在脂肪细胞内见有许多小块状脂肪酸结晶。

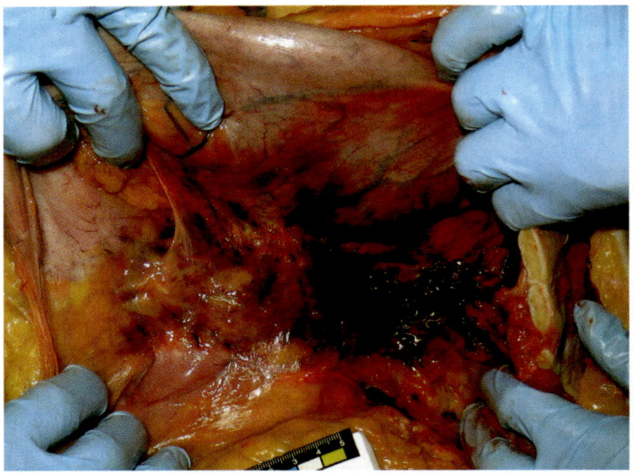

A

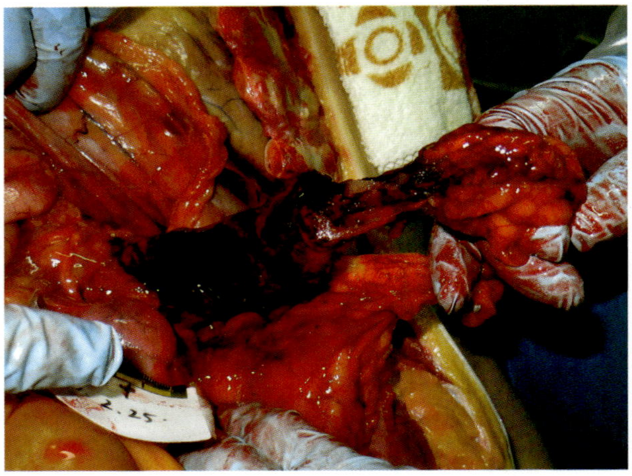

B

图 9-4 急性出血坏死型胰腺炎

A：胰周围组织坏死、出血；B：胰组织坏死、出血、质碎。

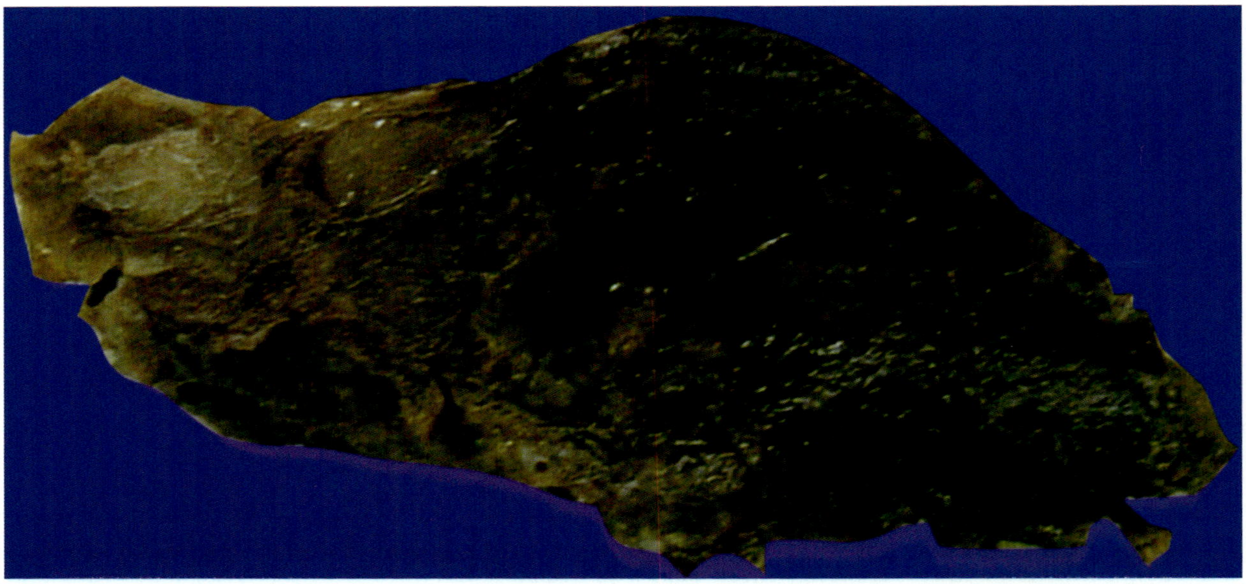

图 9-5 急性出血坏死型胰腺炎切面观

3. 鉴定要点

急性胰腺炎尤其是急性出血坏死型胰腺炎，死亡率较高，为常见的消化系统猝死原因之一。典型者死前出现急腹症状，可突然发生剧烈的上腹部疼痛，并向腰、背、肩部放射，同时常伴有恶心和呕吐。呕吐物中有时带血，病人病情可迅速恶化并出现休克等症状，早期血清淀粉酶和脂酶增高，也有人为无明显症状而在睡眠中死亡，易引发纠纷。急性出血坏死型胰腺炎患者如不及时治疗，几分钟或数小时后便可死亡。

对急性胰腺炎死亡案例应尽早进行尸体解剖，最好不超过 24 h。鉴定要点如下：①必须具备急性胰腺炎的病理特点；②应详细检查胆道、胰管、十二指肠壶腹部之开口，判明有无结石、蛔虫或稠厚分泌物堵塞，胰管有无受压、狭窄或畸形；③应排除中毒致死。因为急性胰腺炎常见于酗酒后，欲确立本病为死亡原因，必须排除急性酒精中毒致死的可能性；④排除其他疾病导致的死亡；⑤排除暴力损伤其他重要组织器官导致的死亡；⑥详细调查生前病史，死前有无暴饮暴食，死亡过程等。总之对急性胰腺炎的死因鉴定必须持慎重态度，必须在详细了解病史、系统全面的尸检、病理学检验及相关毒物分析的基础上综合判断。

（二）慢性胰腺炎

慢性胰腺炎是指各种不同原因所致的胰局部、节段性或弥漫进展性炎症，常导致胰组织和胰功能不可逆的损害。

慢性胰腺炎者在解剖时胰与周围组织粘连明显，难以剥离。大体检查时胰重量减轻，体积变小，外观呈灰白色结节状，质地较硬，正常小叶结构丧失，变为杂乱的大小不等区域，小叶间隔宽窄不一，有时可见较大的瘢痕，易与胰腺癌混淆，见图 9-6。切面上胰分叶不清，大小胰管呈不同程度扩张，常伴有钙化和结石形成，胰管阻塞严重的可形成较大的胰管囊肿。镜下主要表现为胰实质减少，胰腺泡多萎缩，伴有慢性炎细胞浸润及纤维化，纤维化主要分布于小叶间隙，形成硬化样小叶结节改变。

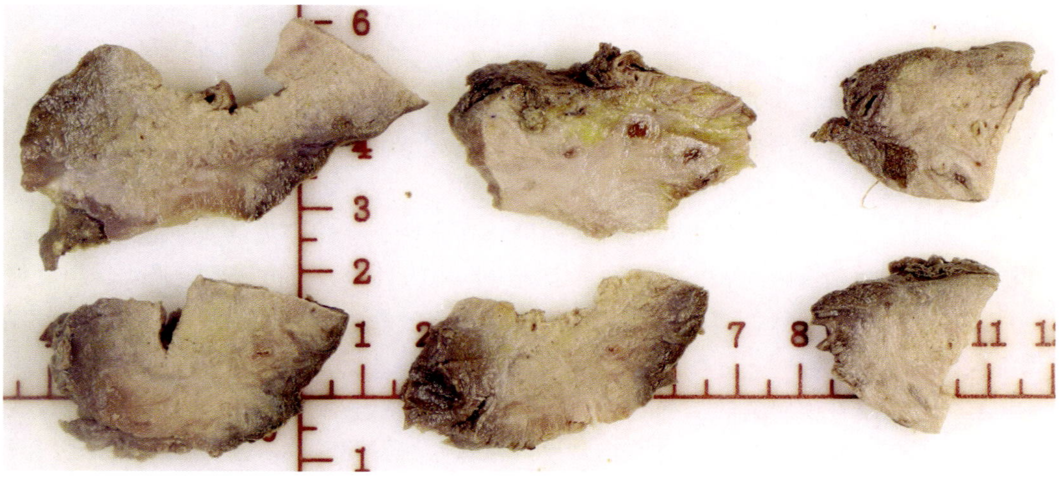

图 9-6 慢性胰腺炎

（三）胰损伤

1. 损伤特点

胰因体积较小且位于上腹部腹膜后深处，发生损伤的概率明显低于肝、脾等器官。胰损伤多见于闭合性腹部损伤。胰的位置相对固定，其后紧邻坚硬的脊椎，当钝性暴力直接作用于上腹部时，腹部受到挤压，瞬间的暴力将胰挤压于坚硬的脊柱上而致胰损伤。如交通事故时方向盘或扶手挤压上腹部，膝盖顶击上腹部等。一些腹部的开放性损伤也可导致胰损伤，如刀伤、枪伤等，实践中较少见。

一般来说，胰的损伤常与其周围器官如肝、脾、肠管等的损伤合并存在，但也有仅伤及胰的情况发生，笔者曾遇到两例，均为膝盖顶击上腹部所致。

2. 损伤类型

胰损伤可引起胰实质、胰血管、胰导管等不同组织的损伤，可单独发生，也可同时出现。形态学上由轻到重大体分为胰挫伤、胰挫裂伤、胰破裂、胰断裂等几种类型，美国创伤外科学会（AAST）将胰损伤分为5型。

Ⅰ型：小血肿、浅表裂伤，无大胰管损伤。

Ⅱ型：较大血肿、较深裂伤，无大胰管损伤。

Ⅲ型：胰远侧断裂伤有大胰管损伤。

Ⅳ型：胰近侧断裂伤或累及壶腹部，有大胰管损伤。

Ⅴ型：胰头严重毁损，有大胰管损伤。

其中Ⅰ型和Ⅱ型损伤程度较轻，仅表现为胰组织水肿和少量出血，胰液外漏不明显，多能自愈而不引起严重后果。Ⅲ型、Ⅳ型、Ⅴ型损伤严重，不仅有胰组织挫伤、坏死，还因大胰管的损伤导致胰液外漏，引起胰组织及胰周组织进一步损伤。胰破裂者多有主胰管断裂，大量胰液外漏，后果严重。因此在检查时应注意对胰管的检查，为死因分析提供依据。

3. 鉴定要点

前已述及，损伤因素和自身因素均可导致急性胰腺炎，前者称为外伤性急性胰腺炎，后者称为病理性急性胰腺炎，二者无论从症状和体征，还是大体改变和镜下改变都非常相似，极易混淆，是法医病理检案的一个难点，极易引发纠纷。腹部开放性损伤导致的胰损伤，较少引起争议，本处主要讨论腹部闭合性损伤导致的外伤性急性胰腺炎的鉴定要点。

（1）关注外伤：既要关注腹部外伤的大小、方向、部位，又要关注腹壁的损伤情况，切勿把部分急性出血坏死型胰腺炎者出现的Grey-Turner征和Cullen征认为是腹壁损伤。所谓Grey-Turner征，是指胰酶溢出胰组织外，产生含有消化能力很强的血性积液，沿腹膜后透过肌层到达双侧或单侧腰部的皮下组织，引起局部出血，从外表看呈蓝－绿－棕色的不规则瘀斑。Cullen征是急性出血坏死型胰腺炎或腹腔内大出血（如宫外孕破裂出血）者，在其脐周或两侧季肋部出现的青紫或灰蓝色改变。此外还要关注胰周其他器官、组织是否存在损伤。

（2）关注外伤与出现胰腺炎症状之间的时间间隔：外伤性急性胰腺炎的实质是由于腹部外伤导致胰腺泡破坏、胰液外溢，胰腺泡的破坏应该发生于暴力作用的当时，在伤后即应很快出现腹痛、恶心、呕吐甚至休克等一系列临床症状，胰损伤严重者症状也重、进展也快，所以从受伤到急性胰腺炎相关症状的出现不应该间隔很长时间。

（3）关注有无导致急性胰腺炎的自身因素：从统计数据看，死者自身因素如胆道疾病、胰管梗阻、暴饮暴食及酗酒等仍然是导致急性胰腺炎的主要原因，因此在鉴定时要着重检查死者是否存在能诱发急性胰腺炎的自身疾病，详细调查死者生前的饮食情况。

（4）关注胰自身病变特点：从病变发生的部位来看，病理性急性胰腺炎多发生于胰头和胰尾，尤其多见于胰头，而外伤性急性胰腺炎多见于受力的部位，如因挤压于坚硬的脊柱上受伤，则病变多位于胰体。从病变的形态学特点来看，外伤性急性胰腺炎的表现可能更为复杂，除了胰肿大、出血、坏死等外，还可能还有血肿、小的挫裂伤、破裂甚至断裂等改变。

总之外伤性急性胰腺炎的诊断和鉴别并非易事，需慎重，临案时应结合案情调查、尸体解剖、病理检验等多方面情况进行综合分析、研判。

（四）胰肿瘤

胰肿瘤按功能分为胰外分泌肿瘤和胰内分泌肿瘤，按性质分为良性肿瘤（如腺瘤、囊肿、囊腺瘤等）和恶性肿瘤（如导管腺癌、腺泡腺癌、胰岛细胞癌等），肉眼检查在胰表面或切面见单一或多发性包块。胰肿块有时还应注意与胰结核相鉴别，肉眼观二者易混淆。图 9-7 为胰胃泌素瘤。

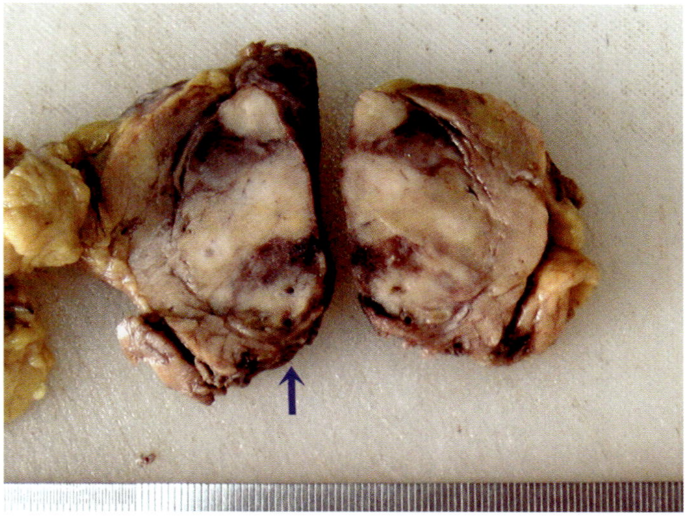

图 9-7 胰胃泌素瘤

（五）胰假性囊肿

胰假性囊肿是急性胰腺炎、胰损伤后最常见的后遗症，前述两种原因导致胰实质或胰管破裂，胰液外漏、血性炎性渗出物、局部组织坏死物等液体积聚在网膜囊周围，引起纤维组织增生而逐渐形成囊壁，其实质是一种包裹性积液。

假性囊肿形成的时间一般在 2 周以上，囊壁成熟一般在 4～6 周，囊壁的厚度与时间成正比，囊肿的大小与胰毁损严重程度、胰液漏出量等有关。囊液混浊，如有囊壁新生毛细血管破裂，则成棕褐色。

（六）单纯性胰出血

单纯性胰出血是指仅有胰出血（表面或实质）而无胰腺泡坏死、炎细胞浸润的一种出血，见图9-8。通常见于以下两种情况。

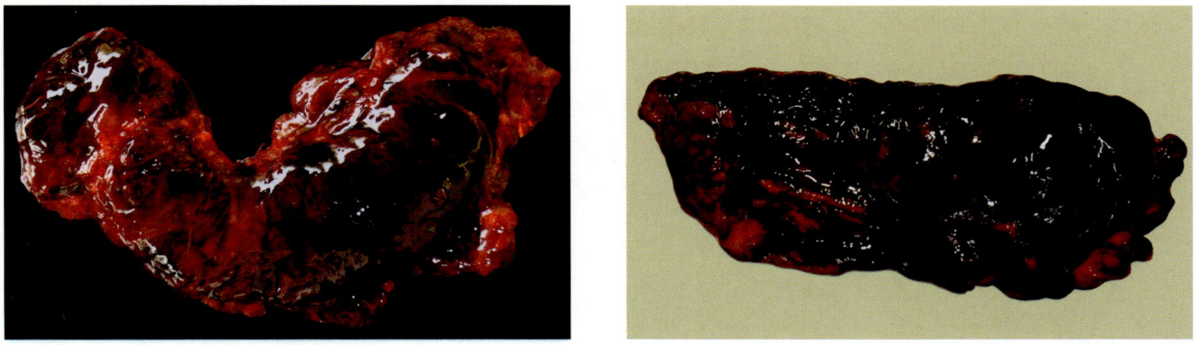

A **B**

图 9-8 单纯性胰腺出血

1. 胰卒中

表现为胰广泛出血，出血广泛者整个胰呈红蓝色。镜下出血主要限于胰间质，出血区及周围胰组织无炎症反应。有学者认为这种胰出血是一种尸体现象，可能与死前的休克或缺氧有关，特别多见于胰尾部，无法医学意义，重要的是要与胰损伤、急性出血性坏死性胰腺炎相鉴别。

2. 部分中毒、机械性窒息、猝死等案例

胰周围有丰富的疏松结缔组织和脂肪组织，胰表面覆盖有薄层结缔组织被膜，结缔组织伸入胰内将实质分隔成许多小叶。凡能引起血管通透性增高、小静脉高度淤血致毛细血管破裂等各种原因如中毒、机械性窒息、猝死等均可导致胰出血，其出血的特点主要有：一是单纯出血，没有因胰酶自家消化而导致的组织坏死、脂肪坏死；二是局部没有炎性细胞的浸润；三是出血主要位于胰周、胰被膜、胰间质等处；四是出血量较少，呈散在、多灶性分布。

（七）胰自溶

胰是最早也是最容易发生自溶的器官之一，这是因为胰含有大量的消化酶、水解酶和脂酶。胰自溶多从腺上皮开始，胰岛细胞次之，导管及其他结缔组织最后。开始呈局灶性、多中心性，逐步发展为弥漫性自溶，局灶性和多中心性自溶是胰有别于其他器官的一种死后变化。另据笔者工作中观察到，间质大量纤维结缔组织增生的胰发生自溶速度慢于正常胰。自溶后的胰，质地变软，失去正常的光泽，实践中应注意与胰实质坏死相鉴别。

第三节 胰的取材

常规取材于胰头、胰体和胰尾各取 1 块。胰损伤者要注意切取血肿、破裂部位的组织，急性胰腺炎者要注意切取胰坏死出血严重处组织、胰周坏死脂肪组织，以及主、副胰管可疑梗阻部位的组织，胰占位者要注意切取反映占位病变与胰被膜、胰导管、胆总管、肝胰壶腹和十二指肠降部位置关系的组织。

第十章 消化道的检查和取材

第一节 消化道的解剖学基础

消化道包括口腔、咽、食管、胃、小肠和大肠，通常将口腔至十二指肠称上消化道，空肠及以远部分称下消化道。图 10-1 为消化道概貌图。本章主要介绍与法医病理学检验较密切的食管、胃、小肠及大肠的检查及取材。

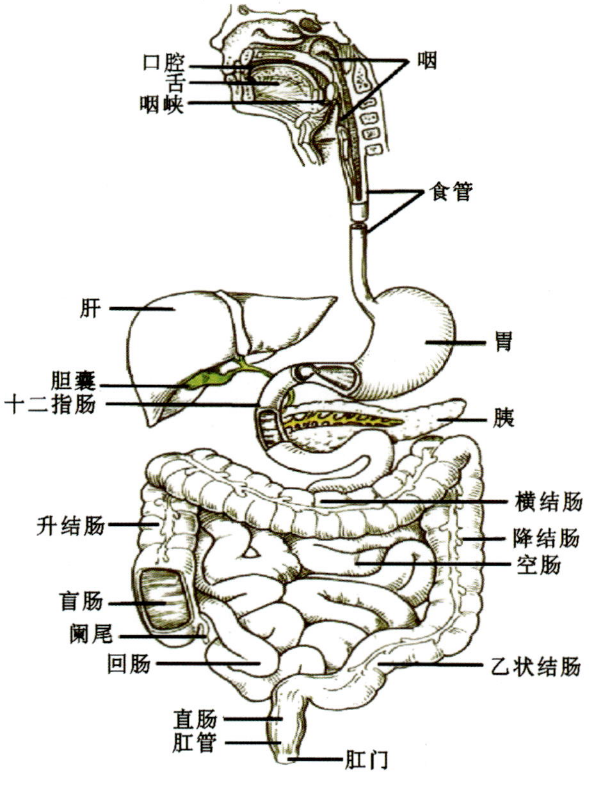

图 10-1　消化系统

食管全长 25～30 cm，起自咽后，经上纵隔、后纵隔，穿膈的食管裂孔进入腹腔，与贲门相接，按所在的部位分为颈段、胸段和腹段三段。食管自上而下有 3 个狭窄，分别位于起始处、与左主支气管交叉处、穿膈的食管裂孔处，上述 3 个狭窄，既是食管癌好发处，也是异物易嵌顿的部位。

胃有两口、两壁、两缘，两口即贲门和幽门，两壁即前壁和后壁，两缘即上缘和下缘。上缘也称胃小弯，凹而短，朝向右上方，其最低处有一切迹，称为角切迹。下缘也称胃大弯，凸而长，朝向左下方。胃分四部，其中位于贲门附近的部分为贲门部，贲门左侧、高出贲门平面以上的部分为胃底，胃中间的部分为胃体，角切迹与幽门之间的部分为幽门部。胃的形态与分部见图 10-2。

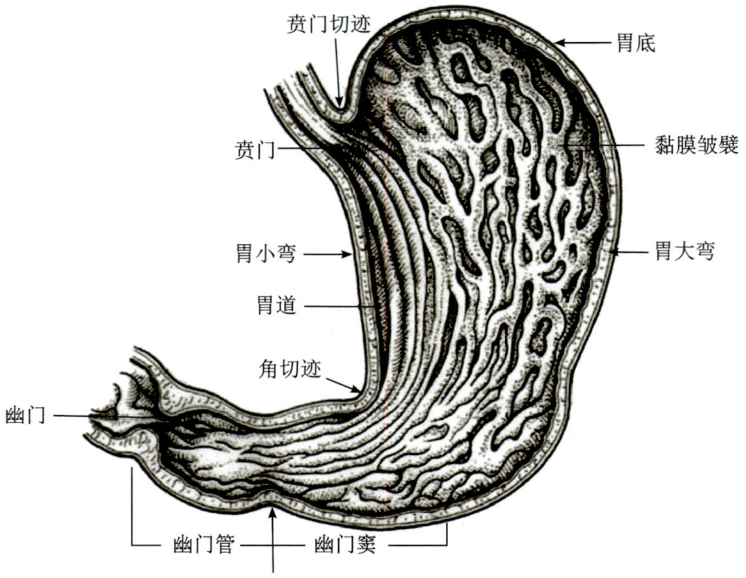

图 10-2　胃的形态与分部

小肠包括十二指肠、空肠和回肠，在成人总长 5～7 m。十二指肠长约 25 cm，呈“C”字形包裹胰头，分为上部、降部、水平部和升部四部，位于升部的 Treitz 韧带是十二指肠和空肠的分界标志。空肠、回肠在腹腔内迂曲盘旋形成肠袢，有肠系膜附着，合称系膜小肠，二者无明确界限，其近侧 2/5 为空肠，远侧 3/5 为回肠。

大肠长度大约 1.5 m，续自回肠末端，止于肛门，分为盲肠、阑尾、结肠、直肠和肛管五部分。盲肠是大肠的起始部，回肠、盲肠交界处有回盲瓣，在回盲瓣远端约 2.0 cm 处有阑尾的开口。结肠分升结肠、横结肠、降结肠和乙状结肠四部，呈“M”形包绕在空、回肠周围。

消化道管壁的组织结构分为黏膜层、黏膜下层、肌层和外膜层四层，各部的差别主要在黏膜层和黏膜下层。

第二节　消化道的剪开和检查

消化道的检查，原则上应在解剖提取后、固定前进行，因为固定过程对消化道的影响较大，尤其是消化道出血、消化道穿孔等。

一、胃肠道表面的检查

尸检打开腹腔后，首先要原位观察网膜的色泽及位置，炎症时网膜常失去正常光泽并向炎性病灶聚集，然后再游离网膜观察胃肠的解剖结构，发现异常表现应原位照相、记录并做标记，便于离体后详细观察。

对于离体的消化道，先通过贲门、幽门、Treitz 韧带、阑尾等解剖标志分清各部，按解剖顺序摆放。检查消化道外观、颜色是否正常，肠壁呈蓝色或蓝紫色多提示有消化道出血，肠壁呈深红色或褐色时要考虑是否有肠坏死。检查浆膜面是否光滑，是否有脓苔、食糜等异物附着，是否有粘连及粘连带。检查肠管有无套叠、扭转、破裂及有无异常增大。图 10-3 为一先天性巨结肠标本，结肠异常扩张，为正常的 1～2 倍以上，肠壁增厚。检查阑尾有无红肿、增粗、穿孔等病变。此外要注意检查肠系膜表面有无异物附着，系膜血管内有无血栓，肠系膜淋巴结有无肿大。

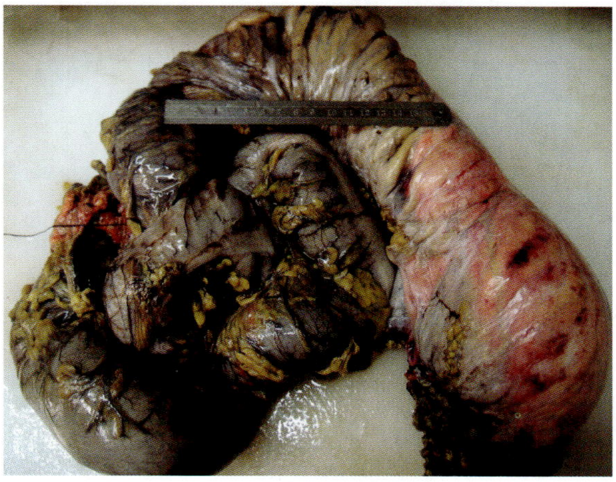

图 10-3　巨结肠

二、消化道的剪开

1. 消化道的游离

自环状软骨处依次游离出颈段、胸段和腹段食管，沿大网膜和小网膜与胃和十二指肠相连处剪断，游离出胃和十二指肠，沿肠系膜附着线处剪断，游离出小肠，同法处理并游离大肠，见图 10-4。

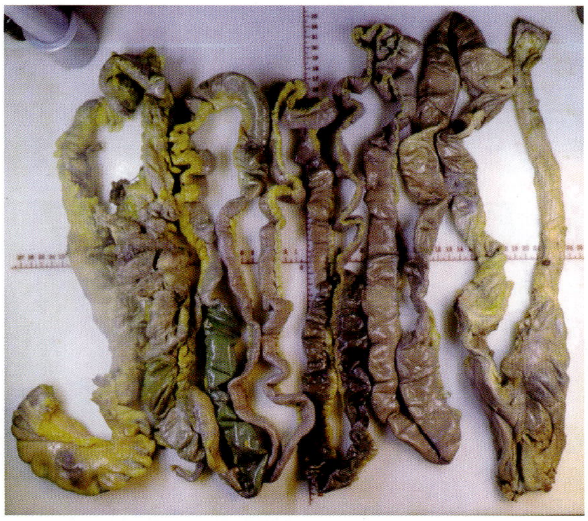

图 10-4　消化道的游离

2. 消化道的剪开

沿食管长轴剪开食管，沿胃大弯剪开胃和十二指肠，用镊子固定小肠起始端，将肠剪的钝端插入肠腔内，沿肠系膜附着线及结肠带纵向剪开小肠、大肠。阑尾可做数个横切面进行检查。图 10-5 示胃十二指肠的剪开。

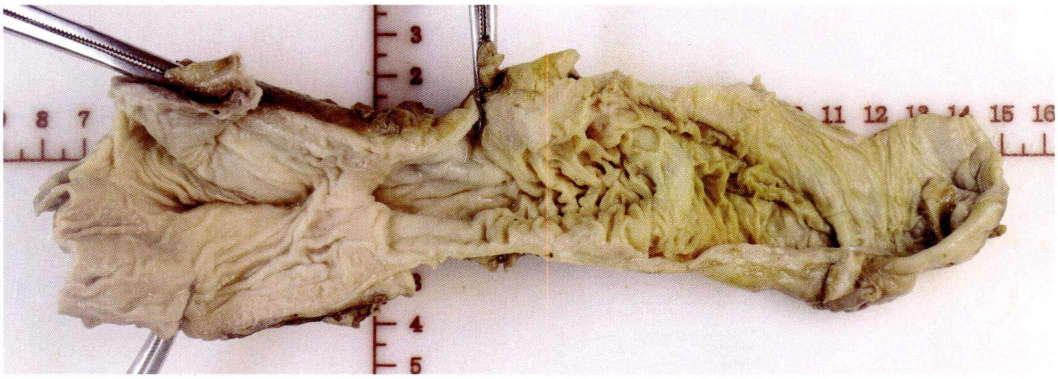

图 10-5 胃十二指肠的剪开

三、消化道腔面的检查

剪开后首先观察胃肠内容物的位置、消化程度等情况，据此有助于推断死亡时间、分析机体消化功能，然后用流水轻柔冲洗掉胃肠内容物，直至黏膜面清晰暴露，应注意不要使用毛巾、器械擦拭、刮拭，以免损伤黏膜。

消化道黏膜面的检查，一般从食管开始逐段进行。注意检查食管黏膜是否光滑、有无静脉曲张（图 10-6，注意死后由于静脉压消失，曲张可能变得不够明显）、有无撕裂，频繁剧烈的呕吐可造成食管下端、贲门处的黏膜和黏膜下层撕裂；注意观察黏膜的颜色，胆汁反流时可致食管、胃黏膜呈墨绿色，图 10-7 为胆汁反流性食管炎，局部见黏膜糜烂。图 10-8 为一结肠黑变病标本，这是一种以结肠黏膜色素沉着为特征的非炎症性肠病，其本质是结肠黏膜固有层内巨噬细胞含有大量脂褐素。注意检查胃、肠黏膜有无肥大及黏膜皱襞的方向，黏膜有无出血、充血、糜烂、溃疡、穿孔、假膜、息肉、肿块等，糜烂和溃疡的差别在于前者组织缺损仅限于黏膜层和黏膜下层，后者的组织缺损深度达肌层；注意检查胃肠壁的厚度，管腔有无异常扩张、异常狭窄，检查有无憩室嵌顿、穿孔或瘘管，注意检查幽门环、回盲瓣有无肥大增生，局部有无狭窄，如有，须测量狭窄的程度。

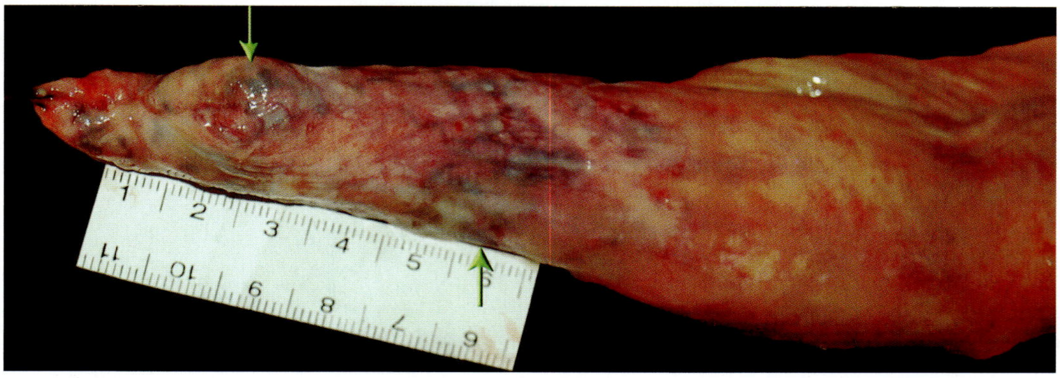

图 10-6 食管下段静脉曲张

图 10-7　胆汁反流性食管炎

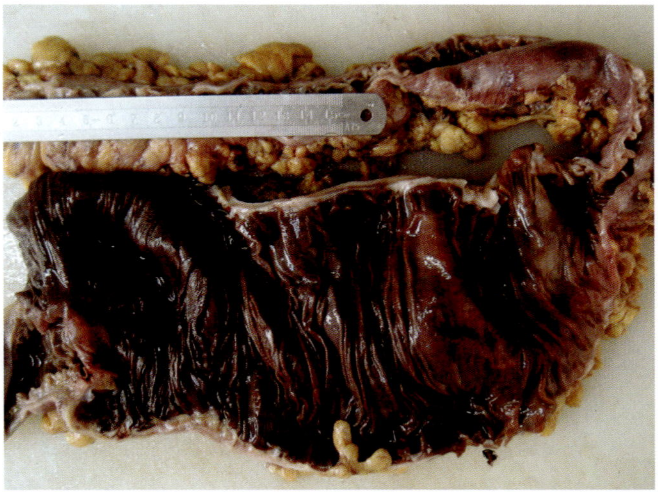

图 10-8　结肠黑变病

第三节　消化道的常见病变

一、消化道损伤

(一) 食管损伤

食管因位于气管后方、脊柱前方，颈部肌肉丰富，胸部有骨性胸廓保护，位置相对隐蔽，且有一定弹性，故机械性暴力导致的损伤较少。实践中的食管损伤多见于以下两种情形：一是误服强酸、强碱等化学物造成的食管腐蚀性损伤，表现为局部黏膜坏死、出血、糜烂甚至穿孔。二是吞食刀片等锋利异物自杀，或是食物中的鱼刺、骨渣等直接损伤食管。

(二) 胃肠道损伤

胃肠损伤可由锐器、火器及钝器等引起，其中锐器、火器等引起的多无争议，此处主要介绍腹部钝性暴力造成的胃肠道损伤。

胃肠道是人体最大的空腔脏器，占据腹腔大部分空间，受到损伤的机会多，但由于其活动性较好，又受肋弓、腹壁肌肉等的保护，胃肠损伤远较肝脾等实质性器官损伤少见。按损伤程度的轻重，胃肠损伤分为挫伤和破裂两种。

1. 胃肠挫伤

胃肠挫伤较常见于车辆等交通事故损伤，以及脚踢、膝盖冲击腹部时，胃肠道受外力直接作用的同时又受到脊柱反作用力的挤压而引起。肉眼检查胃肠表面可见界限不清的灶性或片状出血，但易受腐败自溶及固定等的影响而漏诊，有时在黏膜下形成血肿。

轻度胃肠挫伤有时因无明显症状而漏诊，部分可因炎性渗出致肠粘连，也有部分伤者因挫伤导致胃肠黏膜屏障破坏、肠道细菌移位至腹腔而引起化脓性腹膜炎。胃肠壁的严重挫伤或不全破裂，可在伤后数小时或数天出现穿孔。

2. 胃肠破裂

（1）胃破裂：主要发生于充盈状态的胃，当钝性暴力使胃内压高于胃外压时，压力均衡地向四周扩散，在胃壁薄弱之处如胃小弯、原消化性溃疡等部位形成破口。大体检查时在破口及邻近黏膜可见单个或多数裂创，创缘不整，创壁间可见组织间桥。

（2）肠破裂：多见于空肠，其次为回肠、十二指肠和结肠，形态学上与胃破裂类似，表现为从内向外的破裂。暴力巨大时，如高坠，空肠起始部及回肠末端是可移动部与不可移动部的交界处，由于局部牵扯作用可致肠管部分断裂或全周断裂。

二、急性胃扩张

急性胃扩张是指由于胃壁肌肉张力降低或麻痹、大量气体或液体潴留于胃内不能排出，使胃和十二指肠上段高度扩张的一种综合征。本病为一种不十分常见的急腹症，但病情发展迅速，后果严重，极易导致水和电解质丢失、电解质和酸碱平衡紊乱，死亡率高。

图 10-9 是两例急性胃扩张致死的案例，解剖见胃极度扩张，几乎占据整个腹腔，胃大弯常下垂至盆腔，胃内充满大量气体或液体，如伴有出血则呈棕褐色。胃壁变得极薄，胃黏膜皱襞消失，常可见点状出血及浅表溃疡。

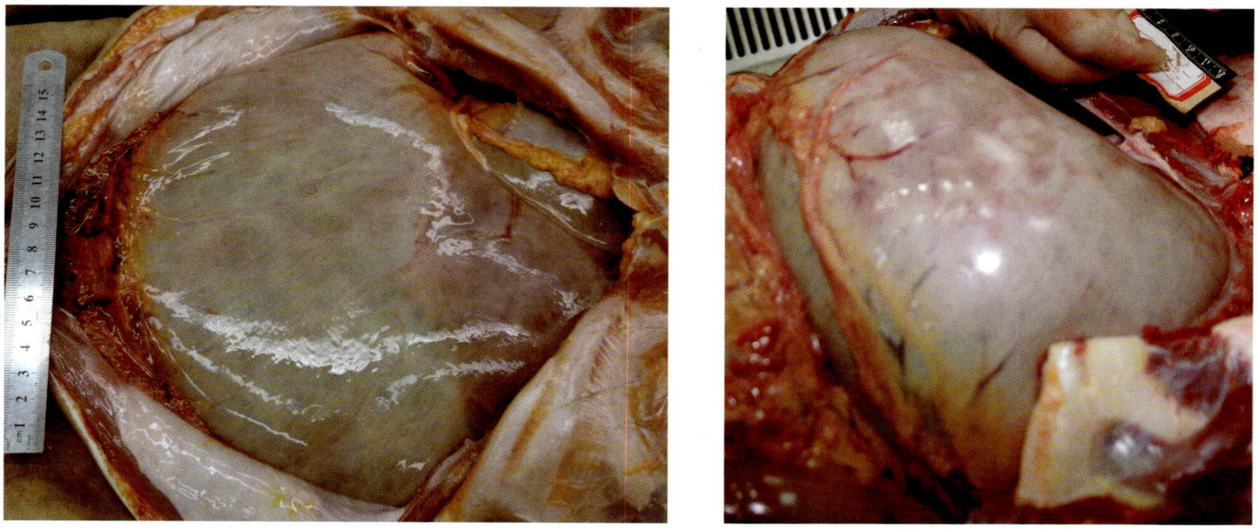

A　　　　B

图 10-9　急性胃扩张

三、肠梗阻

肠梗阻是指肠内容物在肠道中通过受阻，为最常见的外科急腹症之一，死亡率较高。90%的梗阻发生于小肠，主要与小肠活动度大、小肠系膜根部短有关。

（一）病因和分类

一般根据引起的原因将肠梗阻分为机械性肠梗阻、动力性肠梗阻和血运性肠梗阻三种。

1. 机械性肠梗阻

机械性肠梗阻是由于各种原因导致的肠腔狭小、使肠内容物不能顺利通过的一类肠梗阻，占急性肠梗阻的90%以上。常见原因有：①肠外原因，如肠粘连、疝嵌顿、肿瘤压迫等；②肠壁原因，如肠套叠、肠扭转、炎症性狭窄、肿瘤等；③肠腔内原因，如肠道蛔虫梗阻、异物阻塞等。

2. 动力性肠梗阻

动力性肠梗阻是由于肠壁肌肉运动紊乱，影响肠内容物顺利通过的一类梗阻。按引起肌肉运动障碍的原因又分为麻痹性肠梗阻和痉挛性肠梗阻，前者是由于神经功能障碍使肠壁肌肉失去运动能力，后者是由于肠壁肌肉痉挛引起肠腔狭窄。

3. 血运性肠梗阻

血运性肠梗阻是由于肠系膜血管血栓形成或栓塞，肠壁缺血而发生麻痹，肠失去蠕动能力所致，此时肠腔并不狭窄，但肠内容物停止运行。

此外，肠梗阻还有按肠壁血运有无障碍分为单纯性肠梗阻和绞窄性肠梗阻，如上述肠扭转、肠套叠、肠粘连及肠系膜血管血栓形成所致的肠梗阻均属绞窄性肠梗阻。按梗阻部位分为高位小肠梗阻、低位小肠梗阻和结肠梗阻。按梗阻程度分为完全性肠梗阻和不完全性肠梗阻，按病情缓急分为急性肠梗阻和慢性肠梗阻等不同分类方法。

（二）常见类型

1. 粘连性肠梗阻

粘连性肠梗阻是肠梗阻最常见的一种类型，肠粘连及腹腔粘连常由于腹腔内手术、炎症、外伤、出血及异物引起。肠粘连一般多在肠腔狭窄、肠腔内容物过多、肠蠕动增加或体位激剧变动等条件下才会导致肠梗阻。

2. 肠扭转

肠扭转是指一段肠袢沿肠系膜长轴旋转或两段肠袢扭缠成结而造成的绞窄和肠管嵌闭，此时既有肠的扭转、梗阻，又有系膜血管血液循环受阻。

肠扭转的常见发病原因如下。①解剖因素：肠系膜长度比肠管两端间距离相对过长的容易发生扭转，小儿肠扭转多见于先天性肠旋转不全者；②物理因素：肠管肿瘤、乙状结肠内存积干结粪便等；③动力因素：如体位急剧变化，或某种姿势下腹压突然增加。如交通事故时突然改变体位，足踢腹部使肠袢产生不同步的运动等，均可发生肠扭转。

肠扭转为一种严重的机械性梗阻，可在短期内发生肠绞窄和坏死，并可能发展为肠破裂、急性腹膜炎，甚至死亡。

3. 肠套叠

肠套叠是指肠的一段套入与其相连的肠管腔内，多见于儿童。根据套入肠与被套肠的部位，肠套叠分为小肠-小肠型、小肠-结肠型和结肠-结肠型三种，如套入肠的系膜也被套入，肠管易发生绞窄而坏死。

（三）病理改变

机械性肠梗阻发生后，梗阻近端部位的肠腔扩张，肠壁变薄，黏膜可见糜烂或溃疡，整个肠壁可因血供障碍而发生坏死、穿孔。梗阻远端部位的肠管多空虚坍陷。在绞窄性肠梗阻的早期，由于静脉回流受阻，小静脉和毛细血管淤血、通透性增加，此时肠管因充血、水肿而呈紫色。病变继续发展，局部动脉血流受阻、血栓形成，管壁因缺血而发生坏死，坏死的肠管呈紫黑色，见图10-10。

图 10-10 肠坏死

麻痹性肠梗阻则表现为全肠管普遍性扩张，管壁变薄。痉挛性肠梗阻者，因肠痉挛多为暂时性，形态上可无明显异常。

肠梗阻对机体的影响主要有：①体液丢失，电解质、酸碱平衡失调；②肠内细菌和毒素通过损伤的肠壁进入腹腔，或者肠壁破裂而引发化脓性腹膜炎；③毒性物质吸收引起心、肝、肾等损害。

四、消化性溃疡

消化性溃疡是指在病理学上以胃、十二指肠黏膜形成慢性溃疡的一种病变，其中以十二指肠溃疡较为常见，约占70%，胃溃疡约占25%，两者并存的复合性溃疡约占5%。此外，消化性溃疡也见于化生的具有产酸能力的胃型上皮，如Barrett食管和小肠的Meckel憩室。现已明确，胃黏膜屏障的破坏是黏膜组织被胃酸、胃蛋白酶自身消化而形成溃疡的主要原因，而幽门螺杆菌感染是导致胃黏膜屏障破坏的重要因素。

胃溃疡多见于胃小弯近幽门部，以后壁居多，见图10-11。检验时要注意观察溃疡的形状、大小、深度、边缘、底部及周围黏膜特点等。表10-1是良性胃溃疡和恶性胃溃疡的肉眼鉴别要点。

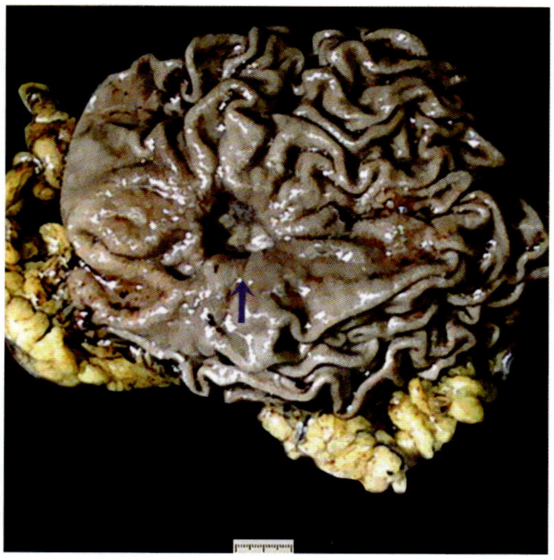

A

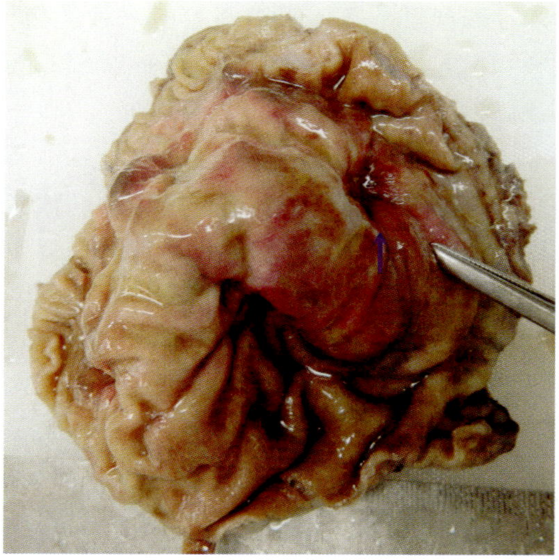

B

图 10-11 胃溃疡

A：良性溃疡；B：恶性溃疡。

表 10-1 良性胃溃疡和恶性胃溃疡的鉴别

	良性溃疡	恶性溃疡
形状	圆形或椭圆形	不规则、皿状或火山口状
大小	多<2.0 cm	多>2.0 cm
深度	较深	较浅
边缘	整齐，不隆起	不整齐，隆起
底部	较平坦，较清洁	凹凸不平，多伴有坏死出血
黏膜	皱襞向溃疡集中	皱襞中断，呈结节状肥厚

十二指肠溃疡主要发生在十二指肠球部，以紧接幽门环的前壁或后壁最多见，溃疡一般较小，直径多在 1.0 cm 以内，多呈单发，形态特点与胃溃疡相似。

应激性溃疡是机体在各种严重创伤（如烧烫伤、大手术、严重外伤等）、危重疾病（如全身性化脓性感染、长期低血压、多器官功能衰竭等），以及严重的心理障碍等应激状态下发生的急性胃、十二指肠黏膜糜烂、溃疡，在检案中时有发现。图 10-12 中 A 为尖吻蝮蛇蛇毒中毒引起，B 为重度颅脑损伤引起。

因导致应激原因的不同，溃疡发生部位亦有所差异，如继发于严重外伤、大手术后的，溃疡多发生于胃体和胃底部。继发于脑外伤的，溃疡多发生于食管、胃到十二指肠。应激性溃疡一般较浅、较小，直径多在 1.0 cm 以下，糜烂的范围通常较大，边界不清楚。组织学检查见溃疡周围无明显增生及修复现象，可见明显以中性粒细胞为主的炎细胞浸润。

多数消化性溃疡通过适当的治疗和调理可愈合，少部分可出现出血、穿孔、幽门狭窄、癌变，其中出血和穿孔是消化性溃疡猝死的常见原因。

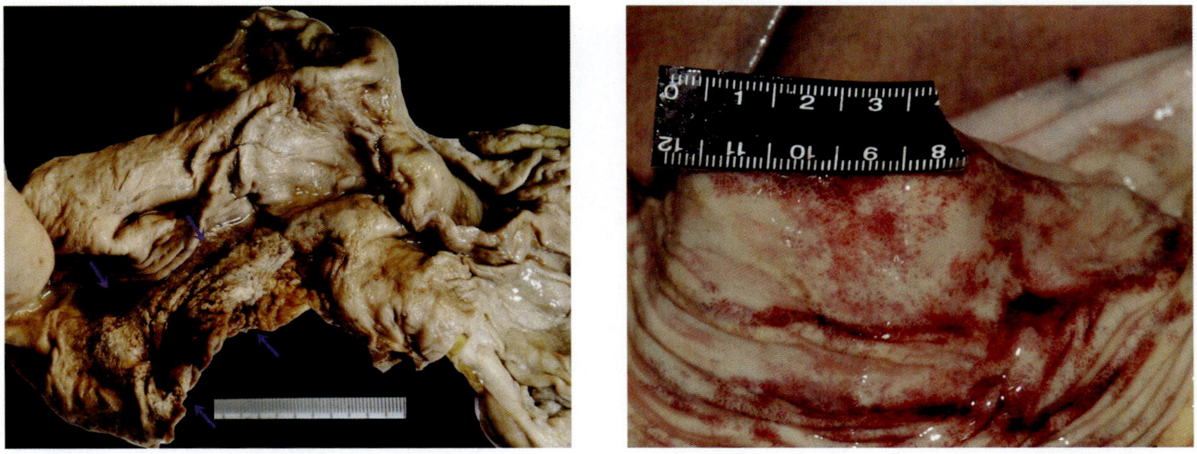

A B

图 10-12 胃应激性溃疡

A：尖吻蝮蛇蛇毒中毒引起；B：重度颅脑损伤引起。

五、消化道出血

消化道出血以 Treitz 韧带为界分为上消化道出血和下消化道出血。

引起上消化道出血的常见原因有胃或十二指肠溃疡病、肝硬化并发食管下段或胃底静脉曲张，急性胃肠黏膜糜烂、胃黏膜脱垂、贲门部胃黏膜裂伤及溃疡性胃癌等，其中以消化性溃疡最为常见，其次是食管下端或胃底静脉曲张。引起下消化道出血的常见原因有下消化道恶性肿瘤、溃疡性结肠炎、克隆氏病、肠结核、肠伤寒、小肠血管畸形、肛裂等。

消化道出血的检验重点是查找出血的位置及原因，按前述方法规范地剪开胃肠道并清楚暴露黏膜面是其关键。剪开后首先通过消化道内积血位置和颜色判断出血的大体部位，一般上消化道出血，血液经胃酸作用形成正铁蛋白而呈黑色，而下消化道出血，肠管内的血液呈暗红色或鲜红色。图 10-13 为肝硬化胃底静脉曲张并破裂。

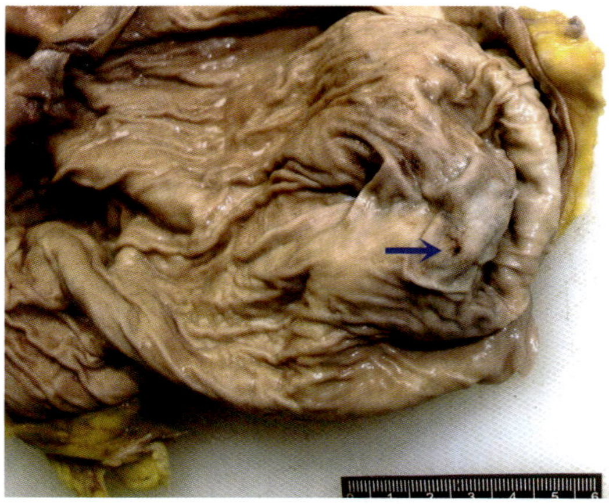

图 10-13　胃底静脉曲张并破裂

六、消化道穿孔

消化道穿孔是指因不同原因导致的胃肠内容物外溢至腹膜腔的一种病理改变，按穿孔部位分为胃穿孔（图 10-14）、小肠穿孔（图 10-15）和结直肠穿孔，按穿孔发生的进展速度分为急性穿孔、亚急性穿孔和慢性穿孔，按穿孔发生的原因分为病理性穿孔和外伤性穿孔，其中病理性穿孔的原因主要有消化性溃疡、炎症性肠道病、肠道憩室、肠道肿瘤、绞窄性肠梗阻等。

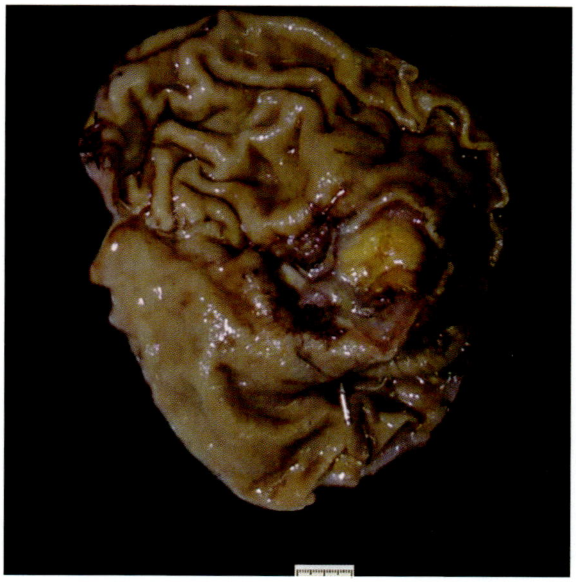

图 10-14　胃穿孔

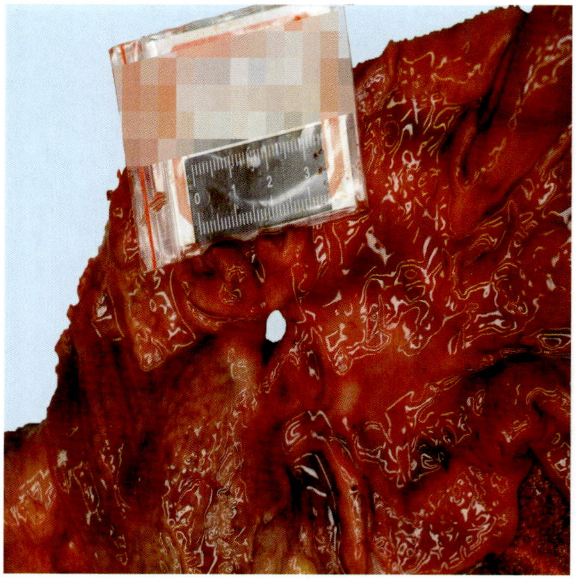

图 10-15　小肠穿孔

消化道穿孔最直接的后果是胃肠内容物外溢至腹腔引起的急性腹膜炎。胃肠内容物除了食糜外还包括胃酸、胆汁、胰液等，首先引起化学性腹膜炎，继而（6～8 h 后）引起化脓性腹膜炎。尸检时大网膜多向穿孔处游走，腹腔各隐窝及肠袢间见胃肠内容物及混浊的脓性渗出物（图 10-16），渗出物的成分主要为坏死组织、纤维素、中性粒细胞及细菌等，肠管浆膜、肠系膜及腹膜见充血、水肿和炎性渗出物附着，呈局限性或弥漫性化脓性炎症改变，肠管与肠管或肠管与腹膜间可见粘连。

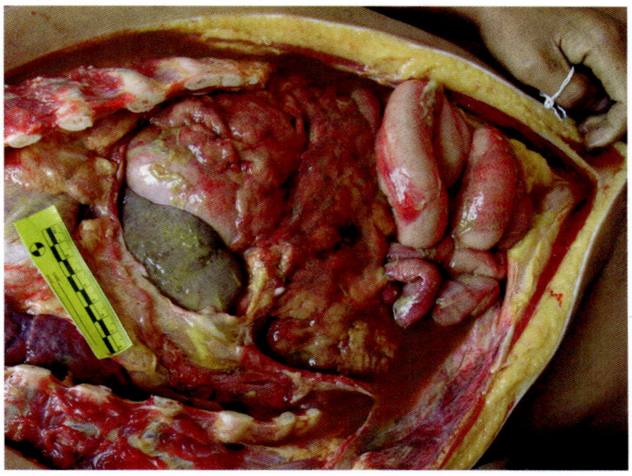

图 10-16　化脓性腹膜炎

消化道穿孔的检验要点：①查明穿孔的部位；②通过肉眼及镜下形态学改变，分析判断是否为急性、亚急性、慢性穿孔；③注意病理性和外伤性胃肠穿孔的鉴别。

七、消化道肿瘤

1. 食管癌

食管癌好发于 3 个生理性狭窄部，其中以左主支气管交叉处最多见。早期癌病变局限，多为原位癌或黏膜内癌，未侵犯肌层，肉眼观癌变处黏膜轻度糜烂或表面呈颗粒状、微小乳头状。中晚期癌一般分 4 种类型。①髓质型：最多见，癌组织在食管壁内浸润性生长累及食管全周或大部分，管壁增厚、管腔变小，切面瘤组织质地较软似脑髓，色灰白，癌组织表面常有浅表溃疡；②蕈伞型：癌呈扁圆形肿块突向食管腔，表面有时见浅溃疡；③溃疡型：肿瘤表面形成较深溃疡，溃疡外形不整，边缘隆起，底部凹凸不平，深达肌层；④缩窄型：癌组织浸润食管全周同时因伴有结缔组织增生，使局部食管壁呈环形狭窄，局部癌组织质地较硬，狭窄上端食管腔则明显扩张。

食管癌的组织学类型包括鳞状细胞癌、腺癌、腺鳞癌、神经内分泌癌等，中国人中以鳞状细胞癌最为常见，约占 90%以上，腺癌次之。

2. 胃癌

胃癌按病理变化分为早期胃癌与中晚期胃癌两种。癌组织浸润仅限于黏膜层或黏膜下层，无论有无淋巴结转移的为早期胃癌，若癌灶直径小于 0.5 cm 者称为微小癌，癌灶直径为 0.6～1.0 cm 者称小胃癌。肉眼形态大体分为 3 种类型。①隆起型：肿瘤从黏膜面明显隆起或呈息肉状；②表浅型：肿瘤呈扁平状，稍隆起于黏膜表面；③凹陷型：形成溃疡，又名溃疡周边癌性糜烂，癌灶仍局限在黏膜下层，此型最多见。

中晚期胃癌又称进展期胃癌，癌组织浸润超过黏膜下层。肉眼形态可分为以下类别。①息肉型或蕈伞型：又称结节蕈伞型，癌组织向黏膜表面生长，呈息肉状或蕈伞状，突入胃腔内；②溃疡型：癌组织坏死脱落形成溃疡，溃疡一般比较大，边界不清，多呈皿状或隆起如火山口状，底部凹凸不平；③浸润型：癌组织向胃壁内局限性或弥漫性浸润，与周围正常组织分界不清楚。其表面胃黏膜皱襞大部分消失，有时可见浅表溃疡，见图 10-17。如为弥漫性浸润，可导致胃壁普遍增厚、变硬，胃腔变小，状如皮囊，因而有“革囊胃”之称。

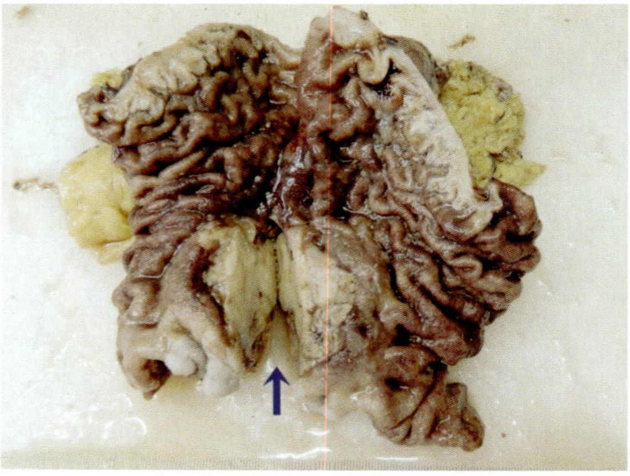

图 10-17　胃癌

3. 结、直肠癌

结、直肠癌好发部位以直肠最多见（50%），其余依次为乙状结肠（20%）、盲肠、升结肠（16%）、横结肠（8%）、降结肠（6%）。肉眼大体形态分四型。①隆起型：肿瘤呈息肉状或盘状向肠腔突出，可伴表浅溃疡，多为分化较高的腺癌，见图 10-18；②溃疡型：肿瘤表面形成较深溃疡或呈火山口状，本型较多见，见图 10-19；③浸润型：癌组织向肠壁深层弥漫浸润，常累及肠管全周，导致局部肠壁增厚、变硬，若同时伴有间质结缔组织增多，则局部肠管周径缩小，形成环状狭窄；④胶样型：肿瘤表面及切面均呈半透明、胶冻状。

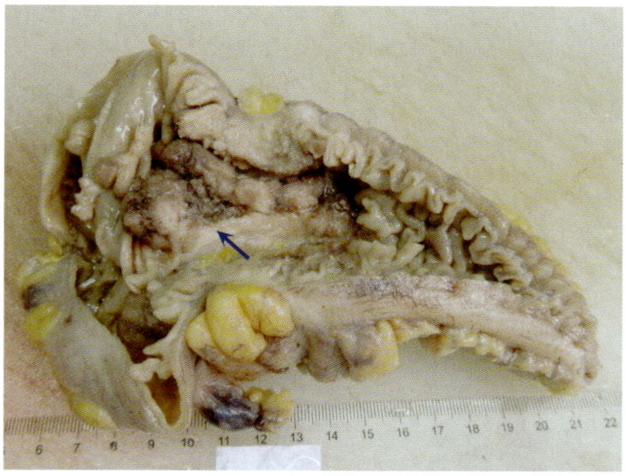

图 10-18　隆起型结肠癌

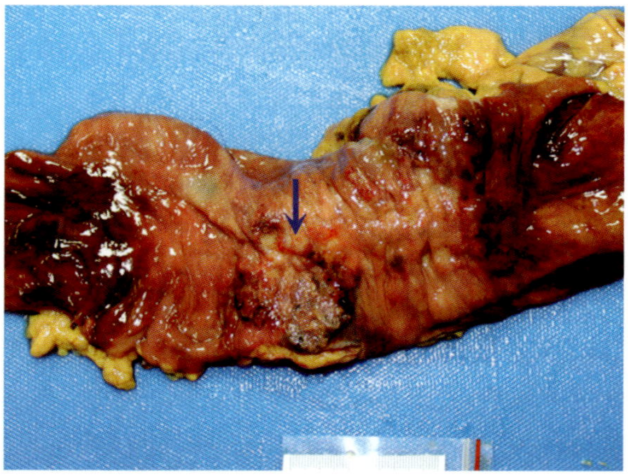

图 10-19　溃疡型结肠癌

左、右半结肠癌在肉眼形态略有不同，左半结肠癌以浸润型多见，易引起肠壁增厚、肠管狭窄，早期出现梗阻症状，右半结肠癌以息肉型多见。

第四节 消化道的取材

消化道常规取材分别于食管、胃、小肠、回盲部、结肠各取 1 块，一般沿长轴切取长 2 cm、宽 0.2～0.3 cm 的条状组织，阑尾切取横切面组织包埋。对于可疑损伤、坏死、溃疡、穿孔、肿瘤、坏死等病变处，要加大取材密度，切取的组织块应包括正常部位、病变交界处、病变处等不同区域，如图 10-20A为肠多发性息肉标本，取材时要注意切取病变管壁全层，以观察病变的浸润程度，如图 10-20B 所示。怀疑肿瘤者应切取肠系膜淋巴结，弥漫性腹膜炎时应增加网膜、系膜的取材。

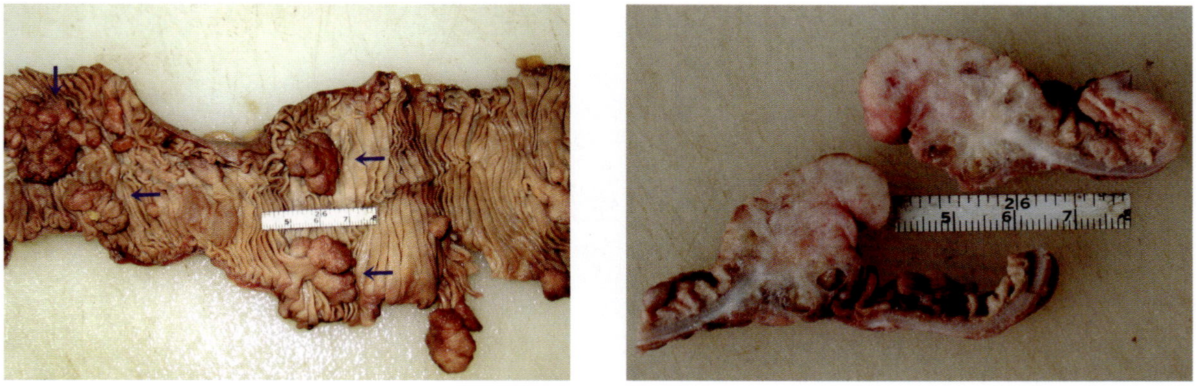

A　　B

图 10-20　消化道肿瘤的取材

A：肠多发性息肉；B：病变处肠管管壁全层取材。

第十一章 内生殖器的检查和取材

女性内生殖器包括卵巢、输卵管、子宫、阴道和前庭大腺，男性内生殖器包括睾丸、附睾、输精管、射精管、男性尿道和精囊、前列腺、尿道球腺，本章主要介绍与法医病理学检验密切相关的卵巢、输卵管、子宫及睾丸的检查和取材。此外，因胎盘和脐带是女性妊娠和分娩过程中重要的功能性附属结构，与女性生殖功能密不可分，故在本章叙述。

第一节 女性内生殖器的检查和取材

一、女性内生殖器的解剖学基础

1. 卵巢

卵巢为成对生殖腺，呈扁卵圆形，色略灰红，分为上、下两端，前、后两缘，内、外侧两面。幼女的卵巢较小，表面光滑，性成熟期的卵巢最大，由于卵泡发育、排卵和黄体形成，卵巢表面凹凸不平。正常育龄妇女的卵巢大小为（4.1～5.2）cm×（2～2.7）cm×（1～1.1）cm，单侧卵巢重 5～7 g。随着年龄的增长，35～40 岁后卵巢开始缩小，绝经后卵巢逐渐萎缩变小、变硬。

2. 输卵管

输卵管是输送卵子的肌性管道，左右各一，呈弓形从子宫角走向卵巢内极，长 9～12 cm，全管分为子宫部、峡部、壶腹部和漏斗部共四部，后三部为子宫外部分，附着于输卵管系膜。其中壶腹部管径粗、弯曲且较长，约占整个输卵管全长的 2/3，为卵子受精部位，若受精卵未能移入子宫而在输卵管内发育，即成为宫外孕。

3. 子宫

子宫两侧与输卵管和卵巢相连，是孕育胎儿和产生月经的肌性器官。成人未孕子宫呈前后稍扁、倒置的梨形，长 7.0～9.0 cm，最宽径约 4.0 cm，厚 2.0～3.0 cm，分为底、体、颈三个部分。两侧输卵管子宫口以上宽而圆凸的部分为子宫底，下端狭窄呈圆柱状的部分为子宫颈，成人长 2.5～3.0 cm，为肿瘤的好发部位。子宫底和颈之间为子宫体。子宫内有一狭窄的倒三角形的腔，其中位于子宫体内的部分称为子宫腔，位于子宫颈内的部分称为子宫颈管。

女性内生殖器解剖如图 11-1 所示。

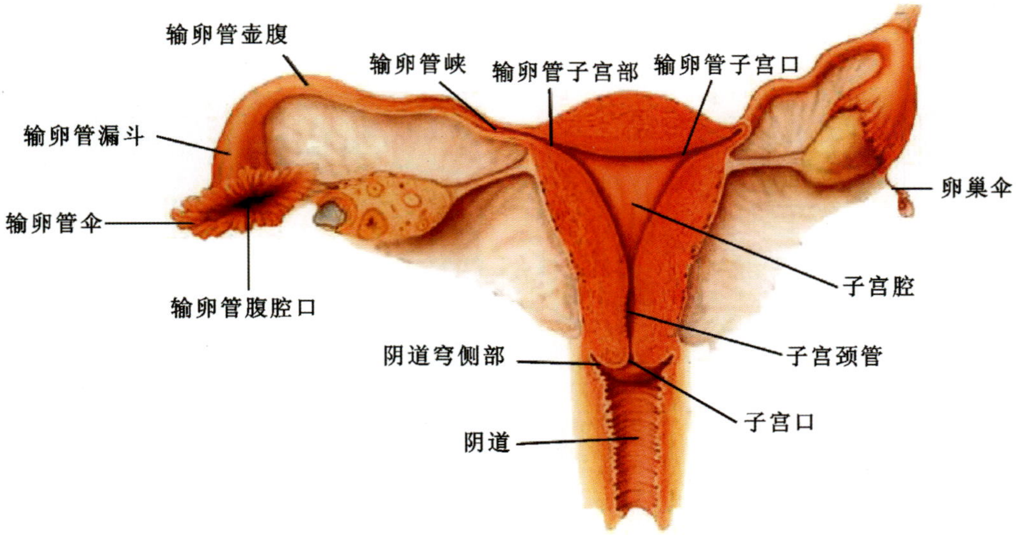

图 11-1 女性内生殖器

二、女性内生殖器的检查

（一）卵巢的检查

1. 卵巢的切开

卵巢的切开一般沿最大面水平切开，对于肿大的卵巢，可在最大水平面的上下、间隔 1.0～2.0 cm 做多个水平切面。

2. 卵巢的检查

检查卵巢被膜是否完整，表面是否光滑，两侧大小、外形是否一致，切面有无占位、出血等改变。

（1）卵巢肿瘤：卵巢是最容易发生肿瘤的器官之一，肿瘤性质复杂多样，从良性、交界性到恶性均常见，大体表现也不尽相同，但基本上可分为囊性、囊实性和实性三种。囊性占位者，要检查记录囊是单房还是多房，是否有小的子囊，囊内液体的性状，囊内壁是否光滑及是否有乳头状突起，囊内有无毛发、牙齿、皮脂样物等其他成分。囊较大、囊内液体较多时，囊内压力可能较高，应注意从远离自己的一侧切开，防止液体喷溅污染。实性占位者，要检查记录实性区的大小、颜色、质地及有无出血坏死，与周边组织的界限是否清楚等。囊实性占位者，应对囊性区和实性区分开检查记录。图 11-2 为卵巢无性细胞瘤，呈实性外观。图 11-3 为卵巢类癌，呈囊实性外观。

卵巢囊肿蒂扭转是指供应卵巢囊肿的血管发生扭曲，囊肿出现急性缺血、坏死甚至破裂，好发于瘤蒂长、中等大、活动度好、重心偏于一侧的肿瘤，见图 11-4，囊性畸胎瘤、黏液性及浆液性囊腺瘤最易发生，为妇科急腹症之一。扭转早期因静脉回流受阻，囊肿高度淤血甚至血管破裂、瘤内出血，瘤体激剧增大，进一步压迫动脉，肿瘤组织发生坏死而呈紫黑色，如破裂则引起急性腹膜炎。

（2）卵巢黄体破裂：黄体是指排卵后的卵泡在促黄体生成素的作用下逐渐转变为一个体积较大、富有血管、具有内分泌功能的腺体样结构，新鲜时呈黄色，故称黄体。

卵巢黄体破裂好发于卵巢功能旺盛的年轻女性，其中以 14～30 岁年龄段多见，多发生在月经周期的最末一周。黄体破裂出血量多少不一，出血少者能自行闭合止血，出血多时可出现休克甚至危及生命，常易与急性阑尾炎、异位妊娠、卵巢囊肿蒂扭转等急腹症混淆。尸检时腹腔、盆腔见大量积血而未发现常见原因的年轻女性死者，要注意检查是否存在黄体破裂的可能。

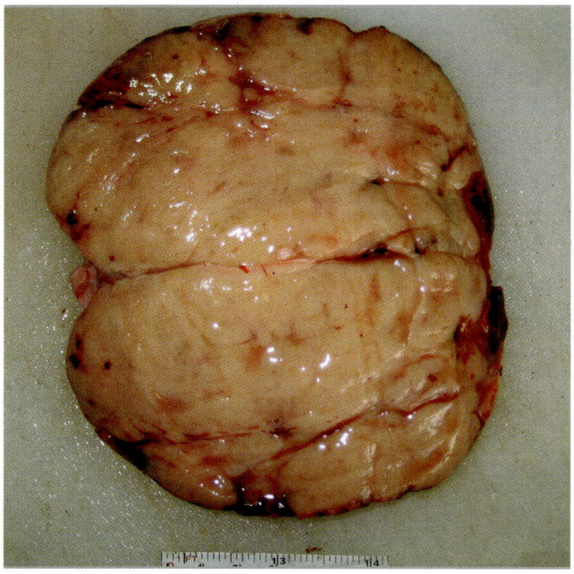

图 11-2 卵巢无性细胞瘤

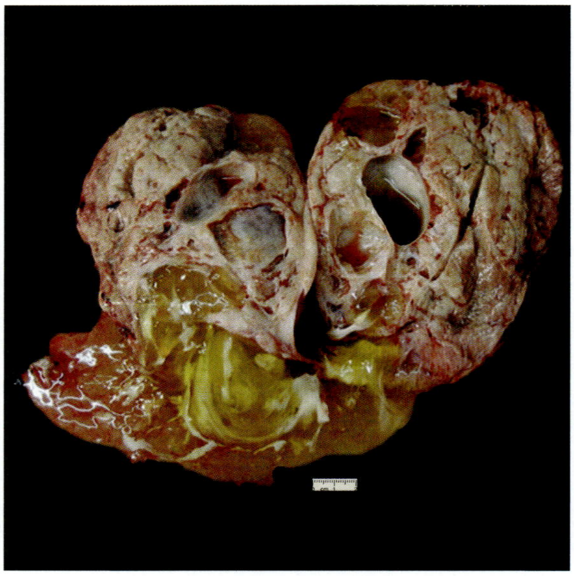

图 11-3 卵巢类癌

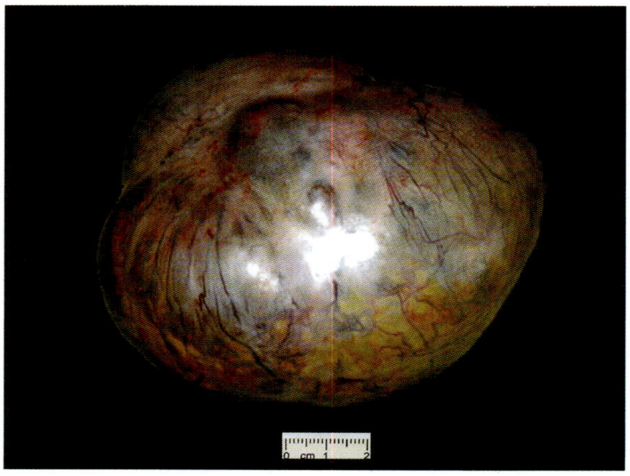

图 11-4 卵巢黏液性囊腺瘤

（二）输卵管的检查

检查输卵管外表是否光滑、增粗及有无破口，沿其长轴每隔 0.5～1.0 cm 做连续横切面，观察切面有无占位，管腔是否通畅及有无积液。

异位妊娠是指受精卵种植在子宫体腔以外部位的妊娠，约 95% 发生在输卵管，慢性输卵管炎是引起输卵管妊娠最常见的原因。

输卵管妊娠中 60% 发生在壶腹部，25% 发生在峡部，因局部环境不利于受精卵的发育、生长，绝大多数患者往往在妊娠 2～3 个月发生流产或破裂，后者可引起腹腔、盆腔大出血。图 11-5 是一例因输卵管妊娠破裂大出血的死者，大体检验左侧输卵管增粗，壶腹部呈橄榄状肿大，局部见一 1.6 cm×1.0 cm

的破口，见图 11-5A 和 B，切面见出血及绒毛样组织。镜下见大量绒毛及滋养细胞混杂在血块中，见图 11-5C。图 11-6 是另一例输卵管妊娠的案例，输卵管腔面见胎盘附着及完整的胚胎。

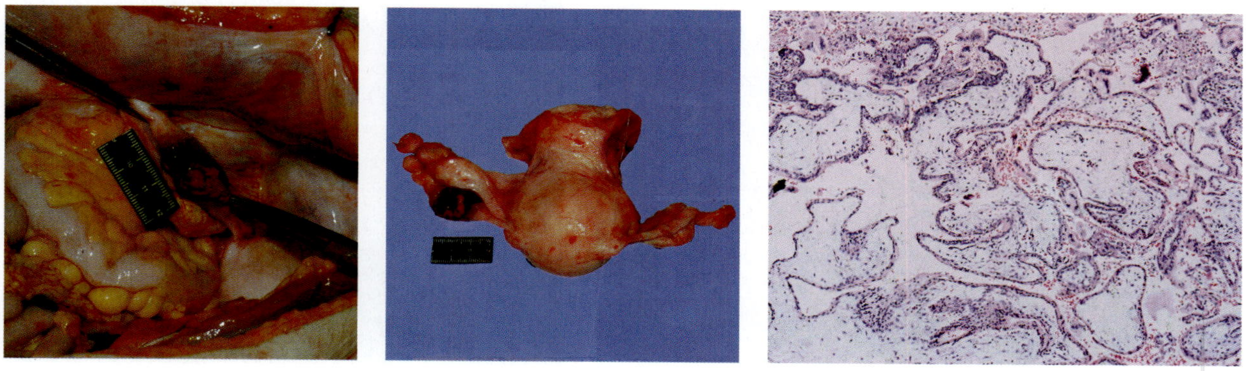

A　　B　　C

图 11-5　输卵管妊娠并破裂

A—B：大体观；C：镜下观。

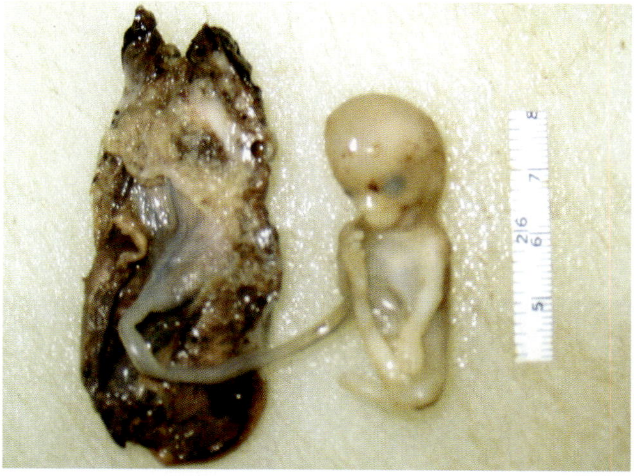

图 11-6　输卵管妊娠

（三）子宫的检查

1. 子宫的切开

子宫壁厚且较致密，固定液不易渗透，解剖提取子宫后先沿宫颈向两侧子宫角呈 Y 形剪开子宫前壁、暴露宫腔后再行固定，检验时再沿横切面每隔 1.0～2.0 cm 间距书页状切开。

2. 子宫的检查

子宫前壁腹膜返折位置高、宫颈前唇短，后壁腹膜返折位置低、宫颈后唇长，两侧圆韧带、输卵管、卵巢固有韧带的子宫连接部由前向后依次排列，据此可对离体子宫标本定向。检查子宫形态是否正常，有无变形，表面是否光滑，有无子宫肌壁增厚，有无肿瘤占位等。检查宫腔内有无节育器等异物。检查并记录子宫内膜厚度、颜色、有无局限性病变，如有异常，描述其部位、大小、颜色、质地，是否累及子宫肌层。检查宫颈有无糜烂、囊肿、息肉状突起等。

（1）子宫损伤：子宫损伤主要见于以下几种情形。一是性侵过程中犯罪分子用杆状物捅插阴道损伤子宫，见图 11-7，阴道黏膜面见多发裂创，部分深达肌层，系被用水笔尖捅伤所致；二是人为扩张子宫颈或刺破羊膜造成非法堕胎时损伤子宫；三是流产时负压吸引器刮宫操作不当损伤子宫；四是分娩等过程中因梗阻性难产、宫缩药使用不当、产科手术等原因损伤子宫，如是瘢痕子宫，则更易引起损伤。

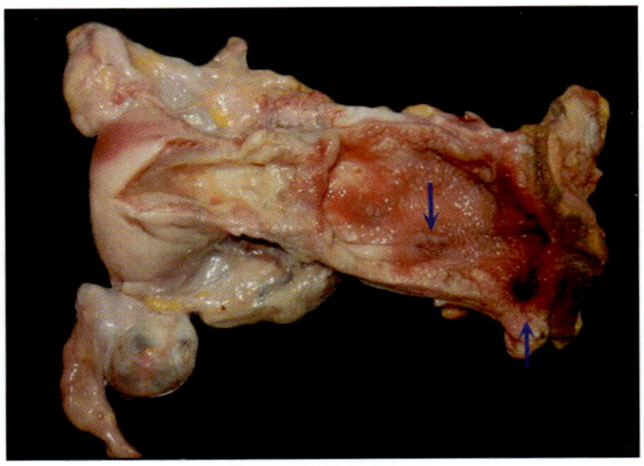

图 11-7 阴道捅伤

子宫损伤轻者仅伤及子宫内膜和浅肌层，重则可造成子宫穿孔、破裂而导致严重后果。大体检查时注意从宫壁切面观察损伤的深度及范围。

（2）子宫肿瘤：子宫平滑肌瘤是最多见的妇科肿瘤，根据肌瘤与肌壁的关系分为肌壁间肌瘤、浆膜下肌瘤和黏膜下肌瘤。肉眼观瘤体呈白色实性球形结节，与周围组织界限明显，有时肌瘤周围肌壁纤维受压形成假包膜。切面呈旋涡状，颜色、硬度与纤维组织多少有关。肌瘤可继发玻璃样变、囊性变、红色变、肉瘤变及钙化等病变，其中红色变是妊娠期或产褥期瘤体发生缺血、梗死、出血，使肿瘤外观呈红色的一种改变。

子宫平滑肌瘤最常见的症状是经量增多和经期延长，严重时可引起患者重度贫血、贫血性心脏病。编者遇到一案例，死者 47 岁，某高校教师，生前阴道长期出血，某日被发现死在家中，排除暴力致死可能。尸检时呈重度贫血貌，心重 400 g，心尖钝圆，左、右心室扩张，左心室乳头肌见虎斑纹。子宫明显增大，质地变硬，见图 11-8A。切面见多发性平滑肌瘤，宫腔几乎消失，见图 11-8B。

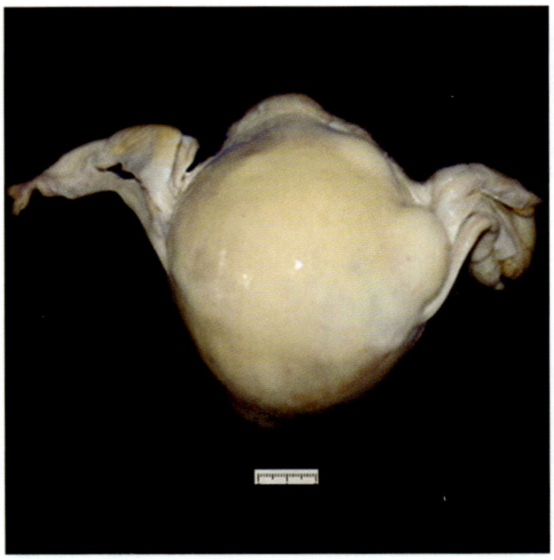

A

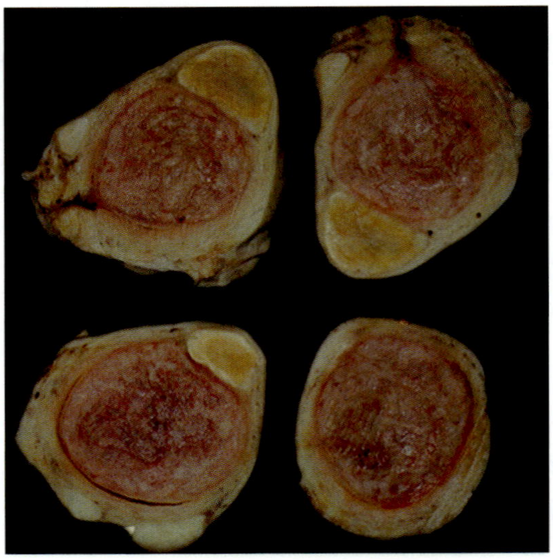

B

图 11-8 子宫平滑肌瘤

A：表面观；B：切面观。

葡萄胎、侵蚀性葡萄胎和绒毛膜癌等为胎盘滋养细胞的良性或恶性肿瘤，因其多继发于妊娠，早期表现与正常妊娠类似，如不注意，易造成误诊、漏诊，引发各种纠纷。编者遇到一例，死者 20 岁，因停经到镇卫生院就诊并行刮宫人流术，术后阴道间断流血，第 21 天再次行刮宫术，第 48 天 6 时许突感下腹部剧烈疼痛后不久死亡。解剖见腹腔内积血 2 500 ml，子宫穿孔。大体检查子宫膀胱面见一 6.5 cm×5.0 cm 的出血区，其内见一 0.8 cm×0.4 cm 的不规则破溃口，见图 11-9A，切面子宫前壁全层组织结构破坏，疏松状，内夹杂暗红色凝血块。镜下子宫肌层坏死出血明显，并见较多异型性明显的瘤细胞，无绒毛结构，见图 11-9B。

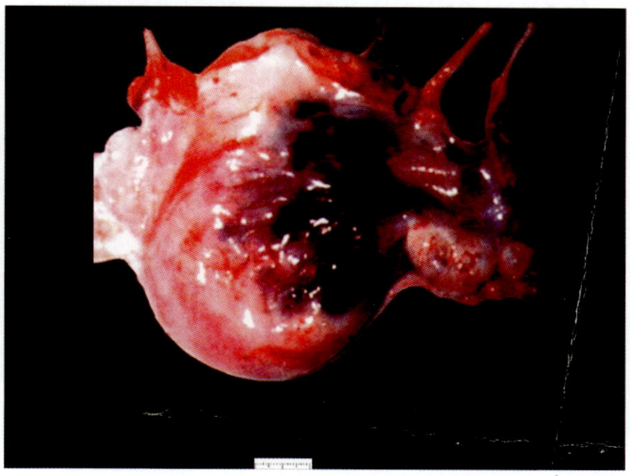

A

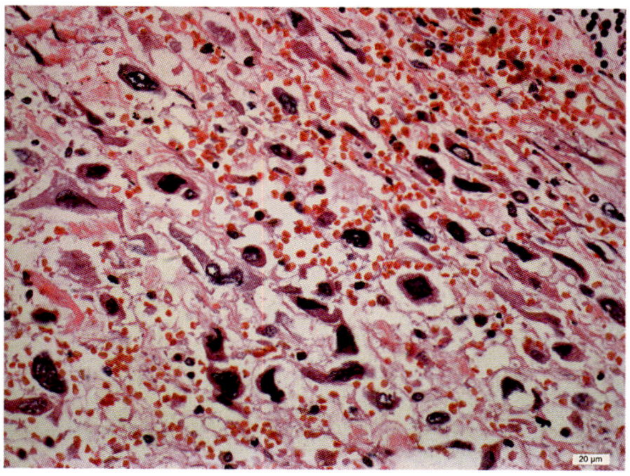

B

图 11-9 绒毛膜癌致子宫破裂

A：表面观；B：镜下观。

三、女性内生殖器的取材

子宫常规取材：垂直于子宫体长轴沿切面在宫体、宫颈各取 1 块，应包含子宫内膜或颈管黏膜，对肿瘤或其他病变，应对病变部位适当增加取材数量。

卵巢常规取材：沿最大切面左右各取 1 块，有占位病变的应增加取材数量，如囊性变或囊实变占位者要注意乳头状、结节状、菜花状等部位的取材，实性占位者要注意不同的颜色、质地，以及坏死、出血等区域的取材。

输卵管常规取材：于壶腹部左右各取 1 块，输卵管妊娠者，要注意切取输卵管管腔膨大、出血、破裂等处的组织块，以寻找绒毛等妊娠证据。

第二节 胎盘和脐带的检查和取材

一、胎盘和脐带的解剖学基础

1. 胎盘

胎盘是由胎儿的丛密绒毛膜和母体的基蜕膜紧密结合而构成的一个的圆盘形结构，足月胎儿的胎盘重约 500 g，直径 15～20 cm，中央厚，周边薄，平均厚约 2.5 cm。胎盘分胎儿面和母体面，胎儿面光滑，覆有羊膜，脐带附于中央或稍偏，少数附着于边缘，透过羊膜可见脐血管的分支自脐带附着处呈辐射状走行。母体面粗糙，是剥离后的底蜕膜，表面见由不规则浅沟分隔成的15～30个胎盘小叶。

在胎盘断面上，胎盘呈三明治样的三层结构：胎儿面为绒毛膜板，母体面为滋养层壳和蜕膜构成的基板，中层为绒毛和绒毛间隙，绒毛间隙中流动着母体血。

胎膜是来自胚泡的一些附属结构，主要包括绒毛膜、羊膜、卵黄囊、尿囊等，对胚胎起重要的营养、保护、呼吸和排泄功能。

2. 脐带

脐带为一圆柱状条索，表面为羊膜所覆盖，呈白色，光滑、湿润，直径1.0～1.5 cm，一端连接胎儿的脐环，一端连接胎盘的胎儿面。脐带内有2条肌性动脉和1条较大的薄壁静脉，血管周围为半透明的基质。图11-10和图11-11为正常胎盘的胎儿面和母体面，图11-12为三胎胎盘，其胎儿面见3根脐带相连。

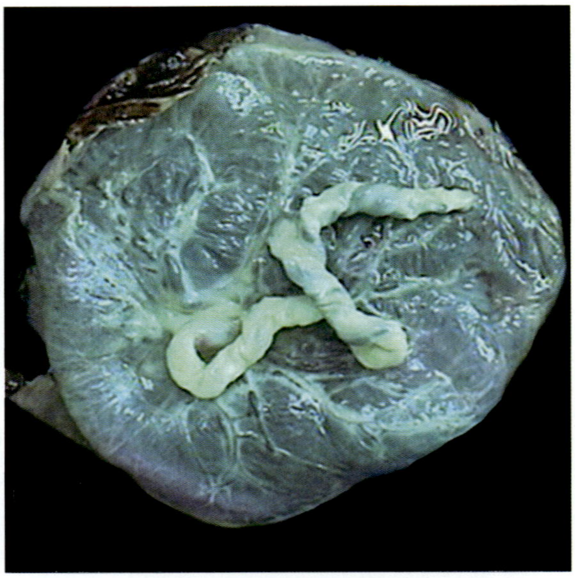

图 11-10　胎盘胎儿面

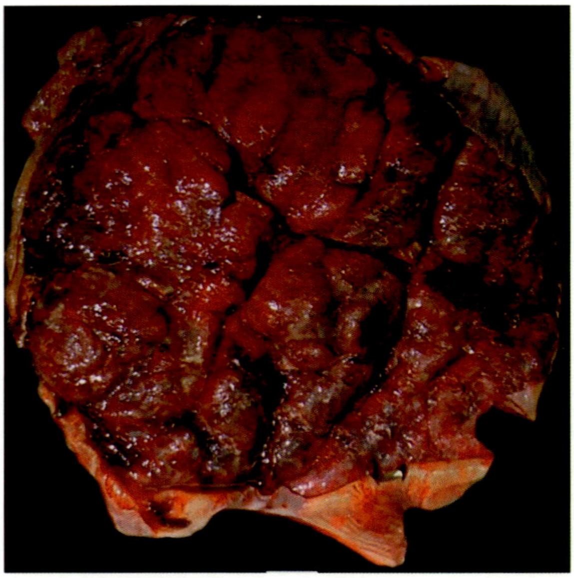

图 11-11　胎盘母体面

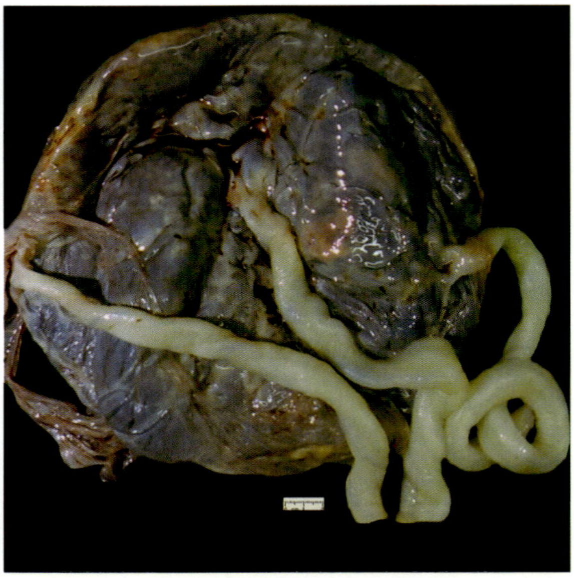

图 11-12　三胎胎盘

二、胎盘和脐带的检查

（一）胎盘的切开与检查

在母体面以1.0～1.5 cm的间隔书页状连续切开胎盘，胎儿面保留少许组织以维持胎盘的完整性，注意观察切面的颜色、质地，有无深红色或灰白色质硬区及包块等异常。

在测量记录胎盘的重量、大小和厚度的基础上，应注意有无以下异常。

1. 胎盘形状异常

（1）有缘胎盘和轮状胎盘：当绒毛膜板比胎盘底板小时，与胎盘边缘有一定的距离，在胎盘周围形成一个由退化绒毛、蜕膜和少量纤维素组成的白色环，这种胎盘称为有缘胎盘。如果胎盘周边的胎膜折叠形成一个稍隆起的嵴，这种胎盘称为轮状胎盘。有缘胎盘和轮状胎盘可以是完全性或部分性，也可以是在同一胎盘上，部分为有缘，部分为轮状。有缘胎盘一般对胎儿不产生影响，但完全性轮状胎盘可导致妊娠期流水、流产、早产、死产及产后胎膜滞留等。

（2）双叶胎盘和副叶胎盘：双叶胎盘是指由大小相近的两叶胎盘组成，两叶可相连也可分开。副叶胎盘是指在主体胎盘附近有一个或多个大小不等的副叶。双叶胎盘与副叶胎盘的差异主要表现在脐带的附着上，双叶胎盘的脐带常附着在两叶之间，呈帆状附着，而副叶胎盘的脐带附着于主体胎盘上，自胎儿面有一对血管供应副叶，见图 11-13。

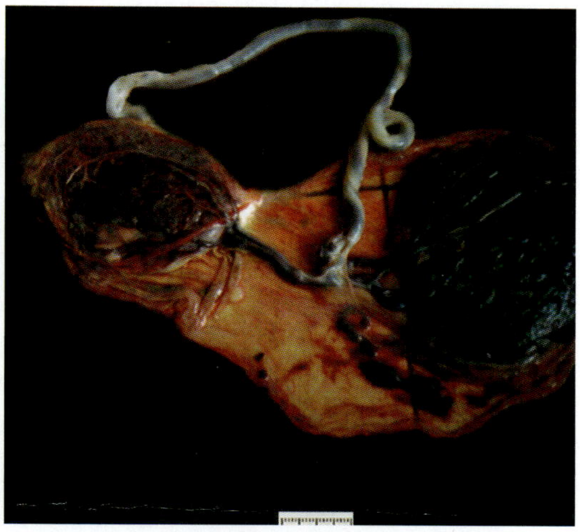

图 11-13 双叶胎盘

2. 胎盘植入

胎盘种植是指底蜕膜完全或部分缺损，胎盘绒毛植入子宫肌层的一种病变。根据胎盘绒毛粘连或侵入子宫肌层的程度分为胎盘粘连（侵入子宫浅肌层）、胎盘植入（侵入子宫深肌层）、穿透性胎盘植入（穿透子宫肌层到达浆膜层）三种类型，根据胎盘母体面绒毛植入肌层的面积分为完全性植入和部分性植入，见图 11-14A。

胎盘植入肌层的后果是该处胎盘组织不能完全从子宫壁上剥离，导致孕妇产后出血、子宫内翻或破裂。大体检查时胎盘母体面不平整，部分胎盘小叶缺失。因胎盘植入而死亡者，子宫松弛，宫腔内见大量暗红色坏死物质，部分区域见残留的胎盘组织，见图 11-14B。

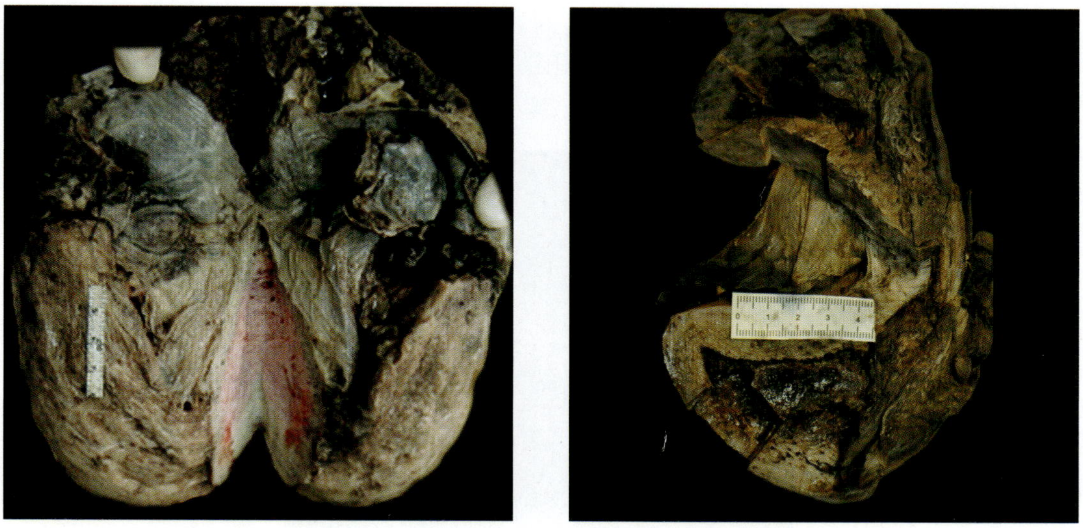

A　　B

图 11-14 胎盘植入

A：胎盘植入切面观；B：子宫内残留的胎盘组织。

3. 胎盘血肿

按部位分为胎盘后血肿和胎盘边缘血肿。胎盘后血肿是指位于胎盘底板和子宫壁之间的血肿，大者可占据整个母体面。新鲜血肿颜色鲜红，质地较软，易与胎盘分离，多在分娩过程中形成。陈旧血肿则呈血肿机化后改变，棕色、质硬，与胎盘黏附较紧密。胎盘边缘血肿是指由于胎盘边缘窦破裂而引起的局部出血，肉眼观在胎盘边缘见半月形血肿，切面呈三角形，在母体面不造成压痕。图 11-15A 和 B 分别为新鲜胎盘血肿的表面和切面观。

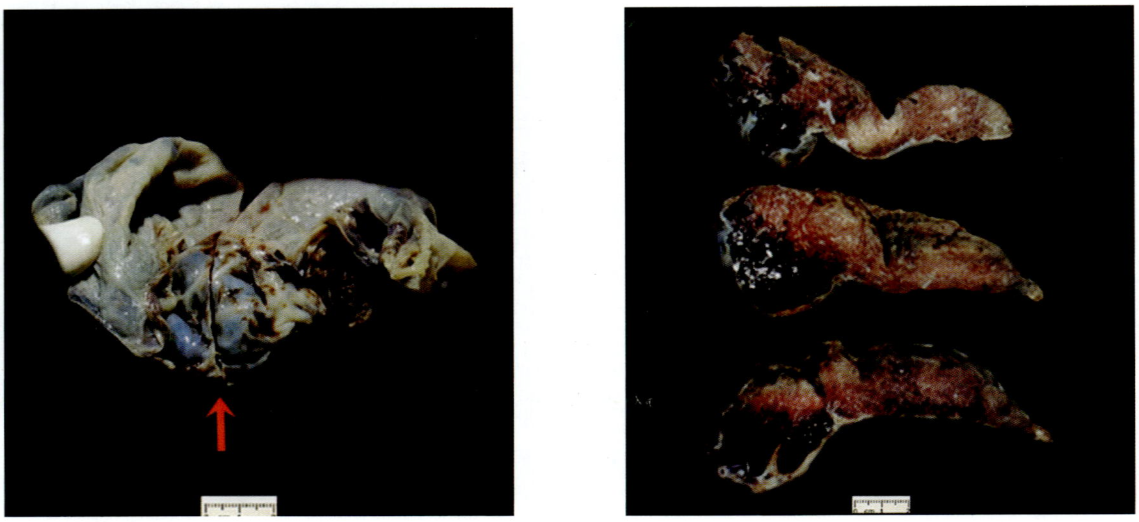

A B

图 11-15 胎盘血肿

A：表面观；B：切面观。

4. 胎盘梗死

梗死多位于胎盘边缘部，小者 0.4～0.5 cm，大者可占胎盘大部，多为三角形，少数为圆形或椭圆形。急性梗死者呈暗红色，质韧，界限不清楚，固定后更易辨认，见图 11-16。陈旧梗死者逐渐变黄再变白，质硬，界限清楚，晚期中央可钙化、液化、囊变。

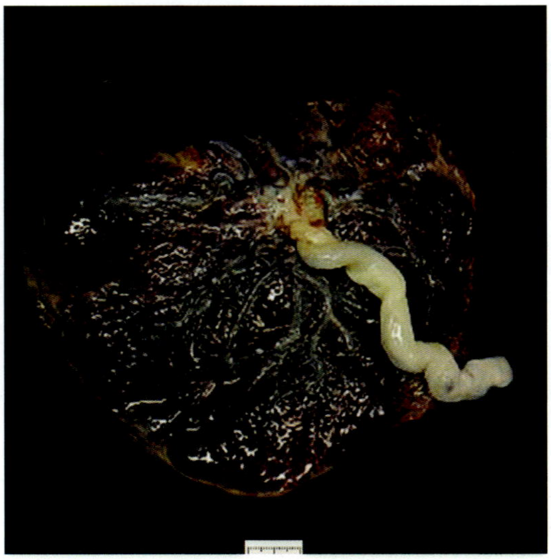

图 11-16 胎盘梗死

一般来说，胎盘中央区的梗死要比周边区的危害大，梗死面积小于5%者多无临床意义，大于10%者对胎儿威胁较大。

5. 胎盘钙化

正常胎盘并无钙化灶，只有在过期妊娠、妊娠期高血压疾病、慢性肾炎等时，胎盘组织因缺血缺氧等发生变性、坏死、钙盐沉积于坏死部位而形成胎盘钙化。胎盘钙化意味着胎盘输送养分的功能下降，严重时造成胎儿宫内窘迫、生长发育停止甚至死亡。钙化多见于胎盘母体面，小而硬的微粒呈散在分布，如钙化严重，用刀切割时有明显的沙砾感，见图11-17。

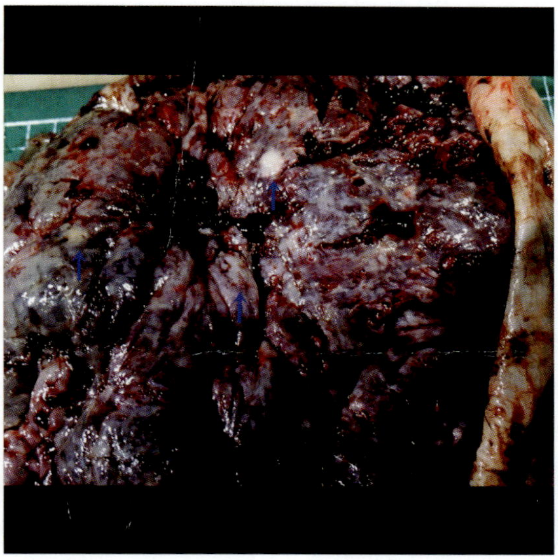

图11-17 胎盘钙化

（二）胎膜的检查

检查时提起胎膜使胎囊重现，注意观察胎膜的完整性及透明度，胎膜炎症者往往不透明，检查有无颜色异常区域、羊膜结节及胎膜出血（图11-18）。羊膜结节是羊膜表面灰白色或灰黄色不透明的小结节，多位于胎儿面羊膜，特别是脐带附着处周围，羊膜结节往往提示有羊水过少、新生儿泌尿系统或其他系统畸形的可能。

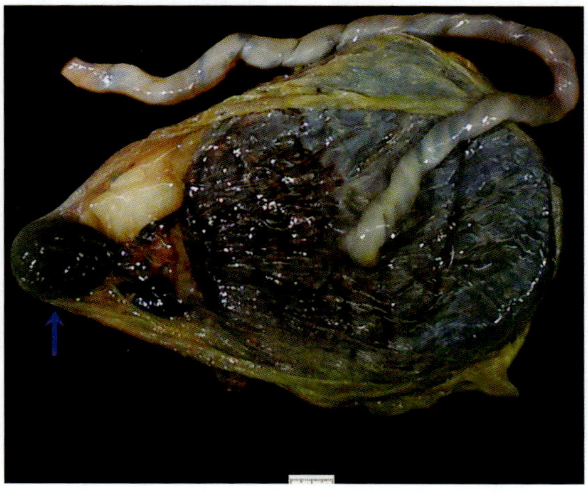

图11-18 胎膜血肿

（三）脐带的检查

1. 脐带长度

脐带的平均长度为 55 cm，长度≥80 cm 者称为脐带过长，长度≤35 cm 者称为脐带过短，过长和过短均增加了胎儿供血障碍的风险，如过长容易导致脐带绕颈、打结、脱垂或者脐血管内血栓形成等。

2. 脐带附着位置

根据脐带附着位置的不同分为中心性附着（附着在胎盘的中心，见图 11-19）、偏心性附着（附着在胎盘的一侧，见图 11-20）、边缘性附着（附着在胎盘的边缘，见图 11-21）和帆状附着（附着在胎膜上，见图 11-22）等不同类型，边缘性附着的胎盘称为扇状或球拍状胎盘，帆状附着的胎盘称为帆状胎盘。

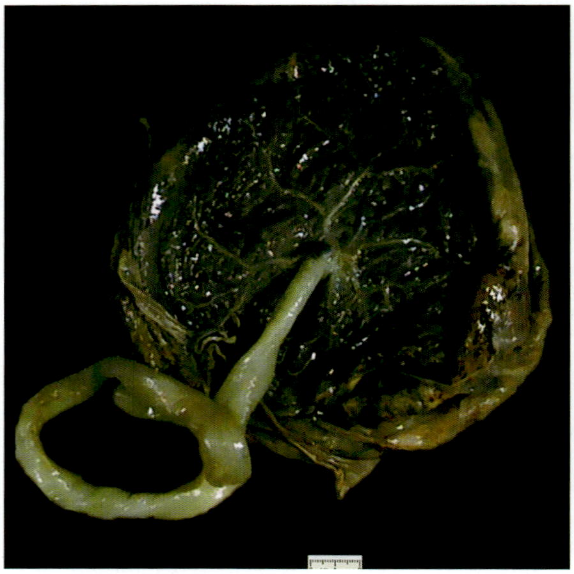

图 11-19 脐带中心性附着

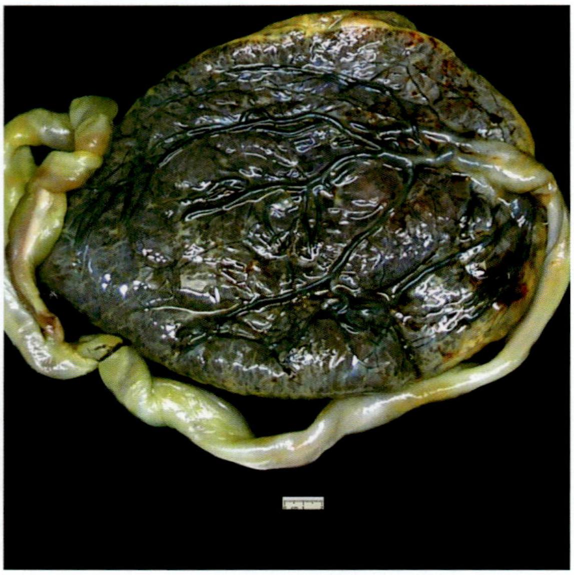

图 11-20 脐带偏心性附着

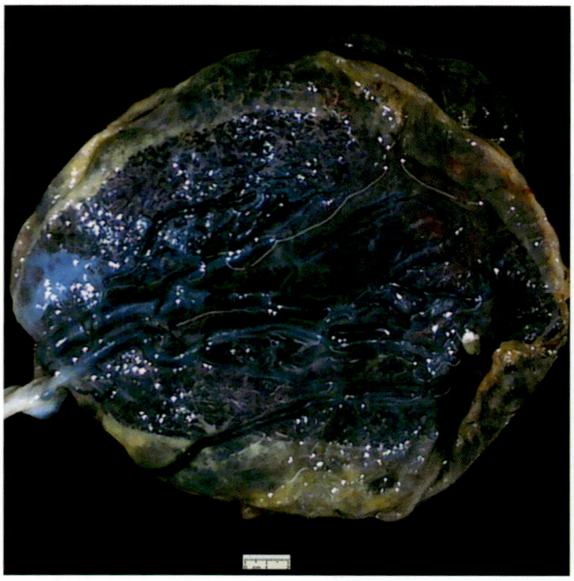

图 11-21 脐带边缘性附着

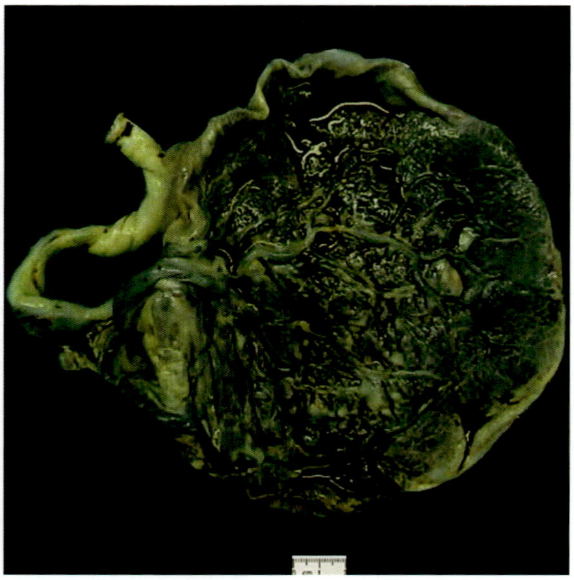

图 11-22 脐带帆状附着

3. 脐带机械性阻塞

由于比脐带本身长，脐带血管在脐带内弯曲、迂回，使局部脐带隆起呈结节状，称为假节，较大的假结节有时在切面可见 4～5 个血管截面。假结节一般无临床意义。

（1）脐带真结：多发生在脐带过长、羊水过多者，初期脐带缠绕胎体，后胎儿又穿越脐带套环而成，多在妊娠 3～4 个月形成。临产前由于血管波动，真结不易拉紧，胎儿并无症状，但在分娩过程中因各种原因使脐带拉紧而致脐血管阻塞，严重可出现胎死宫内。检验时可检见脐带粗细不一，其中真结至胎盘的一段因血液淤积而增粗，而真结至胎儿的一段因血液阻滞故相对较小，见图 11-23。

（2）脐带扭转：多发生于胎儿端的脐带根部，表现为局部脐带扭曲变细。羊水过多和腹壁松弛的多产妇，胎儿活动较多，易发生脐带扭转。脐带扭转的程度可以用螺旋指数来评估，螺旋指数是指每 1 cm 脐带螺旋的周数，正常值为 0.2，即每 5 cm 有一个螺旋。螺旋指数≥0.3 为脐带螺旋过度，螺旋过度与死胎、胎儿心率异常、新生儿窒息、5 min 内 Apgar 评分低及胎儿生长受限有关。螺旋指数≤0.1 为脐带螺旋过少，螺旋过少与宫内死亡、胎心监测异常、脐静脉血流减少、多胎妊娠、早产、非整倍体核型和单脐动脉有关。检查时要注意扭转部位的脐带血管有无血栓形成，见图 11-24。此外脐带扭转还要与脐带过细（指两个或两个以上部位的脐带直径小于 0.8 cm）和脐带缩窄（指脐带直径小于 1.3 mm，多见于死胎的脐轮部位）相鉴别。

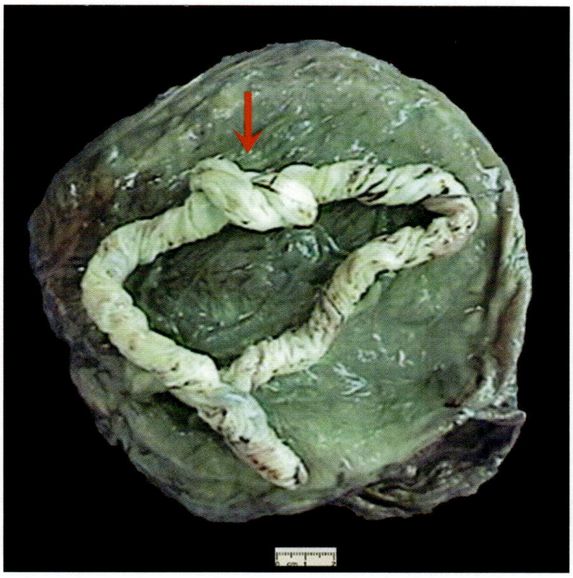

图 11-23 脐带真结

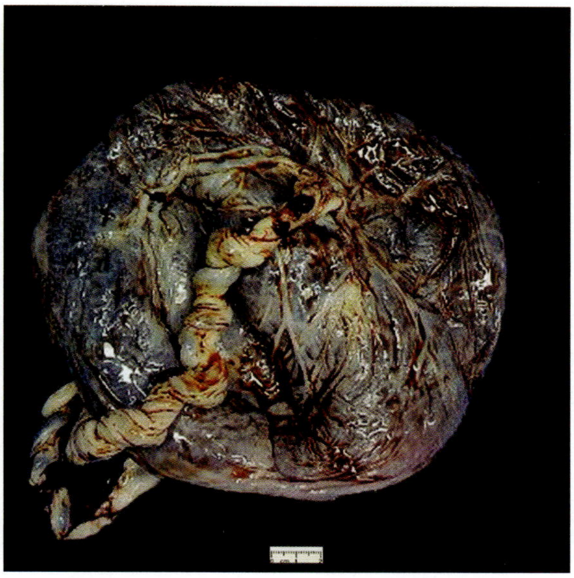

图 11-24 脐带扭转

4. 脐血管检查

以横切面呈书页状连续切开脐带，检查时要注意观察脐血管的数量，以及有无血栓、血肿（图 11-25）、肿块等异常。只有一条动脉的称为单脐动脉，见图 11-26，现代观点认为，单脐动脉合并其他畸形的概率较高，是胎儿异常发育的标志之一。在活体时，脐带血管因血液运行而壁薄腔大，尤其是静脉，离体之后，脐血管内的血液排空、血管萎瘪而壁厚腔小，属正常现象。

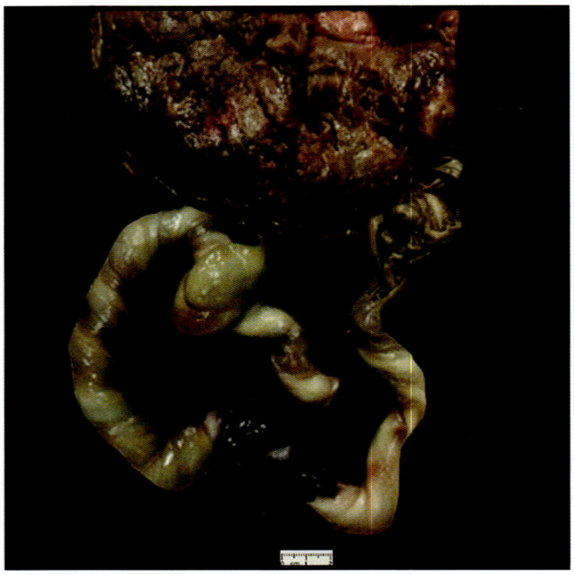

图 11-25　脐带血肿

图 11-26　单动脉脐带

三、胎盘和脐带的取材

1. 胎盘的常规取材

在中央和边缘处各取 1 块，应含胎盘的全层。如有出血、梗死等异常，应增加取材数量。从胎膜破裂处至胎盘边缘剪取一宽 2～3 cm 的胎膜条制成胎膜卷，方法是将胎膜条平摊在取材板上，羊膜面向上，从破裂端开始，用探针将胎膜条卷起后抽出制成胎膜卷，用两个大头针间隔 0.3 cm 穿过胎膜卷，然后在大头针外侧将胎膜卷切断，中间部分连同大头针一并放入包埋盒内上机。

2. 脐带的常规取材

一般取两个横断面，其中一个在距根部上方 2 cm 处，另随机取一断面。如有出血、梗阻及可疑血栓，应增加取材。

第三节　睾丸的检查和取材

一、睾丸的解剖学基础

睾丸呈微扁卵圆形，色灰白，表面光滑，分前后缘、上下端和内外侧面。前缘游离，后缘为血管、神经及淋巴管的出入处，与附睾相连。上端为附睾头覆盖，下端游离。内侧面较平坦，与阴囊中隔相依，外侧面较隆凸，与阴囊壁相贴。

睾丸自外向内有鞘膜脏层、白膜和血管膜包裹，其中白膜是一层坚韧富有弹性的厚纤维膜，能阻碍福尔马林固定液的渗透，故在固定前应用手术刀刺破白膜。白膜在后缘处增厚并进入睾丸实质内，形成睾丸纵隔，从纵隔发出睾丸小隔将睾丸实质分为 100～200 个睾丸小叶。图 11-27 为睾丸解剖示意图。

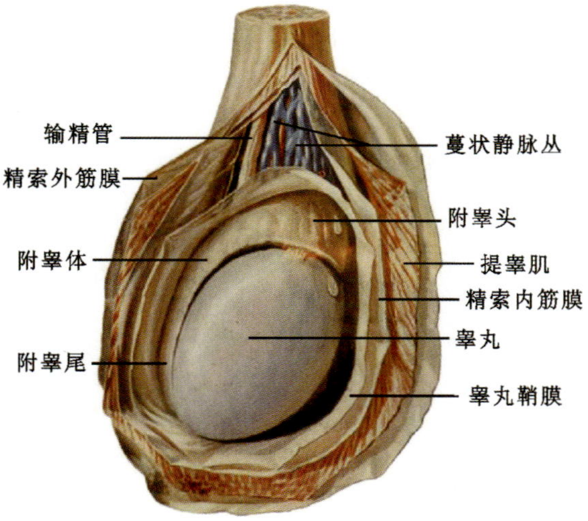

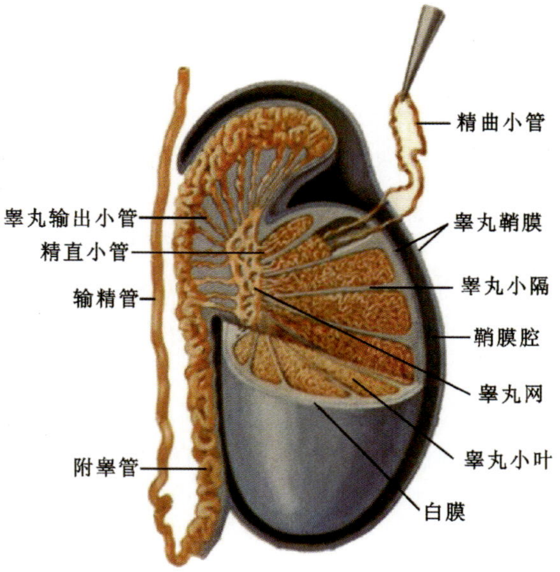

图 11-27 睾丸

A：睾丸、附睾及被膜；B：睾丸内部结构。

二、睾丸的切开和检查

（一）睾丸的切开和检查

法医检案中涉及睾丸检查的主要见于怀疑睾丸存在损伤的案例，检查时首先观察两侧睾丸的大小是否一致，表面是否光滑，有无出血等改变，鞘膜腔内有无积水（图 11-28）及积血。睾丸的切开一般沿最大水平面自下端向上端切开，保留上端的附睾相连，使切开的睾丸像一本切开的书，附睾为书的装订线，如有必要可在此切面的上下再书页状切数个切面，以充分暴露睾丸实质。注意观察各切面的颜色是否均匀一致，是否有占位等病变。

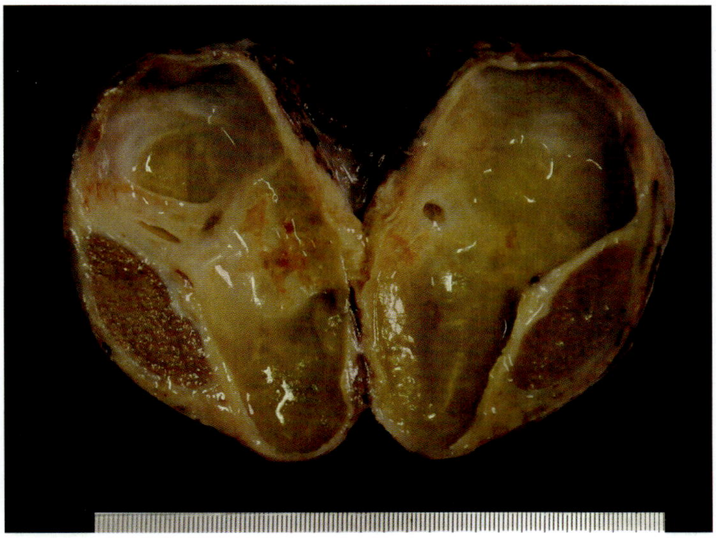

图 11-28 鞘膜积水

（二）睾丸损伤

睾丸损伤是指因外界暴力造成睾丸结构、位置或功能异常。据统计，85％的睾丸损伤由钝性暴力引起，如裆部被踢或被硬物击中、摩托车或自行车交通事故等。睾丸损伤的类型主要有睾丸挫伤、睾丸破裂、睾丸移位、睾丸扭转，以及睾丸损伤所引起的继发性改变。

1. 睾丸挫伤和破裂

睾丸挫伤和破裂是睾丸钝器伤的主要表现形式，二者的差别在于睾丸的保护性膜（主要指白膜）是否完整。睾丸挫伤轻者仅表现为睾丸实质少量出血，重者表现为睾丸实质碎裂，此时出血十分严重。睾丸破裂除了白膜破裂外多伴有睾丸实质碎裂，常在阴囊内形成较大血肿。

2. 睾丸移位

睾丸移位系因外力作用下将睾丸推出阴囊，常见移位部位为耻骨上支附近，这种情况最常发生于摩托车撞车事故中，睾丸与油箱碰撞所致。

3. 睾丸扭转

睾丸通过较长的精索下垂到阴囊，其内有供应睾丸的血管，因其活动度非常大，容易因局部外伤、剧烈运动或提睾肌收缩等而发生扭转，导致睾丸的血供出现障碍，如不及时复位则会引起睾丸、附睾缺血性坏死。肉眼观睾丸充血、水肿，白膜表面有时可见纤维素性渗出物，切面呈出血性梗死表现。

4. 睾丸损伤的继发性改变

睾丸损伤的继发性改变主要有鞘膜积水、积血，以及附睾炎、睾丸炎等创伤性炎症，而创伤性睾丸炎最后常引起睾丸萎缩。

睾丸是易引起抑制死的部位，当阴囊受到轻微、对正常人不足以构成死亡的刺激或轻微外力时，可发生突然死亡。同时睾丸神经丰富，对疼痛敏感，睾丸受外力所用后可引起剧烈的疼痛，可因神经源性休克而死亡。前者为一种特殊类型的猝死，而后者属于机械性损伤致死范畴，二者的鉴别应从会阴部受到外力的大小、阴囊睾丸等损伤的严重程度、死前表现及死亡经过等方面进行综合分析判断。

三、睾丸的取材

常规取材：左右睾丸各取1块，对于疑似挫伤出血区、坏死区、黏液变区及肿块应加大取材密度。

第十二章 其他法医常见器官的检查和取材

第一节 皮肤的检查和取材

一、皮肤的解剖学基础

皮肤是人体面积最大的器官，由表皮、真皮两部分组成，借皮下组织（由疏松的结缔组织和脂肪组织组成）与深部的组织相连构成，皮肤内还有毛发、汗腺、皮脂腺、指（趾）甲等皮肤附属器。全身皮肤的结构基本相同，但不同部位的皮肤在厚度、角化程度及毛发的有无等方面稍有差异，比如足底部的皮肤最厚，达 4 mm，眼睑处皮肤最薄，不到 1 mm。

二、皮肤的检查

法医病理检案中涉及皮肤的检案主要见于以下 4 种情况。

1. 电流斑

电流斑是带电导体与皮肤接触，在局部产生焦耳热及电解作用所造成的一种特殊皮肤损伤。电流斑形态多样，依导体与人体接触部分形状的不同，可呈圆形、犁沟状、条状、弧状或不规则形等，故借此可推断导体接触面的形状，见图 12-1。典型电流斑一般呈圆形或椭圆形，直径 5～10 mm，灰白或灰黄色，质地较正常皮肤坚硬，干燥、不出血。中央凹陷，周围稍隆起，边缘钝圆，形似浅火山。局部角质层较厚的皮肤，其电阻大，电流通过时产热就多，易形成典型电流斑。此外有的电流斑外周可见充血环（图 12-1），有的周围可见水泡形成，有的可见烧灼伤甚至炭化，有的可附有灰烬和溶解的金属碎屑沉积。

必须指出的是，并非所有电击死亡的案例都会出现电流斑，这种情形多见于接触的电压过低、环境潮湿、与带电导体接触面过大（如水中电击）、皮肤上有汗或油污、皮肤与带电导体紧密接触等。

电警棍损伤为一种特殊的电损伤，原理是瞬间产生高电压、低电流的脉冲电流，刺激机体引起痉挛、疼痛、麻木等感觉而产生电紧张效果，由于电流较小（<10 mA），一般不会引起严重后果。根据电警棍电击健康家犬的实验表明，电警棍不能直接造成死亡，但若短期内反复电击，可导致实验动物先高度兴奋而后衰竭，严重时甚至危及生命。近年来有电警棍作用于人体诱发潜在性疾病发作而死亡的报道。

电警棍触及皮肤后，其损伤形态与电警棍触头面积相对应，成对出现，两点间距离与电警棍触头间距离一致。接触初期，表现为局部皮肤苍白，接触时间超过 30s，表现为局部皮肤红肿，甚至坏死，若长时间接触，局部皮肤可呈焦炭状。电警棍触头紧贴皮肤，皮肤损伤往往较轻，若接触头与皮肤保持一定的距离，放电时产生电火花，容易形成皮肤烧伤。

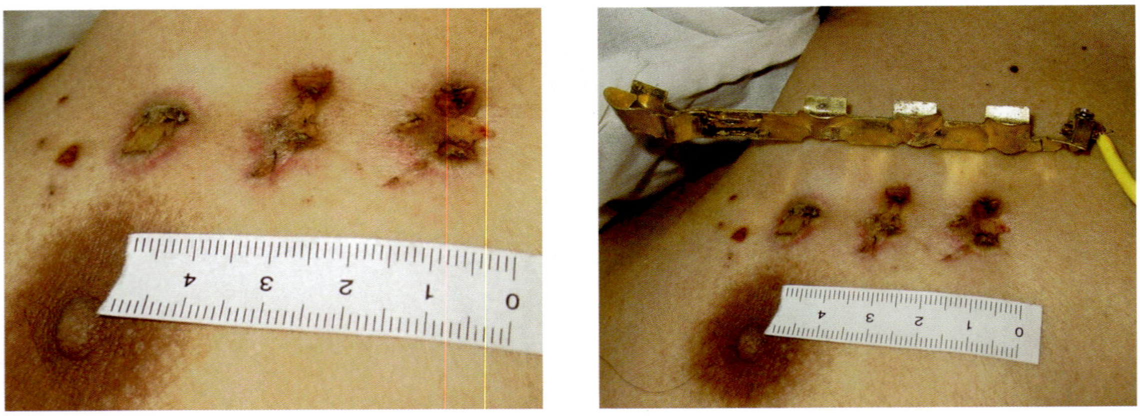

A　　　　B

图 12-1　电流斑

A：充血环；B：导电体。

雷电击纹是由于强大电流通过机体导致浅表血管麻痹、扩张，在局部皮肤上出现红色或蔷薇色树枝状或燕尾状斑纹，多出现在颈部、胸部，也可见于背部及腹部，见图 12-2，是诊断雷击死较有特征的征象，但并不是每例都出现，也容易消退。

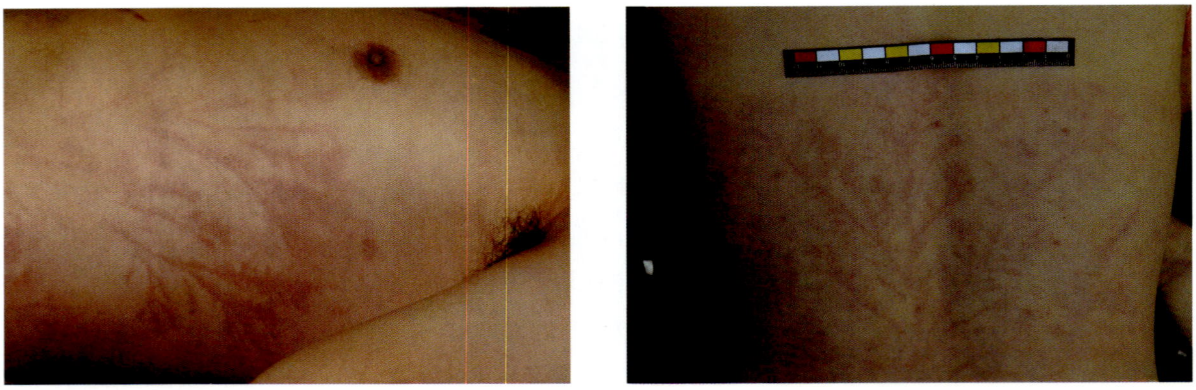

A　　　　B

图 12-2　雷击纹

A：左腋下雷击纹；B：背部雷击纹。

拓展学习 14　影响触电危险程度的因素

影响人体触电后危害程度的主要因素有通过人体的电流大小、电流时长、电流路径、电流频率，以及触电者的身体健康状况等因素，熟知这些知识，将有助于法医对触电现场的分析。

一、电流大小

这是影响触电后果最重要的因素，进入体内的电流越强，发生的危害就越严重，表 12-1 是不同电流强度的交流电和直流电对人体造成的危害。从表中可以看出，人体的感知电流（能够引起机体感觉的最小电流）为 1 mA，摆脱电流（机体能够忍受并能自动摆脱电源的最大电流）为 10 mA，安全电流（使机体不发生心室颤动的最大电流）为 30 mA，致命电流为 50 mA。在电流强度相等的情况下，交流电比直流电危害性大。

在电阻相同的情况下，电流强度与电压呈正比，电压越高，对机体的危害越大。通常规定交流电在 36 V 以下为安全电压，50 V 以下的低电压常不造成死亡的后果。在法医实践中，以 100～250 V 的交流电造成触电的机会最多。

电流强度与电阻成反比。人体的电阻包括体内电阻和皮肤电阻，体内电阻较小，基本不受外界因素的影响。皮肤电阻的大小与人体不同部位皮肤角质层厚薄、皮肤干湿程度有关，手掌、脚底等部位的角质层较厚，局部电阻较大。同一部位皮肤，干燥时的电阻明显大于潮湿时的电阻。

表 12-1　不同电流强度的交流电和直流电对机体的影响

电流大小（mA）	50Hz 交流电	直流电
0.6～1.5	开始有感觉，手指有麻刺	没有感觉
2～3	手指有强烈麻刺，颤抖	没有感觉
5～7	手部痉挛	感觉痒、刺痛、灼热
8～10	手已难以摆脱带电体，但还是能摆脱，手指尖到腕部有剧痛	热感觉增强
20～25	手迅速麻痹，不能摆脱带电体，剧痛，呼吸困难	热感觉大大增强，手部肌肉收缩但不强烈
30～50	引起强烈痉挛，心跳不规则，长时间接触则导致心室颤动	热感觉强烈，手部肌肉收缩但不强烈
50～80	呼吸麻痹，心室开始颤动	有强烈热感觉，手部肌肉收缩、痉挛，呼吸困难
90～100	呼吸麻痹，持续接触 3 s 或更长时间，出现心脏麻痹，心室颤动	呼吸麻痹
≥300	作用时间 0.1 s 以上，出现呼吸和心脏停搏，机体组织遭到电流的热破坏	作用时间 0.1 s 以上，出现呼吸和心脏停搏，机体组织遭到电流的热破坏

二、电流时长

一般认为人体触电电流与接触时间的长短小于 30 mA/s 为安全值，但人摆脱触电的能力随着触电时间的延长而降低。

三、电流路径

触电导致死亡的机制主要有两个方面：一是电流通过身体导致心室纤颤死亡；二是呼吸麻痹死亡，电流侵害神经中枢，引起中枢性呼吸停止，或电流刺激呼吸肌，因强直性痉挛，不能进行呼吸运动导致窒息死亡。所以电流通过心脏、呼吸系统、脊髓、中枢神经系统时的后果严重，如从一侧手到另一侧脚，尤其是从左手经前胸到脚最为危险，而从脚到脚的危险性相对较小。

2. 索沟皮肤的检查

索沟是特指绳索等条状物缢、勒颈部皮肤后形成的条沟状痕迹。判断索沟有无生活反应是检验的重点。大体观，索沟由于受到绳索的压迫，可出现程度不等的表皮剥脱，索沟上下缘，以及索沟与索沟之间皮肤出现皮内出血或皮下出血，部分可见粟粒或米粒大小的水泡，内含有淡黄色或血性液体（图 12-3）。这些表现尤其多见于勒死者。

当索沟衬垫有柔软的物品如纱巾等时，上述生活反应可能较为轻微甚至没有，也易受腐败等因素的干扰而影响判断，必要时可运用一些特殊染色方法来鉴别，如苦味酸靛胭脂红法染色（绪方氏法染色），正常皮肤染成淡紫红色，生前形成的索沟处皮肤则染成柠檬黄色。

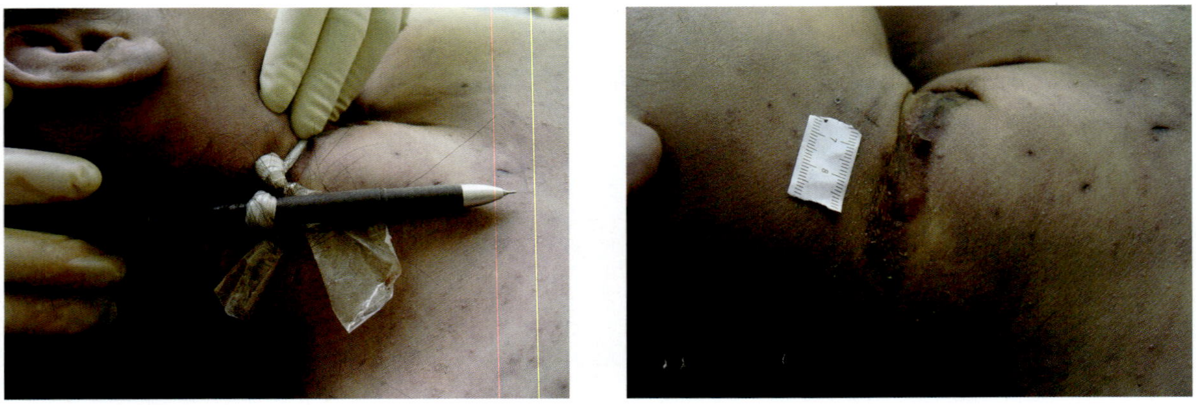

A　　　　B

图 12-3　颈部勒沟

A：勒索；B：勒沟。

3. 烧伤皮肤的检查

广义的烧伤是指火焰、热液、高温气体、炽热金属液体或固体等所引起的局部组织损伤，主要指皮肤和/或黏膜，严重者也可伤及皮下和/或黏膜下组织，如肌肉、骨、关节甚至内部器官，法医实践中以火焰直接与躯体接触所形成的烧伤多见，对烧伤皮肤进行检验将有助于生前烧死和死后焚尸的判断。

一般根据皮肤烧伤深度，将烧伤分为四度，即Ⅰ度烧伤（也称红斑性烧伤）、Ⅱ度烧伤（也称水泡性烧伤）、Ⅲ度烧伤（也称结痂性烧伤）、Ⅳ度烧伤（也称炭化）。皮肤红斑、水泡不仅见于生前烧伤，是局部血管受热扩张充血、渗出的结果，为生前烧伤的生活反应，也可见于死后不久受高温作用的尸体，但后者的程度明显较前者轻。Ⅲ度烧伤、Ⅳ度烧伤对于判断生前烧伤和死后烧伤作用不大，但Ⅲ度、Ⅳ度烧伤边缘往往会伴随出现红斑、水泡等Ⅰ度、Ⅱ度烧伤，这些均是大体检查和取材的重点。

4. 有毒动物咬伤皮肤的检查

我国幅员辽阔，有毒动物分布广泛、种类繁多，法医实践中通过咬伤、蜇伤皮肤引起中毒甚至死亡的主要是毒蛇，其他如蜂、毒蜘蛛、蜈蚣等相对少见。

毒蛇中毒多见于南方各省农村，以意外咬伤最为多见，但也要警惕用毒蛇或蛇毒他杀或自杀的情形。牙痕是判断毒蛇咬伤的一个可靠依据，典型的牙痕通常表现为一对深而粗的咬痕，蛇的种类与大小不同，咬痕的间距和深度也不一样。意外蛇咬者的牙痕多位于身体暴露部位，几乎都在手部、足部，其中以足部居多，多为一对咬痕。他杀、自杀者的牙痕多见于手部、头部，多为一对以上的牙痕。尸检时应注意提取毒蛇咬伤部位或蛇毒注射部位的皮肤及皮下组织，供毒物检验及病理组织学检验。

蛇毒中毒皮肤局部的形态学改变与蛇毒的种类关系明显。蛇毒按毒理作用机制分血液循环毒、神经毒和细胞毒三种，血液循环毒因包括凝血毒、抗凝血毒、出血毒、溶血毒、心脏毒、血液循环毒等毒素，故皮肤局部损伤严重，有时由于局部组织坏死导致咬痕无法辨认。而神经毒和细胞毒系选择性地阻断神经肌肉作用引起横纹肌弛缓性瘫痪或选择性地损害横纹肌，故皮肤局部损伤轻微。笔者在工作中遇到 3 例蛇毒致死的案例，一例为尖吻蝮蛇（俗称五步蛇）蛇毒干粉剂注射后死亡，另外两例为银环蛇咬伤后死亡。尖吻蝮蛇蛇毒干粉剂中毒死者右手臂外观呈污紫黑色，明显肿大，散在分布多量的大小不等的血性水泡，部分已破裂，见图 12-4A。右肘外侧见两个相距 1.2 cm 的小孔（注射针眼），见图 12-4B。切开后局部皮下组织出血、坏死明显，见图 12-4C。还可见同侧胸大肌出血（图 12-4D）、左心室心内膜下出血及胃应激性溃疡。银环蛇咬伤致死的两名死者，其左前臂均见两对以上的牙痕，局部仅轻度青紫，无明显肿胀，见图 12-5。

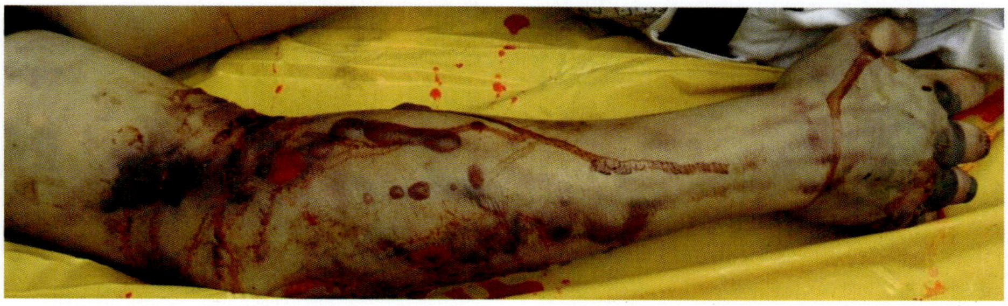

A

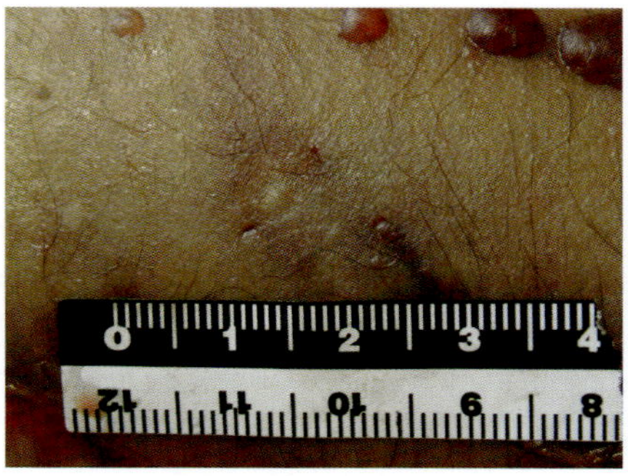

B

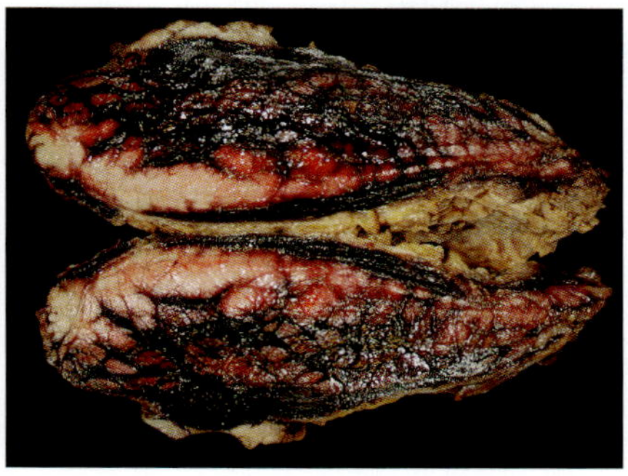

D

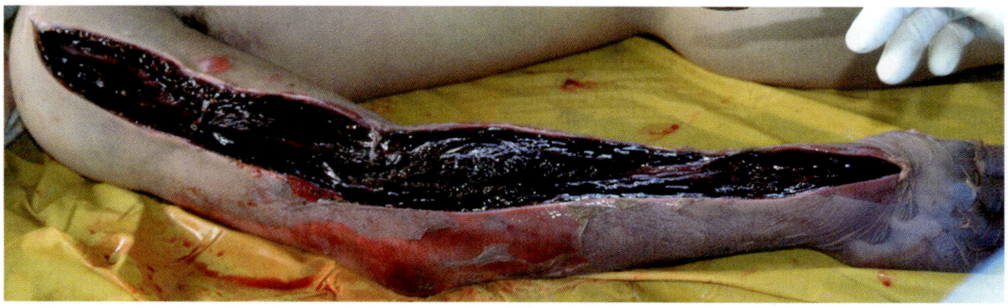

C

图 12-4　尖吻蝮蛇蛇毒干粉剂中毒

A：血性水泡；B：注射针眼；C：胸大肌出血；D：皮下出血。

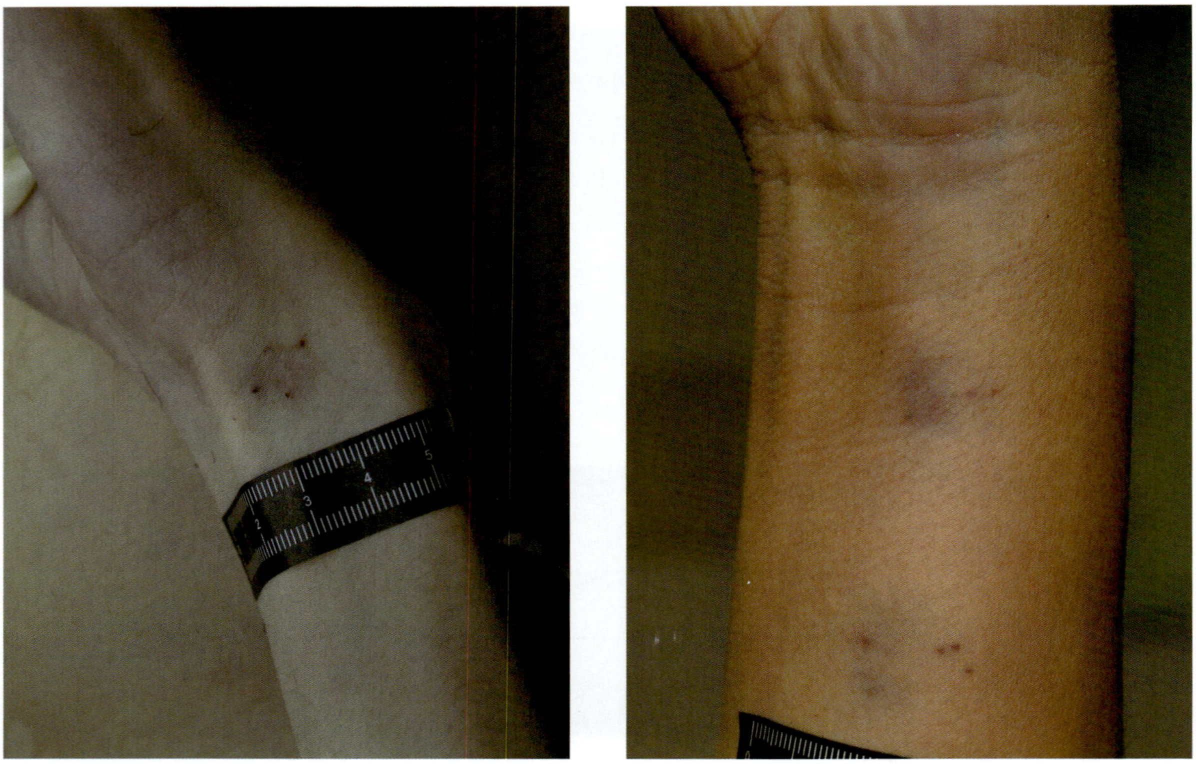

A　　　　B

图 12-5　银环蛇咬痕

A：左腕内侧；B：左前臂内侧。

三、皮肤的取材

电流斑、索沟及烧伤等皮肤的尸检取材时要注意以下两点：一是不能只切取可疑损伤部位，应包含有损伤交界区及损伤周围的正常皮肤。病灶小的，如电流斑，可以整体提取，切成 2.0 cm×2.0 cm 的方形，如图 12-6A 所示。病灶大的，如较大的电流斑、索沟、烧伤等，跨越病灶区域和正常区域（二者宽度之比为 3∶1 或 4∶1）切成一 2.0 cm×2.0 cm 的方形，如图 12-6B 所示，根据病灶不同特征还可以切取多个部位。切取的皮肤组织块固定后，再切成 0.2～0.3 cm 的长条状皮肤组织块放入包埋盒内上机。二是要深达皮下，皮下层含有丰富的血管，充血、水肿及出血等生活反应主要集中在这个区域，如在提取病变皮肤时只切取表皮和真皮，未包含皮下组织，将给组织病理学检验增加困难。

近年研究表明，双腕及双踝是人体最狭窄的部位，在相同电流强度作用下，这些部位的软组织损伤最为严重，电流作用的一些特征性改变（主要表现为骨骼肌细胞核拉长、靠近呈串珠状或线性排列，局部血管平滑肌细胞核拉长、扭曲、栅栏状排列等）也最为明显，尤其是在最为常见的手－足、手－手、足－足等电流途径的电击死案例中。所以在怀疑电击死尤其是体表未见明显电流斑的案例中，在解剖时应注意提取腕部、踝部包含有骨骼肌、血管、神经及肌腱等的软组织，沿长轴方向（即电流方向）取材、包埋。

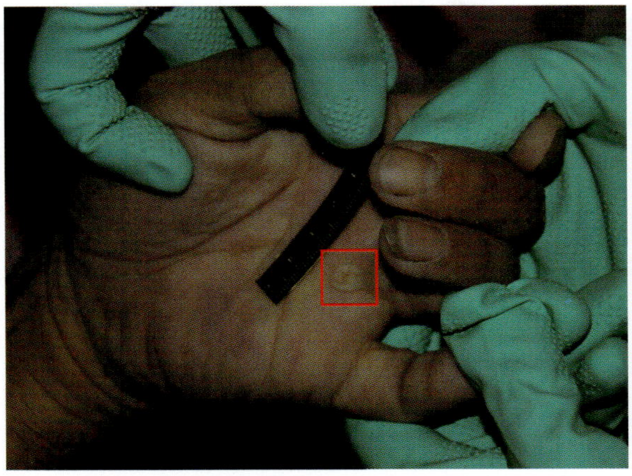

A

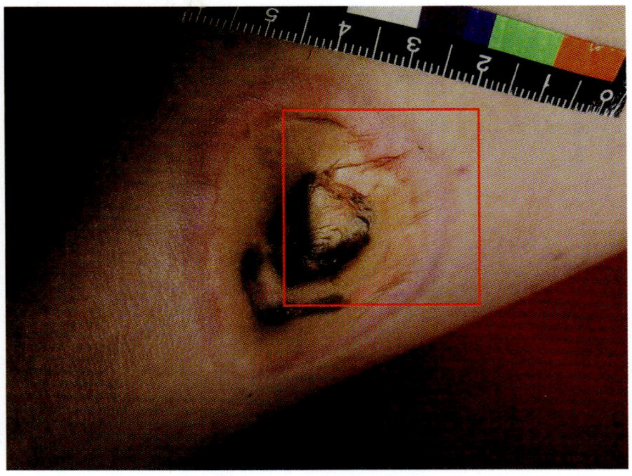

B

图 12-6 皮肤取材示意图

A：整体提取；B：部分提取。

第二节 甲状腺的检查和取材

一、甲状腺的解剖学基础

甲状腺是人体最大的内分泌腺，位于甲状软骨下方、气管的两侧，中间由峡部相连，形如“H”，外观呈棕红色，固定后成棕灰色，分为左右两个侧叶和峡部，见图 12-7。

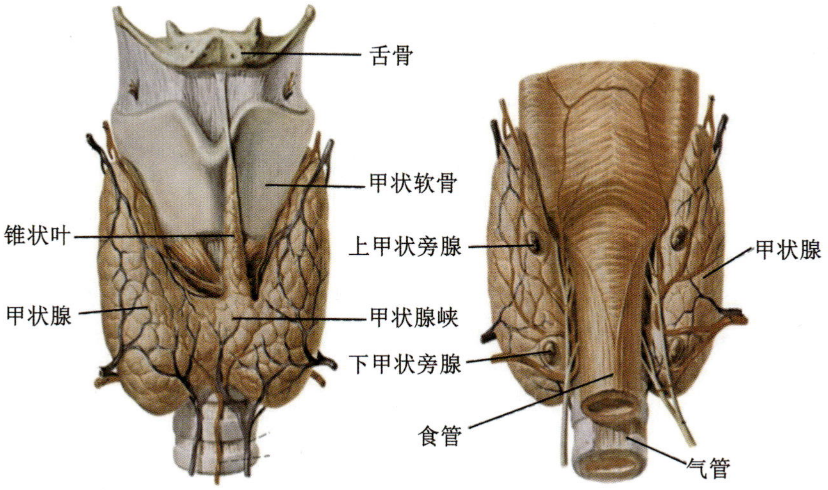

图 12-7 甲状腺

甲状腺表面有两层被膜，内层为纤维组织构成的纤维囊紧贴腺体表面，包绕甲状腺，部分纤维束伸入实质内，将甲状腺分隔为若干不完整的小叶，每个小叶含有 20～40 个滤泡。外层为颈深筋膜，它将甲状腺固定在气管和甲状软骨上，形成甲状腺悬韧带和甲状腺侧韧带。内、外层被膜之间为囊鞘间隙，内有血管行经并吻合成网，上下两对甲状旁腺均位于该囊内。

腺泡是甲状腺的基本结构单位，对碘有很强的聚集作用，其生理功能是合成甲状腺激素，然后与体内的甲状腺球蛋白结合，贮存在甲状腺滤泡中。

二、甲状腺的切开

甲状腺的切开分两种情况：一是在原位用长刀沿横切面以0.5～1.0 cm间距切开甲状软骨、气管和甲状腺，见图12-8。二是先沿假被膜将甲状腺游离出来，然后再按水平面或横切面切开甲状腺。对于法医检验来说，前一种切开方法对于观察甲状腺疾病侵犯周围组织的部位、程度等比较有利，如观察肿大的甲状腺压迫气管、甲状腺恶性肿瘤浸润生长等，较多采用，但易遗漏甲状旁腺的检查。

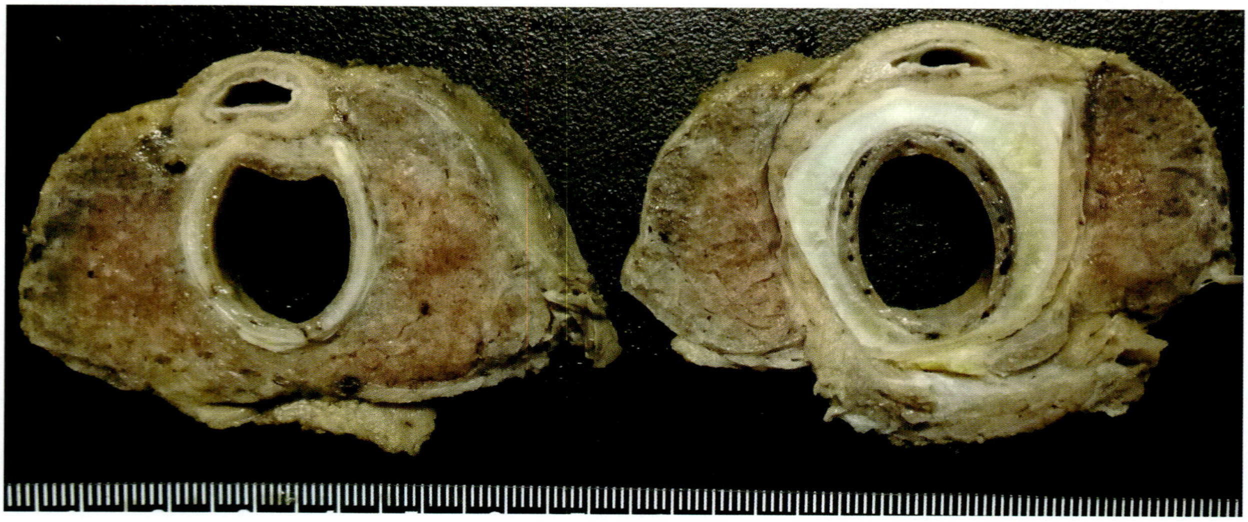

图 12-8　甲状腺的切开

三、甲状腺的检查

（一）甲状腺损伤

颈部机械性暴力可引起甲状腺损伤，尤其是勒死、扼死时，受力部位位于甲状软骨或其下方，则更易造成甲状腺损伤，损伤形态主要以挫伤为主，表现为甲状腺被膜和实质灶性出血。

（二）甲状腺肿大

甲状腺重量及大小因地区不同而有所差异，女性比男性稍大，至老年期常缩小。一般认为甲状腺的重量超过40 g，应视为肿大，引起肿大的常见原因有以下方面。

1. 弥漫性非毒性甲状腺肿

弥漫性非毒性甲状腺肿也称为单纯性甲状腺肿，是指非炎症或肿瘤所致、无甲状腺功能亢进及减退的一种肿大，其中发生于远离海岸的内陆山区或半山区的，多因缺碘所致，呈流行趋势发病，称为地方性甲状腺肿，在非流行区发病的称为散发性甲状腺肿。

病变早期甲状腺对称性弥漫性肿大，一般不超过150 g，表面光滑无结节，见图12-9。晚期由于滤泡上皮增生与复旧变化不一致，逐渐形成不规则的结节，结节数量不一、大小不等，境界清楚，无包膜或包膜形成不全，常发生出血或囊性变。

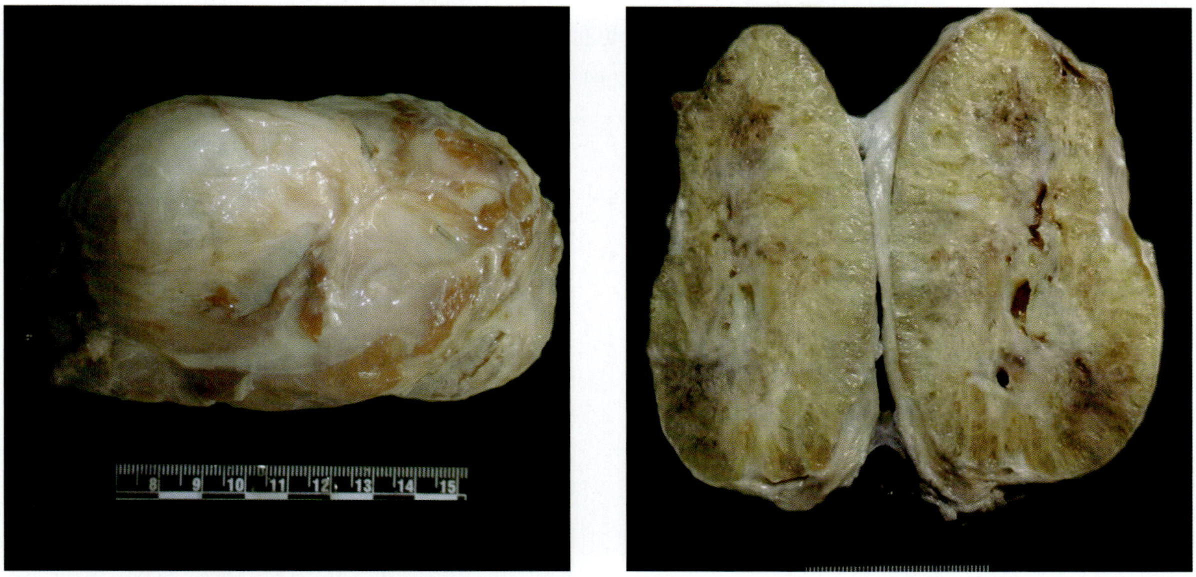

A　　　　B

图 12-9　单纯性甲状腺肿

A：表面观；B：切面观。

2. 弥漫性毒性甲状腺肿

弥漫性毒性甲状腺肿是由多种原因引起甲状腺激素病理性分泌过多的一种肿大，并产生的一系列综合症状，临床统称为甲状腺功能亢进症。大体检查甲状腺呈对称性弥漫性肿大，可达正常的 2～4 倍，见图 12-10。切面呈灰白色，胶质含量少，质地实，状如肌肉，无结节形成。镜下特点为甲状腺滤泡上皮显著增生。

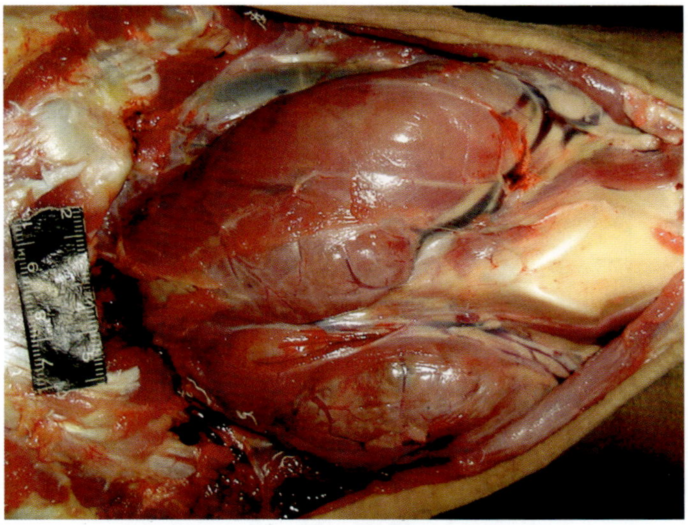

图 12-10　弥漫性毒性甲状腺肿

3. 甲状腺炎

以慢性甲状腺炎多见，分为慢性淋巴细胞性甲状腺炎和慢性纤维性甲状腺炎两种。前者甲状腺呈弥漫性肿大，质硬，切面呈灰白或灰黄色，无出血和坏死，见图 12-11A，此例合并有甲状腺功能亢进。组织学特征是在实质成分之间有大量的淋巴细胞浸润，常有淋巴滤泡形成。后者多从一侧开始肿大，但不显著，灰白色，质硬，表面略呈结节状，与周围组织粘连明显，见图 12-11B，此例合并有甲状腺功能减退。组织学特征是甲状腺滤泡显著萎缩伴纤维组织增生。

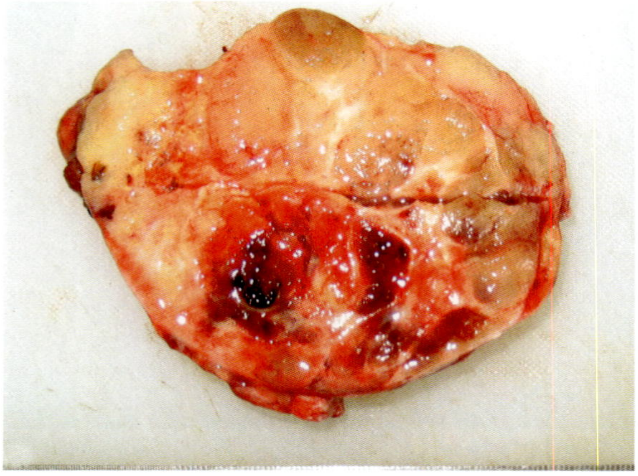

A

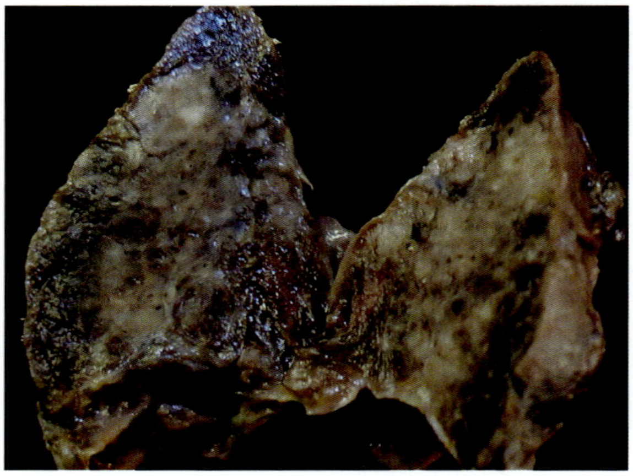

B

图 12-11 慢性甲状腺炎

A：慢性淋巴细胞性甲状腺炎；B：慢性纤维性甲状腺炎。

4. 甲状腺肿瘤

腺瘤是甲状腺最常见的良性肿瘤，生长较为缓慢，多见于青年或中年女性，肿块直径从数毫米到 3.0～5.0 cm 不等，常为单发，有完整包膜，切面实性，色暗红或棕黄，组织学类型分为滤泡性腺瘤和乳头状腺瘤两种。甲状腺癌肉眼呈灰白色的结节，见图 12-12，质硬，常继发出血、坏死和囊性变、钙化，多无包膜，部分可有不完整包膜或假性包膜，向周围组织成浸润性生长。组织学类型有乳头状癌、滤泡癌、髓样癌和未分化癌等。

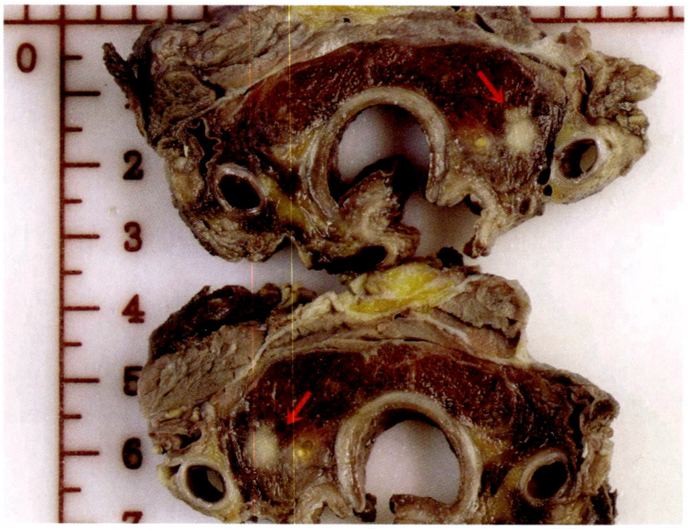

图 12-12 甲状腺癌

四、甲状腺的取材

常规于左右叶各取 1 块，对于结节性或弥漫性病变者，取材应包含囊性区、实性区、出血坏死区、钙化区等不同病变特点区域。对于多个结节者，优先选择质地硬、颜色灰白，或有瘢痕、出血坏死、钙化的结节取材。被膜有助于判断是甲状腺否存在挫伤、肿瘤病变是否侵犯周围组织，应注意切取。

第三节 胸腺的检查和取材

一、胸腺的解剖学基础

胸腺属于中枢淋巴器官并兼有内分泌功能，正常胸腺组织呈灰赤色或灰白色，质地较软，表面有一层薄的结缔组织被膜，分为左、右不对称的呈扁条状的两叶，两叶之间借结缔组织相连，每叶又由结缔组织分隔成许多直径为 1～2 mm 的小叶，每个小叶由皮质和髓质两部分组成，在髓质中散在分布许多由数层至十几层、呈同心圆排列的扁平上皮性网状细胞组成的胸腺小体。

二、胸腺的切开

胸腺的切开一般按最大面水平切开，根据需要还可在最大水平面的上下再平行切 1～2 个切面。

三、胸腺的检查

（一）胸腺萎缩

胸腺的萎缩分为生理性萎缩和病理性萎缩两种。

1. 生理性萎缩

生理性萎缩是指胸腺随着年龄的增长而发生的退化。正常情况下，生长激素和甲状腺素能刺激胸腺生长，而性激素则促使胸腺退化，因此胸腺随着年龄的增长而逐渐退化，在胚胎后期及初生时，围产儿的胸腺重 10～15 g，是一生中重量相对最重的时期，到青春期时重 30～40 g，是一生中最重的时期，此后胸腺逐渐退化，淋巴细胞减少，脂肪组织增多，至老年仅约 10 g。

婴幼儿的胸腺含有较少的脂肪，外观呈浅白色至深红色，分叶结构较成人更为明显。儿童至青春期前胸腺发达，呈灰赤色，扁平椭圆形，包膜光滑，质地较实。青春期后因逐渐被脂肪组织所代替，质地较软，60 岁以后胸腺中残余的淋巴成分很少，大部分被脂肪组织所取代，外观呈黄色。肉眼观胸腺体积缩小，脂肪组织增多。镜下胸腺小叶为脂肪组织所分隔，皮质淋巴细胞稀少，髓质的上皮性网状细胞呈梭形，偶成菊花团排列，胸腺小体多少不一，有时较密集，有时则发生钙化囊性变。

2. 病理性萎缩

病理性萎缩是指因各种意外因素导致胸腺急剧退化、胸腺细胞大量死亡的情形，这些意外因素主要有：①严重感染、严重外伤、恶性肿瘤、重度营养不良等；②大剂量辐射；③肾上腺皮质激素、性激素的大剂量应用；④女性妊娠或哺乳期。胸腺是一个易受损害的器官，当病愈或消除有害因子后，胸腺的结构可逐渐恢复。

病理性退化的机制主要与垂体一肾上腺轴有关，上述原因可引起肾上腺皮质激素大量分泌，未成熟的胸腺细胞表面有糖皮质激素受体，当肾上腺皮质激素与该受体结合后可诱导产生一种抑制胸腺细胞摄取葡萄糖的蛋白质，从而导致胸腺细胞变性死亡。病理性退化与生理性退化不同，常急剧发生，原因解除后即可恢复。镜下主要表现为淋巴细胞减少，不伴有脂肪组织、纤维组织增生。

（二）胸腺肥大

导致胸腺肥大的原因大体可分为非肿瘤病变和肿瘤病变两大类。

胸腺的非肿瘤病变主要有胸腺增生、胸腺淋巴样（滤泡性）增生和胸腺囊肿。其中最常见的是胸腺增生，表现为胸腺弥漫性增大，重量增加，但组织结构基本正常。引起胸腺增生的病因有很多，一是继发于肿瘤化疗或激素过量引起的萎缩后反跳性增生。如化疗会使胸腺体积明显缩小，化疗终结后胸腺出现反跳性增生，部分甚至超过正常的 50%。二是甲状腺功能亢进症，这可能与胸腺内存在甲状腺素受体有关。此外严重或反复的感染、烧伤等也能引起胸腺肥大。胸腺淋巴样（滤泡性）增生好发于青壮年，多为 15～35 岁女性，此时胸腺大小和重量大多正常或仅轻度增加，但髓质扩张、皮质受损，常见于重症肌无力者。

胸腺的肿瘤以胸腺瘤多见，为成人前纵隔最常见的原发性肿瘤，因多呈膨胀性生长，故在胸腺表面及切面可见圆形、卵圆形或分叶状的包块，部分尚伴有坏死和囊性变，见图 12-13。

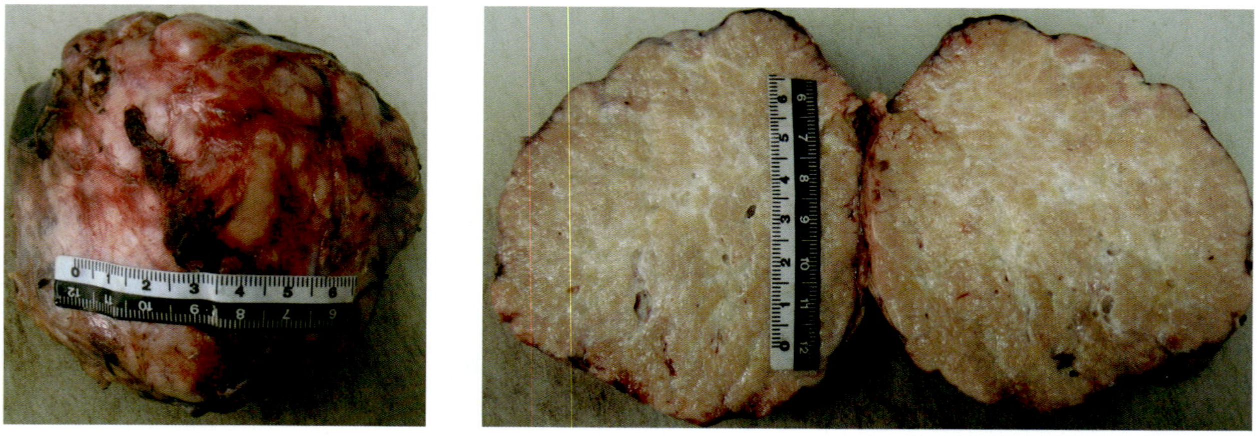

A　　　　　　B

图 12-13　胸腺瘤

A：表面观；B：切面观。

确定胸腺是否肥大必须从年龄因素及胸腺实质量等方面综合考虑，才比较可靠。大体检查时主要表现为体积增大，重量超过了正常范围（一般大于 50 g）。胸腺轻度肥大，一般不会导致严重后果，重度肥大时可压迫局部的头臂静脉、主动脉弓和气管等引起发绀和呼吸困难。同时胸腺肥大者机体应激能力下降，当遇有外界轻微刺激时，如吵架、情绪激动、运动、睡眠中噩梦等可引起猝死，其机制主要与肾上腺萎缩导致的皮质功能减退和机体应激能力下降有关，机械压迫和免疫缺陷在死亡过程中起辅助作用。此外重症肌无力患者合并胸腺增生或胸腺瘤的比例非常高，临案时应注意调查既往病史。

（三）胸腺淋巴体质

这种体质的患者其外表发育良好，身体匀称，皮肤白而光洁细嫩。男性胡须生长不旺盛，腋毛稀少，阴毛的分布与女性相似，外生殖器发育欠佳，一般比同龄人偏小。女性乳房不丰满，胸部平坦。其病理改变主要有：①胸腺肥大，表现比青春期还大；②全身其他淋巴组织如舌根、颌下、腋下、腹股沟、肠系膜及肠道等部位淋巴结、扁桃体及散在淋巴组织增生肿大。镜下淋巴网状细胞明显增生，肝、脾、胃肠均见淋巴细胞和嗜酸性粒细胞浸润；③肾上腺发育不良，表现为皮质薄且三层结构分辨不清，或肾上腺皮质萎缩，体积和重量均小于同龄人；④性器官发育不良，睾丸或卵巢小，甚至可导致不育；⑤心血管系统发育不良，表现为心偏小，主动脉周径细小，全身动脉壁薄腔小，尤以脑动脉明显。

胸腺淋巴体质一直是一个备受争议的问题，传统观点认为胸腺肥大和淋巴组织增生是肾上腺皮质功能减退的反映，这种体质的人身体脆弱、应激能力差，可因轻微的疾病或刺激而发生猝死。但有人认为它并非是一个独立的病变，无非是解剖上的变异，与猝死无关。目前新版《法医病理学》本科教材已不再介绍此方面的内容。

（四）胸腺损伤

胸腺位于胸骨后、纵隔的前上部，前胸损伤时可能合并出现胸腺损伤，尤其是胸腺相对较大的婴幼儿和胸腺肥大者，检查时要注意胸腺有无挫伤、出血等改变。

四、胸腺的取材

常规取材 1～2 块，应包含被膜、皮质及髓质等部分。有肿瘤者，应适当加大取材密度。

第四节 肾上腺的检查和取材

一、肾上腺的解剖学基础

肾上腺位于腹膜后，左右各一，分别紧靠左、右肾的上极前上部，与肾共同包在肾筋膜内，左肾上腺呈半月形，右肾上腺呈锥形。

肾上腺是人体重要的内分泌腺之一，由两种内分泌组织组成。一种是皮质，来自中胚层，肉眼观呈浅黄色，按皮质细胞排列方式分为球状带、束状带和网状带，分别分泌盐皮质激素、糖皮质激素和雄激素及少量雌激素等多种类固醇类激素。一种是髓质，来自神经外胚层，肉眼观呈棕色，主要由嗜铬细胞形成的细胞索和巢，以及索巢周边的支柱细胞构成，产生去甲肾上腺素和肾上腺素。

二、肾上腺的检查

（一）肾上腺的大小和重量

正常肾上腺质软，呈淡黄色。肾上腺称重时，应尽量去除附着的脂肪组织。成人每侧肾上腺长 4～6 cm，宽 2～3 cm，厚 0.3～0.6 cm，重 4～6 g。一般认为，两侧肾上腺的重量之和低于 4.7 g，属于肾上腺严重萎缩，一侧肾上腺超过 9 g 时，要考虑该侧肾上腺病理性增大。表 12-2 是国人男女各年龄组肾上腺的正常重量。

表 12-2 男女各年龄组肾上腺正常重量

年龄组	男		女	
	例数（例）	平均值±标准差（g）	例数（例）	平均值±标准差（g）
出生至 6 d	529	7.90±3.30	323	7.80±3.20
7～29 d	210	5.70±2.60	134	5.60±2.60
1～2 个月	269	5.70±2.70	152	5.20±2.30
3～5 个月	221	4.90±2.00	166	4.80±2.20
6～9 个月	281	5.00±2.20	214	4.90±1.90
10～11 个月	116	5.10±2.00	91	5.10±2.00
1～2 岁	713	5.24±2.19	591	5.40±2.77
3～7 岁	662	6.72±3.95	514	6.45±3.59
8～12 岁	228	9.47±5.10	166	8.73±4.28
13～17 岁	149	11.55±4.25	108	12.78±5.18
18～59 岁	2 368	15.00±5.60	1 065	14.00±5.40
60～100 岁	354	16.00±6.20	238	14.00±6.10

注：摘自李志尚、黄高明《我国各年龄组脏器重量详表》。

（二）肾上腺的常见病理改变

1. 肾上腺肿大

肾上腺增生和肿瘤均可导致肾上腺肿大。增生既可见于皮质，也可见于髓质，既可表现为弥漫性增生，如先天性肾上腺皮质增生、Cushing's 病等，也可表现为结节性增生，如小结节性肾上腺皮质增生、大结节性肾上腺皮质增生等。

肾上腺皮质、髓质均可发生良性或恶性肿瘤，部分尚可见转移瘤。良性肿瘤中以肾上腺皮质腺瘤多见，瘤体一般较小，呈圆形，直径在 1～5 cm，重 5～10 g，大者可达 1 000 g，有完整包膜，切面呈金黄色或棕黄色，实性，见图 12-14，有的可见出血或小囊变区，偶有钙化。

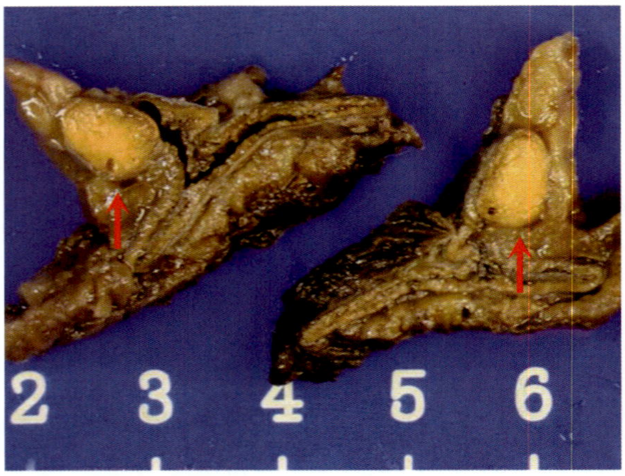

A

B

图 12-14 肾上腺皮质腺瘤

嗜铬细胞瘤起源于肾上腺髓质、交感神经节和其他部位的嗜铬组织，绝大多发生于肾上腺（占80%～90%，以一侧多见）。肿瘤大小相差悬殊，部分甚至只能在镜下发现，呈圆形或椭圆形，有包膜、表面光滑，切面呈棕红色或棕黄色，常见出血（图 12-15A）、坏死、囊性变（图 12-15B）以及钙化等改变。90%的嗜铬细胞瘤为良性，10%的为恶性，瘤组织能持续或间断分泌大量的儿茶酚胺，作用于肾上腺能受体，引起以高血压及代谢紊乱为主的综合征症候群，严重时并发高血压危象、休克、颅内出血、心力衰竭、心肌梗死等，部分患者可在短时间内死亡，易引起纠纷。

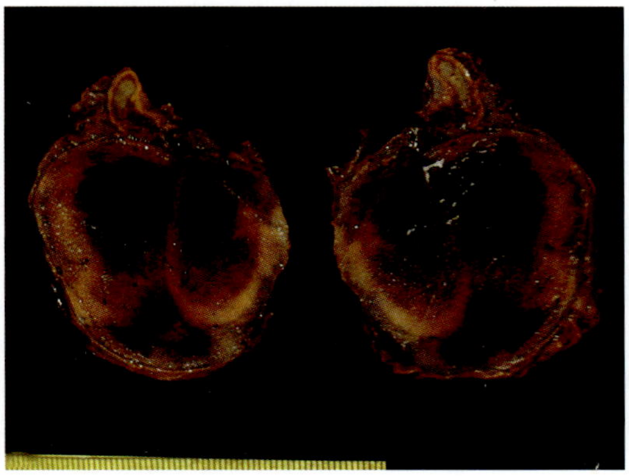

A

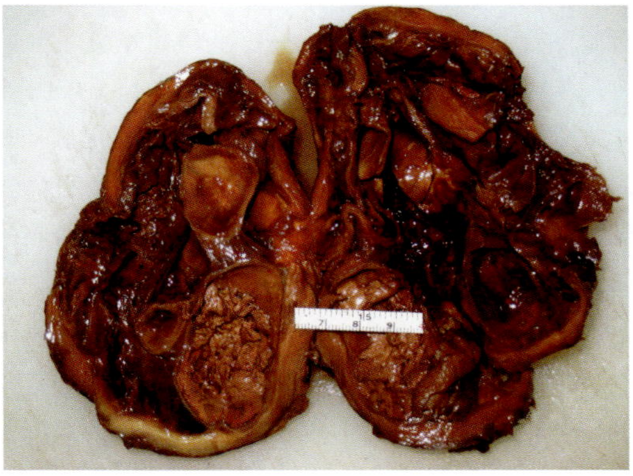

B

图 12-15 嗜铬细胞瘤

A：出血；B：囊性变。

2. 肾上腺萎缩

萎缩部位多位于肾上腺皮质，髓质萎缩者少见。如胸腺淋巴体质者，多伴有肾上腺萎缩，以皮质萎缩为著。又如特发性肾上腺皮质萎缩，大体检查时皮质菲薄，双侧肾上腺体积缩小，重量减轻，而髓质一般未见异常。肾上腺皮质萎缩可引起肾上腺皮质功能减退，部分患者在高温、寒冷、创伤、感染甚至精神紧张等应激状态下，可诱发肾上腺危象而猝死。

3. 肾上腺出血

肾上腺出血较为常见，可呈灶性、节段性、一侧性甚至两侧全部出血，常伴有肾上腺血液供应障碍，进而导致皮质坏死。引起肾上腺出血的原因，多见于以下 3 种情形：一是严重感染。如暴发性流行性脑脊髓膜炎、流行性出血热及其他原因导致的败血症等，常导致两侧肾上腺广泛而又严重的出血，其中以华－弗综合征最为典型，这是暴发性流行性脑脊髓膜炎的一种类型。二是肾上腺外伤。肾上腺位置较深、隐蔽，单纯致肾上腺挫伤出血者少见，常合并有腰椎骨折、肾损伤等。外伤所致的肾上腺出血常表现为灶性、节段性、一侧性。三是出血性疾病。

4. 肾上腺坏死

肾上腺坏死也较常见，表现形式有单个细胞坏死、灶性坏死、节段性坏死、一侧性或双侧性大部坏死等。

一定程度的肾上腺出血和坏死，可引起急性肾上腺皮质功能衰竭致肾上腺危象，出现发热、极度乏力、恶心、呕吐、休克和昏迷等症状，如不及时抢救将会出现严重后果甚至死亡。

三、肾上腺的取材

凹面为肾上腺内侧面，常规情况下于肾上腺正中按与被膜垂直方向全层取材，左右各 1 块。有结节或肿块者，除了切取结节、肿块及其周围的正常区域外，还要注意切取反映包膜情况及肿物与邻近组织解剖关系的组织块。

参考文献

[1] 张绍祥,张雅芳.局部解剖学(八年制)[M].3 版.北京:人民卫生出版社,2015.

[2] 彭裕文.局部解剖学[M].6 版.北京:人民卫生出版社,2006.

[3] 丁文龙,王海杰.系统解剖学(八年制)[M].3 版.北京:人民卫生出版社,2015.

[4] 李和,李继承.组织学与胚胎学(八年制)[M].3 版.北京:人民卫生出版社,2015.

[5] 高英茂.组织学与胚胎学[M].北京:人民卫生出版社,2005.

[6] Stacey E.Mills.病理医师实用组织学.[M].薛德彬,陈健,王炜,译.4 版.北京:北京科学技术出版社,2017.

[7] 周庚寅.组织病理学技术[M].北京:北京大学医学出版社,2006.

[8] Kumar,Abbas,Aster.罗宾斯基础病理学(英文影印版)[M].9 版.北京:北京大学医学出版社,2016.

[9] 刘彤华.诊断病理学[M].3 版.北京:人民卫生出版社,2013.

[10] U-N.里德,M.维尔纳,H-E 舍费尔.里德病理学[M].武忠弼,译.5 版.上海:上海科学技术出版社,2007.

[11] 陈杰,周桥.病理学(八年制)[M].3 版.北京:人民卫生出版社,2015.

[12] 陈杰,李甘地.病理学[M].北京:人民卫生出版社,2005.

[13] 步宏,李一雷.病理学[M].9 版.北京:人民卫生出版社,2018.

[14] Walter E.Finkbeiner,Philip C.Ursell,Richard L.Davis.病理解剖:指南和图谱[M].吴秉铨,谢志刚,译.2 版.北京:北京大学医学出版社,2011.

[15] 廖松林.肿瘤病理诊断与鉴别诊断学[M].福州:福建科学技术出版社,2006.

[16] 王德田,董建强.实用现代病理学技术[M].北京:中国协和医科大学出版社,2012.

[17] 王伯沄,李玉松,黄高昇,等.病理学技术[M].北京:人民卫生出版社,2000.

[18] Stacey E.Mills,Joel K.Greenson,Jason L.Hornick,et al.斯滕伯格诊断外科病理学[M].回允中,译.北京:北京大学医学出版社,2017.

[19] ACKERMAN.外科病理学[M].郑杰,译.10 版.北京:北京大学医学出版社,2017.

[20] 陈忠年,沈铭昌,郭慕依.实用外科病理学[M].上海:上海医科大学出版社,1997.

[21] 来茂德.病理学高级教程[M].北京:人民军医出版社,2015.

[22] 郭慕依.实用尸检病理学[M].上海:复旦大学出版社,2012.

[23] 丛斌.法医病理学[M].5 版.北京:人民卫生出版社,2016.

[24] 刘良.法医毒理学[M].5 版.北京:人民卫生出版社,2016.

[25] 黄光照,麻永昌.法医病理学[M].北京:中国人民公安大学出版社,2002.

[26] 李志尚.病理尸检-技术与诊断[M].5 版.北京:人民卫生出版社,2000.

[27] 陈杰.病理标本的检查及取材规范[M].北京:中国协和医科大学出版社,2013.

[28] 徐英含.最新法医病理学[M].北京:世界图书出版公司,1996.

[29] 闵建雄.法医损伤学[M].2 版.北京:中国人民公安大学出版社,2010.

[30] 王正国,蒋耀光,杨志焕.创伤外科特色诊疗技术[M].北京:科技文献出版社,2007.

[31] 陈灏珠,林果为,王吉耀.实用内科学[M].14 版.北京:人民卫生出版社,2013.

[32] 杨志寅.临床执业医师手册[M].北京:中国医药科技出版社,2003.

[33] 朱家恺,黄洁夫,陈积圣.外科学辞典[M].北京:北京科学技术出版社,2003.

[34] 李志尚,黄高明.我国各年龄组脏器重量详表[J].广西医科大学学报,2006,23(1):155-156.

[35] 王忠诚.王忠诚神经外科学[M].武汉:湖北科学技术出版社,2015.

[36] D.L.Felten,R.Jozefowicz.奈特人体神经解剖彩色图谱[M].崔益群,译.北京:人民卫生出版社,2006.

[37] 石祥恩,孙炜.颅脑显微外科解剖图谱[M].北京:中国科学技术出版社,2005.

[38] 王忠诚,刘庆良.实用显微脑解剖[M].北京:中国科学技术出版社,2001.

[39] 郭玉璞,徐庆中.临床神经病理学[M].北京:人民军医出版社,2008.

[40] 李振平,刘树伟.临床中枢神经解剖学.[M].2 版.北京:科学出版社,2009.

[41] 耿道颖,沈天真,陈星荣,等.正常国人 MRI 横断面脑沟回定位的研究[J].中国医学计算机成像杂志,1997,3(3):150-154.

[42] 张平,樊栓良,叶小琨,等.兔脏器组织固定前后重量变化及法医学意义[J].中国法医学杂志,2011,26(5):403-405.

[43] V.B.Reddy,P.Gattuso,O.David,et al.Differential diagnosis in surgical pathology[M].3rd ed.London:W B Saunders Co Ltd,2014.

[44] 姚晓喜,李玲,张小燕,等.40 例病毒性脑炎死亡病例分析[J].新医学,2004,35(9):548-550.

[45] 阎晓玲.脉络丛乳头状瘤[J].中国现代神经疾病杂志,2014,5(1):63-65.

[46] 谢韦华,王汉东,史继新,等.第四脑室脉络丛乳头状瘤[J].医学研究生学报,2003,16(9):674-676.

[47] 关长群,刘雪虹,杨本强,等.室管膜瘤的 CT 及 MRI 表现与病理:光镜、电镜和免疫组化对照研究[J].中国临床医学影像杂志,2003,14(4):234-236.

[48] Grabherr S,Heinemann A,Vogel H,et al.Postmortem CT Angiography Compared with Autopsy: A Forensic Multicenter Study [J].Radiology,2018,288(1):270-276.

[49] Juan C.Troncoso,Ana Rubio,David Fowler.Essential Forensic Neuropathology[M].Philadelphia: Lippincott Williams and Wilkins,2009.

[50] 何小燕,包国庆,朱沂.Willis 环解剖变异与脑缺血[J].国际脑血管病杂志,2012,20(11):854-857.

[51] Kyung-Hwa Lee,Sang Won Seo,Tae Sung Lim,et al.Proposal guidelines for standardized operating procedures of brain autopsy: brain bank in South Korea[J].Yonsei Medical Journal,2017,58(5):1055-1060.

[52] Jean Paul G. Vonsattel,Maria Pilar del Amaya,Christian E.Keller.Twenty first century brain banking.Processing brains for research: the Columbia University methods[J].Acta Neuropathol,2008,115(5):509-532.

[53] 姚青松,宋一璇,何忠,等.171 例脑干颅神经损伤[J].中国法医学杂志,2003,18(4):195-198.

[54] J.T.Gray,SM.Puetz,SLJackson,et al.Traumatic subarachnoid haemorrhage: a 10-year case study andreview[J].Forensic Sci Int,1999,105 (1):13-23.

[55] Saukko P J,Knight B.Knight's Forensic Pathology[M].4th ed.London:Taylor & Francis Ltd,2015.

[56] Jaeger M,Soehle M,Schuhmann MU,et al.Clinical Significance of Impaired Cerebrovascular Autoregulation After Severe Aneurysmal Subarachnoid Hemorrhage[J].Stroke,2012,43(8):2097-2101.

[57] Patrick M.Kwon,Randolph W.Evans,Brian M.Grosberg.Cerebral Vascular Malformations and Headache[J].Headache,2015,55(8):1133-1142.

[58] Evert Eriksson,Sarah E Schultz,Stephen D Cohle,et al.Cerebral fat embolism without intracardiac shunt: A novel presentation[J].Journal of Emergencies Trauma and Shock,2011,4(2):309-312.

[59] Kathreena M.Kurian,Tim H.Moss,Sandra Camelo-Piragua.Atlas of gross neuropathology.A Practical Approach[M].London:Cambridge University Press,2014.

[60] 李智.脑膜瘤的组织病理学诊断与鉴别诊断要点[J].广东医学,2017,(38)24:3713-3719.

[61] 王海军.垂体腺瘤的研究现状及诊疗概述[J].中国微侵袭神经外科杂志,2018,23(7):289-290.

[62] 胥少汀.脊髓震荡与脊髓休克[J].中国脊柱脊髓杂志,2000,10(2):119-120.

[63] 吴嘉燕,洪正华,张晓明.机械性脊髓损伤病理机制研究进展[J].国际骨科学杂志,2008,29(2): 113-114.

[64] 宋一璇,姚青松.心脏传导系统病理图谱[M].广州:广东科技出版社,2012.

[65] 王海杰,谭玉珍.实用心脏解剖学[M].上海:复旦大学出版社,2007.

[66] 胡大一.心肌疾病[M].北京:清华同方光盘电子出版社,2017.

[67] Moreno PR,Purushothaman KR,Fuster V,et al.Intimomedial interface damageand adventitial inflammation is increased beneath disrupted atheroscierosis in the aorta: implications for plaque vulnerability[J].Circulation,2002,105

(21):2504-2511.
[68] Hirata Y,Tabata M,Kurobe H,et al.Coronary atherosclerosis is associated with macrophage polarization in epicardial adipose tissue[J].J Amcoll Cardiol,2011,58(3):248-255.
[69] Fluchter S,Haghi D,Dinter D,et al.Volumetric assessment of epicardial adipose tissue with cardiovascular mgnetic resonance inaging[J].Obesity,2007,15(4):870-878.
[70] 宋一璇,姚青松,朱家镇,等.230 例汉人心传导系统间质年龄变化统计分析[J].法医学杂志,1996,12(1):4-6.
[71] 宋一璇,胡小领,姚青松.人窦房结胶原纤维比例与分型年龄变化的研究[J].解剖学杂志,2000,23(4):306-308.
[72] 牛萍,王芳,王晋明.二尖瓣腱索断裂 56 例临床分析[J].中国综合临床,2004,20(12):1064-1066.
[73] 朱少华,张慧,宋旭东,等.小心脏伴冠状动脉发育不良猝死 1 例[J].中国法医学杂志,2004,19(2):110-112.
[74] Frederick T,James T,Mark K.Hypoplastic coronary artery disease with the spectrum of sudden unexpetcted death in young and middle age adults[J].Am J Forensic Med Pathol,1993,14(4):276-283.
[75] 孙海宁,徐希奇,邓可武,等.艾森曼格综合征[J].中国医药导刊,2004,6(6):449-452.
[76] 穆娇,徐伦武,刘龙清,等.心脏震荡研究现状及法医学鉴定[J].中国法医学杂志,2015,30(5):482-484.
[77] Zheng N,Liang M,Liu Y,et al.Imprudent blow,catastrophic consequence: a case of commotio cordis associated with violence[J].Med Sci Law,2012,52(2):119-121.
[78] Zheng N,Liang M,Liu Y,et al.Commotio cordis-a report of two similar cases[J].J Forensic Sci,2013,58 (1): 245-247.
[79] 李德祥.钝力性心脏外伤 38 例尸检病理学研究[J].法医学杂志,1995,11(3):99-101.
[80] 王文会,赵华云.外伤性心肌梗死的研究概况[J].心脏杂志,2010,22(4):635-637.
[81] El-Chami MF,Nicholson W,Helmy T.Blunt cardiac trauma[J].J Emerg Med,2008,35(2):127-133.
[82] 陈挚,周秀娟.致心律失常型右室心肌病的诊断与研究进展[J].江苏医药,2014,40(11):1320-1322.
[83] Iyer VR,Chin AJ.Arrhythmogenic right ventricular cardiomyopathy/Dysplaia (ARVC/D)[J].Am J Med Genet C Semin Med Genet,2013,163(3):185-197.
[84] Marcus FI,McKenna WJ,Sherrill D,et al.Diagnosis of Arrhythmogenic right ventricular cardiomyopathy/ dysplasia: proposed modification of the Task Force Criteria[J].Eur Heart J,2010,31(7):806-814.
[85] Asimaki A,Saffitz JE.The role of endomyocardial biopsy in ARVC: looking beyond histology in search of new diagnostic markers[J].J Cardiovasc Electrophysiol,2011,22(1):111-117.
[86] 刘欣,刘文玲.左心室心肌致密化不全心肌病研究进展[J].中国循环杂志,2016,31(2):198-200.
[87] Chin TK,Perlloff JK,Williams RG,et al.Isolate noncompaction of left ventricular myocardium.A study of eight cases [J].Circulation,1990,82(2):507-513.
[88] Elliott P,Andersson B,Arbustini E,et al.Classification of the cardiomyopathies: a position statement from the European Society of Cardiology Working Group on Myocardial and Pericardial Diseases[J]. Eur Heart, 2008, 29(2): 270-276.
[89] Rahman F, Salman M, Akhter N, et al. Pattern of congenital heart diseases[J]. Mymensingh Med, 2012, 21(2): 246-250.
[90] Carpentier A,Chauvaud S,Mace L,et al.A new reconstructive operation for Ebstein's anomaly of the tricuspid valve [J].J Thorac Cardiovasc Surg,1988,96(1):92-101.
[91] 孙静.主动脉瓣退行性变的临床和病理学研究[D].天津:天津医科大学,2012.
[92] Moura LM,Maganti K,Puthumana JJ,et al.New understanding about calcific aortic stenosis and opportunities for pharmacologic intervention[J].Current Opinion in Cardiology,2007,22(6): 572-577.
[93] Kim PJ,Hur G,Kim SY,et al.Frequency of myocardial bridges and dynamic compression of epicardial coronary arteries: a comparison between computed tomography and invasive coronary angiography[J].Circulation,2009,119(10): 1408-1416.
[94] Mohlenkamp S,Hort W,Ge J,et al.Update on myocardial bridge[J].Circulation,2002,106(20):2616-2622.

[95] 刘浩，梅举，汤敏，等.先天性冠状动脉瘘的诊断与治疗[J].中国胸心血管外科临床杂志，2013，20(5)：546-550.

[96] 周博达，缪国斌.冠状动脉非阻塞性心肌梗死的原因及治疗进展[J].中国临床医生杂志，2019，47(4)：390-393.

[97] Wang CH，Kuo LT，Hung MJ，et al.Coronary vasospasm as a possible cause elevated cardiac troponin I in patients with acute coronary syndrome and insignificant cornary artery disease[J].Am Heart，2002，144(2)：275-281.

[98] Da Costa A，Isaaz K，Faure E，et al.Clinical characteristics，aetiological factors and long-term prognosis of myocardial infarction with an absolutely normal coronary angiogram；a 3-year follow-up study of 91 patients [J].Eur Heart，2001，22(16)：1459-1465.

[99] Pacini D，Di Marco L，Fortuna Diet，et al.Acute aortic dissection：Epidemiology and outcomes[J].Int J Cardiol，2013，167(6)：2806-2812.

[100] Lindholo JS，Juuls，Fasting H，et al.Hospital costs and benefits of screening for abdominal aortic aneurysms.Results from a randomized population screening trial [J].Eur J Vasc Endovasc Surg，2002，23(1)：55-60.

[101] 宋宏宾，刘念念，俞阅彦，等.不同人群冠状动脉病变增龄性对比研究[J].海南医学院学报，2012，18(4)：469-472.

[102] 王汉琴，孙万群，陈家强，等.人冠状动脉壁组织结构增龄性变化的研究[J].解剖学杂志，2001，24(2)：148-151.

[103] 侯文婷，冷一平.脂褐素与心肌老化[J].中华老年心脑血管病杂志，2013，15(1)：102-103.

[104] De Meyer GR，De Keulenaer GW，Martinet W.Role of autophagy in heart failure associated with aging[J].Heart Fail Rev，2010，15(5)：423-430.

[105] 王立军，马虹.心肌病新的定义及分类[J].国际内科学杂志，2007，34(12)：712-715.

[106] 王恩华，张杰.临床病理诊断与鉴别诊断--气管、肺、胸膜及纵隔疾病[M].北京：人民卫生出版社，2018.

[107] Mudd KL，Hunt A，Matherly RC，et al.Analysis of pulmonary fat embolism in blunt force fatalities[J].J Trauma，2000，48(4)：711-715.

[108] Scully RE.Fat embolism in Korean battle casualties；its incidence，clinical significance，and pathologic aspects[J].Am J Pathol，1956，32(3)：379-403.

[109] Glas WW，GRekin TD，Davis HL，et al.An experimental study of the etiology of fat embolism[J].Am J Surg，1956，91(4)：471-480.

[110] Korzeniewski K，Nitsch-osuch A，Guzek A，et al.High altitude pulmonary edema in mountain climbers[J].Respir Physiol Neurobiol，2015，209(5)：33-38.

[111] Linda D.Ferrell，Sanjay Kakar.肝脏病理学[M].沈中阳，译.天津：天津科技翻译出版公司.2014.

[112] Arief A.Suriawinata，Swan N.Thung.肝脏病理学图谱和简明指南[M].章明放，译.天津：天津科技翻译出版公司.2012.

[113] 徐广涛，于晓军，樊瑜波，等.人体正常和病理脾脏的体积和密度评价[J].解剖学杂志，2006，29(3)：342-344.

[114] 张永海，郁慕仪，向兴利，等.不同海拔高度正常成人脾脏大小 CT 观测[J].高原医学杂志，1999，9(1)：21-25.

[115] 巴特尔，陈巨坤，侯晓章，等.500 例国人正常脾脏大小的 CT 评价[J].中国医学影像技术，1996，12(1)：8-11.

[116] Moore EE，Cogbill，JurkovichGJ，et al.Organ injury sacling：spleen and liver(1994 revison)[J].J Trauma，1995，38(3)：323-324.

[117] Zago TM，Pereira BM，Calderen TR，et al.Extrahepatic duct injury in blunt trauma：two case reports and a literature review[J].Indian J Surg，2014，76(4)：303-307.

[118] 黄小兵，迟彦邦，杨彤翰，等.肝创伤时细菌移位及小肠 Fas 表达的实验研究[J].重庆医学，2002，31(1)：9-10.

[119] Wells CL，Jechorek RP，Olmsted SB，et al.Effect of LPS on epithelial intergrity and bacterial uptake in the polarized human entercyte-like cell line Caco-2[J].Circ Shock，1993，40(4)：276-278.

[120] Mashima S，Xu DZ，Lu Q，et al.The relationships among nitic oxide production，bacterial tanslocation，and intestinal injury after endotoxin in vivo[J].J Trauma，1998，44(1)：175-177.

[121] 孙培春，韩斌，李留法，等.巨大肝血管瘤误诊 24 例分析[J].中国误诊学杂志，2002，2(6)：832-835.

[122] Glinkova V，Shevah O，Boaz M，et al.Hepatic hemangiomas：possible association with female sex hormones[J].Gut，2004，53(9)：1352-1355.

[123] Romer T, Wiesner W. The accessory spleen: prevalence and imaging findings in 1,735 consecutive patients examined by multidetector computed tomography[J]. JBR-BTR, 2012, 95(2): 61-65.

[124] 曹清，姚民富.40 例外伤致迟发性脾破裂的临床法医学鉴定分析[J].医学与法学，2017，9(2)：76-77.

[125] 张剑，王剑明，杨彦，等.外伤性胆道损伤的处理[J].中华消化外科杂志，2014，13(12)：939-942.

[126] 周光德，赵景民.不同病因至肝纤维化/肝硬化的病理特点[J].临床肝胆病杂志，2016，32(6)：1086-1091.

[127] Zeng Q, He Y, Qiang D C, et al. Prevalence and epidemiological pattern of gallstones in urban residents in China[J]. Eur J Gastroenterol Hepatol, 2012, 24(12): 1459-1460.

[128] 崔皓哲，孙苗苗，梁明杨，等.胆石症对心血管疾病发病的影响[J].肝胆胰外科杂志，2020，32(1)：19-25.

[129] 王军，冯爱娟，陈东风.非外伤性胆道出血 20 例临床分析[J].临床荟萃，2006，18(12)：689-691.

[130] 龙森云，郑启昌，胡青钢，等.少见原因的胆道出血五例分析[J].中华普通外科杂志，2006，21(12)：896-897.

[131] Sylvester Jillian E, Buchanan Benjamin K, Paradise Scott L. Association of Splenic Rupture and Infectious Mononucleosis: A Retrospective Analysis and Review of Return-to-Play Recommendations[J]. Sports health, 2019, 11(6): 543-549.

[132] 中华医学会外科学分会脾功能与脾脏外科学组.脾损伤脾保留手术操作建议指南[J].中国实用外科杂志，2007，27(6)：421-423.

[133] 王华，刘晓东，许超凡，等.儿童传染性单核细胞增多症 110 例临床分析[J].中国感染与化疗杂志，2019，19(1)：23-25.

[134] 梁栋，王全楚.传染性单核细胞增多症临床特点及误诊分析[J].临床误诊误治，2020，33(2)：1-3.

[135] 李胜亮，温玉墀，武志宏，等.成人传染性单核细胞增多症 26 例及误诊分析[J].临床误诊误治，2019，32(1)：10-12.

[136] Kubo Hidemasa, Yamaoka Nobuki, Tamai Mizuki, et al. Laparoscopic splenectomy for polysplenia with splenic torsion: a case report[J]. Surg Case Rep, 2019, 5(1): 28-31.

[137] 王丽娟，谢海柱，胡建滨.多脾综合征的 CT、MRI 表现(附 5 例报道及文献复习)[J].医学影像学杂志，2019，29(2)：257-260.

[138] 福戈，卡什加里安.肾脏病理诊断图谱[M].周庚寅，译.北京：北京大学医学出版社，2007.

[139] 李荣山.肾内科疾病[M].北京：军事医学科学出版社，2004.

[140] 蔡佳荣，孙其鹏，缪斌，等.微创经皮肾镜取石术治疗肾结石的临床研究[J].中国现代医生，2014，52(27)：27-29.

[141] 乔明洲，张海芳，周晨龙，等.肾结石患者经皮肾镜碎石术后结石残留影响因素分析[J].中华医学杂志，2015，95(44)：3617-3619.

[142] 梁丹丹，曾彩虹，刘志红.急性感染后肾小球肾炎[J].肾脏病与透析肾移植杂志，2012，21(2)：190-194.

[143] Haas M. Incidental healed postinfectious glomerulonephritis: a study of 1012 renal biopsy specimens examined by electron microscopy[J]. Hum Pathol, 2003, 34(1): 3-10.

[144] 伏旭.肾结核发病率升高病因的研究进展[J].泌尿外科杂志(电子版)，2018，10(4)：45-49.

[145] 刘涛，白祥军.挤压伤和挤压综合征[J].创伤外科杂志，2016，18(7)：447-448.

[146] Gonzalez D. Crush syndrome[J]. Crit Care Med, 2005, 33(1S): S34-41.

[147] Gibney RT, Sever MS, Vanholder RC. Disaster nephrology: crush injury and beyond[J]. Kidney Int, 2014, 85(5): 1049-1057.

[148] 王鑫.挤压伤-挤压综合征治疗的研究进展[J].中华灾害救援医学，2016，4(8)：466-469.

[149] 崔浩杰，熊革，张春林，等.上臂及胸壁挤压综合征的诊断及治疗[J].中国修复重建外科杂志，2018，32(6)：703-706.

[150] 蔡新华，李艳萍.消化系统病学词典[M].郑州：河南科学技术出版社，2007.

[151] 李昂，李非.近年急性胰腺炎发病的病因学分析[J].实用医学杂志，2006，22(8)：918-919.

[152] 张德彬.急性出血性胰腺炎合并急性出血性肠炎 2 例临床分析[J].实用医学杂志，2007，23(15)：2439-2441.

[153] 刘敏，吴家駇.35 例胰腺出血案例死因分析[J].华西医大学报，1996，27(4)：426-427.

[154] 姚红，姚开炳，于德洋.急性出血性胰腺炎 92 例诊治分析[J].中国中西医结合外科杂志，2001，7(3)：167-169.

[155] 詹敏.手术治疗胰十二指肠损伤 11 例[J].中国中西医结合外科杂志，2012，18(1)：61-62.

[156] 徐定银,戴华卫.闭合性胰十二指肠损伤的诊治[J].中国中西医结合外科杂志,2010,16(6):688-690.
[157] 骆仕华.外伤性脾破裂合并胰腺损伤 26 例临床分析[J].创伤外科杂志,2002,4(6):367-368.
[158] Chen W,Zheng R,Baade PD,et al.Cancer statistics in China,2015[J].CA Cancer J Clin,2016,66(2): 115-132.
[159] Gordon-Dseagu VL,Devesa SS,Goggins M,et al.Pancreatic cancer incidence trends:evidence from the Surveillance, Epidemiology and End Results (SEER) population-based data[J].Int J Epidemiol,2018,47(2): 427-439.
[160] Soybir G,Fukuma E.Endoscopy Assisted Oncoplastic Breast Surgery (EAOBS)[J].J Breast Health,2015,11(2): 52-58.
[161] 白锦峰,陈章彬,郭志唐,等.胰腺结核误诊为胰腺肿瘤 1 例报告并文献复习[J].中国普通外科杂志,2019,28(9): 1156-1158.
[162] 吕云福.现代胰腺外科学[M].北京: 人民军医出版社,2003.
[163] Turki O,Bahloul M,Chtara K,et al.Acute necrotizing pancreatitis secondary to post-traumatic fat embolism"acase report" [J].Presse Med,2015,44(12):1283-1285.
[164] Gao HJ,Song Q,Lv FQ,et al.A novel thermosensitive insitu gel of gabexate mesilate for treatment of traumatic pancreatitis: An experimental study[J].J Huazhong Univ Sci Technolog Med Sci,2015,35(5):707-711.
[165] 程春东,白雪巍,孙备.创伤性胰腺炎研究进展[J].中国实用外科杂志,2016,36(1):58-61.
[166] 刘夏云,林彦娜.卵巢黄体囊肿破裂出血 60 例临床分析[J].深圳中西医结合杂志,2017,27(23):109-110.
[167] 苏锐冰,徐广涛,吕俊耀,等.23 例电击死尸检取材和法医鉴定方法研究[J].中国法医学杂志,2018,33(2):167-171.
[168] 杨超朋,肉孜・巴依斯,田雪梅,等.无电流斑电击伤的研究进展[J].中国法医学杂志,2012,27(5):376-378.
[169] 魏守礼,张杰英,李建军,等.小儿胸腺肥大猝死 10 例尸检报道[J].诊断病理学杂志,2002,9(6):337-338.
[170] 俞进,曹世俭,唐大琴.胸腺肥大猝死 3 例尸检报道[J].首都医科大学学报,2007,28(6):787-789.
[171] 金晓龙,袁菲,蔚青,等.肾上腺肿瘤和瘤样病变 1166 例病理分析[J].诊断学理论与实践,2003,2(2):119-121.
[172] 易旭夫,廖志钢,邓振华,等.44 例肾上腺出血法医尸检分析与探讨[J].法医学杂志,1999,15(1):24-25.